万法源于思考

私权的分析与建构

民法的分析法学基础

An Analysis and Reconstruction of Private Right
Analytic Jurisprudence as a Methodological Basis for Civil Law

王 涌 著

图书在版编目(CIP)数据

私权的分析与建构:民法的分析法学基础/王涌著. —北京:北京大学出版社,2019.12

ISBN 978-7-301-23676-5

Ⅰ.①私… Ⅱ.①王… Ⅲ.①民法—法的理论—中国 Ⅳ.①D923.01

中国版本图书馆 CIP 数据核字(2014)第 003467 号

书 名	私权的分析与建构:民法的分析法学基础
	SIQUAN DE FENXI YU JIANGOU:MINFA DE FENXI FAXUE JICHU
著作责任者	王 涌 著
责任编辑	郭薇薇
标准书号	ISBN 978-7-301-23676-5
出版发行	北京大学出版社
地 址	北京市海淀区成府路 205 号 100871
网 址	http://www.pup.cn
新浪微博	@北京大学出版社 @北大出版社法律图书
电子邮箱	编辑部 law@pup.cn 总编室 zpup@pup.cn
电 话	邮购部 010-62752015 发行部 010-62750672
	编辑部 010-62752027
印 刷 者	北京中科印刷有限公司
经 销 者	新华书店
	965 毫米×1300 毫米 16 开本 31 印张 477 千字
	2020 年 3 月第 1 版 2024 年 9 月第 3 次印刷
定 价	98.00 元

未经许可,不得以任何方式复制或抄袭本书之部分或全部内容。
版权所有,侵权必究
举报电话:010-62752024 电子邮箱:fd@pup.cn
图书如有印装质量问题,请与出版部联系,电话:010-62756370

献给

恩师江平先生九十岁华诞!

江平序

很多年前，王涌就和我说，他的博士论文就要出版了，请我作序，但说了多次，也没有动静，我都快忘记此事了。今年夏天，他又请我作序，动作很麻利，看来是动真格的了。我问他为何拖延至今，他说是在等我九十大寿，作为献寿之礼。我知道这是"顺水推舟"之言，不过内心还是很感动的。

我问他要出版的书还是二十年前的博士论文的内容吗？他答曰："已经脱胎换骨了，从原来的二十万字，修改扩展成为一部四十万字的书稿了。"看着眼前亮晃晃的新书稿，显然不是陈货，于是，我欣然应允作序。

我与王涌认识于1994年8月，他代表南京大学参加"长虹杯"全国大学生电视辩论大赛，我担任评委，南京大学获得了冠军。比赛后，我们在电视台的休息室里第一次交谈，我觉得他是一个有思想、有追求的小伙子，长于思辨，具有良好的哲学功底。

1996年8月他开始跟随我攻读博士学位。我们师徒俩步调并不一致，我关注现实立法问题，他更关注法律概念和逻辑问题。他不愿意选择当时很红火的具体的商事制度为题，他要写民事权利的基本理论，我很支持。他的选择很聪明，也很自信，因为现实的立法问题毕竟是暂时的问题，而基础理论则具有长久的价值。

我对王涌的博士论文报以很大的期望。二年级末，1998年6月25日晚，他来找我，我对他说："你是有很大的学术潜力的，你一定要把博士论文写好！这个题目需要你成年累月地泡在图书馆中。你现在需要收缩战线!"这次谈话对他触动很大。他说他的日记里还记着这段话。

他刻苦研读分析法学的经典著作和民法基础理论,并力图将两者结合起来,形成一个体系。我是从他的嘴中知道霍菲尔德这个人的,他在博士一年级和二年级分别发表两篇论文:《分析法学与中国民法的发展》和《寻找法律概念的最小公分母——霍菲尔德法律概念分析思想研究》,在学术界崭露头角,为他的博士论文写作奠定了基础。

在他起笔撰写博士论文时,我多次问王涌能否写好,他反问我:"老师!您的标准是什么?"我不想增加他的压力,就说:"就像你已经发表的两篇论文那样的水平就行。"他点点头。

他的博士论文写得很成功,没有辜负我的期望。台湾大学王泽鉴先生对王涌的博士论文的评价很高,用的词分量都很重,令我惊讶,他说:"这是一件具有开创性的研究,对中国民法学的发展将有重大贡献。"

1999年7月王涌博士毕业,留校任教,成为法律系民商法教研室的一位讲师。他讲课深受学生欢迎,不到三年,2002年中国政法大学五十周年校庆时,他就被评为全校十位最受学生欢迎的教师之一。

2002年中国政法大学民商经济法学院成立,民商法教研室分立为民法教研室和商法教研室,我和赵旭东、王涌进入商法教研室,王涌转向商法研究和教学。2004年9月在美国哥伦比亚大学法学院访学一年归来后,他开始为研究生开设独立的信托法课程,也实现了我的一个夙愿。相信这些商法课程的教学对于他关于私权分析理论和法学方法论的思考是起到了丰富和补充的作用。2012年他开始为研究生开设法学方法论课程,领风气之先,他的博士论文《私权的分析与建构:民法的分析法学基础》由此转为法学教育的正式内容,后续的系统研究也随之展开。

他应胡舒立女士之邀,长期为财新传媒"法眼"专栏撰稿,文章有百余篇,针砭时政,挥斥方遒,他的现实责任感愈来愈强,思想、观点、立场和我越来越接近。2015年他还为我代笔撰写了"重葬呼格吉勒图墓志铭",为冤屈之魂伸张正义。这几年,他还代理两起民营企业产权冤案,站在时代的前沿,为民企呐喊,一是扬州牧羊集团产权案,二是湖北荆州龚家龙天发集团产权案。当前具有全国重大影响的民企产权冤案一共有四起,他代理了其中两起,坚韧不拔,专业精湛,他有文武双全之才。

| 江 平 序 |

他对江平民商法奖学金的评选工作有突出的贡献,奖学金从 2000 年设立至今年第 20 届评选,他一直在辛勤地组织。用黄进校长赞扬他的话,就是:"一个人一时做好事不难,连续二十年做好事是真难,王涌做到了!"我说感谢他,他说:"不用谢!法学教育是我们共同的事业。"

他对学生很负责,从 2004 年始,他为他的研究生组织企鹅读书会,师生共同阅读经典,最初两周一读,之后每周一读,风雨无阻,至今已经有 318 期。

此外,他还担任洪范法律与经济研究所的所长。前年 12 月,梁治平先生辞去洪范法律与经济研究所所长一职,我和吴敬琏先生开始物色接替者,我想到了王涌,我打电话给他,他立刻答应了。他从去年 2 月上任之后,已经组织了 40 多场高端研讨会,主题涉及中美关系、中朝关系、国企改革、数字货币、基因编辑、经济全球化、金融业开放,其中今年 1 月组织的"改革开放四十年史研究论坛"和今年 3 月组织的"刑事诉讼中的民营企业家权益保护论坛"在海内外产生了广泛的影响。

现在,王涌年纪也不小了,五十出头了。最近我们见面,聊得多的话题是"诗"。他写的诗意境很好,就是不讲究平仄。最近,他又送来几首,平仄和意境都有了,我看都是佳品。他之前的诗和今年的诗风格也有变化。他之前有一首诗云:"中轴林中望皇城,犹记当年愤人神。残冰不肯放枯荷,已有喜鹊唤春耕。"而最近的一首诗调子就变了,诗云:"晚凉闲步白塔寺,正是日落黄河时。兰州碑林已谢客,却听风铃诵古经。"有点闲云野鹤之风了。王涌还很年轻,我希望他仍然是那只"唤春耕"的喜鹊。

王涌说他最喜欢读龚自珍的诗,与我爱好一样。他说在我的诗集《信是明年春再来》中,他最喜欢的一首诗是 1965 年 1 月我写的《七律·读龚自珍咏史后仿作》。既然他也喜欢,就录于此,与王涌共勉:

气寒华夏十五州,
沉沉云雪压暖流。
八旗子弟操全算,
九门新贵踞上游。
罗成高枕铜雀梦,

廉颇饭饱瓦全求。

英烈有灵当尔问，

难道饮刃为封侯。

我期待王涌的好诗。当然，我更希望他即将出版的这部作品《私权的分析与建构：民法的分析法学基础》是一部经得起考验的学术珍品。

2019年
9月15日

内容摘要

本书运用分析法学的方法对民法上的核心概念——私权,做了系统研究。全书共分三编,第一编为"私权的分析方法",第二编为"私权的类型分析",第三编为"私权的法律建构",三编计九章,前设导论"分析法学与民法方法论",后设结语"分析法学与中国民法典"。

导论"分析法学与民法方法论"界定了"中国民法学"之含义,主张区分民俗民法学与分析民法学,论述了作为民法方法论的分析法学之源流及其精神。

第一章"私权的概念"考察了权利概念的语源及其意义,回顾了私法与公法划分的种种理论,主张在市民社会与政治国家二元化的社会结构中,主体形式论应是私法与公法划分的基本标准。

第二章"霍菲尔德的权利分析理论"系统介绍了霍菲尔德的权利分析理论及其在当代道义逻辑与人工智能领域的运用。

第三章"私权的结构"在霍菲尔德的权利分析理论的基础上,建立了一个关于私权的一般分析模式,论述了人、行为、物在私权结构中的位置,并将霍菲尔德的权利分析理论与德国民法学的权利形式理论作了初步比较。

第四章"所有权概念分析"运用第一编所建立的分析方法,比较了不同法系传统中的所有权概念,分析了所有权概念所指向的若干可能的法律关系,并特别强调所有权概念还指向一种权利推理的规则。

第五章"不完全所有权:信托财产关系的结构"运用所有权概念的本质理论分析了信托财产的结构,描述了一种新型的所有权结构——不完全所有权,还分析了物权法定主义与信托法的关系。

第六章"财产权谱系与财产权法定主义"从"对世权是财产权的本质"这一逻辑前提出发,运用霍菲尔德的术语,系统研究了财产法总论的问题,主张:财产权概念的外延是广阔的,不应限于有体物财产,应涵盖无形财产权;不应限于法典中列举的财产权,应涵盖被忽略的单行法所创制的隐蔽的财产权;不应限于私法创制的财产权,应涵盖公法创制的财产权。财产权的形态虽然纷繁复杂,但从最简单的形态——公物,到最圆满的形态——所有权,中间存在许多形态。财产权从单纯的排他性到复杂的可转让性,由简及繁,可以形成一个清晰的财产权谱系。财产权的排他性和可转让性必须由法律规定。财产权法定主义是财产法的基本原则,财产权法定主义的最本质的两个要素是:一是财产权中的对世排他力需法定,二是财产权中的对世排他力的转让需法定。"权利法定类型化"是财产权法定主义得以实现的立法技术。中国民法典应设财产法总则,对财产权的基本问题和共同问题作出规定,应对实践中复杂的财产权问题,并保障民法典体系的完整性。

第七章"私权的设定"论述了民法上私权建构的一般法律技术,即法律概念论与法律规范论,区分了规则与原则这两个基本的法律规范形式,考察了它们在私权设定中的不同功能。此外,还论述了宪法与行政法在私法关系上的效力问题。

第八章"私权的冲突"辨析了法条竞合、权利并存与权利冲突等基本概念,区分法律上的冲突与事实上的冲突这两种不同的权利冲突形式,论述了私权在法律上冲突的一般推理规则,分析了私权与公权冲突的形态,强调宪法在解决私权与公权冲突中的重要意义。

第九章"私权的救济"从法律关系的角度对救济权概念作了一般定义,分析了救济权的四种基本形式及其与诉讼形式的关联,分析了侵权行为法的内在逻辑,强调了民法责任的财产性质及其合理性。此外,还分析了私权的刑法救济与侵害,论述了犯罪的"违法性"要件的认定中的私法与刑法的关系。

结语"分析法学与中国民法典"认为法典编纂与分析实证主义的兴起是中国民法发展的趋向,并指出中国民法典的编纂面临的三个重要问题是融合不同法系之传统、吸收中国本土习惯法、解决社会新问题,以及分析法学在其中可能发挥的方法论的作用。

前言

> 我试着把数学和科学的准确的演示方法带到
> 一向只有模糊的推测的领域里去。
> 我喜欢准确,轮廓分明,
> 而恨迷雾般的模糊。
>
> ——罗素《记忆里的肖像》

一、题解

本书的书名"私权的分析与建构"可能不太好理解,它不是传统民法学的话语,易给人一种"不知其所云"的感觉,所以,用一些笔墨作一番题解是必要的。

实际上,本书的题目原为"民事权利的一般理论",这显然要通俗易解得多,但是,之所以改为"私权的分析与建构",原因在于,一是本书倾向于以私权的概念取代民事权利的概念,以强调民法的私法性质,所以,在题目中不再使用民事权利这个概念。二是本书主要是运用分析法学的方法和观点来建构私权(民事权利)的一般理论。分析法学在民法学研究中的应用大约有两个方面,一是**法律概念论**,它主要着眼于对私权(民事权利)概念及具体的私权类型的概念的分析;二是**法律规范论**,它主要研究具体的私权是如何在法律体系中通过法律规范建构起来的,所以,为了突出这一点,本书没有使用"一般理论"这个笼统的说法,而是代之以

"分析与建构"两个词,并辅以副标题"民法的分析法学基础",以表明本书是要以分析法学的法律概念论与法律规范论来建立一个关于私权(民事权利)的一般理论。

正是出于以上考虑,本书的书名最终定为"私权的分析与建构:民法的分析法学基础"。

二、私权(民事权利)分析理论的贫困

从民国时期乃至今日,我国的民法教科书中关于民事权利(私权)的一般理论的那一部分内容总是极为简略,无非是所谓意志说、利益说、自由说之机械罗列,而这些论述只起到了花瓶一般的装饰作用,它只是为了保持一种体系上的完整性而已,却为一代一代的民法教科书毫无反思地加以沿袭,而对于具体的民事权利(私权)类型的分析根本起不到方法论上的直接作用,所以,学生们在研习民法时,这一部分往往可以忽略不看,也没有价值去看,而教师们在教授这一部分时,也往往一带而过,因为乏善可陈。我以为这种现实不应延续下去,关于民事权利的一般理论,特别是关于私权分析的方法论理论必须丰满起来,它不仅应当成为中国民法学理论的一出重头戏,也应当成为中国民法学教育的重要内容。

二十几年前,谢怀栻先生的一段话仍应作为我们的工作指南:"民事权利是民法里带根本性的重要问题。不论主张在民法中应以权利为本位,或以义务为本位,或应对权利义务并重,都必须重视对民事权利的研究。这种研究,有了民法就已存在。随着时代的发展,民事权利的种类、各种权利的性质和内容都在发展,这种研究工作也应随着发展,不应该停留在原来的水平上。"[①]

三、本书的思路与方法

完善民事权利理论需要有三个方面的努力,一是自然法学的,研究私权的价值因素;二是社会法学的,研究私权的事实因素;三是分析法学的,研究私权的逻辑因素。从本书的副标题"民法的分析法学基础"中就可

---

① 谢怀栻:《论民事权利体系》,载《法学研究》1996年第18卷第2期。

以看出本书的工作思路主要是分析法学的。

"民法"是大陆法系的事物,而"分析法学"则主要是英美法系的事物①,将来自两个不同的地域的品种捏合在一起,这就是本书的主要工作思路,所以,本书多少有点像一位农学师在做一项"杂交"实验。

四、本书所要解决的问题和本书的结构

一个完整的实在法的体系,在逻辑上,大约应当包括以下三个因素:一是概念,二是法律规范,三是法律体系的结构。民法以私权为核心概念,民法也可以称为私权法,如果我们暂不考虑私权之上的价值因素和社会因素,只考虑它的逻辑因素,那我们就会面临一个尽管抽象但很实在的问题,即民法是采用了怎样的技术建构了一个私权的法律体系?或者,反过来说,我们是否可能对民法中的基本概念、法律规范和体系之结构作一番分析,以发现其中的一般规律,以使我们能够更加深刻地理解民法是一种怎样的符号和逻辑体系。

实际上,很久以前,分析法学家们就开始做这项工作了。对应于上面所说的民法体系的三个要素,分析法学的工作至少也可以分为三种,一是对民法基本概念私权以及具体类型的私权概念(如物权和债权)的分析,二是关于民法规范的一般理论的研究,三是对民法体系之结构的一般理论的研究。当然,许多分析法学家的著作并不仅仅局限于民法的范围,但是,对于民法问题却是涉及颇多。

本书的宗旨就是将分析法学对于民法的理解作一系统的阐述,所以,本书的内容大概也包括以上内容,其结构安排如下:

本书第一编主要侧重于私权概念的分析,以霍菲尔德的权利分析理论为基础,建立一个关于民法上各种私权概念的分析的一般方法论。

第二编则将第一编所建立的分析方法论用于对民法上的所有权及其相关概念他物权和财产权的分析,并阐述财产权谱系与财产权法定主义

---

① 大陆法系学者,例如北欧学者也有分析法学传统,他们通常将该学问称为:"the Doctrinal Study of Law",见 Aulis Aarnio, *Essays on the Doctrinal Study of Law*, Springer Dordrecht Heidelberg 2011, p.19.

的基本原理。

第三编则研究私权的设定、私权的冲突和私权的救济等问题。

简而言之,本书的第一编和第二编主要侧重于私权的静态分析,第三编主要侧重于私权的动态分析,所谓静态分析即对已经"凝固化"的私权概念以及私权类型的内在结构与要素的分析,而所谓动态分析则是对法律上关于私权的体系是如何建立起来的和司法实践中关于私权的推理的问题的分析,主要涉及民法规范、民法推理与民法结构等内容。

五、术语释例

民法学中的术语是本书十分关注的一个重要问题,由于本书采用的是英美分析法学的方法,所以,在分析民法问题时所采用的术语与传统民法学的术语会有所不同,加之,由于法学中的权利、自由、权力、豁免、义务、责任等诸多概念被人随意滥用,它们在语义学上的指向已经模糊不堪。所以,本书极有必要在前言中对本书所使用的术语作统一的说明。

本书所使用的术语,采霍菲尔德的用法,如果书中不作特别说明,它们指向下列含义:

(狭义)权利:指有权要求他人做什么或不做什么。

义务:指必须做什么或不做什么。

无权利:指无权要求他人做什么或不做什么。

自由:指可以做什么或不做什么。

权力:指创设、变更或消灭特定法律关系的法律上的能力。

责任:指承受行使权力者所形成的法律关系。

无权力:指无法律上的能力以创设、变更或消灭特定的法律关系。

豁免:指某人处在这样一种法律地位上,自己所参与其中的某特定法律关系不因他人的法律行为而产生、变更或消灭。

(广义)权利:是上述的(狭义)权利、自由、权力、豁免等法律上的利益的总称。

本书之所以强调术语的精确性,并不是要将通俗的问题复杂化,只是认为这是法学发展必然要迈出的一步,正如康德所说:"想把主题写得大众化是不可想象的;相反,我们却要坚持使用学术性的精确语言,尽管这种语言被认为过分烦琐。但是,只有使用这种语言才能把过于草率的道理表达出来,让人明白其原意而不至于被认为是一些教条式的专断意见。"①

六、其他要说明的问题

关于参考文献 为了更清楚地表明本书中的某一重要观点和方法的理论来源,同时展示分析法学在某一重要问题上的学术传统和文献谱系,本书列出参考文献,主要是分析法学的或涉及分析法学的经典著作和论文,其他的,即使也被本书引述的,但只是作为一般的资料引述的,或作为分析的或批驳的对象而引述的,则不列入参考文献的目录之中。关于民法的分析法学式的研究,汉语的经典著述几乎空白,所以,本书的参考文献目录所列的均是英文文献。

关于注释 本书的写作并不以构建一个完整的理论体系为"野心",只是尝试着将一种新的方法运用到民法研究中去。在此种尝试过程中,有一些观点已相对比较成熟,但是,生涩的地方仍比比皆是。那些尚不成熟的、尚不宜登大雅之堂的观点,本书就将其暂放在注释中阐述,这样,在严谨与开拓之间保持一种必要的张力与平衡。

关于本书的意义 从表面上看,本书的主题离中国法治的现实很远,但实际上它又离中国的法治现实很近,因为法治在很大程度上依赖于言语与概念的技术,而关于这种技术的探讨正是本书的工作。

---

① 〔德〕康德:《法的形而上学原理》,商务印书馆1991年版,第4页。

目录

导论 分析法学与民法方法论 ………………………………（1）
  第一节 民法学中的知识类型与分析法学的地位 ……………（1）
  第二节 分析法学的源流和精神 ………………………………（6）
  第三节 作为民法学方法论的分析法学 ………………………（23）

第一编 私权的分析方法

第一章 私权的概念 ………………………………………………（37）
  第一节 权利概念的意义与功能 ………………………………（37）
  第二节 私法(私权)与公法(公权)理论的源流 ……………（46）
  第三节 私法(私权)与公法(公权)之概念分析 ……………（51）
  第四节 概念的流变:从私权到民事权利——社会主义国家
         对私法与私权的态度及其修正 ………………………（61）

第二章 霍菲尔德的权利分析理论 ………………………………（68）
  第一节 权利分析:霍菲尔德之前的分析法学 ………………（68）
  第二节 霍菲尔德的权利形式理论(一) ………………………（72）
  第三节 霍菲尔德的权利形式理论(二) ………………………（90）
  第四节 霍菲尔德理论的影响和回应 …………………………（96）
  第五节 道义逻辑、人工智能与法律——霍菲尔德法律关系
         形式理论的应用 ………………………………………（106）

第三章 私权的结构——私权分析的一般模式 (122)
- 第一节 作为法律关系的私权之结构 (122)
- 第二节 私权的元形式 (128)
- 第三节 私权的主体 (151)
- 第四节 私权的客体:行为抑或物? (185)
- 第五节 私权的其他分析维度 (196)

第二编 私权的类型分析

第四章 所有权概念分析 (207)
- 第一节 不同法系传统中的所有权概念 (207)
- 第二节 所有权概念分析(一) (214)
- 第三节 所有权概念分析(二) (218)

第五章 不完全所有权:信托财产关系的结构 (227)
- 第一节 信托法:民法家族的新成员 (227)
- 第二节 信托财产所有权的特殊结构 (230)
- 第三节 信托法颠覆物权法定主义? (237)

第六章 财产权谱系与财产权法定主义 (242)
- 第一节 许可的谱系 (242)
- 第二节 财产权谱系 (245)
- 第三节 财产权法定主义的含义 (259)
- 第四节 财产权可转让性的逻辑结构 (264)
- 第五节 民法典中的《财产法总则》 (273)

第三编 私权的法律建构

第七章 私权的设定 (283)
- 第一节 民法上的概念和范式 (283)
- 第二节 私权的设定与法律的渊源 (295)

第三节　规则—原则:设定私权的两种法律规范形式 ……… (303)
　　第四节　公法在私法关系上的效力(一):宪法 …………… (323)
　　第五节　公法在私法关系上的效力(二):行政法 ………… (340)

第八章　私权的冲突 …………………………………………… (348)
　　第一节　法条的竞合:权利并存和权利冲突 ……………… (348)
　　第二节　私权在法律上的冲突 ……………………………… (349)
　　第三节　私权在事实上的冲突 ……………………………… (361)
　　第四节　公权与私权的冲突——宪法与民法典的关系 …… (372)

第九章　私权的救济 …………………………………………… (382)
　　第一节　救济权的概念与性质 ……………………………… (382)
　　第二节　救济权的功能与适用 ……………………………… (386)
　　第三节　救济权的形式及其与诉讼形式的关联 …………… (394)
　　第四节　民法责任的财产性质与民法的体系结构 ………… (400)
　　第五节　私权的刑法救济与侵害 …………………………… (404)

结　语　分析法学与中国民法典 ……………………………… (415)
　　第一节　中国民法面临的基本问题 ………………………… (415)
　　第二节　分析法学与民法典编纂 …………………………… (419)
　　第三节　中国民法典的主题与方法 ………………………… (424)
　　第四节　民法典编纂的雄心、野心与平常心 ……………… (427)

英文参考文献 …………………………………………………… (432)

后记一:原记 ……………………………………………………… (435)

后记二:初识江平先生的时光 …………………………………… (444)

后记三:新记 ……………………………………………………… (452)

编辑后记 ………………………………………………………… (466)

导论　分析法学与民法方法论

第一节　民法学中的知识类型与分析法学的地位

一、中国民法学之含义

民法(civil law),从狭义的层面理解,这一概念特指以罗马—日耳曼法为渊源的欧洲大陆的私法,所以,大陆法系又称为民法法系。在这一意义上,民法是一个相对封闭的体系,如果它偏离了罗马—日耳曼法的本原,它就不成其为民法了。但是,从广义的层面理解,民法也就是私法,或者说,民法是私法的基本法,在这一意义上,民法应当是一个相对开放的体系,而不限于某一法系。我认为,当我们说中国的民法学时,这里的民法学应当是指后一层面上的意义,尽管历史上的中国民法学主要继受大陆法系。

作这样的定位是很重要的,因为它涉及我们对于中国民法学的知识类型的理解,也涉及我们对于现今中国民法学研究状况的评估和反思,更涉及未来中国民法学知识体系的建构。

二、知识的类型:民俗的与分析的

知识由概念构成,概念的类型决定知识的类型。美国法律人类学家波赫南(P. J. Bohannan)将概念分为两类,一类是所谓的"民俗的",另一类是所谓"分析的"。民俗的概念属于一个民族固有的概念体系,是一个民族在其漫长的发展过程中逐渐形成的概念,而分析的概念则不属于任何"民俗体系",它是社会科学家的分析工具,是"社会学家和社会人类学家多少凭借科学的方法创造出来的概念体系"。①

波赫南的理论提醒我们,大陆法系的民法学在很大程度上是一种民俗化的概念体系②,主要是罗马民族的民俗产物。当然,罗马法延续至今日,其间也经过了注释法学、概念法学的改造和加工,在罗马法这一民俗的概念体系中已经掺入大量的分析性的概念,但是,这些分析性的概念并没有彻底改变罗马法原有的基本结构,它们只是附着在罗马法原有的民俗性的概念之上,协助罗马法这个古老的法律结构去应付现实社会。

三、民俗民法学与分析民法学

根据以上的论述,我们可以将民法学中的知识初步分为两类,一类是历史演变而来的具有浓厚的民俗色彩的知识,另一类是理性建构的具有普适性的知识。实际上大陆法系中的以罗马法和日耳曼法为基本内容的民法学主要是历史演成的知识,而现代分析法学则主要是理性建构的知识。前者可以称为"民俗民法学",而后者应用于民法学研究中时,则可以称为"分析民法学",未来民法学的发展必将在这两种知识之间的张力之中展开。③

分析法学从来不认为一种绵延千年的民法结构就是民法天经地义的结构,它只认为,民法的内在机理是恒定的、统一的,而民法的内在机理所演绎出来的民法外在形态却可以是幻化无穷的,罗马—日耳曼体系的民法结构只是无穷可能性中的一种而已,正如所有的语言的内在结构是恒定的统一的,但是,各民族语言的具体形态却是多姿多彩的。一个不了解其他民族的语言的人,也不可能真正理解自己民族的语言。我们也可以说:一个不了解分析民法学的人,也不可能真正理解自己民族的民法。约

---

① Paul J. Bohannan, "Ethnography and Comparison in Legal Anthropology", in Laura Nader (ed.), *Law in Culture and Society*, Chicago Aldine Publishing Company 1969, p.410.

② 他认为,西方法律学固然发达,但它仍然是一种"民俗体系",如果无视这一点,而把它当作"分析体系"来运用,势必导致对于研究对象的曲解和知识的发展。同上注。

③ "分析民法学"的概念并非笔者独创,在北欧的法理学学者的著作中,也可见"分析民法学"的提法。见 Aulis Aranio, *Essays on the Doctrinal Study of Law*, Springer 2011, p.17.

翰·奥斯丁在研究法律时,他对于亚里士多德的逻辑学的重视甚于对罗马法的重视①,而亚里士多德的逻辑学则是分析法学的逻辑基础。

也许历史已经验证,罗马—日耳曼法体系的民法结构可能是最适合市民社会生活和最适合普通民众智力的一种结构,不过,这并不能说明它是完美无缺的,它就是最科学的。当然,我们也必须切记,法律是一个十分奇怪的家伙,对于法律来说,最科学的不一定就是最好的,这也是分析民法学有时"吃力不讨好"的地方。

实际上,在很多情况下,将一种活生生的民法学知识机械地标以民俗民法学或分析民法学是不妥当的,如罗马法作为一种民俗民法学,其中已经包含大量十分精致的分析性概念。布莱克斯通在撰写《普通法释义》时,就是将罗马法的概念和结构作为一种分析性工具,来整理和解释普通法的。② 北欧的学者,例如18世纪瑞典学者哈勒学派(Halle School)的代表人物尼尔曼(David Nehrman-Ehrenstrale),主张接受罗马法,主要目的在于将罗马法作为一种理论框架和分析工具,研究和分析本国的传统私法。③ 这也是罗马法后来流传至广的原因所在,否则,一种纯粹民俗的法律是不可能征服世界的。

四、分析民法学之功能

分析民法学对于民俗民法学可以承担一种反思、理解和批判的功能,帮助我们更为深入地理解一种民俗民法学,就像西方的自然科学可以帮助我们理解中国的一些古老的生产技艺一样。

---

① Wilfrid E. Rumble, *The Thought of John Austin: Jurisprudence, Colonial Reform, and the British Constitution*, The Athlone Press 1985, p.96.

② William Blackstone and Thomas M. Cooley, *Commentaries on Laws of England: in Four Books*, 3rd ed., Callaghan and Company 1884. "查士丁尼法典的罗马法以其富有逻辑的形式著称于世。也就是说,它具有的正是英国普通法所缺乏的属性。因此,布莱克斯通所做的,这也是他的辉煌之处,就是以罗马法为样板。布莱克斯通找到了盖尤斯这位他心目中的英雄。通过盖尤斯的编制结构,布莱克斯通使得英国法变得出奇地清楚。"见〔美〕卡尔文·伍达德:《威廉·布莱克斯通与英美法理学》,张志铭译,载《南京大学法律评论》1996年秋季号第2期。

③ Aulis Aranio, *Essays on the Doctrinal Study of Law*, Springer 2011, p.13.

中国大陆的民法学说主要经台湾地区而继受德国。但是,由于我们缺乏一门纯粹法律科学(分析民法学)作为学智上的支撑,所以,对德国和台湾地区的民法理论缺乏内在的反思能力。因此,现在的中国民法学研究似有不少困惑,我们往往纠缠在一些抽象的他国法律问题之中,尽管他国的法学问题未必就是我们的现实问题,但我们不得不按照他们的民法概念所限定的方向研究下去,而无法超越和突破民法学在历史上所形成的既定概念。如物权和债权的区分一直主宰着我们对一些新的财产权利的认识,并滋生众多模糊观念。①

有学者指出:"中国已经积累了按照本国需要和国际规则创制法律的经验,形成了兼容并蓄和博采众长的自信,完全没有必要再走继受某一外国法律的回头路。我们应当借鉴外国法律,但是这种借鉴应当是开放的和灵活的,而不是只认一个体系,一个法典,一个模式。"②但要在中国民法典的制定中真正做到兼容并蓄和博采众长,我们必须有一个关于法律分析的一般方法论作为基础,因为这个一般分析的方法论实际上发挥着一国法学的"肠胃消化"和"肝脏造血"的功能。③

五、民法学中的其他知识类型

此外,还需说明的是,关于民法学中的知识类型仅仅上述二元分法还不够全面,民法学还应包括其他几种知识类型④:

---

① 本世纪初,国外就有学者对物权和债权的划分提出了批评,如法国的 M. Planiol 和他的学生 Michas 等,参见尹田:《物权与债权的区分价值:批判与思考》,载《人大法律评论》2001 年卷第 2 辑。皮尔士说:概念的意义在于效果。如果一种法律概念总是让我们在司法实践中造成紊乱,那么,就应改良。本书的第六章"财产权谱系与财产权法定主义"试图超越物权债权的简单分类,对财产权的类型作更细致的分类。

② 方流芳:《法学教育和法律职业问题》,载马抗美主编:《守望法大》,中国政法大学出版社 2002 年版,第 280 页。

③ 王涌:《分析法学与中国民法的发展》,载《比较法研究》1997 年第 11 卷第 4 期。

④ 民法学的知识类型与法学的知识类型显然是对应的,日本学者认为,目前法学已经分化为三类,一是经验的理论法学,如法社会学、比较法学、法史学;二是思辨的理论法学,如法哲学;三是实用法学,即法解释学,它是为立法及法律适用提供必要技术为目的的学问。参见梁慧星:《民法解释学》,中国政法大学出版社 1995 年版,第 190 页。但是,在这种分类之中,分析民法学似乎并不能找到合适的位置。

一是教义民法学或民法解释学,法律教义学(legal dogmatics)是一种将某一价值体系视为绝对的权威,并依据对其所作的"解释"提出主张的法律学,因为它是一种与神学具有相同属性的"学问",所以称之为法律教义学。实际上,在日常的司法活动中,法官和律师所从事的工作都是教义民法学或解释民法学的工作。①

二是非严格法学意义上的民法学,即以民法现象为研究对象的社会科学,如民法经济学、民法社会学,它们已经不是规范性质的学科,而是事实性质的学科,它们只是经济学或社会学的分支,而不是严格法学意义上的分支,但是,它们的方法已被民法学者广泛地运用于民法研究特别是商法研究之中。

分析民法学、民法教义学与民法社会学研究角度之不同在于,前者是法的内在视角(internal point of view),后者是法的外在视角(external point of view)。②

也许,有人会提出这样的问题,我们平常所使用的冠以"民法学"的教科书中的内容是一种什么样的知识类型,简单的回答是:它是一个大拼盘,它既含有民俗民法学,因为罗马法在今日的中国民法中仍据重要地位;它也含有分析民法学,因为它也对许多法律概念和法律结构作严谨的逻辑分析;它也含有教义民法学,因为它要阐述现行的中国民法制度;它甚至含有民法经济学和民法社会学,因为它要主张和论证为什么一种民法制度是合理的或者是荒唐的。

六、绘制民法学知识地图之意义

以往,很少有学者对民法学的知识类型作过分类,但是,今天我们必须描绘一幅民法学的知识地图,因为依凭这幅地图,我们才可能理解我们所从事的一项具体的民法研究是一种什么性质的研究,才可能理解不同性质的民法学研究在方法论上的界限,才可能理解中国的民法学正处在

---

① 〔日〕川岛武宜:《作为科学的法律学》,载〔日〕川岛武宜:《现代化与法》,王志安等译,中国政法大学出版社1994年版,第274页。

② Aulis Aarnio, *Essays on the Doctrinal Study of Law*, Springer 2011, p.22.

一条什么样的路途上,才可能理解中国民法学已经做了哪些工作,哪些工作做得很好,哪些工作做得不好,哪些工作还没有开始做,哪些工作还没有想到要做。

客观地说,对于民俗民法学的研究,中国法学者已经做了不少工作,因为我们的民法制度就是以罗马—日耳曼民法为基本结构建立起来的,但是,我们也似乎将它视为民法学的全部了,进而将它视为天经地义,却很少反思民法学还应当包括其他什么。当然,民法解释学在一种世界性的哲学潮流的影响下已被中国民法学家重视,但是,研究还远远不够深入。而分析民法学的方法如概念分析和逻辑分析,我们也在不自觉地使用,但从未确实地将其视为一种独立的民法学知识。如果一种知识的独立地位没有得到确实的认识与肯定,它不可能获得系统地研究,所以,分析民法学的研究在中国基本是空白,分析法学对于中国民法学研究的影响十分微弱。

第二节 分析法学的源流和精神

一、分析法学的概念和范围之界定

作为法律本体论的分析法学与作为法律方法论的分析法学

所谓"分析法学"具有两个层面的涵义:一是作为法律本体论(Ontology)的分析法学,二是作为法律方法论(Methodology)的分析法学。作为法律本体论的分析法学主张区分"实际的法"和"应该的法",否认法律与道德的必然联系,坚持"恶法亦法"论,认为法律的本质在于法律的实在形式,而不是蕴涵于法律之中的虚渺的"自然法"价值,更不是法律的实际社会运作行为;作为法律方法论的分析法学主张,法律研究应注重从逻辑和形式上分析实在的法律概念和规范,并形成了一套以逻辑分析和语言分析为基础的系统而精密的法律分析方法。作为法律本体论的分析法学和作为法律方法论的分析法学一般是融合一体的。笔者认为,作为法律本体论的分析法学的主张无视法律的价值和事实因素,未免失之褊狭,但是,作为法律方法论的分析法学则是一笔珍贵的财富。

英美分析法学以及其他国家的分析法学

此外,分析法学这一概念在其外延上也具有两个层面的意义。在狭义上,分析法学仅指英美国家的以边沁、奥斯丁为渊源的分析实证主义法学流派;在广义上,分析法学则指法学史上一切以分析实证主义为基本精神和方法的法学流派。所以,在这里,我们将注释法学、概念法学等流派全部纳入分析法学的范畴之中。

分析法学是当人类法律文明发展到比较成熟的状态时才出现的一个法学流派,一个比较成熟的法律一般都包含三个因素,即价值、事实和逻辑,法律所包含的逻辑因素构成分析法学赖以成立的基础。罗马法是人类法律文明发展史中一个较早成熟的法律现象,所以,11世纪至15世纪以罗马法为主要研究对象的注释法学和19世纪德国概念法学实际上已经包含相当充分的分析法学的萌芽。之后,随着资本主义经济的发展对法律的系统性和精确性的要求愈加急切,法律的形式因素即逻辑因素的重要性日益凸显,一种更为完整的法学形态——现代英美国家的分析法学的出现就成为必然的趋向。下面,我们以分析法学对基本法律概念的分析为线索,简单梳理一下分析法学的源流。

二、分析法学源流:以法律概念分析为线索

英美法系与大陆法系是两个迥然相异的法律传统,前者以经验主义为哲学基础,后者以理性主义为哲学基础。前者正如庞德所言:"具有代表性的普通法学说是相信经验而不相信抽象概念,宁在经验的基础上,像每一个案件中正义所需要的那样,由一案到下一案谨慎前行,而不是事事回首求诸设立的一般性。"而后者正如韦伯的理解:"法律思维的理性建立在超越具体问题的合理性之上,形式上达到那么一种程度,法律制度的内在因素是决定性尺度;其逻辑性也达到那么一种程度,法律具体规范和原则被有意识地营造在法学思维的特殊模式里,那种思维富于极高的逻辑系统性,因而只有从预先设定的法律规范或原则的特定逻辑演绎程序里,才能得出对具体问题的判断。"① 韦伯称大陆法系的这种方法为法律的形式主义。

大陆法系注重法律概念的精确和法律的体系化,其缘由,一方面是源于罗马法的传统,另一方面是 17 世纪欧洲自然科学的发展,人类的理性获得巨大的成功,科学的方法从数学和自然科学领域延伸到法学,尤其是几何学的方法对法学影响尤甚。

大陆法系的法学家和哲学家试图运用几何学的方法论创建新的法理学,先驱人物和代表人物当属莱布尼茨(G. W. F Leibniz)。莱布尼茨深入且系统地研究了罗马法,并将罗马法和古希腊的几何学进行比较,认为两者方法论在本质上是一致的,皆是从基本的公理和原则出发,逐步推导出整个体系。在此基础上,莱布尼茨主张法典化。②

莱布尼茨之后,在法学中力推几何学方法的代表人物是莱布尼茨的学生——克里斯蒂安·沃尔弗男爵(Wolff, Christian Freiherr von,1679—1754)。他将莱布尼茨的哲学加以系统化和通俗化。他在他的两部法学著作③中,采用几何学的范式,重新排列现行法,并将法律推理变得更加精确和优雅。④ 沃尔弗男爵谈及法律与几何学的关系时说:"除非跟随欧几里得的脚步,跟随更为真实更为严格的法律逻辑,法律才能清晰起来。术语需要精确的定义,前提需要充分论证,概念需要适当的排列,这样法律推理的结果才能得到完整的理解。"⑤

在理性主义哲学的影响下,分析法学的萌芽首先出现在大陆法系,意

---

① 〔美〕艾伦·沃森:《民法法系的演变及形成》,李静冰、姚新华译,中国政法大学出版社 1992 年版,第 29 页。

② Roger Berkowitz, *The Gift of Science: Leibniz and the Modern Legal Tradition*, Harvard University Press 2005, p. 30.

③ 他的两部法学巨著分别是:*Jus Gentium Methodo Scientifica Pertractatum: in quo jus gentium naturale ab eo, quod voluntarii, pactitii et consuetudinarii est, accurate distinguitur*, Renger 1749; *Institutiones Juris Naturae et Gentium: in quibus ex ipsa hominis natura continuo nexu omnes obligationes et jura omnia dedvcvntvr*, Renger 1750.

④ Michael H. Hoeflich, "Law & Geometry: Legal Science from Leibniz to Langdell", (1986) 30(2) *American Journal of Legal History*, pp. 95-121.

⑤ Christian Wolff, *Institutiones Juris Naturae et Gentium: in quibus ex ipsa hominis natura continuo nexu omnes obligationes et jura omnia dedvcvntvr*, Renger 1750.

大利的注释法学和德国的概念法学就是分析法学在欧洲大陆上的两个主要源流。当大陆法系的法学家沉浸在理性思辨之中时,普通法系的法学家却正陶醉在对经验的绝对信任之中。也许是"物极必反"的缘故,18世纪,衍生于经验的普通法,由于缺乏理性的整理,已经长得实在不像样子了,含混繁杂,百病俱生,在这种背景下,分析法学在普通法系中萌芽了。它的出现最初是以"医治普通法的病"为己任的,最后却成为一支在学术成就上远远高于注释法学和概念法学的现代分析法学流派,这倒真是应了一句中国的古谚:"久病成医。"

分析法学源流之一:注释法学

注释法学是西欧11世纪末到15世纪出现的一支与神学相对抗的法学流派。由于罗马法随罗马帝国的崩溃而销声匿迹,在中世纪神学统治的时期,曾经辉煌一时的罗马法已经鲜为人知了,直到1080年,罗马法的重要文本《学说汇纂》在意大利被重新发现。

面对这一发现,人们的心情如同当年发现散轶时久的《旧约全书》抄本一样激动。[①] 于是,抄录与研究《民法大全》成为当时的时尚,数年以后,博洛尼亚大学诞生。在一位杰出的教师古阿内留斯的影响下,博洛尼亚法学院逐步成为研究罗马法的中心,并成为注释法学的发源地。注释法学的主要工作和贡献,正如伯尔曼在《法律与革命》中所描述的:注释法学家"通过运用其学识赋予历史积累下来的大量法律法规以结构和逻辑性,从而使各种新的法律体系得以从以前几乎完全与社会习俗和一般的政治和宗教制度混为一体的各种旧法律秩序中脱胎出来"。[②]

关于注释法学的研究方法,我们不可不提及希腊哲学。希腊与罗马是古代的两个极有天赋的民族,希腊人的天赋表现在理论上,而罗马人的天赋表现在实践上,可以说,哲学特别是亚里士多德的逻辑学是希腊人天

---

① 法律史学家最初并不能肯定是帕维亚(Pavia)的法学家还是博洛尼亚(Bologna)的法学家开始了罗马法的复兴,但是,研究最终证实是博洛尼亚的法学家在11世纪末和12世纪初发现了罗马法的重要文本——《学说汇纂》。也是这些博洛尼亚的法学家首先认识到《学说汇纂》的重要性。见 Frank A. C. Mantello and Arthur G. Rigg (eds.), *Medieval Latin: Medieval Latin: An Introduction and Bibliographical Guide*, Catholic University of America Press 1996, pp. 254-266.

② 〔美〕哈罗德·J.伯尔曼:《法律与革命:西方法律传统的形成》(第1卷),贺卫方、高鸿钧、张志铭、夏勇译,法律出版社2018年版,第89页。

赋的表现,而罗马法则是罗马人天赋的表现。在注释法学那里,这两个民族的天赋被结合到一起了,这种结合充分体现在注释法学的方法上。

注释法学在其发展前期(13世纪之前)所运用的方法是一种经院主义的方法①,将希腊学者亚里士多德的逻辑学运用到对罗马法经典文献的解释与整理上。这种方法是:预先假定罗马法经典文献的绝对权威性,它们被认为包含着一种综合性的和完整的体系,同时,它也假定文本里可能存在着疏漏和矛盾,然后,采用逻辑的方法填补其疏漏、消弭其矛盾。

13世纪下叶至15世纪,注释法学对罗马法的研究发生了重要转变,不再拘泥于对罗马法的经典文本的注释,以奇诺和巴尔多鲁为代表的注释法学家在前期注释的基础上,开始提炼法律概念(如物权与债权的概念),归纳基本规则,抽象一般原则,建立法律的分析结构,不仅使粗糙、散乱的罗马法体系化,同时也使法学成为一门独立的科学。所以,后期的注释法学又称为评论法学。

分析法学源流之二:概念法学

罗马法及其注释法学的影响也渐渐渗入德国,1495年神圣罗马帝国的帝国法院开始采用罗马法。在继受罗马法的过程中,德国人以其天生的"概念"倾向与天赋,也造就出一个具有浓重的分析实证色彩的法学流派,这就是概念法学。

概念法学源于19世纪中叶以后由历史法学演变而来的"潘德克顿法学",它同样以罗马《学说汇纂》为其理论体系和概念术语的历史基础,强调对法律概念的分析和构造法律的结构体系。概念法学的发端起于潘德克顿法学家普希达,集大成于温德夏特。概念法学十分迷信法学家的理性能力,认为理性建构的法典足以涵盖和处理一切的社会问题。他们有一种执著的追求,就是将法律设计成一种精美绝伦的形式,当人们考察某一具体的社会事实中所包含的法律关系时,只要依循严格的逻辑,通过"概念的演绎",就可以得出精确的结论。日本民法学者加藤一郎曾对概念法学下过一个定义:"所谓概念法学,指仅依形式的三段论法进行判断,

---

① 在传统的西方哲学史的著作中,经院主义哲学一向是一个贬义词,但是,经院主义哲学在人类学智的发展史上,却具有重要作用。它使神从被信仰的对象而成为被思考的对象,是它启动了从信仰的时代向启蒙的时代和科学的时代的过渡。

即以法律规定作为大前提,以具体的事实作为小前提,然后,依三段论法引出机械的、形式的结论。从来的概念法学就是如此。这正像自动贩卖机,从上面投入事实,在其中适用预先决定的所谓法律规定,然后从下面自动出来结论。"①著名的法社会学家韦伯所处的时代也正是概念法学发达的时代,韦伯所说的法律形式主义(formalism)就是针对概念法学而言的。

尽管概念法学关于法律推理的理想不免天真,但是概念法学所提炼的种种抽象而精致的法律概念,如法律行为等,仍是现代民法学的重要理论基础,尚难以超越。应该说,概念法学对于法律概念精益求精的态度无可厚非,因为作为法学者和立者,尽可能地将纷繁复杂的社会现实概括至一个严谨的法律概念系统之中,这是他们的天职,也是法治本身性质的要求,而那些不求抽象的概念提炼和严谨的逻辑推理,慷慨地将自己的工作留给法官,这倒是一种懒惰的做法,也悖于法治本身的性质。所以,中国法学家对于概念法学的过分批评是轻率的和肤浅的。实际上,概念法学在西方法制史上功勋卓著,概念法学大师温德夏特主持起草的《德国民法典》仍是现代国家民法典的典范,西方法学家盛赞《德国民法典》是"法律的优等计算机"和"异常精确的法律的金线精制品"。

当然,在20世纪,社会剧烈变化,新问题和新矛盾层出不穷,概念法学这台"优等计算机"也错误频频,"自以为是"的纯粹形式与概念的推演显然不能满足现实社会中人们对于正义的希求,概念法学由此名声扫地。而对于概念法学抨击最为猛烈和刻薄的却是潘德克顿法学派的"逆子"耶林。②

其实,概念法学本质上是法律的一种方法,这种方法本身是不应当受

---

① 〔日〕加藤一郎:《民法的解释与利益衡量》,梁慧星译,载《民商法论丛》(第2卷),梁慧星主编,法律出版社1994年版。

② 耶林在《法学的戏谑与认真:献给法律读者的一份圣诞礼物》中将概念法学的世界描述成一个远在太阳系之外的完全黑暗的空间,耶林借剧情中法律概念天国的看护人之口对概念法学有一个表白:"对我们而言空气即是毒药,正因如此,我们的天堂才坐落在世界的最遥远角落,这样便没有任何空气和阳光能够进入,概念不能忍受与真实世界的接触。在你面前为你所有的这个概念的天国里,不存在任何你想象中的生命,它是一个抽象思想和概念的王国,这些思想和概念通过逻辑从自身生成自身,并因而羞于同真实世界的任何接触。一个人若想进到这里必须抛弃所有关于起初世界的记忆,否则他便不配或不能够观赏那些存着我们天国中至高无上之乐趣的纯粹概念。"在这篇著作的结尾,耶林醒来了,发现这一切原来是一个梦。见 Rudolph von Jhering, *Scherz und Ernst in der Jurisprudenz: Eine Weihnachtsgabe für das juristiche Publikum*, Breitkopf & Härtel 1884.

到批判的,应受批判的只是那种"将这种方法视为法律之全部"的极端做法,但是,许多人在批判概念法学时,却将这种方法也抛弃了,把事情搞得乱糟糟的。因为法学之所以成为法学,乃至法治之所以成为法治,就在于它的最本质的方法就是概念法学的,它通过概念的建构形成规则。如果抽取这一条,法学不成其为法学,法治也会变为人治。

在总结耶林对概念法学的批判时,拉德布鲁赫所说的一段话是十分冷静和公道的:"法律构造,即概念法学,早已被耶林,现在又被自由法学派的个别追随者当做猛烈攻击的对象,但是,这种攻击实际上根本不是针对法律的构造(概念法学),而只是针对一种虚假的构造方式。"[①]我想,这一段话可以送给那些喜欢抨击概念法学却又总是抨击得过头的人。

概念法学在19世纪末期之后,以法学家梅克尔、波斯特、迈尔为代表,概念法学逐步转变为德国实证主义法学派,又称新概念法学,它也是分析法学家族中的一个支流,不过,同英美国家纯正的分析法学相比,它的思想渊流并不源自边沁和奥斯丁的传统,而是植根于德国本土的法学传统,即历史法学和概念法学。分析法学从不同的法系和国度独立地滋生和发展起来,这也说明分析法学是法治与法学发展的内在趋向和要求。

在这里,需要说明的是,上文已经指出狭义上的分析法学是指英美国家的分析实证主义法学,而概念法学则是德国的土生土长物,但是,两者在方法上是一致的,所以,许多学者将两者相提并论,如日本民法学者加藤一郎的描述:"在英美,虽没有与概念法学直接对应的用语,但有形式论者(formalist),或者称为分析法学(analytical jurisprudence)的思考方法,可以说,19世纪到20世纪初概念法学的思考方法占了支配地位。"[②]

[①] 〔德〕拉德布鲁赫:《法学导论》,米健、朱林译,中国大百科全书出版社1997年版,第171页。

[②] 〔日〕加藤一郎:《民法的解释与利益衡量》,梁慧星译,载梁慧星主编:《民商法论丛》(第二卷),法律出版社1994年版。还有许多与分析法学相关的提法,如概念主义(conceptualism),泛指强调法律中的概念和逻辑因素的法学体系。实用法学(Praktische Rechtswissenschaft, Praktische Jurisprudenz),指一种以为立法和审判等法律实务提供必要的技术为目的的学问。上述学说与分析法学有着很多"家族的相似性",甚至外延重叠,只不过在历史背景和称谓角度方面有所区别而已。

分析法学源流之三:现代英美国家分析法学

18世纪的欧洲处在"理性主义"的时代,以理性主义为哲学基础的自然科学取得了巨大成就,以孔德为代表的社会科学家开始尝试运用自然科学的方法研究社会现象,这就是实证主义的肇始,实证主义成为分析法学诞生的重要哲学背景。

现代分析法学的历史就是从当时的英国法学家边沁(Jeremy Bentham)的著作《法律总论》开始的。边沁认为,源生于英国习惯法的普通法是与"理性主义"时代格格不入的一种法律制度,必须加以彻底的改革,但是,当边沁进行具体的法律问题研究时,许多始料不及的困难使他愈益感到系统地分析法律制度的逻辑结构是一项十分必要的基础工作,于是,边沁在《法律总论》中开始了这一基础工作。《法律总论》从法律的渊源、法律的主体、法律的客体、法律的范围、法律的方式、法律的强制、法律的表达和法律的补救八个维度对法律进行了实证分析,成为现代分析法学的开山之作。边沁的另一篇著述《民法典的原则》则将分析法学的方法用于民法研究,开创了"分析民法学"的先河,其中关于"财产"概念的分析至今仍是英美财产法的重要理论渊源。

边沁的学生奥斯丁的分析法学的思想的影响就更为深远,他十分注重对基本法律概念的实证分析,诸如"权利""义务""自由""物""行为""故意""过失"等法律概念经由他的分析之后从以往的混乱逐步趋向明晰。奥斯丁的经典著作《既定的法理学范围》和《法理学讲义》从研究范围和研究方法等方面确立了分析法学的独立地位。

美国也深受英国分析法学的影响,自独立战争之后,美国的法律逐步趋向以逻辑演绎为本质特征的形式主义(formalism),特别是在18世纪后期,法律的形式主义表现就更为明显。1870年哈佛法学院院长兰代尔(Christopher C. Langdell)创立的案例分析法(the case method of legal instruction)则为法律的形式主义(法律推理)提供了一套分析法学的方法。兰代尔认为:法律由有限数目的基本理论和原则所组成,法律发展的原则是从基本学说和概念中逻辑发展的原则。所以,他十分强调法律在形式上的一致性、客观性和可预测性。他在《合同法判例选》中从繁多的先前案例中抽取一般规则,形成合同法的规则体系,使得普通法的合同法在形式上完美起来。美国法学家弗里德曼在其名著《美国法律史》中评述兰代尔的方法是一种"没有岩石的地质学"和"没有星月的天文学"。① 兰代尔的法律思想和方法后来受到霍姆斯的严厉批评,霍姆斯在其巨著《普通法》中的开篇之语"法律的生命不是逻辑而是经验"②就是针对兰代尔的。在霍姆斯的巨大影响下,美国法学主流逐步从分析法学偏向现实主义法学,但是,分析法学依然在深入发展,兰代尔的概念主义(conceptualism)的案例分析法仍然统治着美国法学院的法学教育。

美国法学家格雷(John Chipman Gray,1839—1915)也继承了分析法学的传统,他在其名著《法律的性质和渊源》中对"被保护的利益"和"权利"概念的差异以及当时特别混乱的"法人"的概念等作了细微的分析。③

20世纪初出现的另一位分析法学的巨匠就是美籍奥地利法学家凯尔森(1881—1973)。他创立了纯粹法学,即规范法学,主张将法律作为"纯粹"的独立自在的规范体系进行研究,因为只有将法律理论既同正义哲学分开,又同社会学分开,才有可能建立真正的法学。所以,凯尔森的纯粹法学是关于实在法的结构和关系的学说,即纯粹的分析法学。

这里,我们还应特别提及的一位分析法学家,就是美国的霍菲尔德。1913年和1917年霍菲尔德在《耶鲁法学季刊》发表《司法推理中应用的基本法律概念》,对广义的权利—义务概念进行了系统的逻辑分析。他认为:"分析法学的目的之一是对所有法律推理中应用的基本概念获得准确的深入的理解。因此,如果想深入和准确地思考并以最大合理程度的精确性和明确性来表达我们的思想,我们就必须对权利、义务以及其他法律关系的概念进行严格的考察、区别和分类。"④他将所有的法律关系化约

---

① "Langdell's science of law was a geology without rocks, and an astronomy without stars." See Lawrence M. Friedman, *A History of American Law*, Simon and Schuster 1973, p.535.

② "The life of the law has not been logic; it has been experience." See Oliver Wendell Holmes, *The Common Law*, Little, Brown & Company 1881, p.1.

③ John Chipman Gray, *The Nature and Sources of the Law*, Roland Gray (ed.), 2nd ed., Macmilian Company 1921.

④ W. N. Hohfeld, *Some Fundamental Legal Conception as Applied in Judicial Reasoning and Other Legal Essays*, Yale University Press 1923, p.349.

为八个基本法律概念,他称之为"法律的最小公分母",而诸如衡平所有权等复杂概念只是这八个基本概念的不同组合而已。霍菲尔德的分析法学思想对美国立法实践也产生了重要影响,美国法学会编撰的《法律重述》中的《财产法重述》就采用了他的上述概念分析。霍菲尔德的思路也提醒我们:对某些新的法律现象如股权和信托财产,不要急于定性,而应具体地分析其内在的要素。本书在第二章将深入地阐述霍菲尔德的理论。

分析法学源流之四:斯堪的纳维亚法律实在论

斯堪的纳维亚法律实在论也是一个不应忽视的分析实证主义法学流派,它的主要代表人物是海格斯多姆(Axel Hagerstrom)及其学生奥利维克罗纳(K. Olivercrona)、伦斯特德特(A. V. Lunstedt)和罗斯(A. Ross)等。这一学派十分漠视自然法思想,弗里德曼将这部分归因于斯堪的纳维亚缺乏强大的天主教传统。当然,斯堪的纳维亚法律实在论的"最特殊且深具价值之贡献"不在于对自然法思想的批判,而在于他们对英美和欧陆分析法学家关于基本法律概念的分析作出了独到的回应和检讨。其中,罗斯于1957年发表在《哈佛法律评论》上的《图图》("Tû-Tû")一文[①],对所有权的概念作了十分精妙的剖析,堪称经典,本书将在第七章作介绍。

三、分析法学的基本精神及其意义

分析法学的五项基本精神

总之,在分析法学或者说分析实证主义法学大家族内,支派林立,脉络交织,任何梳理和分类都只能是粗略的。不过,十分明显的是,它们都具有共同的精神和方法,也正因为此,它们才都被冠以分析法学之名。那么,这种共同的精神和方法是什么?新分析法学大师哈特的总结堪称权威,他认为分析实证主义法学有以下五项基本特质:

一是主张法律是人类的命令;

二是认为法律与道德或者实在法与当为法之间没有必然的联系;

三是认为法律概念的分析是一项意义重大的工作,它不同于对于法

---

① Alf Ross, "Tû-Tû", (1957) 70 (5) *Harvard Law Review*, pp. 812-825.

律的来源与运作的历史学和社会学的研究,也不同于自然法学的方法;

四是认为法律体系是一个"封闭的逻辑体系",正确的法律判决可以从与社会目的、道德标准毫无关系的既有的法律规定中,以逻辑的方法演绎出来;

五是认为道德判断不能像事实的陈述一样,在证据的基础上以合理的推理予以确认。①

在以上诸点中,第三项和第四项是本书着重强调的,并将在本书中引入民法学的研究中,其他各项本书则不涉及。

分析法学的哲学基础:分析哲学、符号学与现象学

法学是中国学术界的"新贵",学术新贵与工商新贵一样,给人的印象往往不好,"一身的浮躁,满嘴的油腻",看不到深厚的哲学与人文气质,还自以为是。应该承认,中国的法学与其他学科特别是哲学的隔阂是很深的,这是一个不正常的局面。

实际上,在西方法学发展史上,法学上的任何一次进展都与哲学上的进展是分不开来,如柯勒(Josef Kohler)与黑格尔主义的渊源,凯尔森与新康德主义的渊源,哈特与分析哲学的渊源,可以说,一个新的哲学流派出现,它往往也要在法学中造就一个相应的法学流派及其思想领袖。②

分析法学的哲学基础是分析哲学,以及相关的符号学(包括语义学)等。

分析哲学(Analytic Philosophy) 是以语言分析为首要任务,以逻辑分析为主要方法,旨在建立所谓的"科学的"哲学,它包括逻辑原子论、常识实在论、逻辑经验主义、日常语言学派、实用主义的分析学派、批判理性主义和历史社会学派等,它形成于20世纪初的英国,是第二次世界大战以后英语国家中影响最大的哲学思潮。分析哲学将语言分析视为哲学研究的首要任务,强调从纯粹逻辑的观点分析语言的形成和结构,主张建立严格精确的"科学的"哲学,反对一切以思辨为基础的传统哲学。德国哲

---

① H. L. A. Hart, "Positivism and the Separation of Law and Morals", (1958) 71 (4) *Harvard Law Review*, p.593.

② 哈特与维特根斯坦之间的学术渊源就是一个例证。见 Alexandre Lefebvre, "Law and the Ordinary: Hart, Wittgenstein, Jurisprudence", (2011) 154 *Télos*, pp.99-118.

学家弗雷格是分析哲学的先驱,他的数理逻辑及语言哲学思想为分析哲学的创立奠定了基础,至 1905 年罗素发表《论指称》一文标志分析哲学的正式形成。

符号学(Semiotics)则是一种关于符号的构成及符号变化规律的科学理论。所谓符号是指交际过程中用来传达某种信息的有意义的媒介物,如法学中的种种术语和概念其本质都是符号。洛克在《人类理智论》中认为:符号学的职责"在于考察人心为了理解事物,传达知识于他人时所用符号之本性"。皮尔士、索绪尔、卡西尔以及弗雷格的思想是符号学的主要理论来源,但是,系统建立符号学的则是美国哲学家莫里斯,他认为符号学所研究的符号主要应是人类的语言,它应当研究三种类型的关系:符号与其对象的关系、符号与人的关系、符号之间的关系,研究这三种类型的关系的学科则分别是语义学、语用学和句法学,符号学就是由这三个部分构成的一个整体。①

1913 年霍菲尔德发表《司法推理中应用的基本法律概念》一文时,正是索绪尔发表关于语言的基础的著名演讲的第三年,而该演讲构成了欧洲符号学的基础。② 霍菲尔德可能以为他当时只是在从事分析法学与财产法的研究,其实,他是在系统地研究法律符号学。③

现象学(Phenomenology)的方法与分析哲学的方法具有一定相似性。1957 年分析哲学家 J. L. 奥斯丁在就任亚里士多德学会主席职位时演讲说:"也许最好为这种研究哲学的方法使用一个比语言哲学或语言分析更少误解的名字,例如语言现象学。"④显然,他将分析哲学视为现象学的一个分支。

---

① Charles W. Morris, *Signs, Language and Behavior*, Prentice-Hail 1946.
② See Ferdinand de Saussure, *Course in General Linguistics*, Roy Harris (trans.), Gerald Duckworth & Co. Ltd. 1983.
③ Jack M. Balkin, "The Hohfeldian Approach to Law and Semiotics", (1990) 44 (5) *Miami Law Review*, p.1121.
④ Austin, J. L. "A Plea for Excuses: The Presidential Address." *Proceedings of the Aristotelian Society*, vol.57, 1956, pp.1-30.

"形态多样的成文法背后存在先验的概念与逻辑",这是现象学的信念①,其实,也是分析法学的信念。现象学特别注重"事物、概念、价值和人在意识中的显现方式"②,将现象学方法用于法学研究的代表性人物——现象学哲学家雷纳赫(Adolf Reinach)认为:表面上带有任意性的纯粹的成文法,也包含实际上能够阐明成文法结构的"先验的"本质。③他认为:"法律上的构造,如请求权和所有权,是一种类似于数字、树木和房屋的存在,它独立于人们认识到它与否,也独立于所有实证法而存在。实证法找到这些法律概念,却绝非产生了它们。法律上的构造虽然在一定时间和一定人之间存在,但它们的结构形式有超越时间的存在,因此对实证法必然是预定的。不考虑一定实证法规范,也可以产生法律上的构造物,如请求权。"④

同样的信念——"在法中有实质的先验条件",也是杰尔哈特·胡塞尔(Gerhart Husserl)作品的基础。杰尔哈特·胡塞尔是现象学创始人埃德蒙德·胡塞尔的儿子,他以现象学的方法研究法律,1933 年撰写了《权利客体:财产理论的法律逻辑研究》⑤一书。在当时的德国,几乎所有的图书馆都有这本书。之后,他流亡美国,以开出租车为生,学术事业停滞了。著名的古典学学者罗伯特·伯尔曼(Robert Berman)说他永远没能成为学者,这一评价也令人诧异。⑥

分析法学与法律科学

在中国的法学研究中,具有社会学取向的研究和具有分析法学取向

---

① Adolf Reinach and John Crosby (ed.), "The Apriori Foudations of the Civil Law": Along with the lecture, "Concerning Phenomenology", Ontos verlag 2012.

② 也有学者将现象学的方法用于研究自然法,见 William A. Luijpen, *Phenomenology of Nature Law*, Duquesne University Press 1967.

③ 〔美〕赫伯特·施皮格伯格:《现象学运动》,王炳文、张金言译,商务印书馆 1995 年版,第 288 页。

④ 参见张青波:《理性实践法律:当代德国的法之适用理论》,法律出版社 2012 年版,第 28 页。

⑤ Gerhart Husserl, *Der Rechtsgegenstand: Rechtslogische Studien zu einer Theorie des Eigentums*, Springer 1933.

⑥ 〔美〕罗娜·伯格编:《古典诗学之路——相遇与反思:与伯纳德特聚谈》(第二版),肖涧译,华夏出版社 2016 年版,第 105 页。

的研究都不发达,但是,由于社会现实对于法制建设的急迫要求,前者显然多于后者。法学者将社会学和经济学的方法广泛地运用于法学研究,所以,在当前众多的法学研究成果中,严格说来,多数应当归属于法社会学和法经济学的范畴。而对于法律基本概念和逻辑的研究则寥寥无几,实际上,这项研究在很大程度上已被忽略了。① 有一种偏见认为,诸如分析法学之类的"咬文嚼字"的理论与方法太远离社会现实,单纯形式上的概念分析并不能解决实际问题,正如中世纪的经院哲学一样,沉醉于"一个针尖上可以站几个天使"如此空泛的问题之中,是"无果之花",最终不过是一种孤芳自赏的屠龙之术而已。此种偏见颇为流行,所以,在中国法学界,分析法学和概念法学的名声并不太好,尽管真正的分析法学和概念法学研究在中国刚刚开始。

其实,"社会学上的因素,不论多么重要,就法律上的目的而言,必须呈现于概念架构之中,否则,就不能成为法律体系里面有意义的因素"。② 因为我们没有认清这一点,所以,在当前的立法和司法的实践中,由于基本概念和逻辑的含混,所造成的问题日益见多。因此,摆脱实用主义色彩过浓的研究方式,沉潜于基本理论的探索显得尤为重要,而要达至这一目的,建立一门纯粹的法律科学实为必然。

分析法学与法治建设

事实上,分析法学的出现并不是学智发展的一般结果,而是一定的社会政治背景使然。在专制的社会中,所谓的"法律"实际上是专制者的主观任意,"朕即法律",法律可以随专制者的意愿任意变动,所以,逻辑因素在法律中的地位并不重要。但是,在民主的社会中,法律从主观性、任意性走向客观性、普遍性,这一变迁的主要标志就是法律的逻辑性日益显凸,立法者同样也在法律逻辑的制约之下,而当人们将自己的命运交付给

---

① 但是,我们的法学界却要在一个贫乏的基础上"两线作战",一面努力建立和丰富自身的知识体系,求得学科真正的独立,同时又要分出很大心力,不断地寻求与其他人文社会科学学科的融合。我们看到,近年来由于法学界的若干青年先进的努力,后一个方面的状况正在得到改善。但是,前一个方面的情形似乎还没有明显起色。贺卫方:《〈超越比利牛斯山〉自序》,载《南京大学法律评论》1998年春季号,第206页。

② 〔英〕丹尼斯·罗伊德:《法律的理念》,张茂柏译,台湾联经出版事业公司1984年版,第309页。

法律的逻辑而不是专制者的意志时,社会正义就由此获得了基本保障。

所以,现代社会统治的一个重要特征就是对正当性(legitimacy)而不是强制性的依赖愈来愈强。哈贝马斯认为,所谓"正当性"指的是一种政治秩序值得被人们承认。他说:"一种政治秩序总要求人们把它当做正确的正义的存在物加以认可,而合法性(正当性)意味着它有着充分的理由这样去做"。所以,在现代社会,"依靠行政手段随心所欲地保持或建立有效的规范结构,已属痴心妄想"。①

那么,"正当性"源自何处?美国新自然法学家德沃金认为,法律的正当性的主要来源是法律的整体性②,所谓整体性(law as integrity)包含两个原则,即立法的整体性原则和审判的整体性原则,它要求法律"尽可能把社会的公共标准制定和理解看作是以正确的叙述去表达一个正义和公平的首尾一致的体系"。③ 当然,德沃金的"整体性"概念的内涵十分深刻,它并不完全等同于法律的一致性,但它却以法律的一致性为基本条件,而法律的一致性又首先表现为逻辑的一致性。

对法律的内在逻辑的研究正是分析法学的任务,分析法学使法律学成为一门独立的科学④,它使现代司法的独立在知识学上成为可能,其政治意义正如1895年9月21日美国法典运动的著名代表人物菲尔德(David Dudley Field)在芝加哥大学法学院开学典礼上一篇题为《法律科学的性质及其重要性》的演讲中所言:"法律科学是防止司法正义不被践踏,不被滥用的最大的保障,如果司法判决仅仅取决于法官的意志和他对于正义的观念,我们的财产和生命就会受到反复无常的随意性很强的判决的威胁。"⑤萨维尼在其著名的《论立法与法学的当代使命》一文中也强

---

① 陈学明:《哈贝马斯的"晚期资本主义"论述评》,重庆出版社1993年版,第94页。
② 〔美〕德沃金:《合法性的难题》,见〔美〕德沃金:《法律帝国》,李常青译,中国大百科全书出版社1996年版,第171页。
③ 同上书,第196页。
④ 参见〔德〕拉伦茨:《法学方法论》,陈爱娥译,台湾五南图书出版公司1996年版,"法学在知识上的贡献"部分。
⑤ Stephen B. Presser and Jamil S. Zainaldin, *Law and Jurisprudence in American History: Cases and Materials*, 2nd ed., West Publication Company 1989, p.712 (refering David Dudley Field, *Magnitude and Importance of Legal Science*).

调:"由一种严格的科学的方法所保障的确定性才能根除任意专断（Arbitrary discretion is excluded by the certainty resulting from a strict scientific method）。"①所以,以分析法学为主要方法的法律学作为一门科学的出现是法治的内在要求,其社会功能在于对专制权力的制衡。

但是,现代法律学要实现其消解专制者对法律创制和法律解释的垄断,又必须依赖一个法律职业的共同体,它支持着法律学成为一门独立的科学,而法律学又是"这个共同体对于存在事物的理性表达"。两者之间相互承辅的关系正是西方法律传统的精髓之所在。伯尔曼在《法律与革命》一书中曾对12世纪这一西方法律传统的形成作了深入的分析。12世纪正是注释法学崛起的世纪,而注释法学又正是分析法学的最早萌芽。注释法学在当时孕育了一个法律职业集团,并使其获得话语权力,法学家的地位随之日益显著,时至今日,法学家最终成为现代西方社会中制衡政治集团权力的特别阶层。

分析法学与法学教育

中国社会正逐步走向"法治国",而"法治国"这一理想实现的一个重要条件就是一个具有严格的法律形式主义思维的法律职业集团的生成,这一集团的生成应当是中国法学教育的一个基本目标。为实现这一目标,一方面应着力中国的法律教育的社会体制的变革,促进法律教育与法律职业的结合,使得法学院的毕业生成为中国法官的主要来源,或者说,使得中国的法官经过系统和严格的法学训练;另一方面应着力于中国的法律教育的内在内容的变革,训练法科学生严格的法律思维,即强化美国法学教育的鼻祖兰代尔所倡导的所谓"严格的形式训练"（rigorous formal training）。

在美国法学界,尽管种种斑驳的法学思潮如现实主义法学、社会法学、批判法学等频频登场,翻云覆雨,然而,分析法学仍然是美国法学院学生基本的专业训练内容,如兰代尔的注重法的形式主义的"案例分析法"、霍菲尔德及其学生科宾（Arthur L. Corbin）和库克（Walter W. Cook）

---

① 〔德〕弗里德里希·卡尔·冯·萨维尼:《论立法与法学的当代使命》,许章润译,中国法制出版社2001年版。

开创的关于法律基本概念的分析方法等。

在欧洲法学界,也曾有现实主义法学派。1910年10月31日亨利·海曼斯(Henri Hijmans)在阿姆斯特丹大学发表就职演讲《现实中的法律》,抨击传统的教义主义法律方法,反对精密的法律推理,反对法律建构,主张一种所谓的"真正的活的法"(real living law)的现实主义的法律方法。但是,最终失败了。现实主义法学派在美国被视为英雄,但在欧洲却被视为怪人。由于欧洲人对于极权专制主义的恐惧,所以,一直将法的形式主义视为法律的根本,这是现实主义法学派在欧洲失败的原因。①

而目前,我国法学院的学生十分缺乏这种法律形式主义的训练,其原由一方面是中国法律的形式主义体系尚未完全形成,另一方面是我国法学界对分析法学的研究非常薄弱,更未将其作为一种基本的专业训练纳入法律教育的体系之中,当然,这需要一个较长的时间去建设。

但是,我们应当认识到,如果一个国家的法学院的毕业生在从事法律实务时缺乏严格的法律思维的能力,那么,这个国家的法律教育是失败的,这个国家的法治基础也将由此而坍塌,以法律形式主义为保障的法治社会就不会实现。②

---

① Martijn W. Hesselink, *The New European Legal Culture*, Kluwer 2001, pp.27-34.

② 当然,在我们强调法律体系的逻辑严谨性时,也应当清醒地认识到,在社会纠纷的实际解决过程中,法律逻辑只是其中一种力量,各种强权会在法律的缝隙中甚至冲破法律之网发挥作用。但是,当法律逻辑的力量在整个社会演进中的作用愈益增强时,一个真正的法治国家就会生成,这正是我们强调分析法学之研究的终极理想。

此外,还需说明的是,我反对以分析法学否定其他研究方法如法社会学的方法,相反,一个健康丰满的法学方法论应当是分析实证和社会实证相结合的方法论,所以,分析法学和法社会学应当携手协力,共筑法学宫殿。回顾近两百年的西方法学史,分析法学与社会实证法学派一直在"红着脸"争吵,特别是耶林和霍姆斯对分析法学以及概念法学的嘲弄最为尖刻,现在,不少法学家觉得有点矫枉过正了。所以,在中国法学还在蹒跚学步之时,不要纠缠进西方法学的家族宿怨之中。如果我们偏执地以分析法学否定法社会学,或以法社会学否定分析法学,这只能是一种"相煎何太急"的做法,没有什么意义,中国法学现在需要的是像"统一法学"那样的气度。

第三节 作为民法学方法论的分析法学

一、分析法学在民法方法论中的位置

"法学方法论"是一个颇具晦涩玄奥色彩的词语,在中国的法学界,法学家还没有真正确立法学方法论在法律科学中的地位和含义,所以,法学方法论有时具有贬义,被视为"法律外行人所搞的一套形而上学的把戏",有时又具有褒义,是被法律内行人用来抬升自己作品品位的修饰品。其实,在作为一门科学的法学的眼光中,法学方法论是有其严格的定位和意义的。

广义民法方法论:我妻荣的民法方法论思想

我妻荣民法学被称为日本民法学史上最富生命力的学说,我妻荣先生与其他学者不同的是,从一开始就致力于研究构筑民法学的方法论,在确立自己的方法论的基础上展开庞大的民法学实体论的研究。他在29岁那年发表了一篇关于民法方法论的重要论文《关于私法方法论的考察》,他指出民法方法论研究包括三个课题,一是被认为是现时法律学的根本问题,即法律价值问题,二是法律与其他社会现象的关系问题,三是作为法律解释的法律构成的技术问题。他在论文的结尾对民法方法论作了一番总结:"不伴随探究实现应有理想的法律学是盲目的,不伴随实际探究法律的法律学是空虚的,不伴随法律构成的法律学是无力的。"①

狭义民法方法论:拉伦茨的民法方法论思想

德国法学家拉伦茨是民法法系中研究法学方法论的集大成者,但是,拉伦茨的法学方法论主要是我妻荣所谓的法律构成的法律学,即作为民法方法论的分析法学,是狭义的民法方法论。

---

① 见段匡:《日本的民法解释学(续)》,载梁慧星主编:《民商法论丛》(第6卷),法律出版社1997年版,第355—356页。

浏览一下他在论述法学方法论时所归纳的若干主题,对于我们理解法学方法论的内涵肯定具有启迪。拉伦茨的《法学方法论》分为七章,分别为:现代方法上的论辩、法学的一般特征、法条的理论、案件事实的形成及其法律判断、法律的解释、法官从事法的续造之方法、法学中概念及体系的形成。

总结拉伦茨的阐述,本书将法学方法论理论应当包含的内容分为三个方面,一是法律构造方法论,研究法律中概念建构和体系建构之方法,及其表现形式即法律规范之建构的方法;二是法律事实的陈述及其判断之方法;三是法律解释之方法。①

那么,相应的,所谓民法方法论同样也具有以上三方面的内容,本书将分析法学引入民法方法论之中,这一工作主要集中于方法论的第一层面而为,即以分析法学的方法描述民法中概念与体系的建构的逻辑,并对其完善提供新的思路。

二、分析法学的基本方法:逻辑分析与语义分析——以法律概念分析为主

法律概念研究的三种方法与传统

对于法律概念的研究,大约有三个不同的传统,一是形而上学的本质主义(real essence),这曾是一个十分时髦的方法,如法学史上对法人人格的本质的争论,哈特在《法理学中的定义与理论》中认为,这种形而上学的本质主义方法与现代思维是格格不入的;二是逻辑原子主义(logical atomism),如霍菲尔德所采用的方法,他们将法律概念在逻辑上分割为不同的信息单元,并赋予每个单元以标签,正如博登海默所言:"分析法学家的目标就是通过辨别法律概念并将其分解成构成它们的基本成分来阐明法律的概念。"② 三是符号学上的本质主义(nominal essence),它着重从词义方面对法学的词汇和概念进行分析,发现它们之间的细微区别,从而准确地使用它们,以澄清法学上的混乱,并在此基础上,从语言中词语的功

---

① 〔德〕拉伦茨:《法学方法论》,陈爱娥译,台南五南图书出版公司1996年版。
② 〔美〕博登海默:《法理学——法哲学及其方法》,邓正来、姬敬武译,华夏出版社1987年版,第130页。

能角度来分析法律概念的本质,但是,我国的民法学者深受形而上学的本质主义的影响,对于民法上的诸多概念从符号学上探讨其功能的极少。

以上第二种和第三种方法都是分析法学的方法,前者就是逻辑分析,主要是指对法律概念内在的逻辑元素进行化约还原的方法,后者就是语义分析,语义分析的方法则是逻辑分析方法的一种辅助工具。

逻辑分析与语义分析在法律概念分析中的应用

分析法学对法律概念的分析程序,犹如考古学家对化石的勘察程序。考古学家的工作首先是剔除化石上泥尘,使化石显出它的纯粹原身,然后,运用精密仪器测试化石的物理和化学结构。同样,分析法学对法律概念的分析首先也是剔除法律概念上的语言泥尘,通过比较,发现差异,从而明确一个词语的确定指向,这就是语义分析的方法。然后,运用逻辑还原的方法,分析这个词语所指向的法律概念的内在逻辑元素,最终,在逻辑上获得一个关于某一法律概念的最为彻底的理解。

那么,逻辑化约还原的分析方法将概念还原到什么样的地步,才可谓还原到底了?分析法学认为,应当化约至法律关系的元形式,才可谓彻底。所谓法律关系的元形式就是霍菲尔德所说的"法律概念的最小公分母"。所以,霍菲尔德所谓的"寻找法律概念的最小公分母"就是逻辑还原方法的形象说法。

三、分析法学的局限

在西方法律思想史上,对分析法学以及概念主义法学和形式主义法学抨击最为激烈的莫过于19世纪德国法学家利益法学的代表人物耶林和美国法学家现实主义法学的代表人物霍姆斯,但是,他们的法学研究从来就没有抛弃过分析法学的方法。在耶林的《罗马法的精神》和霍姆斯的《普通法》中,对法的一般概念的逻辑分析始终是一项基本工作。他们之所以强调法的经验因素而不是逻辑因素,原因在于,19世纪社会急剧变化导致传统的法律概念和规则无法适应现实,所以,反概念主义和反分析法学的思潮迅速滋生。但是,问题的关键不在于抛弃法律的逻辑分析方法,而在于如何为现代法律建立起一种新的逻辑结构。所以,我们对耶林和霍姆斯的思想应当重新审视,但是,我们不能因此而否认分析法学所存在的局限性。

上面已经强调,一个完整的民法方法论必须包括自然法学、社会法学①和分析法学三个方面,作为其中一个方面的分析法学是无法取代自然法学与社会法学的功能的,这便是它的局限之所在。

在社会事实层面上的局限

分析法学不关心法律在社会生活中的实际运作,所以,它的这一方面的局限需要社会学法学和历史法学来弥补。霍姆斯在《普通法》的开篇写道:"本书的目的是展示一幅关于普通法的总的图景。为完成这一任务,除了逻辑的方法之外,其他的方法也是必需的,因为对法律体系的内在连贯性的分析只是工作的一部分,而不是全部。法律的生命不是逻辑,而是经验。"②

在法律价值层面上的局限

分析法学也不关心法律的价值取向,它所遵循的是典型的"只顾埋头拉车,不抬头看路"的"白专"道路,因为分析法学对法律的分析是单纯形式上的分析,它并不能告诉我们在竞相争取保护的各种利益中应当如何取舍,也不能提供任何规则,使新的利益为法律接受和承认。所以,仅凭它,并不能达到法律的最终目的。③

但是,分析法学在英国法学界长期占有统治地位,而其他的法学流派却死气沉沉,一国的法理学界将绝大部分的精力长期集中在分析法学上,这确实是一件令人看不惯的事情,所以,德沃金在英国执教牛津大学法理学讲坛时对这一局面大大地发了一通牢骚,他说:"直到最近,在英国,对法理学的主要态度仍是所谓的职业态度(分析法学的态度)。这种态度只能产生进步的幻觉,而法律中的那些真正重要的原则问题并未受

---

① 这里,所谓的社会法学是指广义上的社会实证主义法学,它也包含历史法学,而不仅仅指庞德所主张的社会学法学。
② Oliver W. Holmes, *The Common Law*, Little, Brown & Company 1881, p.1.
③ Dennis Lloyd, *The Idea of Law*, Penguin Books 1985, p.318.

到触动。"①

四、分析法学所面临的批评及其回应

分析法学自其诞生起就一直在风风雨雨中成长,20世纪以来,分析法学主要面临着两种法学流派的攻击,一是作为反规范主义的主流,后现代主义法学对分析法学的批判,二是作为社会实证主义的主流,法律社会学对分析法学的批判,尽管反规范主义与社会实证主义具有密切的关系,但是,两者还是具有不同的内涵,前者主要是认识论层面上的批判,后者主要是法律本体论和方法论层面上的批判。如何回应后现代主义法学和法律社会学对分析法学的批判是我们在论述分析法学在当前中国法学研究中的学术地位时所不可回避的一个重要问题。

首先,我们谈论第一个问题,即**分析法学和后现代主义法学的关系**。考察当前中国的法学思潮乃至世界范围的法学思潮,我们发现,一股反规范主义的思潮十分活跃。特别是在中国,这样一个规范主义传统十分薄弱的国度,反规范主义思潮却出乎意料地盛行起来,这是一个令人忧虑的现象,因为当前中国的法制建设事业更为需要的是一种建设性的法学理论,而不是批判性的法学理论。批判性的法学理论的一个主要流派就是所谓的"后现代主义法学",它包括美国的批判法学、女权主义法学、批判种族主义法学等思潮,所谓"后现代主义"是相对于"现代主义"而言的,现代主义在哲学层面上主要表现为:(1) 认识论的基础主义(epistemological foundationalism),认为知识建立在毋庸置疑的基础之上;(2) 语言可以明确地描述事实和表达态度;(3) 社会原子主义,认为社会是个体的集合。分析法学正是以现代主义为其哲学基础,是现代主义法学的基本方法。但是,后现代主义法学彻底否定了现代主义法学的哲学

---

① "在英国,这一题目完全是按标准的教科书,如萨尔蒙德论法理学和巴顿论法理学,来讲授的。这些教材大部分都致力于他们所谓的分析法学。他们赋予分析法学的含义是,仔细研究某些概念的含义(如过错、占有、所有权、过失、法律)。而美国的法理学,相比较而言,它在相当大的程度上致力于英国的法理学曾经忽视了的一个问题:法院怎样处理疑难或有争议的诉讼。美国法理学的主流追随了现实主义的召唤,避免了英国教科书的教条态度。"见 Ronald Dworkin, *Taking Rights Seriously*, Harvard University Press 1977, pp.14-16.

基础,它认为,知识是由社会、文化、语言和历史环境等因素调和而成,它随情境的变化而变化,真理对于我们从来就不是透明的,而所谓关于真理的知识只是一种社会的建构(social construction),是一种根本就不可能反映现实本质的交流系统,法律的学说和法律的原则乃至法律的解释也同样是社会建构的一种知识,它依赖于社会文化情境,是不确定的,是当地的,而不是普适的。[1]后现代主义有两个分支,即后结构主义和新实用主义,前者强调语言的结构在人类理解现实世界(文本)的过程中的作用,后者则着力否定知识的逻辑确定性和客观性。后现代主义作为对理性主义的反思,对我们清醒地认识现代法律的局限性具有重要意义,但是,后现代主义法学却矫枉过正,逐步走向极端,演变为一种强大的"反规范主义"思潮,这一度使分析法学处于十分尴尬的境地,但是,西方许多卓越的分析法学家对此作出了颇为有力的回应,其中之一就是哈特的《法律的概念》。哈特认为,法律既具有确定性又具有不确定性,因为任何法律都具有意思中心(core of meaning),它决定了法律的确定性[2];同时,法律又具有开放结构(open texture),这又决定了法律的不确定性,但是,前者是主要的,后者是次要的。实际上,尽管后现代主义法学将西方的法学界搞得沸沸扬扬,但是,西方的法律制度仍然遵循着现代主义法学的原则,确定性、明晰性、逻辑性、秩序性仍是西方法律制度的基本理念和价值。现代并未结束,它仍是一个未竟的工程。

后现代主义法学思潮传入中国,它极易与各种形态的法律虚无主义羼杂在一起,而这对于中国法治现代化的事业恐怕只会是负面影响多于正面影响。中国法制现代化的基本策略应当是以现代主义法学为根本原则和方法,以后现代主义法学为自我反思的参照系,构建一个融"法律规范"与"精英人治","主权立法"和"民间习惯","实体法"与"程序法","一般法典"与"个案解释"于一炉而相互承辅的法的体系。而这个法的体系仍然要以现代法学的基本方法——分析法学为主要工具,因为严格

---

[1] Peter C. Schanck, "Understanding Postmodern Thought and Its Implication for Statutory Interpretation", (1992) 65 (6) *Southern California Law Review*.

[2] H. L. A. Hart, *The Concept of Law*, 3rd ed., Oxford University Press 2012, pp.124-147.

的规则主义必将是未来中国的法律体系的基调。

下面,我们再谈论第二个问题,即**分析法学(分析实证主义)与社会实证主义的关系**。分析实证主义法学与社会实证主义法学应当统一,它们的统一根源于法律的本体性质。那么,法律是一种什么存在?波普的"三个世界"理论对我们理解这一问题或许会有所启迪。波普认为,宇宙由三个不同但相互作用的世界组成,世界 1 是物质的世界,如海洋和陆地;世界 2 是心理的世界,如人的感觉和情绪;世界 3 是理念的世界,如数学和逻辑。①法律正是一种包含上述"三个世界"因素的复合存在(complex)。法律在物质世界的层面表现为法律的物质载体如法庭和监狱,在心理的层面表现为人们的法律意识如权利意识,在理念世界的层面表现为法律的逻辑和原则②,所以,分析法学的"法律就是逻辑"和法社会学的"法律就是行为"等关于法律本体论的一元化的观点都是有失偏颇的,法律的本体论应当是三元论或者二元论。20 世纪下半叶崛起的制度法学用"制度性事实"这一概念描述法律的本体性质,显然超越了分析实证主义和社会实证主义的法律本体论的思想,这是一种深刻和公允的关于法律本体性质的理论。制度法学认为:法律是一种制度性的事实,具有双重性质,法律既是一种作为逻辑结构的理念上的存在,又是一种作为社会现象的实际上的存在。③前者正是分析法学的研究对象,后者正是法社会学的研究对象。

五、分析法学的新趋向:分析实证与社会实证的统一——新分析法学方法论

传统的分析法学例如凯尔森的纯粹法学则将分析法学的研究范围缩小到"某个在逻辑上可以陈述和描述的法律秩序,即在它想要生效和有约

---

① 〔英〕卡尔·波普尔:《论三个世界》,载〔英〕卡尔·波普尔:《通过知识获得解放:波普尔关于哲学、历史与艺术的讲演和论文集》,范景中、李本正译,中国美术学院出版社 1996 年版。

② 德国哲学家尼古拉·哈特曼(Nicolai Hartmann)(1882—1950)所说的客观精神领域,它构成非自然主义实在论的独立存在层面。

③ 〔英〕麦考密克、〔奥地利〕魏因贝尔格:《制度法论》,周叶谦译,中国政法大学出版社 1994 年版。其中第一章"作为理念和作为现实的规范"重点阐述了该问题。

束力的区域内是否真正在运行,或大体上行之有效",这是一种纯粹以法律的形式上的完美为目标的分析法学的方法,它不考虑法律的实体目标对法律规范的要求,不考虑法律的实际运作,这种故步自封的方法论根本无法适应现代民法研究的要求。① 形式主义就像一个钟表制造者,他是如此地沉迷于使他的钟表有漂亮的外观,以致忘记了钟表报时的目标。

在回应现实主义法学对分析法学的批评的过程中,英国法学家哈特将语义分析的方法引入分析法学的研究之中,主张分析法学不单分析那些多少带有凝结性的概念,并应分析法律的运作程序,尤其是裁判程序。与此同时,另一个新的法学流派也开始出现,这就是制度法学,制度法学为分析法学注入丰沛的社会实证的因素,分析法学由此获得新生命力。本书的许多观点也受到制度法学的深刻影响。

所以,这里我们提倡一种新的分析法学的方法论,它同传统的分析法学的方法论相比具有以下的不同特质:(1) 传统的分析法学不考虑法律的价值因素,如纯粹法学,或者仅仅以自然法的抽象的价值理念如平等和自由为原则,如以罗马法为研究对象的注释法学,而新的分析法学应当充分考虑法律的价值因素对法律规范的要求,这种价值因素不应局限于自然法的一般价值,还应包含具体的社会历史情境中的价值。其实,现代分析法学对法律的基本概念的分析,如霍菲尔德的学说,其逻辑根基在于"自然状态—法律状态"的假设,而该假设已经包含价值前提,所以,分析法学也无法脱离基本的价值前提;(2) 传统的分析法学一般从康德式的形而上学中演绎其规范体系,而新的分析法学应当从现实和历史的材料如习惯法中提炼和建构其规范体系,或者在其他社会实证科学如社会学、经济学的论证的基础上创制其规范体系。所以,我们可以说,这是一种与社会实证主义血脉相连的分析法学。

其实,制度法学的代表人物麦考密克和魏因贝格尔也曾对这种新的分析法学作过描述,他们在《制度法理论——法律实证主义的新方法》一

---

① 有关分析法学对中国民国时期法学的此种影响可见端木恺《中国新分析派法学简述》和孙渠《续中国新分析派法学简述》,载《法学文选》,吴经熊、华懋生、海法学编译社辑,上海会文堂新记书局1935年版。

书中这样认为:分析法学的方法与社会学的方法并不对立,而是互相补充的,在某种意义上,二者都是对另一方的检验,只有我们创立出对两方面都合适的而且协调得很好的理论,我们才能有信心说二者都是正确的,总之,法理学是而且必须继续是法学家、哲学家和社会学家的共同事业[①]。

所以,这种新的分析法学的出现也标志着法律学特别是民法学原先所具有的自治色彩正逐渐脱落[②],这也是社会发展对民法学的必然要求,因为古典民法学以个人主义社会为背景,社会的基本结构是"契约",这是一种古典市民社会,在此社会中,法律的正义观本质上是自然法学的"平均正义"观,民法学只需依凭"平均正义"的理念即可直观地推演建构起来,正是在这一意义上,传统的民法学是自治性的学科;在这样一个结构相对简单的古典市民社会中,民法的形式正义(平均正义)一般不会破坏实质正义,因为在民法的规则和守法者之间存在着一种博弈关系,根据经济学的合理预期理论,人们会将法律的规定作为一个先在的条件或参数来决定自己的行为。只要法律包含一定的合理性,不过分地脱离正义,就不会成为"恶法",这也就是罗马法适用于不同的国家,却没有导致什么不正义的结果。但是,现代民法学以团体主义社会为背景,社会的基本结构是"制度",它是一种现代工业社会,在此社会中,人们的价值系统的复杂性远远超过了自然法的价值系统,法律的正义观本质上是社会法学的"社会正义"观,法律的效益价值开始凸显,法律规范的技术性和科学性开始加强,法律制度只有建立在经济学和社会学的推证基础上才可达到其社会目标,这在商法学中就显得更为明显。

新的分析法学在法律实践中的功用主要在于法律创制和法律解释(法律适用)两个环节,在方法论上,法律创制一般表现为从社会实证到分析实证的过程,法律解释一般表现为从分析实证到社会实证的过程。而在这两个过程之中,最为基本的方法就是类型化研究。对此,本书将在下一部分作具体阐述。

---

① 〔英〕麦考密克、〔奥地利〕魏因贝格尔:《制度法论》,周叶谦译,中国政法大学出版社1994年版,第111页"论分析法学"。

② Richard A. Posner, "The Decline of Law as Autonomous Discipline: 1962—1987", (1987) 100 (4) *Harvard Law Review*.

六、类型化的方法——传统分析法学方法的局限之弥补

法学上的两种类型化之方法

所谓类型化,简而言之,就是分类。人类的思维对现实世界的把握就是从对现实世界的分类开始的,所以,德国法学家 Arthur Kaufman 强调"对事物的本质的思考是一种类型学的思考"。① 作为法学方法的分析法学也离不开分类。所以,格雷说:"分析法学的任务就是分类,包括定义,谁能够对法律进行完美的分类,谁就能获得关于法律的完美的知识。"②

法学的本质是一个认识世界然后规范世界的过程,认识世界是一个从具体到抽象的过程,即从经验到概念的过程,而规范世界则是一个从抽象到具体的过程,即从概念到经验的过程。这两个过程皆离不开类型化的方法,在前者,类型化的方法功能主要在于提炼概念,在后者,类型化的方法的主要功能在于解释概念(解释法律)。虽然皆称类型化方法,但两者的性质还有所不同。

前者的方法可称为**理念类型化方法**,后者的方法可称为**事实类型化的方法**,借用形式逻辑的术语"概念的内涵和外延",可以说,理念类型化方法实质是归纳概念的内涵,使之独成一类概念,如民法上物权和债权概念的提炼就是理念类型化方法的体现,当然,如果称这一方法为定型化方法或许更为恰当。而事实类型化方法则是列举和描述概念的外延,例如将"不当得利"概念具体化为给付不当得利和非给付不当得利,其中给付不当得利又可类型化为给付原因自始不存在、给付原因嗣后不存在、给付目的实现不能等类型。

理念类型化方法在立法中表现就是所谓的"定义主义",应当说,现代民法典离不开这种方法,因为现代民法典基本上是用抽象的概念编织起来的,但是,概念与现实是有距离的,所以,格雷说:"我们在运用抽象概念的时候,往往面临一种危险,这种危险在其他学科中也同样存在,那就

---

① 〔德〕拉伦茨:《法学方法论》,陈爱娥译,台湾五南图书出版公司 1996 年版,第 388 页。

② John Chipman Gray, *The Nature and Sources of the Law*, Roland Gray (ed.), 2nd ed., Macmilian Company 1921, p.3.

是易于偏离现实世界,所以,避免此种危险的最好方法就是以实例来辅佐我们的抽象思维。"①这里,所谓以实例来辅佐我们的抽象思维的方法就是事实类型化的方法,也正如拉伦茨所强调的:"当抽象的一般概念及其逻辑体系不足以掌握某生活现象或意义脉络的多样表现形态时,大家首先会想到的辅助思考形式是'类型'。"②它在立法中的表现就是所谓的"列举主义"。民法典的编纂离不开这两种类型化的方法,"至少德国民法学今日的特征是一种独有的抽象概念及类型混合并存的情形"。③

总之,我以为,广义上的类型化方法包括理念类型化方法和事实类型化方法,但是,狭义地说来,类型化的方法应当仅指事实类型化方法,而理念类型化则最好称为"定型化"方法。

类型化方法之应用

在今后的民法研究中,类型化的研究方法十分必要,这种类型化的方法是社会实证和分析实证的结合,是我们所主张的新分析法学的方法论的重要内容。类型化研究主要运用于以下三个方面:

一是法律问题的发现。相比于传统社会,现代社会的变迁日益迅猛,新的社会问题层出不穷,法学家应当及时将这些问题"类型化",作为进一步法律研究的"毛坯"。这是民法社会学的工作,而不是纯粹法律学的工作。

二是法律范式的设计。面对"类型化"的社会问题,法学家应当设计用以解决这些社会问题的法律概念和法律范式,法律概念(范式)的构成应具有高度的技术性,不可混同于日常语言,所以,法学家要"将法律概念分解为各种要素,划清这一概念与其他概念的界限,以便法官、律师及普通人使用其去明确地认识事实关系"。这是分析法学的工作。

三是法律规则的解释。一旦法典的制定工作完成,法律学的任务就

---

① John Chipman Gray, *The Nature and Sources of the Law*, Roland Gray (ed.), 2nd ed., Macmilian Company 1921, p.4.
② 〔德〕拉伦茨:《法学方法论》,陈爱娥译,台湾五南图书出版公司1996年版,第388页。
③ 同上。

完全集中到了对其所作的解释之上。但是,如果一项法律规则不经过类型化的解释,其具体适用是比较困难的。其实,在一个特定的社会和特定的时期,适用于某种法律规则的实际情形并不复杂,在司法解释和学理解释中,我们完全可以基于对案例的总结和分析将其归纳为若干具体类型,以易于法律适用。

第一编

私权的分析方法

第一章 私权的概念

第一节 权利概念的意义与功能

一、权利概念的出现:语源考略

在现代社会,权利概念对于我们是一个如同空气一般自然的词语,但是,当我们翻开中世纪之前的文献,则会发现,无论西方民族还是东方民族,包括具有发达的法律思想和政治思想的希腊和罗马,那时都还没有现代意义上的权利概念。① 正如麦金太尔的考证:"英语中'权利'之类的词语以及其他语言中性质相同的术语,只是在语言史上较晚的时期,即中世纪将近结束时方才出现。"②

"jus(ius)"语义考

在拉丁文中,权利概念就是用 jus(ius)一词来表示的,所以,要了解权利概念是如何出现的,首先就必须考证 jus(ius)一词语义变迁的历史。

Ius 一词最初出现在罗马法中,但是,它在罗马法中的含义至今仍是

---

① "对于今天至少是在私法理论上听惯了主观权利之说的人,习惯于将法等同于一种确保某个主体的意志权力,难以相信这样一种思想竟会有一个开端。这种思想对我们来说是法律理论不可或缺的一种东西。但是,主观权利的思想并非一直是法学家理论的一部分。它是一点一滴建立起来的,直到理性法学那里才达到完善的阶段。"见〔葡〕叶士朋:《欧洲法学史导论》,吕平义、苏健译,中国政法大学出版社1998年版,第156页。

② Alasdair MacIntyre, *After Virtue: A Study in Moral Theory*, University of Notre Dame Press 1981, pp.65-67.

争论的焦点,因为古罗马法学家从来就没有对这个重要的概念作过语义分析。所以,jus 最初的涵义是什么?我们只能从托马斯·阿奎纳这位精通罗马法的神学家开始,他曾对 jus 作过仔细分析,他给 jus 的诸种涵义列了一个清单,其中 jus 的最主要的涵义是"正当事物本身"(the just thing itself),不过他还指出 jus 一词的其他的引申涵义,如 jus 可以指"一个人用以判断什么是正义的艺术和标准,即法律",甚至还可以指"正义获得实现的地方,即法庭"。可见,在阿奎纳之前,jus 一词已有多种涵义,但是,还没有现代意义上的"权利"含义。

那么,jus 一词获得权利的涵义是从何时何人开始的呢?根据美国法哲学家戈尔丁和塔克考证:关于权利的现代词汇的创造可以溯源到一些中世纪的基督教作家,特别是奥康姆的威廉和热尔松。他们的做法是把拉丁语词"jus"的用法加以修改。但是,现代语言中关于权利的表述显然是在 17 世纪早期苏亚雷斯和格老秀斯的著作中最终确定的。[①]

菲尼斯(John Finnis)在《自然法与自然权利》一书中则对苏亚雷斯(Francisco Suarez)和格老秀斯在权利概念方面的贡献作了较详细的介绍。苏亚雷斯是西班牙的一位耶稣会会士,大约在 1610 年,他对 jus 也作了分析,他说:jus 一词真正的严格的恰当的涵义应当是每个人对于他所应当属于他的东西的一种道德权力或资格(a kind of moral power[facultas] which every man has, either over his property or with respect to that which is due to him),这已十分接近现代意义上的权利概念了,而 jus 所具有的这种涵义在阿奎纳那里是根本没有提到的。

十几年后,大约 1625 年,胡果·格老秀斯开始写 *De Jure Belli ac Pacis* 一书,他解释了此书题目中的 Jus(Jure)一词的涵义,他说,jus(jure)除"正当的事情(that which is just)"的涵义外,它的另一个涵义就是指一种使得人们能够拥有或做正当的事情的道德上的"资格"(a moral quality of the person enabling him to have or to do something justly)。而这便是现代

---

① Martin P. Golding, "Towards a Theory of Human Rights", (1968) 52 (4) *The Monist*, pp. 521-549; Richard Tuck, *Natural Rights Theories: Their Origin and Development*, Cambridge University Press 1979.

权利概念的起源,所以,从那时起 jus 一词真正具有了权利的涵义。①

一个问题:罗马法中 jus 一词应当如何翻译

搞清了 jus(ius)与权利概念的关联后,这里,我们再随带看看,罗马法中的 jus 用现代法律语言应当如何翻译?——这样一个很实际的问题。

根据人类学家的研究,在非洲的许多土著部落的语言中,权利和义务这两个概念,他们都只用一个词表达,如 Barotse 部落的"swanelo"一词,Tswana 部落的"tshwanelo"一词,就是"应当、应该"的意思。② 实际上,罗马法中 jus 也同样如此。可见,在人类早期的法律思维中,许多概念是混沌为一、尚未分化的,即使古罗马人也是如此。

所以,对罗马法文本中的 jus 的翻译,是不能一概译为权利的,而应当根据语境之不同,或译为权利,或译为义务,或笼统地译为"应当"。③

现代权利理论的最终确立及其社会基础

权利的术语从格老秀斯开始,而现代权利理论的真正确立与传播却是从霍布斯和洛克所发展的关于国家的社会契约论开始的,这种理论的基础就是个人有自我保护的权利或有生存、自由和获取财产的权利,而且从那时以后,关于权利的论述在西方的道德和政治思想中占据主导的地位,并一直延续至今。④

现代意义上的权利概念之语义大概包括两个基本的要素,一是正当

---

① John Finnis, *Natural Law and Natural Right*, Clarendon Press 1980, pp. 205-210.

② Max Gluckman, *The Ideas in Barotse Jurisprudence*, 2nd ed., Manchester University Press 1972; Isaac Schapera, "Contract in Tswana Law", in Max Gluckman (ed.), *Ideas and Procedures in African Customary Law*, Oxford University Press 1969, pp. 319, 326.

③ 菲尼斯为说明这一道理,引了盖尤斯《法学阶梯》(Inst. II,14)中的一段话(除 jus 和 jura 以外,其他均已译为英文): The *jura* of urban estates are such as the *jus* of raising a building higher and of obstructing the light of a neighbour's building, or of not raising [a building], lest the neighbour's light be obstructed. 其中"the jus of no raising a building, lest the neighbour's light be obstructed"显然不能译为"有权利(jus)不建高建筑物以免挡住邻居的视线",这里的 jus 显然是义务的意思。见 John Finnis, *Natural Law and Natural Right*, Clarendon Press 1980, p. 209.

④ 见陈弘毅:《权利的兴起:对几种文明的比较研究》,周叶谦译,载陈弘毅:《法治、启蒙与现代法的精神》,中国政法大学出版社 1998 年版,第 135 页。关于"权利"一词的语言学上的分析,见 Roscoe Pound, *Social Control Through Law*, Archon Books 1968, pp. 87-91.

的,二是私人利益,完整的含义就是"正当的私人利益",这一概念的出现与一定的政治经济背景息息相关,其中最主要的两个背景是市民社会的成长和法治体系的发达,市民社会的成长刺激人们对私人利益的追求,而法治体系的发达则为私人利益的正当性提供了确实的论证基础,两者的结合必然要产生权利的概念。当然,这一判断多少有一些猜测的成分,但是权利概念兴起于近代资本主义的崛起之时,这倒是一个不争的事实,而市民社会和法治体系正是近代资本主义的基础。①

小结:从词源学的角度看,尽管拉丁语中很早就已经出现 jus 一词,但是,它只是表示"正义""正当"之意。只是到了 14 世纪和 15 世纪时,"jus"一词用法才发生变化,它也开始表示一个人可以正当地拥有什么、做什么、要求别人做什么等,而这就是权利的概念。现代意义的权利概念同古典意义上的 jus 的含义即正义概念的差异在于,正义的概念是一种整体的客观的观点,而权利则是一种局部的主观的观点,所以,后来的许多欧陆国家的法学家用所谓客观上的 jus 和主观上的 jus 来区分 jus 的这两种不同的含义,前者即为法,后者即为权利。

二、汉语中的"权利"以及"私权"概念的语源

现代意义上的权利概念是从西方传入我国的,但是,中文"权利"一词在中国古代的典籍中就已经出现,如《荀子·君道》曰:"按之于声色、权利、忿怒、患险,而观其能无守也。"《史记》中《魏其武安侯列传》所附灌夫传曰:"家累数千金,食客日数十百人,陂池田园,宗族宾客为权利,横于

---

① "在中世纪世界的确存在这样一些概念上的和社会政治的因素,这些因素预示后来出现的对权利的要求。第一,每个个人都有灵魂,它和任何别的个人的灵魂一样具有无限的价值。这个信念为人的尊严和对人格的尊重提供了坚实的基础。第二,法治概念,包括神法和自然法,被坚持用来反对专横独断的权力。第三,私有财产制度得到肯定,第四,领主—部属关系具有契约的性质,导致互相承担义务和有所期待。第五,中世纪社会政治秩序的分散性和多样化,使得各种不同的团体(例如教会、统治者、贵族、城镇、行会,等等)为了维护或增进自身的利益而不断地与其他团体进行谈判或斗争。不像在中华帝国那样,这里没有全面的政治或意识形态的力量能够有效地和有力地把这种对权利和特权的要求加以非法化和压制。"见陈弘毅:《权利的兴起:对几种文明的比较研究》,周叶谦译,载陈弘毅:《法治、启蒙与现代法的精神》,中国政法大学出版社 1998 年版,第 134 页。

颍川。"但是,这里的"权利"都是指"权势及财货",并非近代法律意义上的"权利"。

那么,汉语中的"权利"一词是如何被赋予近代法律意义上的权利之含义而成为法律上的术语的呢?

以往的通说认为,中国法律上的权利一词始见于清末之立宪和民国之立法,它是由日本传入,日本又是从德文 Recht 译为"权力利益",略作"权利"。

丁韪良首创"权利"译词

根据新的考证,"权利"之译词始于清朝同治三年(1864 年)美国传教士丁韪良(W. A. P. Marin)所译《万国公法》,在这部译本中,中国古语"权利"一词被赋予了西方法律上的 right\recht\droit 的意义。而当《万国公法》刊版之时,日本的明治维新尚未开始,更谈不上法学译事了。所以说,《万国公法》中的"权利"译词实为之后中国法律和法学中"权利"一词之滥觞。

《万国公法》不仅开先河地译出"权利"一语,相关的许多概念的译词如"自主之权""主权""公权""私权"等也开始出现在《万国公法》的译本中。《万国公法》中第二章中第三节"君身之私权"和第四节"民人之私权",应当是中国法学中"私权"一语的最早起源地。[①]

日本学者借鉴丁韪良的"权利"译词

英国法学家霍兰德在《法理学》一书的注释中引用 N. Hozumi(穗积陈重)教授的讲演资料也论及这一问题,他说:"日本从来没有权利的概念,直到 Ken-ri(权利)一词出现,而 Ken-ri 一词的直接含义是 power-interest(权力与利益)。此词的始作俑者是 Tsuda(津田真道)博士,Tsuda 博士曾在荷兰莱顿(Leyden)读书,1868 年出版了他的博士论文《论西方公

---

① 实藤惠秀在《中国人留学日本史》一书中也指出了这一点:明治二年(1870 年)当麟祥君在东京帝国大学南校的时候,政府任命他翻译法国刑法,竣工之后,又马上翻译了民法、商法、诉讼法、治罪法、宪法等等。当时,我国人仍未有近代法学意识,故此没有可资枚举的成例,他不但苦无可用的译语,即使向那些汉学家请教,亦毫无用处。麟祥君所创的新语中,似乎只有"权利"和"义务"两译语是从汉译《万国公法》中取来的,其他法律用语,例如"动产""不动产""义务相杀"等都是麟祥君辛苦推敲出来的。〔日〕实藤惠秀:《中国人留学日本史》,谭汝谦、林启彦译,生活·读书·新知三联书店 1983 年版,第 281—282 页。

法》,在这篇文章中,他采用了 Ken-ri(权利)。"①但是,Tsuda(津田真道)博士是否受到《万国公法》汉译本的影响？霍兰德却没有说明。

其实,津田真道(Tsuda Mamichi)与同期去荷兰留学的西周(Nishi Amane)都受到《万国公法》汉译本的影响。"日本在 1865 年翻刻《万国公法》。这一年,幕府派往荷兰留学的西周和津田真道回到日本,两人受命将留学期间所学习的法律知识译成日文。其中西周负责国际法部分,津田负责宪法部分。尽管两人对西方法律中的权利概念理解都非常深刻,但是两人都借用了汉译的'权利'。西周在后来的著述中提到,因为没有找到更好的对译词汇,无奈才借用了'权利'。1868 年,西周的译著以《万国公法》一名出版,充分说明汉译《万国公法》对他的影响。"津田在译著中还创造了一些与权利相关的新词,如"民权、人权、三权分立"等。②③

其他的文献也说明,与权利概念相关的一些其他概念如人权、自由、特权等译语却确实是从日本传来的。④

三、权利概念的解释

对于权利概念的解释一直是近代以降法学研究之重心,有关典籍汗牛充栋⑤,但是,粗略地说,对于权利概念的解释可以分为两类风格,一

---

① "Professor N. Hozumi's lecture on that Code delivered at the St. Louis Exposition in 1904." See Thomas E. Holland, *The Elements of Jurisprudence*, 13th ed., Clarendon Press 1924, p.86.

② 孙建军:《从汉语传入日语的"权利"》,载《孔子学院》(日文版),总第 23 期,2014 年 3 月;孙建军:《近代日语的起源:幕末明治初期创制的新汉语词汇》(日文版),早稻田大学出版部,2015 年 9 月。

③ 据日本学者柳父章考证:1862 年的《英和对译袖珍辞书》没有把"right"译为"权利",1864 年的《法语明要》也没有将"right"译为"权利"。学者西周在翻译《万国公法》时参考了汉语《万国公法》。参见〔日〕柳父章:《翻訳語成立事情》,岩波書店 1982 版。

④ 参见北京师范学院中文系汉语教研组编:《五四以来汉语书面语的变迁和发展》,商务印书馆 1959 年版;王立达:《现代汉语中从日语借来的词汇》,载《中国语文》总第 68 期,1958 年第 2 期;〔日〕实藤惠秀:《中国人留学日本史》,谭汝谦、林启彦译,生活·读书·新知三联书店 1983 年版。

⑤ 1936 年庞德在《哈佛法律评论》发表《法理学五十年》一文,对有关权利问题的研究文献作了初步整理,他所列出的文献目录仍然值得我们参考。

类是本质主义的解释,也可谓是形而上学的解释,这类解释总是假设在权利概念的背后有一个形而上的本质,并通过思辨的方法来探究这个本质。① 另一类则是分析实证的解释,它们并不探究权利概念的本质是什么,它们只是通过逻辑分析和语义分析的方法力图搞清权利概念到底指向什么,以及它在法学话语之中到底起什么功能。②

对于权利概念的本质主义之解释:

利益说是关于权利本质的影响甚大的学说,利益说的主要代表人物是德国法学家耶林,他"通过使人们注意到权利背后的利益,而改变了整个权利理论"。耶林认为权利就是法律所保护的一种利益,并不是所有的利益都是权利,只有为法律所承认和保障的利益才是权利。耶林在《罗马法的精神》一书第四卷中将权利定义为法律所保护的利益,尽管有许多德国法学家十分激动地接受了这一定义,但是,这一定义同样也遭到了许多德国法学家的抨击。美国分析法学家格雷对耶林的这一"创见"也嗤之以鼻,不屑一顾。③ 分析法学家认为:权利本身并不是利益,它只是保障利益的一种方法与技术。在他们眼中,耶林犯了一个常识性的错误,将权利的目的论与权利的形式论混为一谈,而这样一个常识性的错误出于一个法学家的口中则是不应该的。

---

① 狄骥甚至认为权利的概念就是形而上学的产物,他说:"为什么在所有法律学家的著作中并在立法者所制定的法律中,到处都有而在实际上却决无其事的这种主观权利的概念呢? 我已经说过,因为在法律界中始终仍存在着形而上学的心理状态。或者说得更确当些,仍存在着神学的心理状态,这种心理状态促使法律家和立法者在一切受到社会保护的活动后面放上形而上学的物质来解释这种保护。而在人类思想和意志的表示后面,人们臆想有一种有思维和有意识的物质——灵魂。主观权利的概念只是灵魂概念的一种发展。" 〔法〕莱翁·狄骥:《宪法论 第一卷:法律规则和国家问题》,钱克新译,商务印书馆 1962 年版,第 197 页。

② 哲学研究的方式多种多样,人们一般认为,思辨和分析是两种主要的形成鲜明对照的方式。如何明确说明什么是思辨的方式大概不太容易,但是,分析的方式比较明确,这就是逻辑分析和语义分析。参见王路:《逻辑——哲学的方法与工具》,载《哲学动态》1998 年第 7 期。

③ 格雷解释说:有时法律保护某种利益,但是,利益的享有者并不一定有权利,例如,法律禁止对动物的暴行,动物并不因此而有权利,尽管它们的利益得到了保护。见 John Chipman Gray, *The Nature and Sources of the Law*, Roland Gray (ed.), 2nd ed., Macmilian Company 1921, p.18.

除利益说外,关于权利的本质还有资格说、自由说、意志说等。其中,意志论(The Will Theory)是萨维尼和哈特主张的,哈特认为"法律上的权利就是给予权利人以选择","一个拥有权利的人就是拥有法律所尊重的选择"(One who has a right has a choice respected by the law)[①]。

本质主义的形而上学方法并没有解决什么问题。[②] 而20世纪以来,全世界的学术风气都发生了变化,学者渐渐抛弃形而上学的方法,而采实证分析的方法于各个领域[③],这同样也改变了权利研究的路径与趋向,对权利的实证主义解释开始盛行。对于权利概念的实证主义解释大约又可以分为逻辑分析之实证解释和语义分析之实证解释,但是,两者一般是相互渗透、相互辅佐的。

对于权利概念的实证主义之解释主要有:

1. 霍菲尔德的权利分析理论主要侧重于逻辑分析,他将权利在逻辑上细致地分为四种最基本的形式,使得权利概念在形式上变得明确和可理解了。本书在第二章将详细阐述霍菲尔德的权利分析理论。

2. 斯堪的纳维亚的实在主义法学派的权利理论则主要侧重于语义分析。在斯堪的纳维亚法学家看来,权利的概念是形而上学的,这一概念在实际中的运用如同变戏法一般地混乱。他们采纳语义学的立场,语义学主张:如果一个词语缺乏任何实在的指向,那么,这一词语是无意义的,基于这一理论,他们认为所谓权利就是这样一种缺乏任何"语义学上的指向价值"的词语,因而是无意义的。当然,这种说法过于偏激,所以,斯

---

① H. L. A. Hart, *Essays on Bentham: Studies in Jurisprudence and Political Theory*, Clarendon Press. Oxford University Press 1982, pp. 171, 183-185, 188-189.

② 正如狄骥所言:"从人们承认在社会保护的后面有一种瞧不见的、但有实际存在的要素——主观权利的时候起,我们就要问这种要素的内部性质、真正的实质是什么。尽管作了很大的努力并有惊人的精心构思,仍未能获得满意的解决。"〔法〕莱翁·狄骥:《宪法论(第一卷):法律规则和国家问题》,钱克新译,商务印书馆1962年版,第199页。

③ 石里克说:"形而上学的崩溃并不是由于它所要解决的任务是人的理性所不能胜任的(如康德所想象的那样),而是由于并不存在这样的任务。"而维特根斯坦看得就更透,他说:"关于哲学所提出的大多数命题或问题与其说是虚假的,不如说是无谓的。因此我们根本不能回答这一类问题,我们只能确定它们荒谬无稽的性质。哲学家们的大多数问题和命题的来由是因为我们不了解我们的语言逻辑。"见刘放桐等编著:《现代西方哲学》,人民出版社1981年版,第429页。

堪的纳维亚半岛上的另一些法学家如隆茨德特（A. V. Lundstedt）则补充到："在值得加以研究的唯一的世界中，即在可观察的现实事物的世界中，权利一词可能指的，就是一套复杂的法律规则及其保护的某种地位。"①

权利问题一直为斯堪的纳维亚法学家所关注，1945年艾克劳夫（P. O. Ekelof）倡议在斯堪的纳维亚的各法学杂志上就"权利"问题进行论辩。艾克劳夫在论辩权利问题时所采用的方法可谓是典型的斯堪的纳维亚的风格，他不从权利概念"是什么"的问题着手，相反，他提出一个实际的问题：权利一词在法学语言中起什么作用？这一问题与"权利是什么"一类形而上学的问题截然不同，因为它的答案是可以验证的。关于这一问题，斯堪的纳维亚的法学界乃至哲学家在一番论辩之后，达成了一个基本的共识：权利概念及其从概念如财产权等在法律的语言中都是被当做由于习惯和习俗而普遍接受的名词，用以言简意赅地概括某种法律效果之生成所必需的条件，它们是法律推理中的技术性工具，是"法律条件与法律效果相结合的离合器之轴"。如果不使用这类词汇，那么，法律语言也会面临发明其他同样类型的语言工具的任务，否则，在法律推理中，就必须列举所有的法律条件和法律效果，而烦琐不堪。可见，在斯堪的纳维亚法学家的理解中，权利概念的全部功能就在于简化法律推理的过程。②

3. 凯尔森在《法与国家的一般理论》中对法律权利的概念也作了独到的分析，他认为法律权利是一种特定的法律技术。他的分析是从这一问题开始的：权利的原来意义是与法一样，为什么要强调法就是我的法，

---

① Anders V. Lundstedt, *Legal Thinking Revised: My Views on Law*, Almqvist & Wiksell 1956. 另参见 T. T. Arvind, "Beyond 'Right' and 'Duty': Lundstedt's Theory of Obligations", in Donal Nolan and Andrew Robertson (eds.), *Rights and Private Law*, Hart Publishing 2012.

② 〔瑞典〕斯蒂格·斯特隆姆霍尔姆：《斯堪的纳维亚的法哲学》，李泽锐译，载《环球法律评论》1982年第1期。

即我的权利?① 为回答这个问题,他将刑法与民法作了比较,他说:刑法使人负有不去杀害他人的义务时,并没有授予受这一规范所保护的每一个人以不被杀害的法律权利;而在民法中,如债权人有权从债务人那里收回他的钱,法律却授予债权人以法律权利。法律同样都是保护当事人的利益,为什么刑法不授予当事人以法律权利,而民法则授予当事人以法律权利?

凯尔森认为,这是因为权利概念在整个法律制度中承担的只是启动法律制裁的作用,而不是其他,权利人可以通过起诉推动法律的强制程序,这是民法的特种技术的一部分。"当事人有使适用规定制裁的有关法律规范得以实现的法律可能性,因此,在这一意义上,这一规范就成了他的法律,意思就是他的权利。只有在法律规范的适用、制裁的执行,要依靠指向这一目标的个人意志表示时,只有在法律供个人处理时,才能认为这是他的法律——一个主观意义的法律,而这就是权利。"②所以,凯尔森在《法与国家的一般理论》中为论述权利的一节起了一个标题:**权利作为推动制裁的法律上的可能性**,这一标题可以视为凯尔森对法律权利概念理解的一个浓缩和结晶。

第二节　私法(私权)与公法(公权)理论的源流

一、私权与私法、公权与公法之关系

本章主要探讨私权的概念,那么,私权与私法是什么关系呢? 关于这一点,日本的民法学者富井政章在《民法原论》第一章"私权之本质"中阐述得十分清楚:"民法为私法之原则,即定生自私法关系之权利义务之地

---

① 在欧洲大陆各国的文字中,权利与法律所用的是一个词,如德文的 recht,这个词原来仅仅指法,凯尔森的意思是说:有了法的概念已经足矣,为什么还要提炼出一个权利的概念?〔奥〕凯尔森:《法与国家的一般理论》,沈宗灵译,中国大百科全书出版社1996年版,第91—93页。

② 〔奥〕凯尔森:《法与国家的一般理论》,沈宗灵译,中国大百科全书出版社1996年版,第91—93页。

也,欲明其理,必先知私权之本义,因民法全部皆关于私权之规则故也。私权对公权而言,二者区别之说甚繁。据余所见,则公私权之区别即缘公私法之区别而生,由主观以说明公私法之结果也。"①

公法与私法的划分源自大陆法系,而不是普通法系。罗斯认为,大陆法系之所以能出现公法与私法划分理论,是与大陆法系的法律发展在很大程度上受到法学家和法典化倾向的影响分不开来的,或者说,是大陆法系的法律学术化和法典化倾向决定了大陆法系对于法律的系统分类的浓厚兴趣。② 而普通法系的情况则迥然不同,在普通法上找不到一丝精心分类的迹象,所以,萨尔蒙德说:普通法是一个"最能容忍混乱(too tolerant of chaos)的法系"。③

二、罗马法上的公法与私法:公法与私法划分之由来

罗马人是公法与私法之区分的始作俑者。关于公法与私法的划分的最权威的观点来自当时的著名法学家乌尔比安,他说:"公法是涉及罗马国家的关系,而私法是涉及个人的利益。"乌尔比安这句话被查士丁尼法典转载,从此这一观点随同罗马法世代传袭下来,直至今日。④

在罗马法中,公法与私法的区分十分严格,罗马法上的诸多法谚表述了公法与私法各自所应遵循不同的原则,如"公法不得被私人简约所变通"、"私人协议不变通公法"等。甚至在罗马市民的日常生活中,我们也可以看到公法与私法泾渭分明的影子。梅因在《古代法》曾有一段描述:"父和子在城中一同选举,在战场上并肩作战;真的,当子成为将军时,可能会指挥其父,成为高级官吏时,要审判其父的契约案件和惩罚其父的失职行为。但在私法所创造的一切关系中,子就必须生活在一个家庭专制

---

① 〔日〕富井政章:《民法原论》,陈海瀛、陈海超译,上海商务印书馆1907年版,第80页。
② Alf Ross, *On Law and Justice*, University of California Press 1959, p.202.
③ John W. Salmond, *Jurisprudence*, 10th ed., Sweet & Maxwell 1947, p.505.
④ 〔法〕莱翁·狄骥:《宪法论(第一卷):法律规则和国家问题》,钱克新译,商务印书馆1962年版,第484页。

之下。"① 这一段描述体现的正是罗马法上有关公法与私法的一个重要原则:"家父权"②并不触及"公法"。

尽管罗马法学家提出了公法与私法的划分,但是,他们的研究主要集中于私法,公法的观念却尚欠发达。正如达维德所言:"事实上,仅仅私法才是许多世纪以来人们认真注意的对象,公法仿佛是个徒有其名、无用的、甚至是危险的对象。罗马没有我们所理解的宪法或行政法。刑法也只是在私法周围发展,因而它基本上似乎是有关私人(犯法者和受害者或其家属)的事务,刑法实际上从未成为公法部分,从未达到私法那样的发展程度。"③

三、大陆法系上的公法与私法

罗马法上公法与私法划分理论对后世的影响主要集中在大陆法系。但是,近代意义上的公法与私法理论,其内在含义已经超越罗马法上的公法与私法理论。达维德将近代意义上的公法与私法理论特别是公法理论视为18世纪自然法学派的贡献,正是由于这个学派的努力,人们才开始承认法的领域应该扩展到统治者与被统治者、政府机关与个人之间的关系上④。而近代意义上的公法在制度上的起源很大程度上又与教会法密切相连。

19世纪,经受了近代自然法思想洗礼的公法与私法理论,极大地影响了以法国和德国为代表的欧洲大陆的法典编纂和法制改革运动,公法与私法的二元模式逐步成为大陆法系各国建构近代资本主义法律制度的基础。大陆法系国家一般设立行政法院和普通法院两类法院系统,前者处理公法案件,后者处理私法案件,这就是一个典型的表现。公法私法划分理论甚至都影响到欧洲国家的法学教育,狄骥曾回忆道:"当我们大学的法律学系因科目增多而必须在博士研究班中予以划分的时候,我们曾

---

① 〔英〕梅因:《古代法》,沈景一译,商务印书馆1959年版,第79页。
② 家父权是罗马私法上的一种重要权利,是私权。
③ 〔法〕达维德:《当代主要法律体系》,漆竹生译,上海译文出版社1984年版,第74页。
④ 同上书,第75页。

分为公法和私法二部,而自 1897 年以来,就存在着私法与公法的教授选拔考试。"①

正因为公法与私法的划分源自大陆法系,并对大陆法系的法律制度产生了重要影响,所以,法国比较法学家达维德在《当代主要法律体系》一书中写道:"公法与私法的区分也许可以认为是罗马——日耳曼法系的特征。"②

四、英美法系上的公法与私法

在英美法系,最初根本不存在公法与私法的概念,公法和私法融合在普通法与衡平法之中,英美法系的法院既审理私法案件也审理公法案件。③

之后,"公"的概念逐渐出现。在中世纪晚期,在英国法中,君主作为土地所有者,它的概念已经具有两种不同的角色了。一是领地主(feudal lord),可以转让自己的私有财产;二是公地(crown lands, public land)的主人,则不能转让公地。

19 世纪前,一个官员被免职,可以主张一种财产被褫夺的诉讼(divested),这却是一个私法的问题。经过很长时间的演进,英美法才将公法问题从中世纪的财产的概念中分离出来。

再如税法。16 世纪晚期,英国法官仍然采用私法上赠与的概念来分析税收的问题。④ 17 世纪,随着主权理论的发展,税收才被理解为公法的一部分。

公法与私法的最终分离出现在现代政治理论的发展中,一方面,随着民族国家和主权理论的出现,公的理念开始成熟;另一方面,自然权利理

---

① 〔法〕莱翁·狄骥:《宪法论(第一卷):法律规则和国家问题》,钱克新译,商务印书馆 1962 年版,第 500 页。

② 〔法〕达维德:《当代主要法律体系》,漆竹生译,上海译文出版社 1984 年版,第 74 页。

③ Morton J. Horwitz, "The History of the Public/Private Distinction", (1982) 130 (6) *University of Pennsylvania Law Review*, pp.1423-1428.

④ Edward T. Lampson, "Some New Light on the Growth of Parliamentary Sovereignty: Wimbish versus Taillebois", (1941) 35 (5) *American Political Science Review*, p.952.

念开始出现,以遏制国家权力。到了 19 世纪,公私区分最终进入美国的法律与政治理论的核心中。19 世纪法律理论的一个重要的目标就是,清晰地区分宪法、刑法、行政法等公法与侵权法、合同法、财产法、商法等私法。

公法人和私法人的区分是这一理论的一个重要成就,著名案例是 Dartmouth College Case(1819 年)的裁决。该判例将新出现的商事法人从市政法人、商会法人等作为国家手臂的这些公法人概念中分离出来。①

公法与私法分离理论的另一个成就是在侵权法中废除惩罚性违约金的例子。由于惩罚性违约金是利用侵权法规范人们的行为,而不仅仅是赔偿,这实质上是刑法的功能。美国的一些州相继废除了惩罚性违约金,理由是:将公法与私法功能混合,是一个不理性的和危险的做法。②

在 19 世纪,法学家之所以痴迷于公法与私法的区分,是因为法官和法学家努力创造法律科学,彻底地将法律独立于政治,通过建立一种中立的非政治化的法律理论和法律推理,将其独立于民主政治可能造成的危险和不稳定的倾向,以此拯救"大多数人的暴政"(tyranny of the majority)。

在英国,公法与私法分离理论发达得晚一些,只是到了 1956 年一份名为《公法》的杂志出版后,公法的概念才引起人们的注意,尽管在此之前,宪法和行政法这样的公法部门在英国已经是很成熟了。③

为什么在英美法的早期历史中没有形成罗马法上的公法与私法的概念呢?这是一个十分有意思的问题,诸多的历史法学家和比较法学家对这个问题作出了回答。他们一般认为,缘由在于大陆法与英美法发展的内在的机制之不同,英国的普通法是作为一连串的补救手段而产生的,其实践目的是为了使争执获得解决,正如梅因所说:"英国法是在程序的缝隙中渗透出来的。"④而大陆法的目的则与此相反,它是作为一种体系告

---

① Trustees of Dartmouth College v. Woodward, 17 U.S. (4 Wheat.) (1819).
② Murphy v. Hobbs (1884); Fay v. Parker, 53 N.H. 342 (1872).
③ 〔英〕施米托夫:《国际贸易法文选》,赵秀文选译,郭寿康校,中国大百科全书出版社 1993 年版,第 25 页。
④ Henry S. Maine, *Dissertations on Early Law and Custom: Chiefly Selected from Lectures Delivered at Oxford*, John Murray 1883, p.389.

诉人们:根据正义的观念社会应当承认什么样的权利与义务。① 尽管英国普通法最终也逐步发展到内容包含了确定每个人的权利义务的规定,但是,长期以来,大陆法的法学家一贯把他们的注意力主要集中于确定每一个人的权利与义务,而英国的法学家则集中注意力于程序问题,所以,与权利分类紧密相连的公法与私法问题自然也不会在普通法的理论中产生。

第三节 私法(私权)与公法(公权)之概念分析

一、公法与私法划分理论之回顾②

在 20 世纪初,关于公法与私法划分标准的学说达 17 种之多。③ 主要学说有如下几种④:

第一,**主体说**,在法国最为流行。它认为,划分公私法的标准在于法

---

① 实际上,罗马法本身也是作为一种法律上的补救办法和程序而发展起来的,并且在公元前 2 世纪其古典时期仍然保持着这种特征,在其后的阶段,罗马法通过后注释法学(评论法学)派的著作才变成权利与义务的法律。参见〔法〕勒内·达维:《英国法和法国法:一种实质性比较》,潘华仿等译,中国政法大学法制史教研室 1984 年版,第 10 页。

② 尽管关于公法与私法的划分是大陆法系的理论,但是,近几十年来,英美国家法学家对这一问题也作了相当深入的研究,有关英文文献主要有: John W. Jones, *Historical Introduction to the Theory of Law*, Clarendon Press 1940, pp. 139-163; Herbert F. Jolowicz, *Roman Foundations of Modern Law*, Clarendon Press 1957, pp. 49-53; Herbert F. Jolowicz, *Lectures on Jurisprudence*, John A. Jolowicz ed., Athlone Press 1963, pp. 320-327; Charles Szladits, "The Civil Law System", in René David (ed.), *International Encyclopedia of Comparative Law*, Vol. II, J. C. B. Mohr (Paul Siebeck) 1971—1975, pp. 115-134; Carol Harlow, "'Public' and 'Private' Law: Definition Without Distinction" (1980) 43 (3) *The Modern Law Review*, p. 241; Harry Woolf, "Public Law-Private Law: Why the Divide? A Personal View" (1986) *Public Law*, p. 220; Peter Cane, "Public Law and Private Law: A Study of the Analysis and Use of a Legal Concept", in John Eekelaar and John Bell (eds.), *Oxford Essays in Jurisprudence: Third Series*, Clarendon Press 1987, pp. 57-78.

③ 20 世纪以来,关于私法与公法的分类标准极不统一,英国学者哈勒曾于 1962 年举出 27 种标准,瑞士学者荷林嘉也于 1904 年举出 17 种,法国学者华尔兹于 1928 年举出 12 种。见王利明、郭明瑞、方流芳:《民法新论》,中国政法大学出版社 1988 年版,第 6 页。

④ 参见沈宗灵:《比较法研究》,北京大学出版社 1998 年版,第 125—126 页。

律关系的主体(至少有一方)是否代表国家或某种公共权力,因为公法调整的是国家或其他公共权力至少作为一方参加的法律关系。如果这种法律关系的任何一方都不代表国家或其他公共权力,那么,这种法律关系就是私法关系。

孟德斯鸠在《论法的精神》中也持这种观点,他将法律作了这样的划分:"作为这个大行星上的居民,人类在不同人民之间的关系上是有法律的,这就是国际法。社会是应该维持的,作为社会的生活者,人类在治者与被治者的关系上是有法律的,这就是政治法(公法)。此外,人类在一切公民间的关系上也有法律,这就是民法。"①

第二,**服从说**,也称实质说,以德国法学家耶利内克为代表。他主张公法与私法的划分标准在于法律关系上的差别。如果双方处于对等关系就属于私法,如果是上下服从关系就属于公法。但是,反对者认为,私法中也有上下服从关系,如双亲和子女的关系;公法中也有对等关系,如两个地方国家机关之间的关系。

第三,**强行法说**,以瑞士法学家伯克哈特为代表。它认为,公法是强行法,其法律关系不由当事人任意改变,法律应当由国家机关根据职权强行执行。私法是任意法,这种法律关系可以由当事人双方通过协议加以改变,法律的强制执行也应当通过当事人的要求。但反对者认为,公法中也有关于双方合意和经过要求才能强制执行的规定,反过来,私法中(如在婚姻法、继承法中)也有强行性的、不能通过双方协议就任意改变的规定,因而也不能以强行法或任意法作为划分的标准。

第四,**利益说**,也称目的说。以上三种学说都以法律的某种形式特征即法律关系的主体性质或法律规定的性质作为划分公法和私法的标准。利益说则从法律的实质内容或目的出发来确定划分的标准。事实上,罗马法学家乌尔比安首先提出公法私法之分,也是从不同利益来讲的。按照现代利益说的观点,旨在维护公共利益的法律属于公法,旨在维护私人

---

① 〔法〕孟德斯鸠:《论法的精神》,许明龙译,商务印书馆2012年版,第14页;另一译本见〔法〕孟德斯鸠:《论法的精神》,孙立坚、孙丕强、樊瑞庆译,陕西人民出版社2001年版,第10页。

利益的法律属于私法,而且这两种不同目的也是可以从法律规则的内容中加以识别的。但反对者认为这一标准也不能成立,因为公私两种利益往往是交织在一起的,甚至可以说,所有法律规则都同时服务于两种利益,例如北欧法学家罗斯(Alf Ross)。①

第五,**折中说或混合说**。以上四种学说都主张单一标准,因而无法明确划分公私法界线。随着公私法相互渗透,单一标准说就由折中主义的混合说所取代。它主张将几种标准结合起来考虑,特别是将主体说和服从说结合起来。在这方面,法国法学家沃林的观点可作为代表。他认为:"公法实际上是调整公共机构和被治者,即以国家为一方并以个人为另一方的法律,但并非公共机构和个人之间一切法律关系都包括在内。事实上,并非所有这些关系都由公法调整,它仅调整公共机构在行使其命令权时的那些关系。"②

二、公法与私法划分理论之小结

在学理上区分公法与私法确实是一件十分困难的事情,尽管在法学史上,许多法学大师的经典著作都论及了这个问题,但是,从中我们仍不能十分轻易地获得一个清晰的和完整的认识。所以,有必要对前人的理论作一个梳理和小结。

区分公法与私法实质是区分法律关系

区分公法与私法的差异,实质上就是区分公法关系与私法关系这两种法律关系的差异,关于法律关系的要素与结构,本书在后面的章节中将详细阐述。

这里,有必要批评一种错觉,以为区分公法与私法就是区分不同的法律部门,所以,常常指着一部具体法律问:"这部法律是公法还是私法?"这种理解是十分粗糙的,因为在许多具体的法律中既有公法关系,也有私

---

① Alf Ross, *On Law and Justice*, University of California Press 1959, pp.211-212.

② René David (ed.), *International Encyclopedia of Comparative Law* Vol. II, J. C. B. Mohr (Paul Siebeck) 1971—1975, p.24.

法关系。我们应当问的是其中的某一条文所规范的法律关系是公法关系还是私法关系？这是我们搞清问题的第一步。

描述性问题与规范性问题

在分析公法和私法的概念时，许多学者还常常将两个不同性质的问题混淆在一起，一是描述性的问题，即公法是什么？私法是什么？二是规范性的问题，即什么关系应当由公法来调整？什么关系应当由私法来调整？前者是分析法学必须解决的问题，而后者则是社会哲学必须解决的问题。这里，我所讨论的当然是前者，而不是后者。

在回答第一个所谓描述性的问题时，我们还应当区分社会学的描述与分析法学的描述之不同，社会学的描述主要是从法律在社会中的实际运作的经验事实层面来描述，而分析法学则是从法律的内在逻辑结构来描述。这里，我们当然只是从法律的内在逻辑结构的角度来描述和区分公法与私法的差异，而这种描述和区分则可以分为法律目的论和法律形式论两种。

法律目的论与法律形式论

在法学中，对法律现象进行分析或划分，通常有两种方法，一是**法律目的论**，或称**法律实质论**，另一是**法律形式论**，法律目的论侧重从法律所保护的实质的利益即法律的目的之角度对法律现象进行分析与划分，这种方法本质上是社会学的方法，而不是法学本身的方法，虽然它可以加深我们对某一法律制度的理解，但是，它在法律的建构与推理中却无法起到根本的作用；而法律形式论则不考虑法律的实质目的，只是忠诚地遵循法律形式上的标准，对法律现象进行分析与划分，可以说，法学基本上是通过法律形式论的方法建构起来的。正如拉德布鲁赫所说："公法和私法、物法与人法，这些法律制度的基本划分恰恰不是出于法律的目的，而是出于法律的形式。"①

---

① 〔德〕拉德布鲁赫：《法学导论》，米健、朱林译，中国大百科全书出版社1997年版，第172页。

三、经过关系形式论修正的主体形式论——一个关于公法与私法划分的较为妥当的理论

上文已经指出,公法与私法之划分应以法律形式为基础,但是,法律形式又可分为主体形式与关系形式,那么,应以何者为主呢?

我以为,私法与公法的划分标准应当以主体形式论为主,这与近代思想启蒙时代公法与私法理论得以最终确立的理论背景也是相吻合的。

主体形式论的基础——市民社会与政治国家二元理论

私法是市民社会的法,调整市民社会内市民与市民之间的关系,公法则是调整政治国家与市民社会之间关系。所以,公法与私法的划分标准并不能如切蛋糕一般随意①,它必须尊重公法与私法概念的历史原意及其在现实法律体系中的功能与价值,如果抛弃主体形式论作为公法与私法划分的主要标准,实质上,也将抛弃公法与私法概念背后深厚的历史源流和价值基础。

主体形式论存在的问题

主体形式说是大多数法学家所接受的通说,但是,这一所谓的通说也依然摆脱不了它的问题,著名的分析法学家凯尔森就曾对它进行过质疑。凯尔森认为:"这种理论显然是不能令人满意的。在所有现代法律秩序中,国家和任何其他法人一样,可以具有对物权和对人权,具有私法所规定的任何权利和义务。在有一个民法典时,该法典的规范同等地适用于私人与国家。有关国家的这些权利和义务的争端,通常就用解决私人间争端的那种方式加以处理。一个法律关系以国家为其当事人一方的事实,并不一定要将国家从私法领域中移出。区分公法与私法之间的困难正好在于国家及其国民间的关系不仅具有'公的'而且还有'私的'性质。"②

---

① 实际上,当社会发展产生了一种新的法律概念时,人们心中对这一概念往往已经有了一种朦胧的界定,而学者的工作就是用学理的方法使这种朦胧的界定更加清晰起来,并系统化成为完整的理论,所以,这种"先在的"朦胧的界定也是我们判断一种解释理论是否正确的标准。

② [奥]凯尔森:《法与国家的一般理论》,沈宗灵译,中国大百科全书出版社1996年版,第227页。霍兰德(T. E. Holland)则认为:在私法中,国家也是出现的,但是,国家是作为裁判者出现的,而在公法中,国家不仅是裁判者,同时也是其中的当事人。

凯尔森的批评是有一定道理的,但是,因此而否认公法与私法区分的主体形式论甚至否认公法与私法的区分却是不可取的,应该说,那些因此而反对划分公法与私法的呼声是盲目的,但是,民国时期我国就有学者倡之,1929年黄右昌先生应北大法律研究社的邀请在北京大学作题为《法律之革命》演讲时,主张"推翻公法与私法的区别,只认公权与私权的区别"。① 不过,其中的道理在演讲中却没有讲清。

我以为,我们所应该做的只是对主体形式论进行适当的修正而已。

本书主张:经过关系形式论修正的主体形式论

所以,关于公法与私法的区分,本书主张经过关系形式论修正的主体形式论,具体主张是:国家与私人之间的法律关系为公法关系,而私人与私人之间的法律关系为私法关系,但是,国家与私人之间纯粹建立在"意思自治"基础之上的平等的法律关系则为私法关系,而这些一般都只是例外。②

法律的进一步分类

公法与私法是纯粹从法律形式的角度对法律划分的结果,所以,在使用这两个概念时,必须注意:私法不一定就以保护私益为目的,公法也不一定以保护公益为目的。所以,为更深入地理解一部法律的性质,我们可以结合法律目的论和法律形式论对法律作进一步的分类,如下:

法益\法律形式	私法	公法
私益	1	2
公益	3	4

第1类法律是保护私益的私法。
第2类法律是保护私益的公法。
第3类法律是保护公益的私法。

---

① 黄右昌编:《法律的革命》,北京大学法律研究社(北平)1929年8月出版。
② 争议最大的就是行政合同与国家赔偿之法律关系是属于公法还是私法,关键看其是否尊重意思自治和平等原则,德国的国家赔偿原来就适用民法典的侵权行为法,纯粹是平等关系,当然是私法关系,但是之后,德国的国家赔偿独立为单行法,平等的私法色彩逐渐消退。

第 4 类法律是保护公益的公法。

四、私法的实质特征——私法的精神

以上皆是从纯粹形式的角度对私法予以界定与描述,但是,纯粹形式上的界定与描述并不能彻底揭示"私法"这一具有深厚文化蕴意的概念的全部内涵。所以,要真正理解私法,我们不仅要理解私法的形式,更要理解私法的精神,当然,研究后者并不是分析法学的重心所在,但是,理解了私法的精神或许更有助于理解私法的形式,所以,这里不妨赘述几笔。

私法的精神主要表现为平等原则与意思自治原则[①],其中特别重要的是意思自治原则即私法自治原则,如果一种私法不体现这两者精神,那么,它只是**形式上的私法**,而不是**实质上的私法**,它只具有私法的躯干,而不具有私法的精神。我国的法律在从计划经济时代向市场经济时代的过渡中所发生的变化就体现了这一点,在计划经济时代,从法律的形式上说,我国是有私法的,因为有调整公民与公民之间的关系的法律,尽管当时的法律理论不承认私法,但是,在这些法律里,充满了国家的意志,而当事人的意思自治却被限制在极小的范围内,所以,从法律的精神上说,我国当时又没有私法,因为所谓私法并不具有私法的精神。但是,自实行市场经济之后,我国的私法开始注入真正的私法精神,平等原则与意思自治原则在我国的私法中逐步得到体现。[②]

此外,还需说明的是,自从卢梭的《社会契约论》发表之后,私法精神也逐渐渗透入公法之中,如私法中的平等精神在公法中就表现为《国家赔

---

① 公法与私法的区别不仅是法学上的分类,而且体现不同的原则,私法因与公法分开,使私法能够不受政治的影响,有效率地保护和促进市场经济的发展。见王泽鉴:《台湾的民法与市场经济》,载《民法学说与判例研究著》(第 7 册),中国政法大学出版社 1997 年版。

② 参见江平教授 1995 年 8 月在东京参加"国际法社会学会"第 31 次年会上代表中国组所作的一次大会基调发言提纲《国家与社会》,后载于《南京大学法律评论》1996 年第一期。他说:"在计划经济机制下是没有意思自治可言的,一切都属于强制性规范,不仅公法如此,私法领域内也是如此。国家意志绝对不能改变,甚至在《经济合同法》中也不允许当事人之间的约定和法律不相同。市场经济机制使任意性规范愈来愈多。中国特有的任意性规范表述方式是:当事人有约定的依其约定,无约定的依法律规定。最突出的是《海商法》中整整一章关于船舶租赁的法律规定都采取了任意性规范。这是一个很大的突破。"

偿法》的出现,尽管国家赔偿法相比于民法侵权法还有许多不平等的地方。

五、私法公法化之含义——经济法在何种意义上是一种独立的法律部门?

20世纪中私法公法化的现象对私法与公法二元理论产生一定的冲击,所以,这里,有必要探讨一下这个问题。

私法公法化之含义

"私法公法化"的含义是指公法对原本是私法所调整的社会关系实施干预,使之在一定程度上成为公法关系,如商品买卖关系原本是纯粹的私法关系,但是由于20世纪消费者保护运动的影响,《消费者保护法》在世界各国陆续出台,《消费者保护法》使特定的商品买卖关系具有双重的法律效力,一是公法上的效力,二是私法上的效力,同一行为往往同时产生公法与私法上的两种后果。

"私法公法化"这一提法源于何时何人,已经无从考证了,但是,必须指出的是,这一提法并不严谨。它易于误导人们陷入一种荒唐的观念,以为私法公法化产生了一种既具有私法性质又具有公法性质的新型的独特的法律关系。

当然,不可否认的是,在有些法律中,私法与公法处在融合的状态,但是,即使在这种情况下,公法与私法的融合也不是如同水乳交融一般无以分别,它们只不过是仅仅被组合在一个法律中而已,这种组合并没有改变它们各自原有的性质。在这些法律中,我们仍然可以从每一个具体的法律条文中,判断出这一条文所规范的是公法关系还是私法关系。诸如《消费者保护法》一类"私法公法化"的法律也只不过是公法与私法的拼盘,而不是独立于公法与私法之外的新品种。

但是,的确有一种学说认为,现代社会的法律体系确实出现了一种独立于且不同于公法与私法的第三性的法律,如经济法。[①]

---

① 赵红梅:《私法与社会法:第三法域之社会法基本理论范式》,中国政法大学出版社2009年版,第44—71页。

经济法之含义

经济法的出现曾经一度将公法与私法理论搅得混乱不堪,所以,这里,我们有必要讨论一下经济法的问题。

法国学者雅克曼和施朗斯曾经在一本名叫《经济法》的小册子中对经济法一语的起源作过考证。他们说,早在18世纪,法国重农学派尼古拉·博多(Nicolas Baudeau,1730—1792)在其名为《经济哲学初步入门,或文明状态分析》的著作中就使用了"经济法"这一概念。

但是,首先将经济法概念与公法私法理论牵扯在一起的是蒲鲁东。1865年他在《论工人阶级的政治能力》一书中阐释了经济法的概念,他认为法律应通过所谓的"普遍和解"的途径解决社会生活的矛盾,但是,公法与私法都无助于实现这一目标,因为公法会造成政府过多地限制经济自由的危险,而私法则无法影响经济活动的全部结构,因此,社会组织将建立在"作为政治法与民法之补充和必然结果的经济法"的基础上。[①]

20世纪则有一大批学者主张经济法是独立于公法与私法的独立的法律类型。他们认为:当代法律出现了公法私法化和私法公法化倾向。这种公、私法的相互渗透,不仅造成了公、私法的复合领域,而且开拓出一方既非公法又非私法的新领域——社会经济法领域。传统的公、私法之分已不完全符合法律发展的现实。但这并没有否定公法或私法存在的意义,而是说明它们作为法律体系结构单元在现代社会结构里变得复杂了。我国社会主义法律体系的基本结构应由私法、公法和社会经济法三大部类组成。[②]

---

① 〔法〕雅克曼、施朗斯:《经济法》,宇泉译,商务印书馆1997年版,第1—2页。
② 谢鹏程:《论市场经济法律体系的基本结构》,《法学研究》1994年第4期。关于经济法的法律本质,日本学者金泽良雄认为:"经济法不外是适应经济性即社会协调性要求的法律,也就是主要为了以社会协调的方式来解决有关经济循环所产生的矛盾和困难(通过市民法进行的自动调节)的法律。换句话说,经济法也就是在资本主义社会,为了以国家之手(代替"无形之手")来满足各种经济性的,即社会协调性要求而制定之法。"另参见〔日〕金泽良雄:《经济法概论》,满达人译,中国法制出版社2005年版。中国学者一般认为:"现代经济法的实质是国家对市场经济实行必要干预,这是经济法的精髓。"经济法是"政府管理经济的法律"。

这种主张经济法之独立的观点的核心在于，它认为，现代社会出现一种独立的利益，即社会利益，它不是国家利益，也不是个人利益，这种利益的独立性决定了经济法的独立性。应当说，在理念上，社会利益是存在的，但是，社会却不同于国家和个人，它无法表现为法律上的主体，所以，一种保护社会利益的法律规范只能以规范国家与私人或私人与私人之间的关系的形式表现出来，因此，保护社会利益的法律规范，在法律形式上，它必然是公法关系或私法关系，而不可能是其他。

小结：法律实质论与法律形式论对经济法独立性的不同理解

所以，从法律实质论来说，以保护社会利益的经济法可以成为一个独立的法律部门，因为社会利益确实是一种既不同于国家利益也不同于私人利益的独立利益，但是，从法律形式论的角度来说，经济法只能表现为公法形式或私法形式，而不是独立于公法与私法之外的又一种法律形式。

六、公权与私权的定义：法律形式论与法律目的论

总结法律目的论与法律形式论对公法与私法的区分的方法，我认为区分公权与私权的方法也无非有两种，一是形式上的区分，所谓公权是公法上规定的对抗国家和政府的权利，而所谓私权则是私法上规定的赋予私人的以对抗其他私人的权利；二是实质上的区分，所谓公权是为保护国家利益和公共利益而设定的权利，而所谓私权则是为保护私人利益而非国家利益或公共利益所设定的权利。

我国学者关于公权与私权最普通的定义是：公权即人们在政治领域和社会公共事务方面的权利，私权即人们在经济领域和民间的和私人的事务方面的权利。[①] 这种定义实际上是比较模糊的，基本上是属于法律目的论的定义，而不是法律形式论的定义。

由于在西方法律理论中私权与公权有着严格的区分，所以，我们在阅读外文时，对若干相似的概念应保持一种特别谨慎的态度。例如，一些学者将私权的概念翻译为英文 civil rights[②]，这是不妥的。在英语中 civil

---

① 张文显：《二十世纪西方法哲学思潮研究》，法律出版社1996年版，第507页。
② 周振想主编：《法学大辞典》，团结出版社1994年版，"私权"条目。

rights 一词恰恰表示的是公民的公权,它是宪法规定的公民所拥有的可以对抗国家和政府的基本权利。

根据《布莱克法律辞典》的解释,civil rights 与 civil liberties 是同一个概念,它是指受宪法保障的个人的自然权利,如言论自由、出版自由等,这种权利是对抗政府的。civil rights 在汉语中一般应翻译为民权,而不是私权。

在英语中,同 civil rights 一样,property 也是一个需要认真对待的概念,property 所表示的并不一定就是私权的内容,特别是当 property 一词出现在宪法中时,它的含义就是指宪法所保障的公民的基本权利,显然是公权性质的。①

第四节 概念的流变:从私权到民事权利
——社会主义国家对私法与私权的态度及其修正

一、文献比较:私权概念的隐没与民事权利概念的普遍使用

中国民法学的演进从1911年的《大清民律草案》制订始至今已有百余年的历史,其间经历了数个迥然不同的政治时代,尽管从形式上看,民法学的基本结构与概念并无巨大的变化,但是,不可忽视的是,民法学的核心概念——私权,却为另一个词语替代了,这就是"民事权利"。

根据国家图书馆编撰的《民国时期总书目法学卷》所提供的资料,目前尚可查阅的民国时期有关"民法总论"的教科书和专著计八十余种,然而这些教科书和专著在论及民法上的权利时,均未出现"民事权利"这一概念,而都是以"权利""民法上的权利""私权"这样的概念出现在章节的标题和正文中。

这里,我们选取几部当时具有代表性的民法教科书和专著,以考证这一貌似"文辞之事"然而却蕴涵着重要意义的问题。

---

① Gregory S. Alexander, *The Global Debate Over Constitutional Property:Lessons for American Takings Jurisprudence*, The University of Chicago Press 2006.

日本民法学家富井政章博士的《民法原论》是目前可以查阅到的民国时期最早的一本民法学专著,也是对我国民国时期民法学具有重要影响的译著。《民法原论》在论述民法上的权利理论时,是以私权这一概念为基础的。此书第二编"私权之本质及分类",开篇之语就是:"民法为私法之原则,即定生自私法关系之权利义务之地也,欲明其理,必先知私权之本义,因民法全部皆关于私权之规则故也。"①

胡长清先生的《中国民法总论》是《中华民国民法典》颁布之后撰写的一部阐释民法典之理论基础的权威著作。此书绪论第四章"私权泛论"阐述了私权之本质、私权之分类、民法与私权等问题,在论及"民法总则与私权"时,该书指出:"我民法法典大体以权利为立法之中心观念,而民法总则原属各种私权共通适用之通则,故就其内容而言,亦不外以私权为全编组织之中心。"②

梅仲协先生的《民法要义》也是民国时期的一部重要的民法著作,此书在论及民法上的权利概念时,既未使用私权的概念,也未使用"民事权利"的概念,而是如同《德国民法典》的用语一般,十分平白地采用了"权利"一词,其绪论第二章即以"权利"为题。③

在1949年之前,除教科书和学术著作中没有出现"民事权利"一词外,《大清民律草案》和《中华民国民法典》中也均未出现"民事权利"一词,而仅有权利概念,如《中华民国民法典》第七章即以"权利之行使"为题。

但1949年之后,中国民法学中的权利概念及其内涵却发生了深刻的变化,一个重要的表现就是,"私权"的概念销声匿迹了,而民事权利的概念则被广泛使用,并替代私权出现在民法教科书中。

这一变化甚至影响到《法国民法典》的翻译。宣统年间,修订法律馆纂修官陈录翻译的《法兰西民法正文》,其第一卷第一章以及第一节、第二节的名称分别译为"私权之享受""有享受私权""无享受私权",但是,

---

① 〔日〕富井政章:《民法原论》,陈海瀛、陈海超译,上海商务印书馆1907年版,第79页。
② 胡长清:《中国民法总论》,王涌勘校,中国政法大学出版社1997年版。
③ 梅仲协:《民法要义》,张谷勘校,中国政法大学出版社2004年版。

1979年10月出版的由李浩培、吴传颐、孙鸣岗先生合译的《法国民法典》则译为"民事权利的享有及丧失""民事权利的享有""民事权利的丧失",其中的"私权"全部变成了"民事权利"。①

实际上,所有这些变化都是从学习苏联民法学开始的。

二、苏联民法学为什么不接受私权的概念?

1922年列宁看了民法典草案并察觉出把民法各种制度当做私法制度的倾向时写道:"不要迎合西欧,而要进一步加强国家对私法关系,对民事案件的干预。"至于苏联的民法是否仍具有西方国家的私法的性质,列宁进一步写道:"我们不承认任何'私的',对我们来说,经济领域中的一切都是公法上的东西,而不是私法上的东西。"②

列宁这句九鼎之言从此将"私法"和"私权"的概念从民法学的理论中剔除出去了。但是有一个问题需要解决,既然民法尚在,那么,如果民法上的权利不是私权,又是什么呢?于是,苏联民法学家选择了民事权利的概念,由它取代了私权的概念。在俄语中,民事权利一词,即公民的权利。③

三、从苏联民法的调整范围看民事权利与私权概念之差异

从纯粹的法律形式角度来看,私权与民事权利概念是一个概念,都是指民法上的权利,但是,由于民法在苏联社会主义社会中地位与功能已很大程度上不同于其在西方资本主义社会中地位与功能,所以,民事权利概念与私权概念两者所包含的实质内容也相去甚远,而两者的差异需要从

---

① 李贵连:《〈法国民法典〉的三个中文译本》,载《比较法研究》(第7卷),1993年2月第1期。

② 〔苏联〕列宁:《给德·伊·库尔斯基的便条》,载中共中央马克思恩格斯列宁斯大林著作编译局编译:《列宁全集》第36卷,人民出版社1959年版,第587页。

③ 苏联的法律语汇中"民事的"(ГРАЖДАНСКИй)即"公民的"之涵义。苏联的民法一词也比较特别,民法原系罗马法的市民法(Jus Civile),为与万民法相对立的体系,大陆法系各国皆沿用了市民法的指称,法语用 droit civil,德语用 Burgerliches Recht,意大利语用 diritto civile,荷兰语用 Burgerlyk Regt,直译都是"市民法",而苏联则没有沿用这一指称,它的民法直译是公民的法。

苏联民法的调整范围这个年代久远的话题谈起。

苏联是一个社会主义国家,它之所以还需要民法,是因为商品经济不可避免地还在一定范围内存在着。第一,当时的苏联除了全民的国家所有制之外,还有集体的合作社集体农庄所有制存在,城乡间的经济联系一般通过买卖互易的关系而建立起来。第二,在苏联除社会主义所有制外,还承认并保障公民对生活必需品的个人所有,此种所有是因公民的劳动活动,参加社会主义生产而发生和发展起来的,根据按劳取酬的社会主义原则分配给公民的那一部分社会产品,便构成其个人财产,这也是民法上的权利。当然,按照苏联法学家的解释,此种个人财产也是从社会主义所有制中派生出来的,并与社会主义所有制密切联系着,但这并不能因此而否定其中所具有的"私"的色彩。第三,在国家财产的管理范围内,苏联保留并仍然使用商品货币形式,所以,利用价值规律,实行经济核算制原则,也是一种重要的国家财产管理形式,国家组织间因销售和供应,提供服务和完成工作所发生的关系,具有一种等价报酬的性质,它们也是民事上的法权关系。

由此可见,苏联在形式上并没有彻底消灭私法,也没有彻底消灭私权,所以,苏联的民法理论并没有彻底地摆脱私法的形式理论,可以说,从法律形式论的角度看,苏联民法仍然存在公法与私法之划分,只不过私法调整的社会关系的范围极小,而公法调整的社会关系的范围极大而已。所以,当时许多苏联民法学者也意识到这一点,列夫里什维里说:"法律科学的分类的缺点基本上是由于民法对象及其本质的定义不确切,以及形式上抛弃了而实际上却仍然隐蔽地保留在苏维埃法学著作中的公法与私法之分的观点所引起的。谈到公法与私法的问题时,作者们通常只不过说这种划分是苏维埃法律所不能接受的。遗憾的是,关于这种公法与私法之分的观点之所以不能接受的理由,直到现在还没有进行过详尽的研究。结果是几乎所有的教材和专门论文中,据我看来,都隐蔽地保留着这种划分方法,认为当事人平等是把法律关系归于民法之列的标准。"①

尽管私法和私权在形式上在苏联的民法中仍然存在,但是,由于苏联的社会主义性质及其政治意识形态的限制,私法和私权的概念不可能被沿用下去,而民法和民事权利这样的中性概念更适合于当时的政治环境,更易于避免意识形态上的忌讳。此外,也不可否认的是,此种民法与民事权利在其范围上也已被压缩到一个十分可怜的地步,仿佛沙漠中的一小块绿洲一般,它的功能也仅仅是附属于社会主义公有制的运行,而不同于资本主义国家私法的那种以建立在私有制基础之上的自由主义为核心的法律价值。所以,苏联的民法与民事权利概念在实质上也是不同于资本主义国家的私法与私权概念的。

这里,我们以财产权为例,财产权是民事权利中的核心内容,最能说明问题。苏联民法上的公民财产权主要是关于公民为维持日常生活而需要的基本生活消费资料的权利,其中一般不包括有关生产资料的权利。所以,1954—1955年苏联民法学界讨论民法对象问题得出了这样的结论,即民法调整组织之间、组织与公民之间、公民之间一定的财产关系和人身非财产关系,这种财产关系是以所有制为依据并与价值规律和按劳分配的作用相联系的。尽管《苏联民法典》第1条规定调整财产关系以及与财产关系有关的人身非财产关系,其中的财产关系没有冠以"一定的"三个字,实际上正如苏联民法学家的理解,是限制在一定的范围之中的,所以,苏联的国民生产这样一个极其重要的领域主要是通过经济法来调整的,而不是民法,民法的从属地位由此也可见一斑。② 由于社会主义苏联对欧洲大陆上的民法传统的扭曲和改造,使苏联民法失去了民法固有的精神。

---

① 〔苏联〕依·格·姆列夫里什维里:《苏维埃社会主义民法的对象与体系》,载《苏维埃民法的对象论文集》,全国人民代表大会常务委员会办公厅编译室1955年编印,第1页。

② 即使现在,仍有许多人以为,所谓"民事",不过就是老百姓"饮食男女"的一类事情罢了,而所谓民法不过就是管管老百姓日常生活及婚姻家庭一类事情的法律而已,可见苏联民法概念对我国影响之深。

四、中国对苏联民法的继受以及修正

50年代之后,中国的法学者几乎是照搬了苏联的法学理论①,所以,他们同样也否定了私法的存在。他们也以自己对马克思主义法学的理解阐述了这一问题。从当时的有关法学文献中,我们可以看到他们否定私法存在的一些主要的理论观点②,如下:

私法的基础是生产资料私有制,在社会主义国家,实行生产资料公有制,因此,相应的私法也就失去了存在的基础,公、私法的划分当然也就自然消失了。

法是阶级意志的表现,是阶级压迫的工具,它从来就不存在什么"公法"与"私法"之分,公、私法的划分抹杀了法律的阶级本质。

公、私法的划分是资本主义法律的特有现象,因此,在资本主义法制的废墟上建立的社会主义法律就不应当再沿用公法与私法的划分。

民事权利在资本主义国家中称为私权,以与公权(政治权利)相区别。私权所反映的是民事主体自身的利益、私人的利益。它所赖以存在的基础是社会利益与私人利益不可调和的矛盾。公权反映的则是所谓的"国家利益"、社会利益。社会主义也有这两种利益的矛盾,但是已经失去对抗的性质。因此,公权和私权的划分不适用于社会主义国家。"社会主义制度消灭了社会利益和个人利益的对抗性",保证了两者的紧密结合,因此公、私法的划分也就失去了意义。

这里,需要特别提及的是,当时论述否定私法之存在的论文几乎都引

---

① 新中国的民法学深受苏联民法学的影响,苏联民法学家关于公法与私法的观点也一样为中国民法学者接受了。从1950年开始,许多苏联民法学家先后来华执教,举办讲座和培训班等。国内翻译出版了苏联民法学专著、教科书、论文等,据不完全统计,从1950年到1957年,共有40余种。见佟柔:《新中国民法学四十年》,载佟柔著、文集编辑委员会编:《佟柔文集》,中国政法大学出版社1996年版,第223页。

② 参见李茂管:《法学界关于公法与私法划分问题的争论》,载《求是》1995年第22期。

述列宁的一段话:"我们不承认任何'私的',对我们来说,经济领域中的一切都是公法上的东西,而不是私法上的东西。"但是,由于翻译的错误,列宁这段话中的"我们不承认任何'私的'"却变成了"我们不承认任何'私法'"。这一句被误译的话一直是中国法学者否定私法在社会主义国家存在的一个最为重要的论据,这个错误直到1987年10月新版《列宁全集》中文译本的发行才得以纠正。①

---

① 〔苏联〕列宁:《给德·伊·库尔斯基的信》,载中共中央马克思恩格斯列宁斯大林著作编译局编译:《列宁全集》(第2版)第42卷,人民出版社1987年版,第424页。

第二章 霍菲尔德的权利分析理论

第一节 权利分析:霍菲尔德之前的分析法学

一、权利:法律概念的核心

18世纪以来,以"遵循先例"为基本原则的英美普通法经过数百年的发展,像珊瑚的生长一般,逐步形成了浩如烟海的判例,但整个法律体系却因缺乏精确的法律概念和系统的逻辑结构而显得杂乱无章,晦涩难懂。许多法学家认识到普通法的这一状况对资本主义发展的深刻阻碍,开始了对普通法的梳理工作,其中贡献最为卓著的是分析法学流派。

从边沁以来的分析法学不仅着力于法律本体论——主权国家的研究,同时,也着力于法律基本概念特别是权利概念的研究,因为在分析法学家看来,法律的基本概念是法律体系的构成要素,否则,就无法构建出一个完整的法律体系。①

那么,什么是法律的基本概念?奥斯丁认为,有六个基本概念是法律中的必要因素,即义务、权利、自由、伤害、惩罚、赔偿等。几年以后,大陆法系的一些学者认识到奥斯丁的著作所指示的法学研究方向之重要性,并开始研究奥斯丁的分析法学思想,其中之一就是匈牙利的法学家索姆罗(Félix Somló),他与凯尔森(Hans Kelsen)、耶利内克(Georg Jellinek)同属于奥地利法律实证主义学派。他在《法学基础》(*Juristische Grundlehre*)

---

① John Austin, *Lectures on Jurisprudence: Or, The Philosophy of Positive Law*, Robert Campbell (ed.), 5th ed., John Murray 1885, p.1072.

第二章 霍菲尔德的权利分析理论

一书中将奥斯丁的六个主要概念归纳为四个,即权利、义务、主权、国家。他认为,这四个概念是法律秩序在逻辑上的预设因素①。所谓的"逻辑上的预设因素",颇似康德所谓的分析范畴,意即任何完整的法律秩序在逻辑上都必然包含这些因素,就像时间和空间概念是人类的认知的"预设因素"(先验范畴)一样。

19世纪,大陆法系同英美法系一样,法学家对于法律概念的逻辑分析之研究也十分活跃,甚至有取代法哲学研究的倾向,因为他们认为对法律概念的分析不仅是法学教育的需求,同时也是法律适用的需求。

在分析法学家所研究的这些法律概念中,权利概念一直是主角。"权利"是一个在法学文献中出现频率最高的词语,同样,也是一个被滥用程度最高的词语。英国分析法学家霍兰德曾对此抱怨不迭,不过,他也幸灾乐祸地说道:"权利一词在德国、法国、意大利招来的麻烦就更多,在这些国家,权利与法也纠缠不清,因为这两个概念都用同一个词。"②英国《牛津法律大词典》"权利"条目的撰写者也无奈地写道:"权利,这是一个受到相当不友好对待和被过度使用的词。"③所以,对权利概念的逻辑分析一直是分析法学的核心工作。分析法学以边沁为先锋,历经奥斯丁、霍兰德、萨尔蒙德、凯尔森、格雷、霍菲尔德等几代大师的努力,逐步形成了一个完整的关于法律权利概念的分析方法和体系。

二、权利的类型分析史:概述

分析法学对权利的分析主要是对权利的形式类型的分析,本章所要阐述的霍菲尔德的权利分析思想就是权利的形式类型分析的集大成者,他所提出的权利的四种形式类型在逻辑上囊括了权利所有可能的形式类型,但是,他的工作也是建立在边沁以及其他分析法学家的工作基础上的最终成果。

---

① Felix Somló, *Juristische Grundlehre*, Leipzig 1917.
② Thomas E. Holland, *The Elements of Jurisprudence*, 11th ed., Clarenton Press 1910, p.83.
③ 〔英〕戴维·M.沃克:《牛津法律大辞典》,李双元等译,法律出版社2003年版,第969页。

现代分析法学的创始人边沁对权利类型的分析

哈特对边沁(Jeremy Bentham)的评价至高,他说:"在权利概念的分析方面,英语国家的大多数法律学生都是从霍菲尔德的论文《司法推理中应用的基本法律概念》开始入门的。但是,边沁的思想比霍菲尔德乃至所有的其他法学家更具有启发性,尽管很不幸,边沁的学说散见在他的浩瀚著述之中,而不易阅读。在许多问题上,边沁的研究都比霍菲尔德领先,甚至有一些问题,边沁触及了,而霍菲尔德却没有。"[①]

梅因也高度评价边沁的权利分析思想。他认为:"权利的概念,无论法律的或道德的,在古希腊的哲学著作中都未曾出现。当然,在柏拉图和亚里士多德的著作中就根本没有和我们的权利概念相对应的词,即使在一些法律十分发达的时代的法学家,包括罗马法时代,都没有对法律权利得出一个精确的概念,而这个概念对于现在的我们则是十分基本的,关于法律权利的清晰概念是显然属于现代世界的。毫无疑问,是边沁第一次给予法律权利一个清晰一致的含义,并且提出了一个十分重要的方法论的问题"。[②]

弗里德曼也认为,为美国法律界所广泛接受的现代分析法学是以霍菲尔德的理论为基础的,它致力于使法律基本概念清晰化的工作,但是,有关 power 和 right、duty 和 immunity、privilege 和 liberty 等概念的差异,边沁早就发现了。[③]

边沁认为权利概念是一般阐释性法理学(universal expository jurisprudence)所要解决的主要问题之一,这个法理学的任务就是揭示这些术语的准确含义,即它们所指向的理念,边沁坚信这些理念应当是如同数学一样精确。

边沁在《特定的法理学的范围》(The Limits of Jurisprudence Defined)一书中区分了 liberty 和 claim 两个概念[④],此书直到 1945 年才出版。边

[①] 有关边沁的权利分析思想主要参考 H. L. A. Hart, "Bentham on Legal Rights", in Jules L. Coleman (ed.), *Rights and Their Foundations*, Garland Publishing Inc. 1994.

[②] Henry S. Maine, *Dissertations on Early Law and Custom*, John Murray 1891, p.390.

[③] Wolfgang Friedmann, "Bentham and Modern Legal Thought", in George W. Keeton and Georg Schwarzenberger (eds.), *Jeremy Bentham and the Law: A Symposium*, Stevens and Sons 1948, p.242.

[④] Jeremy Bentham, *The Limits of Jurisprudence Defined*, Columbia University Press 1945.

沁认为这是两种不同的权利,第一种权利 liberty 不依赖于相应的法律义务而存在,第二种权利 claim 则依赖于相应法律义务而存在。第一种权利是自己做或不做什么的权利,即自由权(liberty-right)。边沁将自由权看得十分重要,但后来的一些理论家认为,这样一个否定性的概念在法学中没有任何意义,它不是一种法律关系。

哈特认为这是一种巨大的错误,他说:如果不对这一否定性的并且看似无意义的基本概念加以重视,那么,就不能对一些重要的概念如所有权以及竞争法中的一些法律问题获得清晰的理解。自由权这一基本要素,几乎在所有的法律权利,至少在私法领域中,都有涉及。① 第二种权利是对于 services 的权利,即要求他人做或不做什么的权利。对应以上两种权利,则有两种法律。依赖于义务的权利是由**强制性法律**授予,而不需要义务的权利,则是由非强制性法律或**许可性法律**授予。而许可性法律则有三种情形:一是积极的许可或撤销(active permission, or countermand),法律许可某些行为,而在此之前,法律禁止或强制做或不做某事;二是非积极或原生性许可(inactive permission, original permission),法律只是宣言法律以前没有禁止或强制的事情,可以做或不可以做;三是法律表示沉默,它使权利拥有者自由地做或不做什么。②

此外,边沁还分析了权力(power)的概念,霍菲尔德的豁免(immunity)概念他没有提及。③

边沁之后的分析法学家对权利类型的分析

边沁的门徒奥斯丁也做了与边沁同样的区分。

1862 年温德夏特(Bernhard Windscheid)在其著作《潘德克顿》中则区分了(狭义)权利与权力的概念。这是权利分析史上的一个进步。④

1877 年恩斯特·比尔林(Ernst R. Bierling)区分了 Anspruch(请求

---

① 我想,关于这个道理,可以打一个比方,如果将法律的制定比作绘画,那么,自由权就是这幅画的底色。

② H. L. A. Hart, "Bentham on Legal Rights", in Jules L. Coleman (ed.), *Rights and Their Foundations*, Garland Publishing Inc. 1994.

③ Ibid.

④ Bernhard Windscheid, *Lehrbuch des* Pandektenrechts, vol I, Buddeus 1873, p.37; Reginald W. M. Dias, *Jurisprudence*, 5th ed., Butterworths 1985, p.24.

权)、Dürfen(可为权)和 Können(能为权)三种权利形式。①

1878 年托翁(August Thon)在《法律规范与主观的权利》一书中区分了 Anspruch(请求权)、Genuss(享益权)和 Befugung(权力)三个概念。②

1902 年萨尔蒙德(John W. Salmond)区分了 claim、liberty、power 三种权利以及 duty、disability 和 liability 等概念,③相比于后来的霍菲尔德概念矩阵只差两个概念,他对霍菲尔德的启发最大。

直到 1913 年,德裔美籍法学家霍菲尔德(Wesley Newcomb Hohfeld,1879—1918)做了一个集大成的工作,在萨尔蒙德的分析基础上增加了豁免(immunity)和无权利(no-right)等概念,终于完成了权利分析的完整体系。他的论文已成为美国法学院的学生学习法律分析方法的入门教材,而法学院图书馆中那些汗牛充栋的有关法律权利的论文与著作,没有不提及霍菲尔德这个名字的,霍菲尔德似乎已经成为人们认识法律权利的路途上的一座绕不过去的桥梁。在权利概念的分析史上,权利的四种形式类型并不是在一夜之间就被人们认清的,而是经过数代法学家立足于经验材料的细致分析后而达致的。

第二节 霍菲尔德的权利形式理论(一)

由于霍菲尔德的理论在整个分析法学流派中占据的重要地位,它也是本书方法论的一个极为重要的基础。所以,有必要单辟一章,"原汁原味"地介绍霍菲尔德的私权的形式类型理论。

霍菲尔德,祖籍德国④,1879 年 8 月 8 日出生于美国加利福尼亚州的

---

① Ernst R. Bierling, *Zur Kritik Der Juristischen Grundbegriffe*, Friedrich Andreas Perthes 1877.

② August Thon, *Rechtsnorm Und Subjectives Recht*: *Untersuchungen Zur Allgemeinen Rechtslehre*, Böhlau Collection 1878.

③ John W. Salmond, *Jurisprudence*: *Or the Theory of the Law*, 3rd ed., Stevens and Haynes 1910, pp. 182-199.

④ 他的父亲爱德华(Edward)生于德国,是一位钢琴教师,他的母亲罗萨莉(Rosalie Hillebrand Hohfeld)的家学渊源十分深厚,德国著名的自然学家和哲学家 Ernst Haeckel 以及美国著名的化学家 William Francis 都是他母亲家族中的杰出人物。他的姐姐莉莉(Lily)也十分出色。

奥克兰(Oakland)。他在加利福尼亚大学伯克利分校读书期间,主攻化学,①学业优异,所有课程都获得了最高分,1901年以全班第一名的成绩毕业。霍菲尔德是当时美国黑格尔哲学的主要倡导者豪威生(George Holmes Howison)的学生,深受黑格尔哲学的影响。② 之后,霍菲尔德考入哈佛大学法学院学习法律,并成为《哈佛法学评论》的学生编辑。在法学院期间,他着迷于分析法学家奥斯丁的著作,他曾珍藏一本奥斯丁的《法理学》,书上的眉边都写满了自己的心得笔记,这本书现藏于耶鲁大学法学院的图书馆。霍菲尔德非常崇拜当时的分析法学家格雷(John Chipman Gray),而格雷也十分欣赏霍菲尔德的才华,他曾经聘霍菲尔德做自己一个重要项目的助手,两人结下了深厚的友谊。霍菲尔德从哈佛大学毕业以后,在圣弗朗西斯科(San Francisco)做了一年的律师事务,1905年受聘任教于斯坦福大学法学院。

1909年他在《哥伦比亚法律评论》上发表了他的第一篇论文《股东对于公司债务的个人责任的本质》。在这篇文章中,霍菲尔德对当时英国法院拒绝承认英国的股东对公司在加利福尼亚发生的债务承担责任的做法表示异议,同时也严厉地批评了当时法律术语歧义丛生的现象。1910年夏天,霍菲尔德在芝加哥认识了当时的著名法学家哈佛大学法学院院长庞德。当时,庞德正着力于法学教育的改革,庞德曾同老资格的著名法学家威格摩(John Henry Wigmore)合作过一段时间,但因威格摩执著于形而上学的新康德主义法学,并喜欢对庞德循循教导,两人最终分道扬镳,所以,庞德一直想物色一位年轻的法学家作为自己的助手,霍菲尔德成了他最合适的选择。霍菲尔德对法学教育改革思虑已久,一直意图将法学院日常学习中的讨论提升到分析法理学的层次,所以,霍菲尔德热情支持庞德的法学教育改革。

1913年庞德发表了著名的《社会学法理学的目的和范围》一文,同年,霍菲尔德也发表了一篇重要论文《司法推理中应用的基本法律概念》。

---

① Kit Barker, "Private Law, Analytical Philosophy and the Modern Value of Wesley Newcomb Hohfeld: A Centennial Appraisal", (2018) 38 (3) *Oxford Journal of Legal Studies*, p.587.

② Roscoe Pound, "Fifty Years of Jurisprudence", (1937) 50 (4) *Harvard Law Review*, p.573. 庞德认为,霍菲尔德后来所建立的基本法律概念之间的相关和相反关系,实质上是黑格尔逻辑的运用。

Wesley Newcomb Hohfeld
韦斯利·纽科姆·霍菲尔德
(1879—1918)

庞德的社会学法学思想和霍菲尔德的法律概念分析思想极大地冲击了当时美国沉闷和保守的法学界。由于这篇优秀的论文,耶鲁大学法学院聘霍菲尔德担任 Southmayd 教授一职。由于霍菲尔德的性格比较敏感,他和他的学生们相处得并不愉快,许多学生甚至要求学校解聘霍菲尔德,但有一些优秀的学生如后来的合同法大家科宾和现实主义法学的代表人物、《美国统一商法典》的编撰组织者卢埃林对他则推崇备至。[①]

由于霍菲尔德和庞德思想风格的差异,两人在许多问题上也开始产生分歧,庞德大力推广他的社会学法学的思想,霍菲尔德的法律概念分析的思想在一定程度上被冷落了。1918 年历史上最严重的流行性感冒席卷全世界,大约两千万人患病致死,霍菲尔德也不幸染上,并危及心脏。患病期间,霍菲尔德曾很乐观地写信给庞德说他预计会获得彻底的恢复,但是病情却日益恶化。最后,霍菲尔德回到了他的故乡加利福尼亚,在那里,医生通过换血使得霍菲尔德的生命延续到 1918 年 10 月。霍菲尔德终生未娶,孤独地走完了他短暂的一生。[②]

霍菲尔德最为重要的文章就是 1913 年和 1917 年发表的两篇同名论

[①] 关于霍菲尔德离开耶鲁大学法学院的这一段历史,科宾曾有一段回忆:1914 年秋霍菲尔德开始在耶鲁大学法学院任教,他十分严厉地要求他的学生掌握他关于法律基本概念的分类并正确运用,但学生们却抱怨说:我们已经习惯于那种优美的老式英语了。有一次院长亨利(Henry Wade Rogers)慈父般地拍着霍菲尔德的肩膀说:"对学生好一点,霍菲尔德!"学生们感到无法达到霍菲尔德的信托法和冲突法两门课的要求,考试必然不及格,于是就上书校长哈德来(Arthur Twining Hadley)不要延长霍菲尔德的聘期,校长叫来了霍菲尔德,霍菲尔德得知情况后,惊呆了,他未做任何辩解就离开校长办公室,回到了斯坦福。科宾和另一位理解霍菲尔德的同学试图阻止霍菲尔德的离去,但为时已晚。后来,校长哈德来的儿子在耶鲁大学法学院攻读法律,掌握了霍菲尔德的分析方法,并将其讲解给他的父亲听,哈德来这时才最终理解了霍菲尔德以前向学生们传授的是什么,并十分激动地说:"这种方法可以帮助我们定义什么是自由。" Wesley N. Hofeld, "Some Fundamental Legal Conceptions as Applied in Judicial Reasoning".

[②] 霍菲尔德生平参见 Natalie E. H. Hull, "Vital Schools of Jurisprudence: Roscoe Pound, Wesley Newcomb Hohfeld, and the Promotion of an Academic Jurisprudential Agenda, 1910—1919", (1995) 45 (2) *Journal of Legal Education*.

文《司法推理中应用的基本法律概念》。① 霍菲尔德撰写这两篇文章的主要原因在于,他深切感到,在司法推理中由于运用具有多义或不确定含义的术语所带来的混乱,他称这些术语是变色龙似的词(chameleon-hued words)。在这篇文章中,霍菲尔德首先从信托和衡平利益开始谈起,他认为当时的法学家和法官对于信托和衡平利益的分析是很不充分的,因为他们没有建立在对基本法律关系和法律概念的分析的基础之上。因此,霍菲尔德对基本法律概念进行了一次系统分析。他的分析并不是一种形而上学的思辨游戏,而是建立在司法经验之上的旨在解决司法实践中的实际问题的一种辨析,所以,他在他的论文题目中特别强调他所分析的概念是"司法推理中应用的"。尽管如此,霍菲尔德的文章发表以后,仍有人讥讽霍菲尔德只是一个理念主义者(idealist)、一个理论家(theorist),在美国这些词大多具有贬义,所以,霍菲尔德的学生们一再为其辩解②,由

---

① Wesley N. Hohfeld, "Some Fundamental Legal Conceptions as Applied in Judicial Reasoning", (1913) 23 (1) *The Yale Law Journal*; Wesley N. Hohfeld, "Fundamental Legal Conceptions as Applied in Judicial Reasoning", (1917) 26 (8) *The Yale Law Journal*. 霍菲尔德的其他论文还有:《股东对公司债务的个人责任的本质》(Wesley N. Hohfeld, "Nature of Stockholders' Individual Liability for Corporation Debts", (1909) 9 (4) *Columbia Law Review*)、《股东的个人责任和法律的冲突》(Wesley N. Hohfeld, "The Individual Liability of Stockholders and the Conflict of Law", (1909) 9 (6) *Columbia Law Review*)、《衡平与法律的关系》(Wesley N. Hohfeld, "The Relations Between Equity and Law", (1913) 11 (8) *Michigan Law Review*)、《救济性立法之于加利福尼亚信托和永久持有权法的必要性》(Wesley N. Hohfeld, "The Need of Remedial Legislation in the California Law of Trusts and Perpetuities", (1913) 1 (4) *California Law Review*)、《衡平与法律的冲突》(Wesley N. Hohfeld, "The Conflict of Equity and Law", (1917) 26 *The Yale Law Journal*)、《地役权和许可案件中的过错分析》(Wesley N. Hohfeld, "Faulty Analysis in Easement and License Case", (1917) 27 (1) *The Yale Law Journal*)、《一个重要的法理学流派和法律》(Wesley N. Hohfeld, "A Vital School of Jurisprudence and Law", (1914) *Proceedings of Association of American Law Schools*)。

② Walter W. Cook, "Hohfeld's Contributions to The Science of Law", (1919) 28 (8) *The Yale Law Journal*, p.721. 库克说:英语国家的法律职业群体中的大多数成员都视法理学特别是所谓的分析法理学是纯粹学术性的,而不具有实用价值。几乎毫无例外,谈及这一问题的学者们都认为,分析法理学只是对法律本质以及法律权利和义务等进行分析并作逻辑上的排列,之后他们的任务就完成了,但实际上,分析法学的工作绝不是纯粹为了学智上的快乐,为了分析而分析,它是为达到实践目的的一项工具。霍菲尔德的分析方法是律师和法官绝对不可少的,它可以帮助他们有效地处理日常法律问题。正如霍菲尔德在他的一篇著名的演讲《一个重要的法理学流派和法律》中所说,分析法学的工作为其他流派铺平道路。

此可见美国学术界中的实用主义色彩之浓厚。下面,我们介绍霍菲尔德的主要思想。

一、霍菲尔德法律概念矩阵

霍菲尔德认为,阻碍我们进行清晰的法律思维和有效地解决法律问题的最大的障碍之一就是将所有的法律关系都仅仅化约为权利(right)和义务(duty)的关系。即使像奥斯丁这样的分析法学大师,他所使用的权利概念实际上也是一个含混的概念,包含了多种含义。当然,用权利和义务两个概念来分析比较复杂的法律现象,如信托、选择权、期待权、保留合同(escrow)、法人等,也能说明一些问题。但它所造成的法律术语的匮乏和混乱等严重后果,仍然需要法学家认真对待和不断消除。

霍菲尔德认为,严格意义上的基本的法律概念和法律关系应当是独具特质、自成一类的(sui generi)。霍菲尔德在一个由"相反关系"和"关联关系"组成的表式中,展示了他所提炼出的基本法律概念和法律关系:

法律上的 Jural 相反关系 Opposite	权利 right 无权利 no-right	特权 privilege 义务 duty	权力 power 无权力 disability	豁免 immunity 责任 liability
法律上的 Jural 关联关系 Correlative	权利 right 义务 duty	特权 privilege 无权利 no-right	权力 power 责任 liability	豁免 immunity 无权力 disability

当然,在逻辑上这些基本法律概念还存在矛盾关系,①如下:

法律上的 Jural 矛盾关系 Contradiction	权利 right 特权 privilege	无权利 no-right 义务 duty	权力 power 豁免 immunity	无权力 disability 责任 liability

---

① 八个基本概念中的矛盾关系不是霍菲尔德提出的,而是英国剑桥大学格兰维勒·威廉姆斯(Glanville Llewelyn Williams)教授在研究霍菲尔德理论的基础上提出的。见 Glanville L. Williams, "The Concept of Legal Liberty", in Robert S. Summers (ed.), *Essays in Legal Philosophy*, University of California Press 1968, p.121. 我认为,矛盾关系已经隐含在相反关系中了,并不构成一种独立的逻辑关系,意义不大。

用矩阵的形式来展示霍菲尔德的概念,可以形成如下两个矩阵:

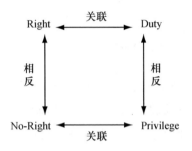

霍菲尔德法律概念矩阵

霍菲尔德认为上述的法律概念和关系是其他所有的法律概念和关系的"最小公分母"(the Lowest Common Denominators),其他所谓复杂的法律概念和关系只不过是它们的不同组合而已。

二、严格意义的权利(right)和严格意义的义务(duty)

霍菲尔德认为,人们在用权利(right)这一概念时总是将特权(privilege)、权力(power)、豁免(immunity)的含义也包括进来,而不是使用严格意义上的权利(right)的含义。既然权利一词已在很大程度上被滥用了,那么在法律话语中如何限制这一词语的使用,并给予其确定的含义呢?霍菲尔德采用确定权利(right)的相关概念义务(duty)的内涵来确定权利(right)的内涵的办法。他认为义务是指一个人应当做或不应当做什么,例如,在 X 与 Y 之间的法律关系中,Y 具有离开土地的义务,那么,与此相关的就是,X 具有要求 Y 离开其土地的权利。霍菲尔德在英语中寻找了一个近义词来说明严格意义上的权利(right),这就是 claim,即主张和请求的意思。之后，分析法学家在解释霍菲尔德的术语时，一般用 claim 来代替 right。可见霍菲尔德的权利概念与大陆法系中的请求权（Anspruch）概念比较相似。

三、特权（privilege）和无权利（no-right）

霍菲尔德认为，特权（privilege）的确定的法律含义是指一个人可以做某事的自由。例如，A 袭击了 B，则 B 就有自我防卫的特权。在特许经营（Franchise）中，许可人所授予被许可人的一种法律利益也是特权。

特权（privilege）的相反概念是义务（duty），例如，X 有进入土地的特权，这就是说 X 没有不进入土地的义务，可以进入土地的特权是对不可以进入土地的义务的否定。再如，X 是土地所有者，与 Y 签订了合同，约定 Y 可以进入 X 的土地，这样，Y 就有了进入土地的特权，因为 X 与 Y 的合同免除了 Y 不进入 X 的土地的义务。法谚所曰："法不禁止即自由"，实际上正是表达了上述的特权与义务的否定关系。

霍菲尔德认为，privilege 是对 duty 的否定。这一观点引起了一些分析法学家的质疑，如格兰维勒·威廉姆斯（Glanville L. Williams）就认为其中有一点小问题，他指出，严格地说，是 privilege（not）[①]对 duty 的否定，而不是 privilege 对 duty 的否定。这种说法可能有一点故弄玄虚，但却是很有道理的。为了说明威廉姆斯的质疑，我们先设定 A 是一项特定的行为，那么，duty 就是指"应当做 A"，而 privilege 就是指"可以做 A"，但是，这里的 duty 的否定含义却是"可以不做 A"，或者表述为"可以做 not A"，即威廉姆斯所谓的 privilege（not）一语，这与"可以做 A"的 privilege 显然是有差异的，它们的差异就在于，前者指向的行为是 not A，而后者指向的行为是 A。[②]

简而言之，duty（＋）的相反面是 privilege（－），而非 privilege（＋）。而 duty（－）的相反面是 privilege（＋），而非 privilege（－）。但是，如果将

[①] Privilege（not）也可表示为 privilege（－）。所谓"＋"和"－"分别代表"作为"和"不作为"。

[②] Glanville L. Williams, "The Concept of Legal Liberty", in Robert S. Summers (ed.), *Essays in Legal Philosophy*, University of California Press 1968.

privilege 表述为 no-duty,这个问题就不存在了,duty(+)否定面是 no-duty(+),duty(-)否定面是 no-duty(-),在否定过程中,括号中的 + 和 - 是不需要转换的。所以,privilege(+) = no-duty(-),privilege(-) = no-duty(+),no-right(+)和 privilege(-)构成关联关系。+ 和 - 竟然不统一,这令人困惑,当然这首先是语义变化引发的问题,但是否对道义逻辑(deontic logic)的命题产生瑕疵,尚无学者给予清晰的解释。

特权(privilege)的相关的概念是无权利(no-right),X 的"进入土地"的特权的相关概念显然是 Y 无权利"要求 X 不进入"。霍菲尔德认为,在英语中与特权(privilege)的意思最为相近的词是自由(liberty)。

四、严格意义的权利(right)与特权(privilege)的差异

奥斯丁曾经区分过严格意义上的权利(right)和自由(liberty)的差异,他认为,前者一般是与他人的义务相关,如请求赔偿,而后者无须他人的义务就可以成立,如迁徙自由。奥斯丁发现自由的本质特征就是没有法律的限制,所以,他最终认为自由的概念没有法律上的意义。相同于奥斯丁的"自由"概念,霍菲尔德所谓特权的含义也是指一种法律允许的但法律并不通过强加别人以义务来予以支持的自由。

小虾沙拉问题

霍菲尔德从格雷的著作《法律的本质和渊源》借用了一个例子来说明严格意义的权利和特权这两个概念的差异,这就是有名的小虾沙拉问题(the Shrimp Salad Problem)。ABCD 是小虾沙拉的所有者,他们对 X 说:"如果你愿意,你可以吃小虾沙拉,我们允许你这样做,但是我们并不答应不干预你。"在这样的情况中,X 就有了特权(privilege)"吃小虾沙拉",但 X 却没有权利(right)"要求 ABCD 不干预他吃小虾沙拉",当然,ABCD 也没有权利(right)要求 X"不吃小虾沙拉"。[①]

[①] Wesley N. Hohfeld, "Some Fundamental Legal Conceptions as Applied in Judicial Reasoning", (1913) 23 (1) *The Yale Law Journal*, p. 34. 我在给中国政法大学民商经济法学院研究生讲法学方法论时,对小虾沙拉的例子作了改造,改为:ABCD 对 X 说:"你可以吃小虾沙拉,我许可你吃小虾沙拉,但我不答应你将小虾沙拉从橱柜里取出来给你吃。"改造后,更有利于学生讨论和理解 privilege 和 claim 的差别。

在这个例子中，霍菲尔德关于严格意义的权利与特权的差异的分析如此细致入微，以至于我们若仅仅依赖于日常经验，则不能清晰地理解其中的玄奥，因为在我们的日常经验中，一种被提及的自由，如宪法中的"言论自由"，一般都包括两层意义：一是公民有言论自由的特权(privilege)，即政府没有权利(no-right)要求公民不自由言论；二是公民有要求政府不干预其自由言论的权利(right)，即政府有义务(duty)不干预公民自由言论。在现实生活中，如果仅有特权，而无抵制他人干预的权利，此一特权并无实际价值，但是，我们不能因此而否认特权和严格意义之权利在逻辑上是两个截然不同的概念。

上述分析也提示我们：一国法律如果仅仅赋予公民某一特权，如结社自由，却像小虾沙拉的主人一样"不答应不干预他"，即不赋予其请求排除干预的权利，那么，此种法律所赋予的所谓"自由"只能是形同虚设。对于这样的法律和政府，霍菲尔德的小虾沙拉问题倒是一幅绝妙的讽刺漫画。实际上，这也是我国法制建设中所常见的"自由的障碍"问题。

所以，真正的自由(liberty)既应包含特权(privilege)，也应包含"请求排除干预"的权利(right)①，这或许也是霍菲尔德不用 liberty 替换 privilege 的缘由之所在。②

---

① Judith J. Thomson, *The Realm of Rights*, Harvard University Press 1990, pp. 53-56.
② 在司法推理中，将 right 和 privilege 混淆，常常带来许多混乱。霍菲尔德举了一个例子，就是大法官 Lindley 在 *Quinn v. Leathem* 一案中的推理，这里，照录原文：

> The plaintiff had the ordinary rights of the British subject. He was at liberty to earn his living in his own way, provided he did not violate some special law prohibiting him from so doing, and provided he did not infringe the rights of other people. This liberty involved the liberty to deal with other persons who were willing to deal with him. This liberty is a right recognised by law; its correlative is the general duty of every one not to prevent the free exercise of this liberty except so far as his own liberty of action may justify him in so doing. But a person's liberty or right to deal with others is nugatory unless they are at liberty to deal with him if they choose to do so. Any interference with their liberty to deal with him affects him.

在这一段推理中，大法官 Lindley 所使用的 liberty 一词实际上包含了三种法律上含义，一是霍菲尔德的 privilege，即可以以自己的方式自由地谋生；二是霍菲尔德的 right，即他人不可干涉他自由地谋生；三是霍菲尔德的 power，即他可以自由的选择交易对象。但是，这三种截然不同的法律意义都用 liberty 一词来表示，显然会引起混乱。

如果更为系统地运用霍菲尔德的 privilege 和 claim 两个概念分析宪法上的公民的权利,可以建构起四层权利结构的分析模式:privilege(+)、privilege(-)、claim(-)、claim(+)。以宪法上的结社自由为例,最为充分的结社自由的权利内容应包含:第一层 privilege(+),即公民有结社的特权,政府无权要求公民不结社,所以,公民结社不违法;第二层 privilege(-),即公民有不结社的特权,政府无权要求公民结社,不结社的特权也是非常重要的,因为如果否定它,实质上就给公民强加了结社的义务,那是文化大革命的世界;第三层 claim(-),即公民有权要求政府不干扰其结社,政府有义务在公民结社时不干扰,如阻拦和冲散队伍等行为;第四层 claim(+),即公民还有权要求政府为其结社提供条件,例如专门在公共场所开辟演讲角、派出警察维护结社秩序、保护结社者的人身安全等。

一种宪法上的自由,如果具备以上全部四种权利,这是一种最为充分圆满的自由,但是,美国法官和学者在解释美国宪法上规定的自由时,发现并非所有的自由都必然包含 claim(-)和 claim(+)。

例如美国宪法第一修正案规定的言论自由,有学者认为:言论自由是一种消极的自由,是一种 privilege,和 claim(-),并不包含 claim(+)。[①]而诸如住宅和健康福利的权利,其本质则是表现在 claim(+),公民有权要求政府积极提供相关条件,政府有作为的义务。

2016 年美国最高法院审理 Heffernan v. City of Paterson 一案时[②],大法官托马斯(Justice Thomas)运用霍菲尔德的术语阐述了宪法第一修正案中的言论自由的权利界限。

2016 年因优步(Uber)公司引发多起宪法诉讼,出租车公司起诉地方政府,主张地方政府没有限制优步公司进入出租车市场,该不作为的行为违宪,违反宪法第五修正案中的"征收条款"(Taking Clause),其中也涉及这样一个问题:在宪法上如何确定公民和企业是否有针对政府的 claim

---

① Frederick Schauer, "Hohfeld's First Amendment", (2008) 76 (4) *The George Washington Law Review*, p.916.

② *Heffernan v. City of Paterson*, 136 S. Ct. 1412 (2016).

(-)和 claim(+),或者仅仅是一种 Privilege。①

五、严格意义的权利(right)与特权(privilege)的区分在司法推理中的重要性

严格意义的权利(right),也可称为 claim。Claim 和 privilege 的区分在司法推理中非常重要。

在 1917 年美国最高法院的判例 Hitchman Coal & Coke Co. v. Mitchell 中,法官混淆了 privilege 和 claim,遭到柯克的批评。

在此案中,雇主向法院请求禁令,禁止工会发展他的雇员入会,法官说:"先例表明,雇主有只雇佣不加入工会的雇员的自由,该自由就自然包含了工会的一种义务,即不动员雇主的雇员加入工会的义务。"柯克认为,该推理混淆了 claim 和 privilege,他说:雇主有 privilege 只雇佣不加入工会的雇员,但是,这并不意味他人不可以干预他。②

一个英国的案例 Hunter v. Canary Wharf③ 也可以说明这一区分的重要性。在此案中,金丝雀码头公司(Canary Wharf Ltd.)1990 年 11 月建造了一个高塔。该塔离 BBC 广播公司电视信号传送站不到 10 公里,干扰了数百户居民的信号接收,在电视屏幕上形成了电磁阴影,居民提起诉讼。法官认为:有一种利益,它仅仅是 privilege,而不包含 claim,本案就是如此。当地居民有自由(privilege)去接收电波,但是,没有权利(claim)要求别人不干预他接收电波。④

六、霍菲尔德的"privilege"概念与日常言语中的"自由"概念的差别

霍菲尔德法律概念矩阵中的 privilege 概念,也被翻译为"自由",其

---

① J. Gregory Sidak, "Is Uber Unconstitutional?", (2006) 1 *The Criterion Journal on Innovation*, p.179.

② Walter W. Cook, "Privileges of Labour Unions in the Struggle for Life", (1918) 27 (6) *The Yale Law Journal*, pp.779, 787-790.

③ *Hunter v. Canary Wharf*, [1997] AC 655.

④ Alison Clarke and Paul Kohler, *Property Law: Commentary and Materials*, Cambridge University Press 2005, p.36.

实,它与自由的概念存在细微的差异。差异的根源在于,privilege(+)和privilege(-)是不同的,所谓"+"和"-"分别是指"做某事"和"不做某事"。严格地说,privilege(+)是做某事的合法性,但它并不必然包含privilege(-)。也就是说,做某事具有合法性,并不能因此推导出不做某事也具有合法性。

Privilege 与日常语言中的"自由"概念的差异与关系在于:日常语言中的"自由"必然包括两种 privilege,即 privilege(+)和 privilege(-),在 privilege(+)和 privilege(-)之间,公民可以选择其一。例如,在日常语言中,当我说:"我有散步的自由",该散步的自由必然包含散步的 privilege 和不散步的 privilege,即 privilege(+)和 privilege(-)。所以,当我说:"我有散步的自由",或者说:"有不散步的自由",如果该"自由"是指日常语言中的"自由",则两种表述是一样的。但是,如果该自由是严格霍菲尔德意义上的 privilege,那么,我说:"我有散步的 privilege",或"我有不散步的 privilege",这两种表述就完全不一样了。

这里,附带探讨一个问题,上文提到"选择",自由的本质是选择权,在法律中"选择权"比比皆是,但所谓**选择权**是一种怎样的法律关系的形式呢?所谓"选择权"表面上是一个清晰的表述,但在分析法学的眼光中,它并不是一种严谨的表述,只有将其置于霍菲尔德的概念矩阵中才可能得到严谨的界定。在做这项工作前,首先面临的问题是,选择权是否是一种最基本的不可化约的法律关系形式?回答是否定的。其次的问题是,是以 privilege 界定选择权?还是以 power 界定选择权?日常语言中的选择权可以包含 privilege 和 power 两种形式的法律关系。从 privilege 的角度看,上文已经分析到,法律赋予一个主体以选择权,是通过这样的方式完成的,即赋予该主体做某事的合法性和不做某事的合法性,即 privilege(+)和 privilege(-)。法律划定行为的界域,即赋予主体在该行为的界域里以自由(选择权)。可见,该主体的选择是一个事实性的概念,而非规范关系。

七、Privilege 与 duty 的相反关系

在同一个行为上,是否可以同时存在 privilege 和 duty?例如,离婚

后,父亲探视子女的行为,是否可能:这既是父亲的 duty,也是父亲的 privilege？这是可能的。

在霍菲尔德的矩阵中,privilege 与 duty 是一组相互否定的概念,但是,一定要注意,相互否定的是 privilege(+)与 duty(-),或者是 privilege(-)与 duty(+),而不是 privilege(+)与 duty(+),也不是 privilege(-)与 duty(-)。

由于 privilege(+)与 duty(+)不是相互否定的关系,所以,在上述例子中,探视子女既可以是父亲的义务(duty +),也可以是父亲的特权(privilege +),但是,不可能的是:父亲具有探视子女的义务(duty +),同时又具有不探视的特权(privilege -)。

在 privilege(+)与 duty(-)的关系中,前者是对后者的否定。

如果以 no-duty 取代 privilege 一词,对 duty 否定时,no-duty 后面就不需要加 - 号,但是,privilege 后面却要加 - 号。这是一个很有趣的问题。这可能只是一个语义的问题,因为 no-duty 与 privilege 是从正反两个方面描述同一法律状态,正如一面镜子的里与外。

八、权力(power)[①]和责任(liability)

权力(power)的相关概念是责任(liability),相反概念是无权力(disability)。所谓权力就是指 A 与 B 之间存在一种法律关系,A 能够通过自己的行为创设 A 与 B 或 B 与其他人之间的法律关系。那么,所谓责任就

---

① 沈宗灵教授将 power 译为"权力",见沈宗灵:《对霍菲尔德法律概念学说的比较研究》,载《中国社会科学》1990 年第 1 期,但笔者曾主张将 power 译为"能力",主要出于以下考虑:一是与无能力(disability)相对应;二是 power 在英语中一个主要的含义就是能力(ability)的意思,《牛津现代英汉双解词典》将"能力"列为 power 的第一个含义;三是美国《财产法重述》将 power 解释为一种能力:"A power, as the word is used in this Restatement, is an ability on the part of a person to produce a change in a given legal relation by doing or not doing a given act";四是霍菲尔德认为法律上的 power 含义就是从其日常含义即物理上或精神上的能力一义引申而来,见本书第 280 页;五是民法上的"行为能力"与 power 的含义在本质上相近,而德国民法理论中"形成权"也称为"能为之权利",所以,将 power 译为能力,也与民法中的概念相一致;六是中文"权力"一词较侧重政府职权和强制力的含义,不能恰当地表达霍菲尔德的 power 概念。但本书仍采通译"权力",并将"disability"对应地译为"无权力",而不是"无能力"。

是指 B 应当承受 A 通过自己行为所创设的 A 与 B 之间或 B 与其他人之间的法律关系。

在霍菲尔德之前,就有许多法学家发现了法律权力这一概念,如德国潘德克顿法学家温德夏特,他主持起草了《德国民法典》第一稿,并因此而闻名遐迩。温德夏特(1817—1892 年)与奥斯丁(1790—1859 年)是同时代的学者,他们在法律概念分析方面均有卓著的成就。温德夏特指出,除请求权之外,还有另一种法律所授予的利益就是权力,尽管某人获得这一法律利益时,并不立刻就在他人身上产生与之相关联的法律上的不利益,但是具有权力的人可以通过其行为将法律上的不利益在未来强加于他人。德国法学家比尔林也作了同样的区分。[①] 温德夏特认为权力在其行使之前并不具有与之相关联的法律上的不利益,而霍菲尔德则认为,无论权力是否行使,只要在一法律主体上存在权力,那么,在另一法律主体上就必然存在与之相关联的法律上的不利益,这就是责任。笔者认为,温德夏特的错误在于混淆了责任与义务。所以,霍菲尔德理论的严谨和完美及其高度抽象性由此也可见一斑。[②]

在英国的法学界第一个将权力的概念从权利(right)的概念中区分出来的法学家是萨尔蒙德。他指出,当这种权力被授予政府官员时,它是公法性质的,但它也可以是私法性质的,在私法领域,决定他人的法律关系的权力通常称为"authority",而决定自己的法律关系的权力通常称为"capacity"。

霍菲尔德认为对权力这一概念的分析有陷于形而上学的危险,所以,他从实用的角度对这一概念进行了阐述。下面就是霍菲尔德所举的关于权力(power)的一些例子。

---

① 见本书第 72 页注①。在德国民法理论中,所谓"形成权"(Gestaltungsrecht)以及"期待权"(Warterechte)其实质也是霍菲尔德所谓的权力(power)。德国法学家 Zitelmann 曾称形成权为"能为之权利"(Rechte des rechtlichen Konnens)。见汉斯·德勒(Hans Dölle):《法学上之发现》,王泽鉴译,载《民法学说与判例研究》(第四册),北京大学出版社 2009 年版。

② Julius Stone, *The Province and Function of Law*, *Law as Logic*, *Justice and Social Control: A Study in Jurisprudence*, Maitland Publication PTY. Ltd. 1946, p.119.

X 是一个有体物的主人,他有权力去消灭他的法律利益,如通过抛弃等行为。他也可以创造他人对于物的所有权关系,如通过转让行为。

"代理"关系建立的实质是将权力(power)授予了代理人,同时创造了被代理人的责任(liability),因为在代理中代理人可以通过自己的行为创设被代理人与他人的法律关系。

政府官员的所谓"权力",其本质就是一种法律能力,据此,政府官员可以通过自己的行为来创设公民与国家之间的法律关系。

在所有权保留合同(escrow)中,买受人所拥有的就是一种权力,即大陆法系民法所谓的期待权,他可以通过完成一项行为即付清价款的行为,而创造他对合同标的的所有权。

在合同法中,假设 A 向 B 发出要约出卖他的土地,这一事实就为 B 创造一种法律权力,为 A 则创造了相关的责任(liability)。因为 B 可以通过承诺在 A 与 B 之间创设一种合同关系,而 A 则必须承受这一合同关系。霍菲尔德还用权力(power)的理论批评了兰代尔在《合同法》中的一段说法,兰代尔说:"如果要约人规定他的要约将在一特定时间内有效(open),如果这样的约定是有效的,那么,要约就不可收回。"霍菲尔德认为这一说法不恰当,因为一个要约创造的是一个法律关系,即一个法律权力,是这样一种法律关系在持续(open),而不是作为一种客观事实的要约在持续(open)。①

霍菲尔德还列举了公共服务领域的例子。如一位旅游者就具有一种权力(power),他通过请求,就可以将一种义务(duty)加在了客栈老板身上,客栈老板必须收旅游者为客。在旅游者请求之前,客栈老板具有一种承受旅游者通过请求而创设的法律关系的责任(liability)。但客栈老板可以通过"歇业"的方式取消这种责任。霍菲尔德特别强调在旅游者请求之前,客栈老板所承受的是责任(liability)而不是义务(duty)。

---

① 美国合同法专家科宾将霍菲尔德的理论用于分析合同成立过程的法律关系,见 Arthur L. Corbin, "Offer and Acceptance, and Some of the Resulting Legal Relations", (1917) 26 (3) *The Yale Law Journal*; Arthur L. Corbin, "Conditions in the Law of Contract", (1919) 28 (8) *The Yale Law Journal*.

霍菲尔德认为,一种特定的法律关系的变化可以由两种事实产生:一是为人的意志所不能控制的事实,二是为人的意志所能控制的事实。而法律权力就是通过第二种事实来实现的。霍菲尔德关于两种事实的区分实际上就是民法学关于事件及事实行为和法律行为的区分。德国法学家海泽(Georg Arnold Heise)1807年在《潘德克顿学说教程》中将法律行为解释为"设权意思表示行为",而萨维尼在《当代罗马法体系》中则将其更精确地定义为:行为人为创设其所意欲的法律关系而从事的意思表示行为。可见,"设定性"是法律行为的本质特征,而法律权力(power)必然是通过法律行为而不是事实行为来实现的。

霍菲尔德还强调要区分法律上的能力即权力和(为行使法律能力而做某事所必须具备的)生理上的和智力上的能力(如说话的能力、签字的能力等)以及(为行使法律能力而必须)做某事的特权(privilege)(如签订黄金买卖合同必须具有行政法上许可的特权)这三个概念。

霍菲尔德批评了在司法判决中将责任一词用作义务(duty)、债(obligation)以及债务(debt)的同义词的做法。霍菲尔德认为,在英语中,责任的近义词是 subjection 或 responsibility。①

九、责任(liability)和义务(duty)的区别

为说明两者的区别,霍菲尔德举了一个例子,如在 Booth v. Commonwealth 一案中,法院引用弗吉尼亚法规时说:"所有年满21岁不满60岁的白人都有责任(liable)做陪审员。"很明显,这一法规设定的是责任(liability)而不是义务(duty)。但这是一种可能产生义务的责任(It is a liability to have a duty created)。做陪审员的义务只是在法院工作人员运用自己的职权(实质上是法律权力 power)而指定某人做陪审员时才产生。而在此之前某人所具有的只是一种责任。

---

① 庞德一度认为责任(liability)和无能力(disability)这两个概念不具有独立的法律意义,但后来他改变了看法。见 Roscoe Pound, "Legal Rights", (1915) 26 (1) *International Journal of Ethics*, pp. 92, 97.

十、豁免(immunity)与无权力(disability)

豁免(immunity)的相关概念是无权力(disability,亦可直译为"无能力"),而相反概念是责任(liability)。所谓豁免—无能力的关系就是指存在于 A 与 B 之间的一种法律关系,在这种关系中,B 不具有法律权力去改变现存的 A 与 B 或 A 与其他人的法律关系,此种法律关系对于 A 来说即豁免,而对于 B 来说即无权力(disability)。

霍菲尔德举了一个例子说明这一问题,X 是一片土地的所有者,Y 无权力处分 X 的土地,X 可以对抗 Y 的处分其土地的行为,此既"豁免"。但是,如果 X 委托了一位代理人出卖他的财产,那么,他同这位代理人的关系就是责任,而不是豁免。

英国女王的法律顾问伦敦大学劳伊德(Dennis Lloyd)教授在解释霍菲尔德的"豁免"概念时曾举例说:"议员在国会辩论中发表言论,不论内容是否构成诽谤,发言人都不受追诉,此即豁免。"① 笔者以为这个例子不恰当,因为在这个例子中,我们找不到与此"豁免"相关联的"无权力"。实际上,此例中的所谓"豁免"是我们平常所使用的"豁免"概念,如国际法上"国家及其财产的豁免权"等,其实质含义是指"法律规定的例外(exemption)",而不完全是霍菲尔德所谓"豁免"之含义,正可谓:此"豁免"非彼"豁免"也。

以上便是霍菲尔德所提炼的八个"最小公分母"的法律概念。在上述八个概念中,权利、特权、权力和豁免可以统称法律利益(legal interest),而义务、无权利、责任和无权力则可以统称法律负担(legal burden)。科克洛克则将前者称为 legal advantage,而将后者称为 legal disadvantage。这里所谓的利益和负担只是形式意义上的利益和负担,在实质意义上并不一定就是利益或负担,如 liability 不一定就是负担,具有 liability 的人可能被行使 power 的人赋予 right 或 power 这些法律利益。

---

① 〔英〕丹尼斯·罗伊德:《法律的理念》,张茂柏译,台湾联经出版事业公司 1984 年版,第 306 页。

第三节　霍菲尔德的权利形式理论(二)

霍菲尔德并不是对这些概念进行分析的第一人,以前就有人对这些概念做过分析和讨论,如泰里(Terry)和萨尔蒙德(Salmond),但他们的工作都不彻底。① 他们也没有像霍菲尔德那样用这些基本概念对一些常用的法律概念进行分析。而霍菲尔德在分析对物权和对人权以及所有权等实际问题时,却将这些基本概念运用得游刃有余。

一、对物权(right in rem)和对人权(right in personam)以及所有权(ownership)

"对物"(in rem)和"对人"(in personam)这两个词在当时的司法推理中的使用一直十分混乱,其主要的用法如:对物权(right in rem)和对人权(right in personam)、对物的诉讼(actions in rem)和对人的诉讼(actions in personam)、对物的判决(judgment or decrees in rem)和对人的判决(judgment or decrees in personam)。所以,大法官霍姆斯和富兰克林都认为:"再也没有一个词比'对物'这一个词被误用的程度更为严重,而要抛弃这些传统的含混概念,就必须通过定义和辨析的方法(snuff them with distinctions and definition)。"

实际上,早在霍菲尔德之前,奥斯丁就抛弃了对物权和对人权的概念,奥斯丁在《法理学讲义》中指出:"jus in rem 和 jus in personam 这两个术语是中世纪的民法学家发明的。而所谓'对物'只是表明权利的行

---

① 见 Henry T. Terry, *Some Leading Principles of Anglo-American Law*, T. & J. W. Johnson & Co. 1884, pp.108-141 和 John W. Salmond, *Jurisprudence: Or the Theory of the Law*, 3 rd ed., Stevens and Haynes 1910, Chapter X. Terry 分别用对应性权利(correspondent right)、许可性权利(permissive right)、功能性权利(facultative right)来表达霍菲尔德的权利(right)、特权(privilege)和权力(power)这三个概念,没有提及 immunity。而 Salmond 则用 liberty 表达 privilege 这一概念,他将 liability 视为 liberty 和 power 这两个概念的相反概念。Salmond 认为 immunity 这一概念不重要,他在《法理学》一书中将这一概念放在脚注中加以解释。

第二章 霍菲尔德的权利分析理论

使范围,而不是权利行使的对象,它表明权利的行使针对所有的他人,而 in personam 实际上是 in personam certam sive determinatam 的一种简略的说法,它也是表明权利行使的范围,即权利的行使针对特定的人。"①奥斯丁还考证说:"民法学者这样定义对物权:不针对某个特定的人的权利(facultas homini competens, sine respectu ad certam personam),我认为这一定义是格老秀斯创造出来的。"②可见,奥斯丁认为所有的法律权利都是对人权,不存在对物的权利,因为物不是法律上的主体,而所谓的对物权只是对抗许多人的"对人权"的总和的简称而已,即对世权。③

霍菲尔德在奥斯丁的基础上又前进了一步,他主张用多方面的权利(multital right)和少量的权利(paucital right)④来分别替代对物权和对人权的概念。他这样界定少量的权利和多方面的权利:所谓少量的权利(单方面的权利)是指一个法律主体所具有的针对另一个法律主体的单一的法律权利,而多方面的权利则是指一个法律主体所具有的针对许多法律主体的相同的但是相互独立的权利的总和。霍菲尔德认为,除权利之外,在其他概念如特权、权力和豁免等也存在"对物"和"对人"的形态。

霍菲尔德还认为多方面的权利并不总是与有体物(a tangible object)

---

① 奥斯丁还指出:罗马法学家几乎不用 jus in rem 和 jus in personam 这两个词,而是用 dominium 和 obligatio。见 John Austin, *Lectures on Jurisprudence*: *Or*, *The Philosophy of Positive Law*, Robert Campbell (ed.), 5th ed., John Murray 1885, p.383.

② John Austin, *Lectures on Jurisprudence*: *Or*, *The Philosophy of Positive Law*, Robert Campbell (ed.), 5th ed., John Murray 1885. 中国社会科学出版社 1999 年影印版,第 785 页。另外,在第 391 页奥斯丁也谈到这个问题。

③ 霍菲尔德之后的法学家科克洛克也研究了这一问题,他认为所谓对人权和对物权实质是:rights residing in persons and availing against other persons generally, 见 Albert kocourek, "Rights in Rem", (1920) 68 (4) *University of Pennsylvania Law Review*, pp.322-336. 我国民法教科书一般认为:物权是对世权,而债权则是对人权,似乎不太严谨,物上请求权就是对人权,而债权中诸如租赁权,对于出租人是对人权,但租赁权中的占有权则是对世权,所谓"债权之不可侵害性"学说则又使一般债权似乎又都具有了"对世性"。笔者认为,对民法中的物权和债权很有必要进行一番霍菲尔德式的分析。

④ paucital right 的直译应是"少量的权利",但其义基本相当于"单方面的权利"。

相关。他认为多方面的权利可以包括以下的类型①：

1. 与有体物有关的，即以有体物为客体的多方面权利，如土地所有权。

2. 与特定的有体物和权利人的身体无关的，如专利权。

3. 与权利人的身体有关的，即以权利人的身体为客体的权利，如身体自由权。

4. 权利人拥有的以另一个人的身体为客体的权利，如父亲拥有的他的女儿不被诱奸的"父权"。

5. 与权利人的身体无关或与有体物无关的权利，如名誉权、隐私权。

在此基础上，霍菲尔德对普通法中的一个最为常见的概念"无条件继承的不动产所有权"（fee simple）进行了前所未有的精确分析，他认为"fee simple"是一种包括多方面权利、多方面特权、多方面权力和多方面豁免在内的综合的法律利益，具体要素如下：

1. 多方面权利，即要求任何他人不侵害其土地的权利，任何他人有义务不侵害其土地。

2. 多方面特权，即占有使用和收益甚至糟蹋（harming）其土地等特权，任何他人无权利要求所有人不这样做。

3. 多方面权力，即处分的能力，所有人可以通过抛弃、许可和转让等方式创设任何他人对于其土地的法律利益，他人因他的处分行为而享有对于其土地的法律利益。

4. 多方面豁免，即对抗任何他人处分其土地的行为，任何他人都无权处分其土地。

普通法中的"fee simple"概念与大陆法系民法中的所有权即自物权

---

① Julius Stone, *The Province and Function of Law, Law as Logic, Justice and Social Control: A Study in Jurisprudence*, Maitland Publication PTY. Ltd. 1946, p.125.

笔者认为，权利的客体是行为，而行为的客体又可分为有体物、无体物、权利人的身体和他人的身体等，或者行为的客体不确定（霍菲尔德所谓的与身体和物都无关的那种权利如隐私权，作为其权利客体的行为并非无客体，只是不确定，如不侵害隐私的行为，其客体可以是日记书信或档案或者一种无形的信息等），霍菲尔德的上述分类方法就是以（作为权利客体的）行为之客体的不同为标准建立起来的。

的概念在法律内容上基本一致。我国民法教科书一般将所有权分解为占有、使用、收益和处分四种权能,其实,所谓的占有、使用和收益权能就是霍菲尔德上述的多方面特权,而多方面特权的含义显然要比占有、使用、收益的含义要广阔得多,因为对一物的特权并非仅仅占有、使用和收益三种方式,它应是无穷无尽的,包括糟蹋,而所谓的处分权能就是霍菲尔德上述的多方面权力。而大陆法系民法中所谓的物上请求权就是霍菲尔德上述的多方面权利,所谓的对抗第三人的效力就是霍菲尔德上述的多方面豁免。

大陆法系民法学家将所有权的内容分解为占有、使用、收益、处分四项权能,这种方法实质上是以所有权在现实的经济生活中的具体的典型的表现为基础而归纳的结果,是有限列举的方法,它不可能穷尽所有权的一切可能的内容。而要穷尽所有权一切可能的内容,只有采取形式化的方法,即将所有权这个复合的概念分解为四个可能的权利形式,这样才能涵盖所有权的一切可能的内容。

按照霍菲尔德的理论,并运用他的术语,可以对"所有权"下一个完整的定义,即所有权是法律主体对于有体物所具有的相对于任何他人的权利、特权、权力和豁免的法律利益的总和。这一定义所描述的是一种最完整、最纯粹的所有权概念,是理想状态中的所有权,但是,在现实世界的任何一个国家的法律中,我们都不可能发现这样完整的所有权,因为在社会化的原则下,现代私法创设了大量限制所有权的强制性规范,如权利不得滥用制度、相邻权制度、善意取得制度等,这些制度为所有权人设定若干法律负担,同时也就否定了所有权人中原有的相应的法律利益,一个典型的表现就是"土地所有人在多如牛毛的城市规划建筑法规和各机关可能具有的土地征收权下,得以使用、管领和处分土地的方式已被局限在十分狭小的范围之中,这足以说明所有权并非是让一个人能够自行其是的普遍自由,而是近乎一种'剩余权'(residual right)的性质"。[①] 所谓纯粹

---

① 〔英〕丹尼斯·罗伊德:《法律的理念》,张茂柏译,台湾联经出版事业公司1984年版,第312页。

所有权也只能是极端个人主义者的一种幻想而已。

由于各国法律对于所有权的限制不同,所以,各国法律中"所有权"的具体内容是不完全相同的,可见,所谓"所有权"的概念并不具有固定的内涵,它是一束变动不居的法律利益(ownership as a bundle of right),这里产生一个问题,既然它们的内容都不尽相同,我们凭什么说它们都是所有权呢?所有权作为一种法律概念,其本质是什么?我们是否可以创造出一个可以用以确认所有权的固定规则?霍菲尔德没有提供这样一个规则,但它的方法却有助于我们分析这一问题。事实上,所有权作为一种法律概念,它是一种"不完整的象征"(Incomplete Symbols)①,它的内涵和外延不像"自然人"这一概念那样确定,它是一个错综复杂的集合体,从逻辑上分析,在所有权与非所有权之间应该存在种种形态,它们之间具有家族的相似性。那么什么是决定"所有权之为所有权"的关键概念?是处分能力?抑或其他?这一问题值得思考。本书将在第四章第二节"所有权概念分析"中深入阐述。

二、衡平法所有权和普通法所有权:双重所有权?

在英美国家,由于历史原因,在同一财产上往往同时存在衡平法权利和普通法权利,信托就是一个典型,法学家们总是用衡平法所有权和普通法所有权来解释信托中的财产关系。霍菲尔德在《衡平与法律的关系》一文中批评了这一传统理论,他认为,在分析此类法律问题时,可以用他的四对概念具体分析其中的法律关系,而不必采用所谓衡平法权利和普通法权利。霍菲尔德对信托受益人(cestui que trust)的这一所谓的衡平法权利所作的实证分析就是一个具体尝试。②

---

① Filmer C. S. Northrop, *The Complexity of Legal and Ethical Experience: studies in the method of normative subjects*, Little, Brown and Company 1959, Chapter 3.

② 霍菲尔德对信托中的衡平法所有权与普通法所有权的分析又是一个比较复杂的课题,本书将在第五章作详细分析。其他可以参考的文章见 Walter G. Hart, "The Place of Trusts in Jurisprudence", (1912) 28 *Law Quarterly Review*, p.290; Austin W. Scott, "The Nature of the rights of the 'Cestui Que Trust'", (1917) 17 (4) *Coumbia Law Review*, p.269.

三、互容性关系(concurrent relation)和互斥性关系(exclusive relation):权利冲突和法律冲突理论

霍菲尔德在用自己的方法分析衡平法和普通法时,发现了两者之间的众多冲突,然而当时的普遍观念正如梅特兰在其《衡平》一书中所言:衡平法与普通法没有冲突,衡平法与普通法毫厘不爽地吻合(equity fulfill every jot and tittle of the common law),霍菲尔德认为这显然是一种误述(misdescription),然而,这一误述却影响了受兰代尔—阿姆斯—梅特兰(Langdell-Ames-Maitland)法学传统训练的整整一代法律学生。

为了说明衡平法和普通法冲突,霍菲尔德区分了两种法律关系即互容性关系和互斥性关系,互容性即其所谓的基本概念之间的相关性(correlative),而互斥性即其所谓的基本概念之间的相反性(opposite),以此来说明各种广义上之权利的冲突和法律冲突的本质及其判断标准,这样霍菲尔德在分析法学的研究路途上又发现了一个极为令人兴奋的课题。然而,他尚未完成这一课题时就英年早逝了。当然,霍菲尔德的其他计划如对一般关系(common relation)和特定关系(special relation)、合意性关系(consensual relation)和建构性关系(constructive relation)、实体关系(substantive relation)和程序关系(adjective relation)、完整关系(perfect relation)和不完整关系(imperfect relation)等研究也随之夭折了。庞德在《法理学五十年》一文也深感悲憾:霍菲尔德为法学作出了巨大贡献,但是,他的早逝却使得他的分析工作半途而止了。[①]

四、霍菲尔德关于法律关系分析方法之特征

霍菲尔德关于权利的分析本质上也是关于法律关系的分析,两者只不过是同一问题的两个方面而已,菲尼斯(John M. Finnis)曾经总结出霍

---

① 霍菲尔德的学生科宾在完善霍菲尔德的分析体系方面也作出了贡献,见 Arthur Corbin, "Legal Analysis and Terminology", (1919) 29 (2) The Yale Law Journal, pp. 163-173,他分析了 instant right 和 future right, conditional right, joint right 等概念。

菲尔德关于法律关系的分析具有三个特征,[1]而 Andrew Halpin 将其扩展到四个特征,[2]如下:

1. 每一个法律关系都指向某一法律主体之作为或不作为的行为。

2. 每一个法律关系是两个法律主体,也只能是两个法律主体之间的关系。

3. 对于法律关系的分析不考虑所谓制裁与强制的问题。

霍菲尔德认为在分析法律关系时,没有必要引入制裁和强制的问题,因为这已经不是规范分析的范畴了,而是法律体系意义上的范畴。但是,以往的许多分析法学家将法律的规范关系与是否存在制裁与强制联系在一起,认为后者是前者的必要内容,格雷就是其中一位,霍菲尔德曾就这一点对格雷作了批评。[3]

4. 对于法律关系的分析只涉及法律对于某一特定行为的效力,而不涉及其具体内容。霍菲尔德认为基本的法律概念只是认知上的一种工具,通过它,许多复杂的法律现象在我们的脑中变得系统化和可理解。[4]

第四节 霍菲尔德理论的影响和回应

一、霍菲尔德理论的意义与影响

霍菲尔德开辟了一个重要的研究方向和领域,他的理论严谨有力,影响深远,一直至今。

---

[1] John M. Finnis, "Some Professorial Fallacies About Rights", (1972) 4 *Adelaide Law Review*, p. 377.

[2] Andrew Halpin, "Hohfeld's Conceptions: From Eight to Two", (1985) 44 (3) *The Cambridge Law Journal*, pp. 435-457.

[3] Wesley N. Hohfeld, *Fundamental Legal Conceptions as Applied in Judicial Reasoning*, Walter W. Cook (ed.), Yale University Press 1923, p. 41.

[4] Wesley N. Hohfeld, *Fundamental Legal Conceptions as Applied in Judicial Reasoning*, Walter W. Cook (ed.), Yale University Press 1923, p. 67. The fundamental legal conceptions are meant as mental tools for the comprehending and systematizing of our complex legal materials.

第一,霍菲尔德理论为美国法学奠定了方法论的基础。美国的法律源自英国,当英国的普通法进入美国时,它显现在美国民众眼前的是一堆杂乱无章的"灌木丛",那时,美国尚不能说有自己的法学,更谈不上自己的法学方法了。当分析法学家成长起来时,他们开始了为美国法学建立自己的方法。威格摩尔(John H. Wigmore)认为:在这项使命完成的过程中,有三个人是至关重要的,首先是格雷,但是,他所用的基本还是传统的一套东西,不过有所进步,之后是霍菲尔德,他以天才般的创造力为法学引入了一种真正的方法,最后是科克洛克(Albert Kocourek),他建立了一个彻底而完整的体系。①

第二,霍菲尔德的理论对私法的各个部门法特别是财产法思想的影响至深。19世纪初,普通法关于财产的概念在布莱克斯通的经典著作《普通法释义》中被理想化地定义为对物的绝对支配,但19世纪新形成的诸多新财产如商业信誉等已为传统财产概念所不可解释,亟须新的财产理论。这样,霍菲尔德的理论就为分析新财产提供了一个有力的框架。同布莱克斯通相比较,霍菲尔德的财产概念有两大变革:首先,霍菲尔德的概念使得物在财产法中变得不必要了,他认为,法律关系是人与人之间的关系,而非人与物的关系,不管有没有有形物作为权利的对象,财产都可以存在。其次,霍菲尔德认为,所有者对财产的支配并不是绝对的,财产由一系列的法律关系而非某种特定的关系所构成,他反对用空泛的用

---

① 见威格摩尔为科克洛克《法律关系》一书所写的前言。威格摩还说:"长期以来,我一直有一个信念和渴望,希望我们的法律科学能够取得像数学和自然科学一样的成就。法律的概念是精确的(define),法律的逻辑也是严谨(sure)的,而更为重要的是,在我们讨论法律问题时,所使用的法律术语应当是前后一致的。"在威格摩看来,霍菲尔德以及后来的科克洛克为美国的法学完成了这一任务。见 Albert Kocourek, *Jural Relations*, Bobbs-Merrill 1928, Introduction by Wigmore. 威格摩因为深受新康德主义的影响,对于一门科学的理念层面的知识十分的敬仰,而对于没有什么逻辑根基的仅仅经验材料罗列的所谓知识倒是不屑一顾,所以,他对庞德的评价要大大低于对霍菲尔德和科克洛克的评价。他说:"庞德原来是内布拉斯加州的一个生物学家,改行学法律,鼓吹当时人们所称的社会学法学,竟能当上哈佛法学院院长。"见〔美〕格兰特·吉尔摩:《美国法的忧虑时期》,此文为威格摩所著《美国法的三个时期》(耶鲁大学出版社1977年版)一书的第四章,中文译文见《法学译丛》1983年第5期。

语来笼统地概括可能存在于财产所有者和其他人之间的复杂的法律关系。① 霍菲尔德的理论极大地拓宽了普通法的财产概念。② 1920 年美国法学会召开专门会议研讨霍菲尔德的思想,并在编撰《法律重述》时采用了霍菲尔德的术语,其中《财产法重述》开篇就是对各种法律概念的霍菲尔德式的定义,这套术语为美国法院广泛引用。此外,许多法学家、法官和律师还将霍菲尔德的思想用于分析私法中的其他法律问题。③

第三,霍菲尔德的思想也深刻地影响了法理学。第二次世界大战以后新分析法学的创始人哈特所提出的一个著名的法的概念:法是设定义务的规则和授予权力的规则的结合。④ 这两种规则的划分实际上就是来源于霍菲尔德关于权利—义务和权力—责任概念的分析。⑤ 英国学者米尔恩(A. J. Milne)在其人权哲学的名著《人的权利与人的多样性》中也充分运用了霍菲尔德的思想。⑥

第四,霍菲尔德的影响甚至超出了法学界,著名的人类学家霍布尔从他的耶鲁大学的同学卢埃林那里学到了霍菲尔德的这些学问,并将他用

---

① 1993 年我国《公司法》出台后,就有许多学者用双重所有权一类空泛的概念来为"股权"定性,这正是霍菲尔德所反对的做法,科学的研究方法应是对股权的内在要素进行分析,而不是急于定性。对于信托问题的研究也应如此。

② 〔美〕万德威尔德:《十九世纪的新财产:现代财产概念的发展》,王战强译,载《经济社会体制比较》1995 年第 1 期。

③ 主要有: Edwin M. Borchard, "The Declaratory Judgment", (1918) 28 (1) *The Yale Law Journal*; Walter W. Cook, "The Alienability of Choses in Action", (1916) 29 (8) *Harvard Law Review*; Walter W. Cook, "The Privileges of Labor Unions in the Struggle for Life", (1918) 27 (6) *The Yale Law Journal*. 此外,还有学者将霍菲尔德的理论用于对美国宪法的分析,见 Howard N. Morse, "Applying the Hohfeld System to Constitution Analysis", (1988) 9 *The Whittier Law Review*.

④ H. L. A. Hart, *The Concept of Law*, 3rd ed., Oxford University Press 2012, p.79.

⑤ 参见沈宗灵:《对霍菲尔德法律概念学说的比较研究》,载《中国社会科学》1990 年第 1 期。

⑥ 〔英〕米尔恩:《人的权利与人的多样性:人权哲学》,夏勇、张志铭译,中国大百科全书出版社 1995 年版。

于他的著作《原始人的法》中。① 经济学家康芒斯也掌握了霍菲尔德的分析方法,他甚至建议用"exposure"代替霍菲尔德的"liability"一词,可见其研究之深。他也十分敏锐地认识到霍菲尔德的方法在经济学的研究中的价值,在康芒斯的名著《资本主义的法律基础》和《制度经济学》中②,霍菲尔德的影子隐约可见,但这对于其他的经济学家没有产生太大影响。

此外,随着计算机技术在西方法律界的运用和发展,为法律确立精确的概念和严谨的逻辑的要求日益增强,霍菲尔德的思想又焕发新的魅力③。

二、对霍菲尔德理论的评价和批评

霍菲尔德的理论问世之后,对其理论的批评和修正也络绎不绝。归纳起来,有如下几点:

第一,霍菲尔德自始就没有提出他关于法律的定义,他对这一问题似乎也并不关心。所以,他所谓的法律关系到底是什么?令人不得而知。我以为,霍菲尔德所提炼的八种基本关系并非法律所独有,它是所有的规范关系的"最小公分母",这也是他的理论也可以运用到道德哲学和习惯法研究中去的原因。一位研究人权的西方学者也认为:霍菲尔德理论的意义不限于法律权利,而是扩及道德权利,包括人权。④

第二,霍菲尔德长期在大学教授私法,他用于阐述其理论的例子大多来自于私法领域。他对于公法领域中法律关系并没有作出透彻分析,有人

---

① Edward A. Hoebel, *The Law of Primitive Man: A Study in Comparative Legal Dynamics*, Harvard University Press 1954. 我国也有学者学习霍布尔,将霍菲尔德的分析理论用于法社会学的研究之中,如梁治平:《清代习惯法:社会与国家》,中国政法大学出版社 1996 年版;夏勇:《乡民公法权利的生成》,载夏勇主编:《走向权利的时代:中国公民权利发展研究》,中国政法大学出版社 1995 年版。但是,两位学者对于霍菲尔德八个概念特别是 no-right、power、liability、immunity 等概念的理解有一些需要深入推敲的地方。

② John R. Commons, *Institutional Economics: Its Place in Political Economy*, Transaction Publishers 1990.

③ George C. Christie, *Jurisprudence: Text and Readings on the Philosophy of Law*, West Publishing Co. 1973, p.788.

④ Karl Wellman, "A New Conception of Human Rights", in Eugene Kamenka and Alice E. Tay (eds.), *Human Rights*, Edward Arnold 1978.

认为,在公法领域并非所有的义务(duty)都有一个相关的权利(right)存在。

第三,有学者认为霍菲尔德对 right 和 claim 这两个概念没有作出区分,是否 right 一定包含 claim 的意思,是否存在 right to claim 这一概念,这是分析法理学乃至民法学等部门法学面临的一个难题。①

第四,正如边沁和奥斯丁否认自由的法律意义一样,一些学者认为霍菲尔德的 privilege 和 disability 概念并不具有法律上的意义,它只是一种法律未有发生作用的自然状态。

第五,有学者认为,霍菲尔德所采用的 right 和 privilege 的这两个术语容易令人误解,因为在人们的日常用法中,霍菲尔德所谓的四种法律利益几乎都被称为 right,所以,主张以 demand-right 和 privilege-right 替换 right 和 privilege。② 而科克洛克则建议直接用 claim 替代狭义上的 right。③ 也有学者同样出于"避免不必要的术语的混乱"的考虑,建议以 inability 替代 disability,因为 disability 一词在普通法中已有比较固定的用法,一般指未成年人的无行为能力,或已婚妇女的无行为能力。甚至有学者建议用 risk 替代 liability。后来,庞德总结说:总之,词语只是称谓而已,不管用什么词语指代这八个基本法律概念,我们在分析法律问题时都应当"心知其意"。④

第六,许多学者对霍菲尔德所谓的有效性事实和证据性事实提出了严厉的批评,他们认为,所谓有效性事实并非一种事实,而是一种法律的

---

① 以上三点见 Dennis Lloyd, *Lloyd's Introduction to Jurisprudence*, Stevens 1985, p. 445. 关于 right 和 claim 的辨析可见 Joel Feinberg and Jan Narveson, "The Nature and Value of Rights", (1970) 4 *The Journal of Value Inquiry*. 他作了 propositional claim 和 perfomative claim 的区分。也可参见 Neil MacCormick, "Rights, Claims and Remedies", (1982) 1 (2) *Law and Philosophy*.

② Max Radin, "A Restatement of Hohfeld", (1938) 51 (7) *Harvard Law Review*. 笔者也认为,将霍菲尔德的理论引入中国的法学研究的话语中时,应当精心设计一套与其概念相对应的中文术语,而不必直译。

③ Albert Kocourek, *Jural Relations*, Bobbs-Merrill 1928, pp. 7-14.

④ Roscoe Pound, "Fifty Years of Jurisprudence", (1937) 50 (4) *Harvard Law Review*. 理念并不是人生造出来的,理念也是客观存在,学者只是发现它,而不是创造它。英国著名法学家 Dias 也这样认为,他说:重要的不是词,而是词所表达的理念,即使不用霍菲尔德的术语,人们也会用其他词来思考霍菲尔德所发现的理念。"One may think Hohfeld without talking Hohfeld." See Reginald W. M. Dias, *Jurisprudence*, 4th ed., Butterworths 1976, p. 62.

结论,如所谓"要约"和"承诺"并非一种纯自然事实,而是已经掺入了法律判断的因素于其中。①

第七,有学者指出,霍菲尔德没有分清生物上的人和法律上的人的区别,他认为法人纯粹是法律程序规则的建构,只有自然人才可以承担权利、义务、权力和责任。法人的概念只是人们在处理一大堆复杂的个体的(individual)法律关系过程中采用的简便方法,所以,他以为所有的所谓"与国家或公司法人的法律关系"都可以化约为"与组成国家或公司法人的各个自然人"的关系②,这一点主要表现在他的《股东对公司债务的个人责任的本质》一文中。而霍菲尔德所谓的基本法律关系也主要是指自然人之间的关系。凯尔森后来在《法与国家的一般理论》中指出:"man 和 person 是两个完全不同的概念,这一点可被认为是分析法学的一个公认的产物,人格纯粹是法律上的建构(construct)。"③这实际上是对霍菲尔德的最好批评。

对霍菲尔德的理论批评比较多的是英国新分析法学的代表人物拉兹,拉兹主要是从法律规范的角度来分析权利概念,所以,要深刻理解他对霍菲尔德的批评,首先应当全面理解拉兹自己的理论,但是,在本书中是不可能作全面阐述。拉兹说:在某些方面,霍菲尔德的分析将我们对权利的理解向前推进了一大步,但是,在另一方面,他又是彻底错误的,霍菲尔德的影响实际上妨碍了人们对权利的确当的理解。拉兹指出了霍菲尔德理论中的四个致命的错误:(1)霍菲尔德认为所有的权利都是由四个基本权利类型即 claim、privilege、power、immunity 组成。(2)霍菲尔德认为每一种权利都只能是两个人之间的法律关系,而不是两个人以上的法律关系。(3)霍菲尔德认为所有的权利都是人与人之间的关系。(4)霍菲尔德认为他的四个基本权利类型是无法定义的(to be indefinable)。④ 但是,拉兹对

---

① Roy L. Stone, "An Analysis of Hohfeld", (1963) 48 *Minnesota Law Review*, pp. 313, 317-322. 见本书第 285 页的介绍。

② 批评见 Arthur Corbin, "Legal Analysis and Terminology", (1919) 29 (2) *The Yale Law Journal*.

③ 〔奥〕凯尔森:《法与国家的一般理论》,沈宗灵译,中国大百科全书出版社 1996 年版,第 107—108 页。

④ Joseph Raz, *The Concept of A Legal System: An Introduction to the Theory of Legal System*, 2nd ed., Clarendon Press 1980, p. 179.

这四个所谓的致命错误的批驳,我久读不解,只能留待以后领悟了。

其他批评还有许多,因笔者阅读文献所限,就不能一一列述了。

三、科克洛克(Albert Kocourek)对霍菲尔德思想的发展

在霍菲尔德之后,科克洛克对霍菲尔德的理论做了进一步的发展。关于科克洛克的贡献,我们可以从威格摩尔教授为他的著作所写的序言中看出。

美国西北大学法学院威格摩尔是一位德高望重的法学教授,他对霍菲尔德和科克洛克的贡献评价甚高,他在科克洛克的著作《法律关系》的序言中说:

> 很久前,在我成为一名法学教授时,我有一个完整的计划研究英美法中法律概念的分类和分析,我希望这是一种独立而现代的研究。所谓现代,因为奥斯丁毕竟已经过去了一个世纪,所谓独立,因为 jus in rem 和 jus ad rem,以及类似的术语,是借来语,并不适合我们的英美法体系。
>
> 但是,并没有职业人对这一领域的研究有兴趣,每天都有成千上万的职业人在使用这些术语,但是,他们对于背后的科学关心阙如,这似乎是一个宿命,是法律职业的无文化性(professional philistinism)。但是,现在情况不同了,时机开始成熟。首先是格雷,他还是在一种传统的正宗的路径上研究,但是在进步。之后是霍菲尔德,以天才的原创力,开创了一种真正的新方法。现在,科克洛克来了,带来了对整个问题的全面把握和一门关于法律概念的科学。[1]

科克洛克的著作《法律关系》也招致许多批评。修·威尔斯(Hugh E. Wills)的评论说:"该书有18页的术语附录,新术语多数使用希腊文的词根,读这个术语附录,让人以为这是一本用外文写成的书,有些术语过于专断(abitrary),有些术语有趣,但无用,有些术语不准确。"[2]

---

[1] Albert Kocourek, *Jural Relations*, Bobbs-Merrill 1928.

[2] Hugh E. Willis, "Jural Relations, by Albert Kocourek", (1929) 4 (6) *Indiana Law Journal*.

另一位学者评论说①：这本书像一本高级数学，讨厌的诉讼问题被简约为 algebraic formulae（代数公式），它告诉人们，法律规则与社会活动之间的关系可以被科学地研究，可以在数学式的公式中展现出来。法律规则与社会活动之间的关系，就像地球与落体之间的关系一样，其中是万有引力。但是，从事法律实务的人很容易取笑这本书，认为这本书使用的是奇怪的（weird）、离奇的（quaint）和神秘的（occult）术语。这本书必将遭受这类批评。这也是一本哲学著作不可避免的命运，但这是不公平的批评。

当然，科克洛克对于霍菲尔德理论中的几个重要问题的理解，也让人怀疑，他是否准确地理解了霍菲尔德的思想，一是科克洛克说：霍菲尔德的八个术语太少了。② 二是科克洛克对 privilege 的评价，他认为，privilege 并不是一种法律关系，因为没有法律的约束。科克洛克举例说：某人有一雪茄，在研究时抽，他人没有权利要求他不抽，但是，这个行为的法律意义是什么呢？③

可以说，privilege 是霍菲尔德理论中最为艰涩的但最为重要的一个概念，如果不能理解这一概念，又如何敲开霍菲尔德理论的大门？

四、中国法学者对霍菲尔德的误读

在民国时期的法学文献中，没有发现有关霍菲尔德理论介绍的论文与著作。1990 年沈宗灵先生最早将霍菲尔德的理论介绍至国内。④ 之后，霍菲尔德的学生霍贝尔的《原始人的法》一书译为中文，⑤此书专有一章介绍霍菲尔德的理论。但是，霍菲尔德理论在中国法学界的影响一直

---

① Thurman Arnold, "Jural Relations", (1928) 35 *West Virginia Law Quarterly*, pp. 98-99.

② Albert Kocourek, "Tabulae Minores Jurisprudentiae", (1921) 30 (3) *Yale Law Journal*, pp. 215, 222; Albert Kocourek, "Nomic and Anomic Relations", (1921) 7 (1) *The Cornell Law Quarterly*, pp. 11, 26.

③ Albert Kocourek, "Hohfeld System of Fundamental Legal Concepts", (1920) 15 (1) *Illinois Law Review*, pp. 24-39; Albert Kocourek, "Basic Jural Relation", (1923) 17 *Illinois Law Review*, pp. 515, 518. 这个问题奥斯丁和科洛克也曾经讨论过。

④ 沈宗灵：《对霍菲尔德法律概念学说的比较研究》，载《中国社会科学》1990 年第 1 期。

⑤ 〔美〕E. 霍贝尔：《原始人的法》，严存生等译，贵州人民出版社 1992 年版。

局限在一个很小的圈子中。①

实际上,霍菲尔德是在讲授私法的过程中,主要以私法的材料为基础而创建这套理论的。霍菲尔德的理论在美国的影响也主要集中在私法的立法与研究上。这样一种带着深刻私法学胎记的理论传入中国,中国民商法学界应当积极回应。

尽管我国法理学界有少数学者慧眼识金,对霍菲尔德理论比较重视,但在解读霍菲尔德理论的过程中,却有误读。

我国的法学者对霍菲尔德的基本法律概念的误读主要集中在"特权——无权利"这两个概念上,如夏勇在《乡民公法权利的生成》一文中对霍菲尔德的概念的阐释:"特权,即自主,就是有权自己决定自己的事情,如空暇时随意打发时间,如果愿意,可以蓄胡子;而与自主相对应的是无权利,如一个人享有蓄胡子的自由权利,其他人就无权干涉他蓄胡子。"② 其中,将特权解释为自主,并不妥当,因为自主与法律上的自由的概念侧重点并不一样,不过,尚可接受,但是,他将无权利解释为"无权干涉"则是不可接受的,因为"无权干涉"实质就是法律上的禁止干涉,而这却是一种法律义务,而不是无权利。

---

① 现在可以查询到的有关霍菲尔德理论的汉语文献主要有:〔美〕霍贝尔:《原始人的法》,严存生译,贵州人民出版社1992年版,第四章"基本的法律概念在原始法研究中的应用",第40页;沈宗灵:《现代西方法理学》,北京大学出版社1992年版,第10章"霍菲尔德的法律概念分析学说";沈宗灵:《对霍菲尔德法律概念学说的比较研究》,载《中国社会科学》1990年第1期;〔美〕康芒斯:《制度经济学》,于树生译,商务印书馆1997年版,第2章"方法";〔英〕米尔恩:《人的权利与人的多样性:人权哲学》,夏勇、张志铭译,中国大百科全书出版社1995年,下编"权利"中的"6.2霍菲尔德的权利概念";王守昌:《西方社会哲学》,东方出版社1996年版,第2章"权力论";〔美〕迈克尔·D·贝勒斯:《法律的原则——一个规范的分析》,张文显等译,中国大百科全书出版社1996年版,第三章"3.2财产的形态"。霍菲尔德的著作也已经译为中文,见〔美〕霍菲尔德:《基本法律概念》,张书友编译,中国法制出版社2009年版。

② 夏勇:《乡民公法权利的生成》,载夏勇主编:《走向权利的时代:中国公民权利发展研究》,中国政法大学出版社1995年版,第493页。

五、霍菲尔德法律概念的分析在分析法学中的地位

在霍菲尔德那里,法律概念的分析已经达到臻于完美的境地。正如庞德所说,霍菲尔德的理论是将奥卡姆的剃刀(Occam razor)运用到法律分析的领域中了。①

但是,应当强调的是,霍菲尔德的工作不是分析法学的全部。拉兹认为,分析实证主义法学的所争论的主要问题不外乎法律的认定、法律的道德价值以及法律基本术语的含义三个方面,而这三个方面分别构成了分析实证主义法学的三个部分,即社会论(social thesis)如哈特的《法律的概念》、道德论(moral thesis)如富勒的《法律的道德》和语义论(semantic thesis),可见,霍菲尔德对法律基本概念的分析实质上是分析法学中的一项语义学的工作,但它是基础的基础。②

六、霍菲尔德逝世一百周年纪念

2018年是霍菲尔德(Wesley Newcomb Hohfeld,1879—1918)教授逝世一百周年。2016年10月14—15日耶鲁大学法学院举行了霍菲尔德理论研讨会,十八位法学家发表了主题纪念演讲。其中,Pierre Schlag教授的演讲主题"彻底的现代性法学教授:霍菲尔德"可谓是对霍菲尔德理论地位的最为恰当的评价。2018年剑桥大学出版社出版了纪念文集《霍菲尔德的遗产》。③

霍菲尔德的权利形式理论的发表已经百余年,其理论的穿透力、冲击力和生命力强劲而绵延不绝。

---

① 奥卡姆(Occam,William,1285—1349年)是英国的经院哲学家和逻辑学家,中世纪唯名论的主要代表,他的所谓"奥卡姆剃刀"原则,即简化论题的原则,认为若无必要,不应增加基本概念的数目,应把所有无现实根据的共相和概念一剃而光。

② 由于现代语义学(semantics)的兴起,法律概念分析方法受到很大的挑战,在1923年出版的《意义的意义》(The Meaning of Meaning)中,Ogden和Richards阐述了这一问题。见Charles K. Ogden and Ivor A. Richards, The Meaning of Meaning: A Study of the Influence of Language upon Thought and of the Science of Symbolism, Harcourt, Brace and World 1923.

③ Shyam Balganesh et al (eds.), The Legacy of Wesley Hohfeld: Edited Major Works, Select Personal Papers, and Original Commentaries, Cambridge University Press 2018.

纪念霍菲尔德逝世一百周年的一个重要意义在于展望未来,展望在未来计算机技术和人工智能运用于司法裁判的过程中,霍菲尔德的权利概念理论将发挥重要的作用,它有助于将法律关系形式化,成为电脑可以识别和运算的语言。早在1967年,美国休斯敦大学法学院阿兰·卡里森教授就提出了这一设想[①],而现在设想正逐步成为现实。

第五节 道义逻辑、人工智能与法律
——霍菲尔德法律关系形式理论的应用

一、冯·赖特与道义逻辑

逻辑学自亚里士多德之后,在漫长的时间里一直停滞不前,仿佛诞生之日就是终结之时。19世纪和20世纪,逻辑学发生了巨大变化,开疆拓土,迎来辉煌,成果之一就是模态逻辑(modal logic)的出现。

"模态"(modality)的概念来自于康德的著作《纯粹理性批判》。康德将知性分为四类先验范畴:量、质、关系、模态。模态就是时间的包容性,包括"可能性与不可能性"(Possibility-Impossibility)、"现实性和非现实性"(Existence-Nonexistence)、"必然性和偶然性"(Necessity-Contingence)。[②]

狭义上的模态逻辑研究关于"必然的"(necessarily)和"可能的"(possibly)的命题,而广义上的模态逻辑则包括其他具有类似性质的逻辑体系,如道义逻辑(deontic logic)、时态逻辑(temporal logic)、信念逻辑(doxastic Logic)等。

模态逻辑与形式逻辑的差异在于:形式逻辑不面向应然世界,而模态逻辑则将"必然""可能""必须""允许"等模态词引入逻辑体系,对含有模态词的命题进行推理和论证。

[①] Alan D. Cullison, "A Review of Hohfeld's Fundamental Legal Concepts", (1967) 16 (3) *Cleveland State Law Review*, p.573.

[②] Immanuel Kant, *Critique of Pure Reason*, Friedrich Max Müller (trans.), 2nd ed., Macmillan 1922, pp.58-67.

道义逻辑与法律具有密切关系。"deontic"一词源自于希腊语,意即"义务"。道义逻辑研究关于"规范"的推理与论证①,所谓"规范"主要是指义务、许可和禁止等。这是法律、道德、伦理所运用的独特的概念和逻辑,是其与自然科学不同的本质。

道义逻辑的出现改变了法律理论与逻辑学"老死不相往来"的局面,但道义逻辑面临的第一个困境就是:它是否具有真值(truth value)? 如果没有真值,如何成为逻辑呢? 法律有自己独特的逻辑吗? 此为乔根森困境(Jörgensen's dilemma)。② 其实,道义逻辑虽不具有真值,但它的特质是"有效性"(validity),同样具有逻辑的本质。③

在中世纪,道义逻辑已经萌芽。④ 但是,道义逻辑的正式创立,应当归功于芬兰哲学家冯·赖特(Georg Hendrik von Wright)。1939 年他在剑桥大学见到维特根斯坦,改变了他的学术人生。维特根斯坦认为他具有哲学天赋,邀请他担任剑桥大学的哲学讲席。冯·赖特的哲学贡献主要有两项,一是受维特根斯坦的嘱托,搜集、整理、编辑、出版了维特根斯坦的文稿全集;二是他创立了道义逻辑。

1951 年,正是维特根斯坦去世的那一年,冯·赖特在《心灵》杂志上发表了经典论文《道义逻辑》⑤,此文标志着现代道义逻辑的诞生。

冯·赖特认为,道义逻辑是模态逻辑的一个分支。他将模态逻辑中的关于"必然、可能和偶然"的命题称为真理模态(alethic modality),将道义逻辑中的"义务和许可"等命题称为道义模态(deontic modality)。

真理模态概念划分为三种:必然(necessary)、可能(possible)、偶然

---

① Ted Honderich (ed.), *The Oxford Companion to Philosophy*, Oxford University Press 1995, p.186.

② Jörgen Jörgensen, "Imperatives and logic", (1937) 7 (1) *Erkenntnis*, pp.288-296. 此外,哲学家赖尔(Gilbert Ryle)认为,道义逻辑不具有逻辑应具有的"论题中立性"(topic neutrality),他认为道义逻辑的本质是逻辑在伦理和法律概念中的应用,就同形式几何学是逻辑在空间概念中的应用,本身并不成为独立的逻辑类型。

③ Pablo E. Navarro and Jorge L. Rodríguez, *Deontic Logic and Legal Systems*, Cambridge University Press 2014, p.50.

④ Simo Knuuttila, "The Emergence of Deontic Logic in the Fourteenth Century", in Risto Hilpinen (ed.), *New Studies in Deontic Logic*, Wiley-Blackwell 1981, pp.225-248.

⑤ Georg H. von Wright, "Deontic Logic", (1951) 60 (237) *Mind*, pp.1-15.

(contingent),三种概念都指向"真"。道义模态概念也分为三种:义务(obligatory)、许可(permitted)、禁止(forbidden)。三种概念都指向规范,分别定义为:义务(we ought to do)、许可(we are allowed to do)、禁止(we must not do)。

冯·赖特比较了真理模态逻辑和道义模态逻辑,发现两者之间具有相似性:

真理模态逻辑中的"必然"运算子□,相当于伦理和法学中的规范概念"义务",后者用大写字母 O(obligatory 的首字母)表示。

真理模态逻辑中的"可能"运算子◇,相当于伦理和法学中的规范概念"许可",后者用大写字母 P(permitted 的首字母)表示。

真理模态逻辑中的"不可能"运算子 ¬◇,相当于伦理和法学中的规范概念"禁止",后者用大写字母 F(forbidden 的首字母)表示。

冯·赖特的道义逻辑的系统有四个层次的要素:

第一要素是"行为"(act)。冯·赖特说:"首先我们需要解决一个预备性问题,被宣称为义务的、允许的、禁止的那些'东西'究竟是什么?我将称这些'东西'为行为(act)。"

第二要素是道义算子(deontic operator),就是上述的规范概念:O、P、F。

第三要素是命题(proposition),即道义算子和行为的结合形成的语句,如禁止抽烟(F 抽烟),或允许 A 行为(PA)。

第四要素是道义分配法则(Principle of Deontic Distribution)和命题逻辑原则(Principle of Propositional Logic),即命题中的行为与行为之间或命题与命题之间的逻辑关系。

冯·赖特研究了行为的各种可能的逻辑关系,并予以符号化:

首先是行为的否定关系(negation),他以 A 表示某特定行为,该行为的否定就是 ~A。此外,他还以"合取"(conjunction-),析取(disjunction-),蕴含(implication-),同值(equivalence-)表达两个行为之间的各种逻辑关系,并分别用符号表示如下:A&B、AvB、A→B、A↔B。

冯·赖特最有价值的研究在于许可和义务、禁止之间的关系,他发现了许多逻辑原则和规律,但是,若在霍菲尔德的法律关系矩阵中审视,冯·赖特的某些发现显然是错的,后文将重点阐述。

冯·赖特在分析过程中,使用了各种符号化表示:P 表示许可,许可某行为表述为"PA",禁止某行为表述为 ~(PA)。O 表示义务,如果某行为是义务,则表示为 OA,也可以表述为 ~(P~A)。

冯·赖特分析得到的关于"许可和义务、禁止之间的关系"的一些概念或规律,这里选取一二,予以阐述:

第一,关于许可。

如果对于一个具体行为,它的正面和反面,都被许可,例如:我们可以抽烟(We may smoke),但我们也可以不抽烟(but we may also not smoke)。此在道义上就是"Indifferent",用冯·赖特的英语原文表述就是:"Hence smoking is here a morally indifferent form of behaviour."冯·赖特所谓的"Indifferent"在中文语境中,比较难译。直译应为"漠不关心的",准确的含义应该是"法律不规范",通俗地说,即法律对该行为不关心,不加以规范,或法律保持沉默。逻辑学学者周祯祥先生翻译为"中立的"。① 道义上的"Indifferent",被表示为:(PA)&(P~A)。

第二,关于禁止。

一个行为与该行为的相反行为,都被禁止,其符号表示就是:~(PA) & ~(P~A),冯·赖特认为这是逻辑上的矛盾。例如抽烟行为和不抽烟行为同时被禁止,就如同在真理模态中,一个命题及其相反命题都被认定为不可能(impossible),在逻辑上是不能成立的。也如在认知模态中,命题和命题的否定面都被证伪(false),在逻辑上也是不能成立的。②

其实,这一论断是错误的,他将道义模态与真理模态、认知模态进行简单的类比推理,这是错误的根源。他将行为和相反行为视为命题和相反命题,将行为之间的相反关系,演绎为命题之间的否定(negation)关系,逻辑上存在错位。

---

① 〔芬兰〕冯·赖特:《道义逻辑》,周祯祥译,载《知识之树》,陈波编选,生活·读书·新知三联书店 2003 年版,第 380 页。

② Georg H. von Wright, "Deontic Logic", (1951) 60 (237) *Mind*, p.8.

在道义世界中,例如在法律的世界中,对行为和相反行为同时加以禁止,按照霍菲尔德的术语可表示为 Duty(+)和 Duty(-),它们在逻辑上不矛盾,可共存。它们的矛盾性表现在规范内容的矛盾,即两个规范所规范的内容在现实中是不可能同时被履行的,但是,两个规范的逻辑形式是不矛盾的。①

第三,关于许可和禁止的关系。

他发现:如果不许可,就是禁止。或曰:对许可行为的否定就是禁止行为。例如,我们不被允许盗窃(We are not allowed to steal),则就是:我们不应盗窃(We must not steal)。

第四,关于许可和义务的关系。

他发现两个规律,用符号表示为:

(1) PA 等值于 ¬O¬A,即 PA↔¬O¬A 表达一个道义重言式。

(2) OA 蕴涵着 PA,即 OA→PA 表达一个道义重言式。

此外,他还发现:如果许可 B,则许可 A。反之,在逻辑上必然推演出:如果禁止 A,则必然禁止 B。符号公式表示为:((PB)→(PA))→(N(PA)→N(PB))。

冯·赖特没有最终完成道义分配法则和命题逻辑原则,他试图找出其中的逻辑真值,他说:"如果在道义逻辑中存在特别适用的逻辑真值(logic truth),道义逻辑的研究将十分有趣。"

道义逻辑的出现对于法律实践具有重大的意义,道义逻辑是法律推理的概念脚手架,是理解法律体系和法律推理的重要的工具。道义逻辑

---

① 当代分析法学家很好地解决了这一问题,如阿根廷著名分析法学家欧根尼奥(Eugenio Bulygin)的分析:Certain acts such as issuing such commands as !p and !~p (to command p and its negation, that is, e. g., commanding one to open the window and not to open it) or !p and !~p (i. e., to commanding p and to reject p) are in normal circumstances regarded as irrational. Such relations are logical in a different sense, for they are based not on the idea of truth, but on the rationality of the activity of norm-giving. Therefore, the logic of norms may be regarded as a logic of rational legislation. 见 Pablo E. Navarro and Jorge L. Rodríguez, *Deontic Logic and Legal Systems*, Cambridge University Press 2014, p. xiii.

创立之后,经过后来的学者的努力①,道义逻辑发展迅速。

二、霍菲尔德法律关系形式理论与道义逻辑

冯·赖特的经典论文《道义逻辑》发表于1951年,霍菲尔德的经典论文《司法推理中的基本法律概念》发表于1913年,其间相距38年。冯·赖特不是法学家,他没有阅读过霍菲尔德的论文,更不可能发现霍菲尔德的法律概念理论对于他创立的道义逻辑的重要意义,霍菲尔德不是逻辑哲学家,他也没有意识到他的研究是一项道义逻辑的基础工程。两位天才遗憾地错过了。

冯·赖特的经典论文《道义逻辑》贡献卓著,但文中的模糊、歧义甚至错误之处也不少。如果当年写作时他读过霍菲尔德的论文,他对于道义逻辑,尤其是法律领域的道义逻辑的结构会有更为深刻的洞见。霍菲尔德虽然读不到他去世33年后冯·赖特发表的《道义逻辑》一文,但是,精神与思想是可以超越时空进行对话的。

霍菲尔德的法律关系形式理论可以对冯·赖特的道义逻辑进行如下的修正和完善:

第一,冯·赖特以规范行为作为研究对象,而霍菲尔德以法律关系作为研究对象。冯·赖特将道义逻辑的命题分为三种:义务(obligatory)、许可(permitted)、禁止(forbidden),他研究的对象实质上是**规范(norm)**,而非**规范命题(norm proposition)**,而霍菲尔德的研究对象则是规范命题,之后的分析法学家已经指出这一问题。② 规范(norm)实质上是规范行为,而规范命题(norm proposition)实质上是法律关系,道义逻辑应当研究

---

① 冯·赖特之后的关于道义逻辑的重要著作如:Carlos E. Alchourron and Eugenio Bulygin, *Normative Systems*, Springer 1971. 以及 Hector-Neri Castañeda, *Thinking and Doing: The Philosophical Foundations of Institutions*, D. Reidel Publishing Company 1975.

② 关于规范(norm)和规范命题(norm proposition)的差异的分析,见阿根廷分析法学家的著作:Pablo E. Navarro and Jorge L. Rodríguez, *Deontic Logic and Legal Systems*, Cambridge University Press 2014, p. xii. 文中谈道:规范与规范命题不同表现之一就是,对规范的否定和对规范命题的否定是不一样的,例如:许可规范被否定之后,其规范命题是不变的,仍然是 privilege。我认为背后的法理是:因为许可规范被否定,但仍然没有禁止,故仍然适用"法不禁止即自由",与"许可即自由"同。本书第三章将具体阐述。

法律关系,冯·赖特搞错了道义逻辑的本体论。

第二,冯·赖特的三个词项(道义算子):义务(obligatory)、许可(permitted)、禁止(forbidden),表面上,义务和禁止是两个各自独立的词项,但实质上是一个概念,差异仅在其规范的客体即行为是"作为"还是"不作为"。在霍菲尔德的概念矩阵中,这两个概念都是用 duty 来表示的,前者表示为 duty(+),后者表示为 duty(−)。冯·赖特没有透视到这一点,根源还是在混淆了规范和规范命题,因为不同形式的规范,其内容可能指向同一形式的法律关系。

第三,冯·赖特的三个道义算子不包括授权行为,所以,法律中的一个重要概念权力(power)在冯·赖特的道义逻辑中找不到地位。而霍菲尔德的概念矩阵中,权力(power)是第二个矩阵中的核心概念,霍菲尔德的体系更为全面和精致。

第四,冯·赖特借用真理模态(alethic modalities)逻辑来推演道义模态逻辑,他称之为"莱布尼茨法则",如此简单的类比推理,有失逻辑学的严谨性。① 而霍菲尔德的法律概念的关联性关系理论,实质上就是道义逻辑中的演绎律,从 right(claim) 演绎出 duty,从 no-right(no-claim) 演绎出 privilege,从 power 演绎出 liability,从 disability 演绎出 immunity。此种演绎律在冯·赖特的道义逻辑中是空白的。

第五,霍菲尔德的法律概念的相反关系理论,实质上提出了道义逻辑中的矛盾律。在霍菲尔德的概念矩阵中,right 和 no-right、duty 和 privilege、power 和 disability、liability 和 immunity 构成相反关系。但是,冯·赖特在道义逻辑中,简单地套用真理模态和认知模态(epistemic modalities)中的逻辑,类比推理,论证有硬伤。

以往,法律推理主要适用的是形式逻辑的三段论,这是亚里士多德的逻辑学在法律领域中的适用。但是,随着逻辑学的发展,法律推理不仅仅适用三段论,还适用新的逻辑,即道义逻辑。霍菲尔德的法律概念的关联性和相反性(否定性),为道义逻辑提供了有力的工具。

---

① 例如:冯·赖特还认为,permitted 和 indifferent 之间的差异,类似于真理模态中的可能(possible)与偶然(contingent),这种武断的类比在其论文中有多处。

笔者一直揣度,为什么霍菲尔德如此完美地发现了八个概念的矩阵？为什么之前的法学家只停留在 claim、duty、power 三个概念上,而无突破？一种极大的可能是,霍菲尔德首先掌握了法律关系中的关联性和否定性两种逻辑,并以此推理,即可轻而易举推导出其他五个概念。也许他受到了黑格尔哲学的影响。①

三、法律逻辑的符号化:从莱布尼茨到霍菲尔德

逻辑数学化是莱布尼茨的设想,他设想一种普遍的数学,对世界的结构给出一套符号的表达系统,可以作为形而上学和逻辑学的基础。莱布尼茨毕生怀着希望,想发现一种普遍化的数学,或"普遍的符号语言",他称之为"Characteristica Universalis"(万能数学),他说:

> 有了这种东西,我们对于形而上学和道德问题就能够几乎像在几何学和数学分析中一样进行推论。万一发生争执,正好像两个会计员之间无须辩论,两个哲学家也无须辩论,因为他们只要拿起石笔,在石板前坐下来,彼此说一声(假如愿意,有朋友作证):我们来算算,也就行了。②

莱布尼茨(Gottfried Wilhelm Leibniz)1646 年出生于德国莱比锡。他从弗莱堡大学获得学士学位,之后完成一篇关于在法律案件分析中如何运用"理性"的论文,但是,弗莱堡大学拒绝接受该论文,于是他向纽伦堡阿尔特道夫大学申请,于 1666 年获得法学博士学位。他担任过法官,之后长期在汉诺威(Hanover)王室供职,他是外交官、图书管理员和历史学家,业余时间研究哲学和物理学。他与牛顿几乎同时创立了微积分,他是第一位提出系统的科学的现代法典(a systematic scientific legal code)设想

---

① Arthur J. Jacobson, "Hegel's Legal Plenum", in Drucilla Cornell et al (eds.), *Hegel and Legal Theory*, Routledge 2016, p. 97. 此外,德国法学家耶利内克(Georg Jellinek)关于宪法上的权利类型理论,与霍菲尔德的权利形式理论非常相似,值得关注研究。见 Georg Jellinek, System der subjektiven Öffentlichen Rechte, Scientia Verlag Aalen 1919.

② 〔英〕罗素:《西方哲学史》(下卷),马元德译,商务印书馆 1976 年版,第 119 页。

的人①,也是第一位提出逻辑符号化、数学化的人,是数理逻辑的创始人。他梦想发现"人类思想的真正字母表"(a true alphabet of human thought)和操作这些符号的计算工具(calculational tools for manipulating these symbols),他是计算机技术应用于法律领域的第一位预言者。②

法律推理数理化将极大地改变人类的法律实践。在法庭上,许多法律辩论是无谓的概念之争和逻辑之争,导致法庭辩论"泡沫化",耗费巨大的司法资源。在法律的数理逻辑发达后,法庭辩论"泡沫化"将消失,因为那些无谓的概念之争和逻辑之争将不再通过辩论解决,而是通过计算解决。

数学的本质就是逻辑的符号化,计算机技术运用于法律领域,需要一套适合计算机识别和运算的符号系统,此即计算机技术领域的法律本体论(legal ontology)。法律概念和逻辑需要经过符号化、数学化,超越自然语言,方可为计算机系统所把握,实现法律推理的人工智能。

相对于日常语言,法律专业语言已经比较精确了,但仍然是自然语言,而非逻辑学家所谓的"人工语言"。自然语言会使逻辑分析产生模糊和歧义,它的词语可能是模糊或歧义的,论证结构可能是含混的,比喻和习语可能会引起混淆和误导。通过人工语言,逻辑关系可以被精确地表述出来。③

霍菲尔德的术语,表面上是自然语言,它们选自美国司法裁判文献中常用的法律术语和概念,但严格地说,它已经超越了自然语言,上升为一种人工的符号系统,是一套法律的符号逻辑。主要理由如下:

第一,霍菲尔德概念矩阵中的各个概念术语是极为精确的,毫无歧义的,而这些词语在自然语言中的运用,却充满多义和歧义。例如:right 一词,在霍菲尔德的语境中,仅仅是指"有权要求他人做什么或不做什么",

---

① Roger Berkowitz, *The Gift of Science: Leibniz and the Modern Legal Tradition*, Harvard University Press 2005, p.49.
② Martin Davis, *The Universal Computer: The Road from Leibniz to Turing*, W. W. Norton & Company 2000, p.15.
③ 〔美〕欧文·M.柯匹(Irving M. Copi)、卡尔·科恩(Carl Cohen):《逻辑学导论》(第13版),张建军、潘天群、顿新国等译,中国人民大学出版社2014年版,第337页。

即 claim,而自然语言中的 right 却泛指所有法律上的利益。

第二,霍菲尔德的概念矩阵中的概念是具有"原子性质的"(atomic),是法律概念的"最小公分母",符合符号的性质和功能。

第三,霍菲尔德概念矩阵已经包含概念与概念之间的逻辑关系,即关联关系和相反关系,相互之间可进行逻辑推演。关联关系和相反关系在霍菲尔德概念矩阵的图表中的呈现,是符号化的表示方式,而非自然语言的表述。

总之,霍菲尔德概念矩阵虽然使用的是自然语言中的词语,具有自然语言之外形,但从其功能看,本质上是人工语言之"符号"。

四、人工智能的法律本体论(legal ontology):从概念到符号

人工智能领域的本体论(ontology)概念引自哲学。"ontology"一词源于希腊语的 onto(存在)和 logia(记载)。在哲学中,本体论是关于世界本原的研究,相对于认识论(epistemology)。

在计算机科学中所使用的"本体论"概念的含义则完全不同,本体论被赋予了新的意义,它是指计算机处理客观世界某一领域所运用的符号系统。计算机处理法律推理所使用的符号系统,就是计算机技术领域的法律本体论(legal ontology)。

从哲学中借用"本体论"概念,这是一种"术语转移"(transterminologization)现象。直译"ontology"为本体论,确实不易显示其已经变化的含义,有学者建议将人工智能领域所使用的"ontology"一词译为"逻辑可操作概念系"[①],虽然含义准确,但未免繁琐。也有学者建议译为"知识本体论"[②],其实,译为"符号本体论",也未尝不可。

目前,关于本体论最权威的定义是斯坦福大学的人工智能专家汤姆·格鲁勃(Tom Gurber)教授在1993年发表的论文《迈向知识共享型本

---

① 全如珹:《Ontology 译成什么?——兼论翻译与术语》,载《科技术语研究》2004 年第 4 期。

② 梁爱林:《本体论与术语学——兼论"ontology"的中文翻译》,载《中国科技术语》2007 年第 2 期。

体的设计原则》中提出来的。① 他的定义是:本体论是共享概念模型的明确的形式化说明(an ontology is an explicit specification of a conceptualization)。② 该定义包含了概念化、形式化、清晰化和共享四层含义,是从知识表征方面定义本体论。

简而言之,人工智能的本体论是建立在"概念化"基础之上的知识的形式表现系统。概念化是对世界的抽象的、简明的认识,是人类认识的结晶,任何学科都是一系列概念的集合,这是人类可读的文本(human-readable text),但是,计算机无法识别。形象地说,将一本《民法总论》教科书交给计算机,它是无法习得《民法总论》中的概念系统的,因为概念需要形式化和符号化,才可成为计算机的语言。这就是所谓"从概念到符号"的过程。

对于人工智能,所谓"本体",不是人类所面对的客观世界,而是一种被表示出来的系统(that which can be represented)。如果某一领域的知识概念能以一种公开的形式系统(in a declarative formalism)表示,该形式系统在符号学(semiotics)中被称之为论域(universe of discourse),论域中包含一系列的表示术语(a set of representational terms)。论域中的术语符号与人类的可读文本(human-readable text)相联结、相对应,将人类可读的概念系统,进行形式化表示,并通过一系列形式公理(formal axioms),如法律领域的道义逻辑,转变成为计算机可识别、可运算的符号系统,这就是人工智能的本体论。

本体论是人工设计出来的,怎样的设计系统是好的,格鲁勃提出了一系列的标准,如清晰(clarity)、一致性(coherence)、可扩展性(extendibility)、最小化的解码偏离(minimal encoding bias)等。③

从以上的标准看,霍菲尔德的术语符号系统非常符合格鲁勃标准,霍

---

① Thomas R. Gruber, "Toward Principles for the Design of Ontologies Used for Knowledge Sharing", (1995) 43 (5-6) *International Journal Human-Computer Studies*, pp.907-928.

② Tom Gruber, "Ontology", in Ling Liu and M. Tamer Özsu (eds.), *Encyclopedia of Database Systems*, Springer 2009.

③ Thomas R. Gruber, "Toward Principles for the Design of Ontologies Used for Knowledge Sharing", (1995) 43 (5-6) *International Journal Human-Computer Studies*, pp.909-910.

菲尔德的概念系统是最容易符号化和数理化的,甚至已被学者转化为代数形式①和"关系代数"(relation algebra)形式②,走向数理逻辑化。

目前,霍菲尔德的法律概念矩阵已经成为法律人工智能领域的本体论。

五、人工智能时代道义逻辑的发展:艾伦和萨克松的 A-Hohfeld 语言

在霍菲尔德和冯·赖特之后,道义逻辑仍然在发展之中,尤其是将道义逻辑和霍菲尔德概念矩阵运用至计算机和人工智能领域,将霍菲尔德的法律概念形式化。主要的后续研究者和著作有:

阿兰罗斯:《逻辑、规范与角色》《霍菲尔德命题的逻辑》③

费奇:《霍菲尔德法律概念理论的修正》④

琼斯等:《道义逻辑在规范系统的描述中的作用》⑤

康格尔:《法律和逻辑》⑥

麦金森:《法律关系的形式显示》⑦

汤姆森:《权利的界域》⑧

---

① Lars Lindahl and Jan Odelstad, "Normative Systems and Their Revision: An Algebraic Approach", (2003) 11 *Artificial Intelligence and Law*, pp. 81-104.

② Azar Lalmohamed, *Expressing Hohfeldian Legal Concepts, Traceability and Ambiguity with A Relation Algebra-Based Information System*, Master's Thesis of Business Process Management & IT, Open University Netherlands 2014.

③ Alan R. Anderson, "Logic, Norms, and Roles", (1962) 4 *Ratio*, pp. 36-49; Alan R. Anderson, "The Logic of Hohfeldian Propositions", (1971) 33 *University of Pittsburgh Law Review*, pp. 28-38.

④ Frederic B. Fitch, "A Revision of Hohfeld's Theory of Legal Concepts", (1967) 10 *Logique et Analyse*, pp. 269-276.

⑤ Andrew Jones and Marek Sergot, "On the Role of Deontic Logic in the Characterization of Normative Systems", in John-Jules Ch. Meyer and Roel J. Wieringa (eds.), *Proceedings of the 1st International Workshop on Deontic Logic in Computer Science*, Informal Proceedings 1991.

⑥ Stig Kanger, "Law and Logic", (1972) 38 (3) *Theoria*, pp. 105-132.

⑦ David Makinson, "On the Formal Representation of Rights Relations", (1986) 15 *Journal of Philosophical Logic*, pp. 403-425.

⑧ Judith J. Thomson, *The Realm of Rights*, Harvard University Press 1990.

在过去几十年中,人工智能与法律领域的研究发展迅速。1982 年开始,国际"逻辑、信息学、法律"大会每四年举行一次,许多会议论文是关于道义逻辑在法律自动化(legal automation)即人工智能领域中的应用。[①] 1987 年 5 月,第一次国际人工智能与法律大会(International Conference on AI and Law)举行[②],此后每两年举行一次。在欧洲,1988 年法律知识与信息系统年会(JURIX)开始举办。1991 年人工智能与法律国际协会成立。1992 年《人工智能与法律》(Artificial Intelligence and Law)杂志创刊。

在道义逻辑和人工智能研究领域,艾伦和萨克松的贡献引人注目。

2012 年《人工智能与法律》杂志选取了之前国际人工智能与法律大会发表的最优秀的 50 篇论文[③],其中,1997 年密歇根大学法学院的艾伦(Layman Allen)教授和东密歇根大学计算机系萨克松(Charles Saxon)教授共同撰写的论文《在霍菲尔德现代化和形式化中实现流畅》在列。[④]

早在 1957 年,他们就洞悉道义逻辑可以用于识别立法中的模糊之处,可以从法律规则中推演出被隐含的逻辑结果(logic consequence),帮助立法者消除模糊之处,使得法律文本更加清晰。艾伦在 20 世纪 80 年

---

① Costantino Ciampi and Antonio A. Martino (ed.), *Artificial Intelligence and Legal Information Systems: Edited Versions of Selected Papers from the International Conference on "Logic, Informatics, Law"*, vol. I, North-Holland 1982; Antonio A. Martino (ed.), *Deontic Logic, Computational Linguistics and Legal Information Systems*, vol. II, Elsevier Science 1982; Antonio A. Martino et al (eds.), *Automated Analysis of Legal Texts: Logic, Informatics, Law: Edited Versions of Selected Papers from the Second International Conference on "Logic, Informatics, Law"*, Elsevier Science 1986.

② The First International Conference on Artificial Intelligence and Law, Association for Computing Machinery, May 1987.

③ Trevor Bench-Capon et al, "A History of AI and Law in 50 Papers: 25 Years of the International Conference on AI and Law", (2012) 20 (3) *Artificial Intelligence and Law*, pp. 215-319.

④ Layman E. Allen and Charles S. Saxon, "Achieving Fluency in Modernized and Formalized Hohfeld: Puzzles and Games for the Legal Relations Language", in *Proceedings of the Sixth International Conference on Artificial Intelligence and Law*, ACM Press 1997, pp. 19-28.

代发表了两篇论文阐述这一问题。①

几乎同时,其他学者和专家也开始同样的尝试②,例如1985年田纳西州的立法项目③,1981年英国国籍法的制定④,1977年麦卡提(Thorne McCarty)关于美国税法中公司重组的法律概念的研究。⑤

1985年艾伦和萨克松发表论文⑥,研究如何运用霍菲尔德的概念体系,建构法律的形式语言,分析法律文本,清除模糊。他们将方法用于伦敦帝国理工学院图书馆管理规定(Imperial College Library Regulation),他们展示了该规定可能有的各种解释,达2560种。⑦他们展现了一种体系,称为"MINT",推演法律文本的多种解释(generating multiple interpretations),帮助立法者发现立法模糊,并清除立法模糊。

1995年他们在国际人工智能与法律大会上做主题报告:"更好的语

---

① Layman E. Allen, "Language, Law and Logic: Plain Drafting for the Electronic Age", in Brian Niblett (ed.), *Computer Science and Law*, Cambridge University Press 1980, pp. 75-100; Layman E. Allen, "Towards a Normalized Language to Clarify the Structure of Legal Discourse", in Antonio A. Martino (ed.), *Deontic Logic, Computational Linguistics and Legal Information Systems*, vol. II, North-Holland 1982, pp. 349-407.

② Roelf J. Wieringa and John-Jules Ch. Meyer, "Applications of Deontic Logic in Computer Science: A Concise Overview", in Roelf J. Wieringa and John-Jules Ch. Meyer (eds.), *Deontic Logic in Computer Science*, John Wiley and Sons Ltd. 1993, pp. 17-40.

③ G. B. Gray, "Statutes Enacted in Normalized Form: The Legislative Experience in Tennessee", in Charles Walter (ed.), *Computer Power and Legal Reasoning*, West Publishing Co. 1985, pp. 467-493.

④ Marek J. Sergot et al, "The British Nationality Act as A Logic Program", (1986) 29 (5) *Communications of the ACM*, pp. 370-386.

⑤ L. Thorne McCarty, "Reflections on Taxman: An Experiment in Artificial Intelligence and Legal Reasoning", (1977) 90 (5) *Harvard Law Review*, pp. 837-893.

⑥ Layman E. Allen and Charles S. Saxon, "A-Hohfeld: A Language for Robust Structural Representation of Knowledge in the Legal Domain to Build Interpretation-Assistance Expert Systems", in Roelf J. Wieringa and John-Jules Ch. Meyer (eds.), *Deontic Logic in Computer Science: Normative System Specification*, John Wiley and Sons Ltd. 1993.

⑦ Layman E. Allen and Charles S. Saxon, "Analysis of the Logical Structure of Legal Rules by a Modernized and Formalized Version of Hohfeld Fundamental Legal Conceptions", in Antonio A. Martino et al (eds.), *Automated Analysis of Legal Texts: Logic, Informatics, Law: Edited Versions of Selected Papers from the Second International Conference on "Logic, Informatics, Law"*, Elsevier Science 1986, pp. 385-450.

言、更好的思维、更好的交流:法律分析的 A-霍菲尔德语言"。这被誉为人工智能法律本体论的实质性进步(the essential ontological punch)。[1] 1996 年他们发表《从霍菲尔德的基本法律概念到法律关系:完善标准道义逻辑》一文[2],试图对霍菲尔德法律概念体系进行完善,以适应电子计算机处理法律事务的需要。

第一项完善是,他们强调了霍菲尔德的法律概念是法律关系,并以全部大写字母表示:法律关系(LEGAL RELATIONS)。其实,霍菲尔德也强调法律概念本身是法律关系,并用"Jural Relation"一词表示。

第二项完善是,他们引入了"有条件的法律关系"(CONDITIONAL LEGAL RELATIONS)的概念,来扩展霍菲尔德的法律关系矩阵。

霍菲尔德法律概念是"无条件的法律关系"(UNCONDITIONAL LEGAL RELATIONS),即所谓标准道义逻辑系统(SDL, Standard Deontic Logic)。标准道义逻辑是有局限的,这被 20 世纪下半叶道义逻辑研究所证实。著名的"齐硕姆的反义务悖论"(Chisholm's contrary-to-duties paradox)[3],揭示了其中的困境。

引入"有条件的法律关系"是解决困境的出路,艾伦和萨克松将霍菲尔德的八个概念按"无条件"和"有条件"分为两组,共 16 个概念。此外,在"有条件"项下,还可以再分为 capacitive 和 non-capacitive 两组,总计 40 个概念,形成一套可供计算机运算的所谓"A-霍菲尔德语言"(A-Hohfeld Language)。

六、霍菲尔德概念矩阵与语义网技术(semantic web technique)

2001 年,万维网的发明人蒂姆·伯纳斯·李在《科学美国人》杂志上

---

[1] Layman E. Allen and Charles S. Saxon, "Better Language, Better Thought, Better Communication: The A-Hohfeld Language for Legal Analysis", in *Proceedings of the Fifth International Conference on Artificial Intelligence and Law*, ACM Press 1995, pp. 219-228.

[2] Layman E. Allen, "From the Fundamental Legal Conceptions of Hohfeld to Legal Relations: Refining the Enrichment of Solely Deontic Legal Relation", in Mark A. Brown and José Carmo (eds.), *Deontic Logic, Agency and Normative Systems*, Springer 1996, pp. 1-26.

[3] Roderick M. Chisholm, "Contrary-to-Duty Imperatives and Deontic Logic", (1963) 24 (2) *Analysis*, pp. 33-36.

发表了文章《语义网》，提出语义网（Semantic Web）概念。

他说："Web 上的内容是提供给人而不是机器理解和浏览的。由于 Web 内容没有采用形式化的表示方式，并且缺乏明确的语义信息，故而计算机看到的 Web 内容只是普通的二进制数据，对其内容无法进行识别。如果机器不能充分理解网页内容的含义，就无法实现 Web 内容的自动处理。"[①]

他说，语义网可以克服这一问题。语义网是对现有 Web 增加了语义支持，它是现有万维网的延伸与变革，帮助机器在一定程度上理解 Web 信息的含义，使得高效的信息共享和机器智能协同成为可能。[②]

霍菲尔德的概念体系也被应用于语义网技术中，为智能化的语义网服务于法律领域提供了本体论支持。[③]

七、未来展望：从"判决"到"算决"

随着人工智能在法律领域的运用，从长远来看，未来可能出现两个转型：一是审判技术的转型，二是法律术语的转型。

审判将在人工智能的辅助甚至操作下，从传统的"判决"走向未来的"算决"。而在计算机技术的反作用下，法律人必将对现有的法律术语进行反思与调整，法律概念体系可能在未来发生变革。源自古罗马法的法律概念体系，将演变成为更具有分析性和现代性的概念体系。借助机器的倒逼，霍菲尔德的术语体系将入侵未来法典和立法技术体系，成为一种极具冲击力的符号系统。

社会发展就像绿皮火车一样，虽然不一定很快，但总会准时到达下一个站点。

[①] Tim Berners-Lee et al, "The Semantic Web", (2001) Scientific American.

[②] 金海、袁平鹏编著：《语义网数据管理技术及应用》，科学出版社 2010 年版，第 2 页。

[③] Pieter Slootweg et al, "The Implementation of Hohfeldian Legal Concepts with Semantic Web Technologies", in AI4J—Artificial Intelligence for Justice, August 30, 2016 The Hague, The Netherlands: Workshop at the 22nd European Conference on Artificial Intelligence (ECAI 2016), IOS Press 2016.

第三章　私权的结构

——私权分析的一般模式

第一节　作为法律关系的私权之结构

一、权利的本质是一种法律关系

在本节的开始,需要突出强调的一个极为重要的观点,就是"权利是一种法律关系",所以,所谓权利的结构实质上就是法律关系的结构。①

那么,什么是法律关系?对这样一种法律概念加以定义是一件困难的事情,因为所谓定义极易陷于无聊的语言循环之中,所以,耶林说:法律学上的定义有时只不过是一种"以银圆换纸币"的游戏而已。②

实际上,在法律学中,一个概念愈为基本,其定义的困难愈大。分析法学家总在追求对法律概念最为清晰的把握,但是,分析法学家也应当承认,在法律科学的实际运用中,对一个法律概念最为彻底的清晰把握并不是时时都需要的。不过这里,我们还是给法律关系一个简明的定义,尽管

---

① 权利是一个关系概念,就同父亲是一个关系概念一样,无相关法律负担的权利正如无子女之父亲一样,是不可以成立的。

② 耶林说:例如,我们问什么是权利?回答说,权利就是做什么的权力,这样,就将银圆换成了纸币。当我们再问什么是权力?回答又说,权力就是做什么的权利,这样,又将纸币换回了银圆。见 Rudolf von Jhering, *Geist des römischen Rechts*, 5th ed., IV (Dritter Teil, erste Abt.) 327, n.435.

也可能只是做了一个"以银圆换纸币"的游戏。

本书认为,所谓法律关系是指法律所规定的法律主体之间的规范性关系。

二、霍兰德和萨尔蒙德对权利结构的分析

对于权利或者法律关系的结构的分析是许多分析法学家著述的一项基本工作,而其中霍兰德和萨尔蒙德的分析可谓最为系统和清晰。

霍兰德在《法理学》第八章"权利的分析"中认为:一种权利必然具有下列要素:一是权利被授予的人或者权利的拥有者,二是权利行使的对象,三是行为或克制(forbearance),四是权利所约束的人。他用一图式将权利的要素和结构表示如下:

权利主体	权利客体	行为	权利所约束的人
The Person entitled	The Object	The Act or Forbearance	The Person obliged

在上述的四个要素中,第一个和最后一个要素都是人(person),前者即权利的享有者一般称为权利固有主体(the person of inherence),后者即受他人权利约束的人一般称为权利辐射主体(the person of incidence),第二个要素是权利的客体,它可以是物或者法律视为物的东西(thing),第三个要素是行为(act)。人、物、行为是权利中的恒定的现象(permanent phenomena)和不变的元素(statical element)。他用这一框架分析了"继承权"一例。一位遗嘱人留给他的女儿一个银茶具,这里,女儿是权利固有主体,银茶具是权利客体,遗嘱执行人是权利的辐射主体,将银茶具交付给遗嘱人的女儿就是权利中的行为要素。[①]

权利与权利之间正是因为这四个要素的不同而不同,权利要素的不同构成了不同的类型的权利,从而进一步构成不同的法律部门。

---

① Thomas E. Holland, *The Elements of Jurisprudence*, Oxford University Press 1917, p.91.

萨尔蒙德则认为,法律权利有五个基本要素①:

第一,权利总是要授予特定的人,这个人可称为权利的所有者,权利的主体(the person entitled),也就是霍兰德所谓的权利的固有主体。

第二,权利总要针对某一个他人,使得他人承担相关的义务,此人可称为受约束的人(the person bound)或义务的主体(the subject of the duty),也就是霍兰德所谓的权利辐射主体。

第三,权利总是意味着约束他人为权利人做什么或不做什么即作为或不作为(omission)。

第四,作为与不作为总是与一定的物相联系,这里的物是广义上的物。它可以称为权利的客体,或者权利的内容(subject-matter)。

第五,每一个权利都有一个资格(title),即之所以获得权利的特定的事实。

三、法律关系的基本结构

在总结这些法学家对法律关系的分析的基础上,我以为,关于法律关系的结构,可以得出如下结论:

1. 法律关系具有三项基本要素,即法律关系的主体、法律关系的形式和法律关系所指向的行为。

法律关系的结构和基本要素可以这样的公式来表示:$N = F(xy)$,其中 N = 法律关系,F = 法律关系规范形式,x = 法律关系的主体,y = 法律关系所指向的特定行为。

2. 法律关系是人与人之间的关系,而不是人与物之间的关系。

这里,所谓的"人"是法律上的人,即法律主体。所谓的"物"是指非法律主体的客观事物。法律上的人并不一定仅仅就是我国法律上的自然人与法人两种,一些国家的古代法律曾经将神庙和动物也拟制为法律主体,在分析法学的观念中,这也是法律上的人,因为法律上的人不同于社会学和生物学上的人,它的本质特征在于法律的拟制,它只因法律的拟制

---

① John W. Salmond, *Jurisprudence: Or the Theory of the Law*, 3rd ed., Stevens and Haynes 1910, p.188.

而产生,而不因其他。①

　　法律关系是人与人之间的关系,即法律主体与法律主体之间的关系,这是一个基本的原则,然而,人们在认识和分析法律关系时,常常忽略这一原则,走向歧途。如关于"物权关系"的一种理论就是这种歧途的典型。它认为,"物权关系"是人与物之间的法律关系,物权就是对物的权。其实,物权的本质也仍是人与人之间的关系,而非人与物之间的关系,不过物权所包含的人与人之间的关系是物的所有权人与一切其他人之间的关系而已。

　　关于民法上的法律关系是人与物的关系,还是人与人的关系,这个问题在新中国成立之初也曾经为中国的民法学者所关注,不过,他们是以另一种话语来讨论这一问题的,即民法调整的关系是物质关系还是思想关系。应当说,中国的民法学者因为深受马克思主义理论的熏陶,对于这一问题的认识是深刻的,他们对于"民法调整的是人与物之间的物质关系"的观点进行了猛烈的批判。②

　　3. 每一种单一的法律关系都指向一种行为,它是对于这种行为的规范关系,这种行为可以与物有关,也可以与物无关,可以是事实行为,也可以是法律行为。法律规范的对象是人的行为,而且也只能是人的行为。

　　4. 每一种法律关系都具有一种规范形式,法律关系的基本规范形式,即法律关系的元形式有四种,它们是(狭义)权利—义务关系、自由—无权利关系、权力—责任关系、豁免—无权力关系。

　　不同的法律关系,它们可以指向同一个行为,但是,规范的形式却可以不同。如英国家庭法上,access 的概念是指父母探视子女的行为,父母探视子女以前被视为父母的权利,即亲权,然而,后来它已被看作不再是父母的权利,而变为子女的权利,即父母的义务。再如我国法律上的教育

---

① John Chipman Gray, *The Nature and Sources of the Law*, Roland Gray (ed.), 2nd ed. , Macmilian Company 1921.
② "民法所调整的财产关系是物质关系,还是思想关系? 这一问题已经引起了我国政法界和北京各政法院校的普遍注意,并因此展开了讨论。民法中所调整的财产关系是人与人之间所发生的社会关系中的一部分,这是大家一致公认的。"见李奋武:《民法所调整的财产关系是物质关系吗?》,载《政法研究》1956 年第 3 期。

权,以前受教育是一种权利,然而,《义务教育法》出台之后,受教育也成为公民的一种义务了,该法第四条规定:适龄儿童、少年,享有平等接受义务教育的权利,并履行接受义务教育的义务。

5. 单一的法律关系是两个法律主体之间的关于某一行为(事实行为或法律行为)的规范性关系,而不是一个法律主体与多个法律主体或多个法律主体与多个法律主体之间的复合关系。

所谓单一的法律关系是最小单元的法律关系,它具有以下特征:

第一,一个单一的法律关系只指向一个行为。

第二,一个单一的法律关系只具有一个元形式。

第三,一个单一的法律关系只涉及两个法律主体,这一观点已成为分析法学家的共识。① 科宾在《耶鲁法学杂志》上的那篇名著《法律分析》一文就特别强调:"(单一的)法律关系只涉及两个人,既不可多也不可少。"②

关于这一原则,权力—责任关系需要特别说明,例如在甲与乙之间,甲有权力,乙有责任,甲能够决定乙与丙之间的法律关系,尽管这里涉及丙,但是,这里的权力—责任关系仍然只是存在于甲和乙这两个法律主体之间。

6. 一个单一的法律关系只涉及两个法律主体,一方法律主体承受法律利益,另一方法律主体承受法律负担。法律利益表现为权利、无义务(自由)、权力、无责任(豁免)四种形式,相对应地,法律负担表现为义务、无权利、责任、无权力四种形式。所谓法律利益就是广义上的权利概念。

---

① 科克洛克在《法律关系》一书中说,将法律关系分为单一的法律关系(simple relation)与复合的法律关系(complex relation)的一位较早的分析法学家是麦克尔(Adolf Merkel)。在麦克尔之后,科勒(Josef Kohler)对所谓单一的法律关系作了比较清晰的定义:单一的法律关系是不能再化约和分解为更为基本的法律关系。这一定义与霍菲尔德所谓的"独具特质、自成一类(sui generis)"的法律关系倒有异曲同工之处。见 Albert Kocourek, *Jural Relations*, Bobbs-Merrill 1928, p. 33.

② 原文为: The term legal relation should always be used with reference to two persons, neither more nor less. 见 Arthur Corbin, "Legal Analysis and Terminology", (1919) 29 (2) *The Yale Law Journal*, pp. 164-165.

科克洛克引用两个形象的拉丁词语描绘一个单一的法律关系中的两个法律主体所处的不同地位,承担法律利益的一方法律主体,他称之为 dominus, dominus 在拉丁文中为"上帝"之意,而承担法律负担的一方法律主体,他称之为 servus, servus 在拉丁文中为"仆人"之意。①

7. 一个法律主体和多个法律主体之间的法律关系或多个法律主体与多个法律主体之间的关系可以分解为若干单一的法律关系。两个法律主体之间的复合性法律关系也可以分解为若干单一的法律关系。

上面已经确证:不存在只涉及一个法律主体的法律关系。那么,是否存在涉及两个以上的法律主体的法律关系?实际上,这种法律关系比比皆是,但是,它们不是单一性质的法律关系,而是复合性质的法律关系(complex relation),或者说是若干单一性质的法律关系的集合,所以,它们都可以分解为若干的两个法律主体之间的单一法律关系。例如多人的连带之债,可以分析为若干单一法律关系。

而两个法律主体之间的法律关系也可能是复合的,也可以进一步分为若干单一的法律关系,如民法中的代理关系就是一种复合性的法律关系,它可以分解为两种单一的法律关系:

一是(狭义)权利—义务关系,即被代理人有权利要求代理人为其从事代理活动,代理人有义务为被代理人从事代理活动。

二是权力—责任,即代理人有权力通过代理行为创设、变更和消灭被代理人与他人的特定的法律关系,被代理人有责任承受因代理人的代理行为而生的他与他人的法律关系。

总之,这一"分解"原则就像数学中一个原则:"任何合数都可以化约为质数之和",以及物理学中的一个原则:"任何物质都可以化约为原子的组合。"这就是霍菲尔德的**"权利束"**(bundle of rights)理论与方法,或称**"碎片化"**(fragmentation)的分析方法。

---

① A jural relation must have one dominus and one servus. See Albert Kocourek, *Jural Relations*, Bobbs-Merrill 1928, p. 54.

第二节　私权的元形式

一、对霍菲尔德的术语的改造

霍菲尔德对法律关系的元形式做了开创性的论述,但是,他在论述中所使用的许多术语却是比较独特的,如 privilege、disability,后来的许多法学家认为这些词不符合通常用法,易引起误解,所以,建议改进。实际上,这些词在翻译成中文时,也同样会引人误解,如 privilege 译成中文就是"特权",中文"特权"一词的含义与霍菲尔德的 privilege 的含义实在是相差太大,这显然会阻碍中国法学者对于霍菲尔德理论的理解,出于这种考虑,所以,我提出一套中文术语以对应霍菲尔德的术语,而不是原封不动的直译。如下:

(狭义)权利:right　　　　无权利:no-right
义务:duty　　　　　　　自由(无义务):privilege
权力:power　　　　　　　无权力:disability
责任:liability　　　　　　豁免(无责任):immunity

其实,在这一套术语中,只有霍菲尔德的 privilege 和 disability 这两个术语没有直接译为中文,而是分别改译为自由(无义务)和无权力,其他的仍然是遵循直译,当然,对于霍菲尔德的 immunity,这里也增加了一个译名,即无责任,可与豁免互换。

关于霍菲尔德术语的翻译问题,我认为,可以推出三个版本,一是上述的简明版,但是,它存在一个问题,那就是将权利与自由、权力等概念置于平行位置似有不妥,因为在日常用法中,权利是超越于自由与权力的上位概念。为了避免这种混乱,本书姑且以(广义的)权利和(狭义的)权利作此区别。[①]

[①]　鉴于这一问题,可以考虑另外两个版本,一是古色古香、具有文言气息的版本,见本章第二节之论述:请为权、可为权、能为权、免为权。另一是白话文的通俗版:要求权、自由权、权力权、豁免权,见〔英〕米尔恩:《人的权利与人的多样性:人权哲学》,夏勇、张志铭译,中国大百科全书出版社 1995 年版,第六章"霍菲尔德的权利概念"(中译本)。

二、从自然状态到法律状态：法律关系元形式的逻辑论证

所谓权利的形式就是权利在法律上的表现形态，而不是权利所保护的实质利益。霍菲尔德的理论实际上已经向我们展示了权利的四种基本形式，也就是他所说的（严格意义的）权利、特权、权力和豁免，但是，霍菲尔德并没有向我们说明他是如何推理出这四种权利形式的，事实上，霍菲尔德没有采用推理的方法，而是采用归纳的方法从许多案例材料中总结出来的。

由于霍菲尔德没有对基本法律概念进行逻辑论证，所以，关于基本法律概念是否是八个，争论纷纭。庞德认为八个太多，科克洛克认为八个太少，科宾则认为八个正好，但都未提供逻辑论证的方法[1]，这是霍菲尔德理论亟待填补的一项空白。

我以为，一种关于权利的形式理论仅仅建立在经验的材料之上，以归纳的方法总结出来，是不可靠的，就像数学上的许多定理，仅仅通过有限的事实验证是不能称其为定理的，而必须通过严格的逻辑推理方可成立。

这里，我以自然状态和法律状态两个概念为基础，提供一个关于权利的元形式的推理方法，这种推理方法可以说是对霍菲尔德的理论的补充与阐释，以帮助我们更为清楚地理解霍菲尔德的理论，即权利的元形式理论。

推理如下：

法哲学家将法律出现之前的人类状态，拟设为"自然状态"[2]，在这一状态中人们享有绝对的自由，此即"自然自由"。但是，"自然自由"只能导致人类的盲目冲突乃至巨大混乱，所以，法律出现了。

法律自其诞生始就是作为对自然状态的一种反动而存在的，所以，法律状态与自然状态是两个相互对立的状态，其对立性就表现在法律的本质功能就是限制人们的自然自由，使人的自由通过法律而达到协调。所以，康德这样界定法律，"法律是全部条件，根据这些条件，任何人的有意

---

[1] Joseph W. Singer, "The Legal Rights Debate in Analytical Jurisprudence from Bentham to Hohfeld", (1982) 1982 (6) *Wisconsin Law Review*, p.992.

[2] 自然状态的假设在以自由主义为哲学基础的分析法学中具有十分重要的方法论上的意义，其功能如同经济学关于"完全的自由竞争状态"的假设。

识的行为,按照一条普遍的自由法则,确实能够和其他人的有意识的行为相协调。"①

　　法律的这种限制自然自由的功能,首先通过一种直接的方式实现,即直接规定人们必须做什么,或必须不做什么。其中所谓"必须做什么,或必须不做什么"就是法律义务,它是对自然自由的否定,但是,法律并不对所有的自然自由都加以否定,法律对部分自然自由仍加以肯定,但此种被肯定的自由已从自然状态中的"自然自由"升华而为法律状态中的"法律上的自由"了。

　　此外,法律还通过一种间接的方式限制自然自由,即不直接规定人们必须做什么,或必须不做什么,而是授权某一法律主体,由它来规定人们必须做什么,或必须不做什么,甚至由它进一步授权其他法律主体规定具体的法律义务。这里,所谓"授权"之"权",就是法律权力。

　　英国分析法学家哈特据此将所有的法律规则简明地分为两类,一是通过直接的方式限制自然自由的法律规则,即规定法律义务的法律规则,哈特称其为第一性规则;二是通过间接的方式限制自然自由的法律规则,即授予法律权力的法律规则,哈特称其为第二性规则。②

　　第一性规则所规范的法律关系就是"(狭义)权利—义务"关系③,这是法律关系元形式之一,但是,正如上面已经指出的,在某些情形下,对于人们的行为,法律未作"必须做什么或不做什么"的规定,即不存在第一性的法律规则,法律保留了"自然状态"中的"自然自由",并使其成为"法律上的自由",此种情形也是一种独立的法律关系的类型,它在逻辑上是一种与"(狭义)权利—义务"关系的相反类型的法律关系,即"无权利—无义务(自由)"关系,这是法律关系的元形式之二。

　　第二性规则所规范的法律关系就是"权力—责任"关系,这是法律关系元形式之三,同样,在某些情形下,法律也没有授予某法律主体以权力,

---

　　① 〔德〕康德:《法的形而上学原理:权利的科学》,沈叔平译,商务印书馆1991年版,第40页。
　　② H. L. A. Hart, *The Concept of Law*, 3rd ed., Oxford University Press 2012, pp.79-99.
　　③ 这里的权利概念是狭义的权利概念,即 claim。

即不存在第二性法律规则的规范,法律保留了"自然状态"中的"自然无权力",并使其成为"法律上的无权力",此种情形也是一种独立的法律关系的类型,它在逻辑上是一种与"权力—义务"关系相反类型的法律关系,即"无权力—无责任(豁免)"关系。

从以上的分析可以看出,法律关系的四种元形式,其中两种元形式即"权利—义务"关系和"权力—责任"关系是必须由法律规则明确规定的,而另外两种元形式即"无权利—无义务(自由)"关系和"无权力—无责任"关系是无须法律规则明确规定的,它们可以根据"法不禁止即自由"和"法不授权即无权"的逻辑推演出来。

可以说,关于从自然状态到法律状态的假设是整个法律学的逻辑基础,它是整个法学的逻辑起源,对于法律学中的许多问题的论证,在这里,都可以找到逻辑上的起点。

法律关系的四组元形式和八个元概念具有一种令人惊叹的逻辑美感,颇有中国古代周易哲学中的阴阳之美。细细分析可见:设定义务(duty)的规范和授予权力(power)的规范构成阴阳两极,也构成形式逻辑中的 A 与非 A 的关系,具有周延性,因为在逻辑上,只有两种可能:要么立法者自己设定义务,要么授权他人去设定。从设定义务的角度看,设定义务(duty)和不设定义务(privilege)构成阴阳两极,也具有周延性,因为只有设定义务和不设定义务两种可能。从授予权力的角度看,授予权力(power)和不授予权力(disability)构成阴阳两极,也具有 A 与非 A 的周延性。此外,相互关联的义务(duty)和权利(claim)、特权(privilege)和无权利(no-right)、权力(power)和责任(liability)、无权力(disability)和豁免(immunity)又分别构成阴阳两极。

法律关系的元形式与莱布尼茨的二进制数学哲学亦有融通之处。法国汉学家若阿基姆·布韦(Joachim Bouvet,1662—1732)向莱布尼茨介绍了《周易》。[①] 在莱布尼茨眼中,"阴"与"阳"基本上就是他的二进制的中国版。他曾断言:"二进制乃是具有世界普遍性的、最完美的逻辑语言。"

---

① 〔美〕方岚生:《互照:莱布尼茨与中国》,曾小五译,王蓉蓉校,北京大学出版社 2013 年版,第 166 页。

"1与0,一切数字的神奇渊源。"①法律关系虽然不是数学,但它的基本概念和数字一样具有神奇的起源。

莱布尼茨不仅是数学家,也是法学家,他在《普遍法理学》(Jurisprudentia Universalis)一书中认为:"法的科学应包含两部分,一是关于自然法的科学知识,二是关于实证法的经验知识。"②霍菲尔德的八个概念就是莱布尼茨所说的关于自然法的科学知识。

逻辑自然法:法的现代性的渊源

从自然状态到法律状态的假设是现代法律的逻辑之根,从中可以推导出霍菲尔德的八个基本法律概念,构成法律的先验概念,进而衍生出"法不禁止即自由"和"法不授权即无权",甚至"财产权法定主义"等先验原则,如数学一样精确,它们是自然法。法律的先验概念与先验原则与数学不同之处在于:他们不仅仅是逻辑,它们本身即具有规范性,具有价值判断,因为自然状态的假设已经蕴涵价值判断。源自于自然状态假设的先验概念与原则渗透在司法实践中的法律推理,如无形之手控制着法律推理,这就是"作为法律渊源的自然法"的含义,这就是"逻辑自然法",是现代法治话语的根,是法的现代性的渊源。无论主权者的法律如何藐视逻辑自然法,它也无法摆脱逻辑自然法,正如无法摆脱地球引力一样。但自然法的奥秘及其背后的概念体系却远远没有被揭示,因为法律人被实证法蒙蔽了双眼。

三、权利(法律关系)元形式:类型、定义与示例

应当说,霍菲尔德在论述他的理论时,用语是比较晦涩难懂的,所以,他的学生同时也是他的学说的极力推崇者科宾(A. Corbin),为推广霍菲尔德的学说,专门写了一篇论文《法律分析与术语》③,仿教科书的体例,

---

① Martin Davis, *The Universal Computer: The Road from Leibniz to Turing*, W. W. Norton & Company 2000, pp.16-17.

② Roger Berkowitz, *The Gift of Science: Leibniz and the Modern Legal Tradition*, Harvard University Press 2005, p.49.

③ Arthur Corbin, "Legal Analysis and Terminology", (1919) 29 (2) *The Yale Law Journal*.

以简明和精确的语言,对霍菲尔德的若干概念进行了定义与示例,下面,我也仿照科宾的做法,尽力以准确明了的汉语,对权利(法律关系)的四种元形式作简要的定义和示例。

元形式之一:(狭义)权利—义务关系

所谓(狭义)权利—义务关系,指在甲与乙之间,乙必须做什么或不做什么。此种法律关系,对于甲即为(狭义)权利,对于乙即为义务。

例1:乙欠甲100美元,甲有权利要求乙偿还100美元,乙有义务偿还甲100美元。

例2:甲有权利要求乙不侵犯其人身,乙有义务不侵犯甲的人身。

例3:政府有权利要求公民纳税,公民有义务纳税。

元形式之二:无权利—无义务(自由)关系

所谓无权利—无义务(自由)关系,指在甲与乙之间,乙不必须做什么或不做什么,即乙可以做什么或不做什么,甲无权利要求乙做什么或不做什么。此种法律关系,对于甲即为无权利,对于乙即为无义务(自由)。

例1:在紧急避险状态中,甲可以损害乙的财产,即甲没有"不损害乙的财产"的义务,即甲有"损害乙的财产"的自由,乙无权利要求甲在紧急避险状态中不损害其财产,此即乙之无权利,甲之无义务(自由)。

例2:甲拥有一片土地,甲有使用这片土地的自由,即甲没有"不使用这片土地"的义务,乙无权利要求甲不使用这片土地。

例3:甲拥有一项专利,乙有义务不使用甲的专利,但是,之后甲与乙签订协议,甲许可乙使用其专利,此协议否定了乙原有的"不使用甲的专利"的义务,在协议期内,乙无"不使用甲的专利"的义务,即乙有使用甲的专利的自由,而甲在协议期内无权利要求乙不使用其专利。

元形式之三:权力—责任关系

所谓权力—责任关系,指在甲与乙之间,甲能够通过自己的行为创设、变更或消灭乙与甲或乙与其他人之间的特定的法律关系。此种法律关系,对于甲即为权力,对于乙即为责任。

例1:甲委任乙为其代理人,乙代理甲与他人签订合同,此即乙之权力,合同对甲有效,此即甲之责任。

例2:甲向乙发出要约,乙通过承诺行为设定甲与乙之间的合同关系,此即乙之权力,承诺对于甲发生法律效力,此即甲之责任。

例3:政府官员甲向公民乙签发罚款书,从而创设国家与公民乙之间的罚款与被罚款的法律关系,此即甲之权力,罚款书对公民乙有效,此即乙之责任。

元形式之四:无权力——无责任(豁免)关系

所谓无权力——无责任(豁免)关系,指在甲与乙之间,甲不能够通过自己的行为创设、变更或消灭乙与甲或乙与其他人之间的特定的法律关系。此种法律关系,对于甲即为无权力,对于乙即为无责任(豁免)。

例1:甲拥有一栋别墅,乙无权力处分甲的别墅,乙的处分行为不能改变甲对于别墅的所有权,此即乙之无权力,甲之无责任(豁免)。

例2:甲无行为能力,甲未经其监护人同意将自己的房屋赠送给乙,此赠送行为为无效法律行为,即甲无权力处分自己的房屋,乙不能因为甲的赠送行为而获得甲的房屋的所有权,此即乙之无责任(豁免)。

例3:政府未经法定程序,不得征收公民财产。此即政府无权力,征收行为对公民无效,此即公民之豁免(无责任)。

四、最简单的复合法律关系形式:次元形式

一项行为上可存在两种性质的法律关系,例如行使代理权的行为上既存在权力(power),同时也存在义务(duty)。

在逻辑上,一个行为上的法律关系可有各种组合,如:power + duty, power + privilege,都是常见的简单的复合型法律关系,我们可称之为"次元形式",可用以解释许多法律概念。除代理外,还可解释公司设立的审批制和核准制等。例如审批制的法律关系是 power + privilege 的组合,政府有 power,并且该权力的行使是自由的,即 privilege。而核准制的法律关系则是 power + duty 的组合,政府有 power,但该权力的行使是义务,即 duty,需依照法律规定的条件,予以批准或不批准,没有自由。

甚至,处分行为上也存在上述复合性的法律关系,可以予以分解。

在逻辑上,这些次元形式,除 power + duty, power + privilege 外,还应当有 privilege + duty。至于 power + claim, power + noclaim (no-right)等是否存在?还需研究。

霍菲尔德的方法包括两个方面：一是碎片化，另一是集合化（integration），或称权利的"解包"与"打包"。如何从"碎片"走向"集合"？其中的逻辑是什么？这是更具挑战性的问题。

五、权利的元形式：一种基于法律关系元形式理论的分析

由于权利概念在法学中的极端重要性，对权利概念的分析特别是对权利的基本类型的区分是法学的一项基础工作，以上关于法律关系的元形式的分析也为权利概念类型化奠定了基础。

上文已经指出，每一种法律关系的元形式都包含一种法律利益与一种法律负担两个方面，法律关系中的一方法律主体承担法律利益，另一方法律主体承担法律负担，而所谓法律利益就是（广义的）权利的概念，因此，每一种法律利益实质上就是（广义）权利的一种类型。

可以说，一种权利必然是一种法律关系，而一种法律关系也必然包含一种权利。"法律关系"与"权利"这样一种互为一体的性质似乎也启迪我们，为什么在欧洲大陆的许多国家的语言中，法与权利是同一个词语？尽管之后，随着法学概念的精细化，欧洲法学家开始用"客观"与"主观"来区分法与权利的概念，如在德语中，客观的 Recht 就是法，而主观的 Recht 就是权利，但这也不能掩盖法律关系与权利的天然一体的关系。

在 20 世纪初，我国也有法学者论述过这个问题。1903 年《直说》第二期刊出《权利篇》，论法律与权利关系云："事有始终，物有表里。权利之表为法律，法律之里即权利，不可分而二之者也。"[①]

所以，相对于法律关系的四种元形式，（广义）权利也具有四种基本类型，即四种元形式，如下：

相对于法律关系元形式之一即（狭义）权利—义务关系，（广义）权利元形式之一就是（狭义）的权利。

相对于法律关系元形式之二即无权利—无义务（自由）关系，（广义）

---

① 《直说》于 1903 年 2 月在日本东京创刊，月刊，共出两期。直隶（今河北）留日学生创办，宣传反清的民族革命思想，刊登有《说梦》、《权利篇》等文，为当时革命刊物之一。原件是国家图书馆藏本。

权利元形式之二就是自由(无义务)。

相对于法律关系元形式之三即权力—责任关系,(广义)权利元形式之三就是权力。

相对于法律关系元形式之四即无权力—无责任(豁免)关系,(广义)权利元形式之四就是豁免(无责任)。

六、法律关系中的法律利益与法律负担的关联性

以上所列(广义)权利[①]元形式,**每一种形式的权利都必有一种相关的法律负担存在,如(狭义)权利的相关法律负担是义务,自由的相关法律负担是无权利,权力的相关法律负担是责任,豁免的相关法律负担是无权力。这可以视为民法乃至整个法学中的不证自明的公理**。[②]

但是,这一条法学中的公理并未为中国法学者所充分认识到,当然,(狭义)权利的相关法律负担是义务,已成共识,但是,其他几项却未尽明了,特别是权力的相关法律负担是责任,例如《民法学原理》一书写道:"形成权是没有义务与之相对应的权利,对于形成权来说,不存在任何人负担义务的情况。然而,如果把义务的内容理解为尊重,那么,似乎也可以认为有义务与之对应。"[③]民法上的形成权本质上就是一种权力,与它相对应的当然不是义务,即他人并不必须做什么或不做什么,但是,形成权仍然有一种法律负担与之相对应,这就是霍菲尔德所说的责任(liability),即他人承受行使形成权的人所创设的法律关系的责任,实际上《民法学原理》中所说的"把义务的内容理解为尊重"就是这个意思,但是,显然没有将这个问题讲透。[④]

以上论述的是法律利益与法律负担在形式上的关联性,即不同形式

---

① 在下文,如果权利一词前未注明(狭义),即为广义之权利概念,而不再标明(广义)。

② 奥斯丁说,权利与相关联的义务,实质上是同一个理念的不同角度的反映。见 John Austin, *Lectures on Jurisprudence: Or, The Philosophy of Positive Law*, Robert Campbell (ed.), 5th ed., John Murray 1885, p.66.

③ 张俊浩主编:《民法学原理》(修订版),中国政法大学出版社1997年版,第83页。

④ 张俊浩教授敏锐地发现了这一问题,殊为可贵。他在书中也讲道:"此点有待研究。"我认为,霍菲尔德的理论就已经解决了这一"有待研究"的问题。

的法律利益关联着不同形式的法律负担,法律利益与法律负担的关联性还包括在主体上的关联,即某一主体享受法律利益,则必然有另一主体承担关联的法律负担。这一点提醒我们,当我们说某人享有某权利时,我们一定要清楚这一权利所关联的对象,即这一权利是以什么人的法律负担为基础的,是特定的个人?还是全部他人?还是部分他人?对这个问题的回答愈具体,则"某权利"的含义就愈精确。

法律利益与法律负担关联性理论不同于权利与义务的辩证统一理论

因为深受以马克思主义哲学为基础的传统法理学教科书的影响,许多人可能会将分析法学的法律利益与法律负担关联性理论等同于马克思主义哲学中的权利义务辩证统一理论,实际上,两者有根本的不同,前者指一个人享有法律利益,必然以另一个人承担相关联的法律负担为基础,而后者则指同一个人在享有法律权利时,也应承担相应的法律义务。可见,两者的根本差异在于,前者是一个逻辑描述,而后者则是一个价值判断。

所以,范伯格反复强调:"权利和义务的逻辑关联学说并不断言,个人的权利必须以履行他本人的义务为条件,而只是说,他的权利必须与别人的应尽的义务相关联,即一切义务都需要以他人的权利为条件,同时,一切权利都需要以他人的义务为条件。"[①]

法律上的利益和负担与事实上的利益和负担之不同

这里,还必须强调的是,上文所谓的法律上的利益与负担与实际生活中所谓的利益与负担是完全不同的概念,因为实际生活中的利益并不一定就是法律上的利益,而实际生活中的负担也不一定就是法律上的负担。例如,在实际生活中,甲接受乙的赠与,这是甲的一种实际利益,但是,在法律上则是指因乙的赠与行为而产生的法律关系对被赠与人(甲)有效,即甲的责任,而这却是一种法律负担。

区分法律上的利益与事实上的利益这两个不同概念,在民法的许多具体制度中都是至为重要的,例如未成年人行为能力制度就是一个典型。作为限制行为能力人的未成年人,其法律行为的效力如何?在法律上,一般以"利益"之有无,作为决定其法律行为之效力的标准,对其有利益的

[①] 〔美〕J.范伯格:《自由、权利和社会正义——现代社会哲学》,王守昌、戴栩译,贵州人民出版社1998年版,第89页。

法律行为则有效,对其无利益的法律行为则无效。

但是,此处之"利益"究竟是法律上的利益?抑或事实上的利益?各国立法不同,有所谓实质判断标准,系"就个案,依经济之观点,判断限制行为能力人所为之法律行为是否具有利益,以决定其效力"。如英国普通法、法国民法等,这里的实质判断标准所指向的利益显然是"事实上的利益"。

也有所谓形式判断标准,系指"不就具体案件,不依经济观点考察是否有利于未成年人,而是纯从法律上效果判断之"。这里的形式判断标准所指向的利益显然是"法律上的利益"。例如《德国民法典》第107条规定:"未成年人非纯为取得法律上的利益而为意思表示,应得法定代理人之同意。"①《日本民法典》第4条也作了相似的规定:"未成年人为法律行为,应得法定代理人之允许,但纯获权利或免义务之行为,不在此限。"它只不过将《德国民法典》中"法律上的利益"之概念替换为更为具体的内容,即"纯获权利或免义务"。

法律关系中法律利益与法律负担关联性理论之运用:

示例(一)　　　　非法占有之法律关系分析

因"非法占有人对物之占有"所生的法律关系是怎样的?这是一直容易困惑民法学生的一个问题,困惑主要因为,我们总是笼统地说非法占有人对物的占有是权利或不是权利,而不问这是针对物之所有人而言还是针对非物之所有人的他人而言,更不问这些权利是何种形式类型。实际上如果运用法律关系中法律利益与法律负担关联性理论分析这一问题,会使其中的法律关系的脉络显得十分清楚。

在分析中,首先应当清楚,这里的"非法占有人"之"非法"仅指其对物的实际占有是通过非法手段获得的,而不是指实际占有发生后的法律关系之状态,实际占有发生之后的法律关系之状态正是下面所要分析的。

---

① 在人类的早期思维中,法律上的利益和负担的概念还没有从事实上的利益和负担的概念中分离出来,直到概念法学之后的《德国民法典》的出世,"法律上的利益"之概念才成为一个专门的法律术语。有关民法上的"纯获法律上的利益"之概念,参见王泽鉴:《纯获法律上的利益》,载《民法学说与判例研究》(第4册),中国政法大学出版社1998年版,第39页。

第三章 私权的结构

在分析中,可以将其中所有可能法律关系分为两类,一是非法占有人与物的所有人之间的法律关系,二是非法占有人与非物之所有人的其他人的法律关系,而这两类法律关系的具体形式如下:

	物之所有人	非物之所有人的其他人
非法占有人	1. 义务—(狭义)权利 2. (狭义)权利—义务 3. 无权力—豁免 4. 责任—权力	1. 自由—无权利 2. (狭义)权利—义务 3. 无权力—豁免 4. 豁免—无权力

根据上图,非法占有人与物之所有人的法律关系如下:

1. 义务—(狭义)权利关系,即非法占有人有返还物的义务,物之所有人有要求非法占有人返还物的权利。

2. (狭义)权利—义务关系,即非法占有人有要求物之所有人不以暴力侵害其占有的权利,物之所有人有不以暴力侵害非法占有人对物之占有的义务。

3. 无权力—豁免关系,即非法占有人无权力处分物,非法占有人对物的处分行为对物之所有人不产生效力。

4. 责任—权力关系,即物之所有人仍具有处分物的权力,他的处分行为对非法占有人也具有效力。

而非法占有人与非物之所有人的其他人的法律关系如下:

1. 自由—无权利关系,即非法占有人有占有物的自由,而非物之所有人的其他人无权利要求非法占有人不占有物并返还物。

2. (狭义)权利—义务关系,即非法占有人有权利要求非物之所有人的其他人不以暴力侵害其对物的占有,而非物之所有人的其他人有义务不以暴力侵害非法占有人对物的占有。

3. 无权力—豁免关系,即非法占有人无权力处分物,其处分物的行为对非物之所有人的其他人不发生效力。①

---

① 例如,甲是物的非法占有人,乙是非物之所有人的他人,甲无权力将物卖给乙,即使甲将物卖给乙了,乙也不会因此而获得对物的所有权,即乙之豁免。

4. 豁免—无权力关系，即非物之所有人的其他人也无权力处分物，其处分物的行为对非法占有人也不发生效力。

以上就是非法占有状态中较为细致的法律关系之脉络，只有这样具体地分析权利的形式，及其所关联的法律负担和负担主体，才可以真正理解一种法律现象，但是，在民法研究中，不问某特定权利的形式类型是什么，不问某特定权利所关联的负担与负担主体是什么，这种"**两不问**"的做法已经使得我们在许多问题上陷入了混乱，"非法占有"只是一个典型。①

法律关系中的法律利益与法律负担关联性理论之运用：

示例（二） 对民法上"权利本位"原则的质疑与解释

从上面的分析中，我们已经知道，存在一种法律利益（权利），就必然存在与此相关联的法律负担，就如同有山峰必有山谷的道理一样。既然两者如此形影相随，那么，我们的民法理论奉为圭臬的"权利本位"原则又具有什么样法律含义呢？

其实，从分析法学的角度看，所谓"权利本位"这一陈述是毫无意义的，因为它不含有任何确实的信息。当然，"权利本位"的主张者说：所谓"权利本位"是指法律应侧重于权利，而不应侧重于义务，但是，这种理解在逻辑上是矛盾的，因为权利与义务浑然一体，不可分离，它们为同一法律关系之两端。如果在某人身上设定一种权利，必将相应地在他人身上设定一种义务。若无后者，前者在法律上将无任何意义，仅仅是一个词语而已。这个道理，早在18世纪边沁就已经阐述过了，他在《民法典的原则》一文中写道："法律不可能在授予某人以利益的同时，而不强加于另外的人以负担，或者说，除非法律在他人身上强加了义务，否则，法律是不可能为某个人创立一种权利的。例如，如何授予我对一片土地的所有权

---

① 本书对非法占有的分析，颇显冗繁，许多学者则采用了"化繁为简"的做法，而我以为，解决问题时最好能"化繁为简"，但在理解问题时，还是应当"化简为繁"。

呢？那就必须强加其他所有的人'不侵犯我的土地'的义务。再如，如何授予我一种命令权呢？那就必须强加他人'必须听从于我'的义务。"①这就是权利与义务的关联性，所以，当我们在说"权利本位"时，实际上，我们也同时在说"义务本位"。

从纯粹逻辑的角度看，法律是对自然自由的扬弃，它的出现是从对自然自由的限制开始的，所以，狄骥说："必须经常记住这种基本的观念：客观的法律包含有一种命令或一种禁止，此外就没有别的东西了。"②这里，他所说的"一种命令"和"一种禁止"实际上就是一种义务的设立。当然，当一种义务设立了，一种权利也必然随之而设立，但是，在逻辑上，权利的设立必须以义务的设立为前提，所以，如果说两者之间必有一本位者，显然，义务应当在先，义务应当为本位。

所以，有学者已经指出："近几年，国内学界时常讨论'权利本位'与'义务本位'。我一直认为，这样的提法对于表达社会成员的某种法律情感或许是有些意义的，但作为一个法理学命题，似难以成立。在特定的权利义务关系里，是谈不上权利和义务谁为本位或谁为主导的。真正值得研究的是，从社会关系的角度看，究竟以谁的权利为本位，为主导。"③

当然，我们可以将"权利本位"的原则解释为"以某一群体的权利为本位"，这样，这一陈述在逻辑上就具有了确实的含义，但是，平等是民法的基本原则，尽管在一些情形中，民法会侧重于某些特殊主体的权利，如《消费者权益保护法》等，但是，这并不足以表明民法的普遍原则是以特殊主体的权利为本位的，所以，这种解释仍无合理性。

所以，从纯粹形式的角度看，权利本位不是一个有意义的陈述，那么，是否权利本位的原则就没有任何意义呢？不是，它的意义不在法律逻辑

---

① Jeremy Bentham, *The Works of Jeremy Bentham*, vol. I, John Bowring (ed.), William Tait 1838—1843, p.301.

② 〔法〕莱翁·狄骥：《宪法论 第一卷：法律规则和国家问题》，钱克新译，商务印书馆1962年版，第191页。

③ 夏勇：《乡民公法权利的生成》，载夏勇主编：《走向权利的时代：中国公民权利发展研究》，中国政法大学出版社1995年版，第672页。

学上,而在法律的价值学上,而且,只具有公法关系上的价值蕴意,因为它描绘的是对国家与市民社会之间的一种理想关系的鼓吹和期盼。

实际上,我国法学界也是在这样一种语境中提出权利本位原则的。权利本位这一近似于口号的民法原则出现在中国的计划经济开始瓦解之时,民法在计划经济的裂缝中扩展自己的空间,而这一过程正是国家权力从集中走向削弱的过程,正是国家"还权于民"的过程,"权利本位"正是这一过程之内在精神的集中体现,它的真正含义在于,以市民社会为本位,而不是以国家为本位。它是中国民法在特定的历史时期为寻求自身的发展而使用的一句策略性的口号。①

史尚宽先生在《民法总论》中对权利本位原则的解释也与本书的理解颇为相似,他说:"原来人类社会进化之第一步,为团体凝固之现象而产生者,阙为义务观念。至社会之中心力,强制履行此义务时,法律生焉,即此可谓义务先于法律而存在,法律系以义务为本位而发生发达。最初发生之义务,即为对最高权力之服从。**个人自由思想发达之后,遂引起个人与最高权力之对抗,权利得以确定。法律遂由义务本位而变为权利本位。**"②

七、与法律关系元形式相关的法律术语之阐释

根据霍菲尔德的权利分析理论,每一种法律关系的元形式包含两个基本的法律概念,四种法律关系的元形式则涉及八个基本的法律概念,这八个基本的法律概念之间存在着相互对应的相反关系、关联关系和矛盾

---

① "权利这个概念,凝聚了市民法对个人价值的尊崇,对于市场制度的信心,同时表述了对于权力的冷静界定和休惕之心,权利本位是民法卓尔不群的特异性格。"参见张俊浩:《民法学原理》(修订版),中国政法大学出版社1997年版,第30页;郭道晖也认为"权利本位"的提出是我国有计划的商品经济发展和人民对权利的日益增长的社会要求的反映,见郭道晖:《法的本质内容与本质形式的统一——关于权利与义务在法中的地位关系》,载郭道晖:《法的时代精神》,湖南出版社1997年版,第106页。

② 史尚宽:《民法总论》,中国政法大学出版社2000年版,第19页。

关系①,如下列图式所示:

法律上的 相反关系	权利 无权利	无义务(自由) 义务	权力 无权力	无责任(豁免) 责任
法律上的 关联关系	权利 义务	无义务(自由) 无权利	权力 责任	无责任(豁免) 无权力
法律上的 矛盾关系	权利 无义务(自由)	义务 无权利	权力 无责任(豁免)	责任 无权力

下面,我们对八个基本的法律概念及其法律术语作具体阐释。

权利—义务

这里的权利概念是狭义的权利概念,而在一般的法学文献中,"权利"是一个大箩筐般的词语,其内涵繁多,歧义丛生。除狭义的权利概念外,本书所谓的权力、自由和豁免等概念也均在权利一词的指向范围之中。②

---

① 图表中的"权利"均是狭义的权利概念!

法律上的相反关系和关联关系是霍菲尔德提出的,而法律上的矛盾关系是 G. L. Williams 教授提出的,那么,法律上的矛盾关系是什么含义呢?让我们举例说明,例如(狭义)权利与自由之间的矛盾关系就是指,在甲与乙之间,如果甲有(狭义)权利,就意味着乙没有自由,即"一方有(狭义)权利,另一方就没有自由",也就是说,这两个概念不可共存于一个法律关系的元形式之中,这就是(狭义)权利与自由之间的矛盾关系。

② 在我国的法学文献中,关于权利的定义也是五花八门。这里,我们从一些主要的教科书和著述中,采摘一二。(1) 权利是"法律赋予人们享有的某种权益,表现为享有权利的人有权作出一定的行为和要求他人作出相应的行为";(2) 权利是"法律对法律关系主体能够作出或者不做出一定行为,以及其要求他人相应做出或不做出一定行为的许可和保障"(中国大百科全书出版社编辑部编:《中国大百科全书 法学》,中国大百科全书出版社1984 年版,第 485 页);(3) 权利是"法律关系主体具有自己这样行为或不这样行为,或要求他人这样行为或不这样行为的能力或资格"(陈守一、张宏生主编:《法学基础理论》,北京大学出版社 1981 年版,第 350 页);(4) 权利是"法律规范所规定的、法律关系主体所享有的作出某种行为的可能性"(孙国华主编:《法学基础理论》,法律出版社 1982 年版,第 301 页)。但是,由于我国法学尚缺乏一种严谨和系统的关于法律关系的理论,所以,这些关于权利的定义并不是建立在一种深厚的理论基础之上的,不免显得粗糙。实际上,对于一个关键的法律概念的定义是非常重要的,它应当浓缩一个法学思想流派对于法律的理解。

所以，关于"权利"一词在法学话语中的使用，我们可以作这样的总结：狭义上的权利概念是指，在一方法律主体（甲）必须为另一方法律主体（乙）做什么或不做什么的法律关系中，另一方法律主体（乙）所处的法律地位，即另一方法律主体（乙）具有要求一方法律主体（甲）做什么或不做什么的正当性；而广义上的权利概念则等同于法律利益的概念，它不仅包括狭义的权利概念，也包括本书前面所界定的权力、无义务（自由）和无责任（豁免）三个概念。

狭义的权利概念本质上是一种十分抽象的理念，是一种无形的规范关系，令人难以直观，但在实践中，它往往通过拥有（狭义）权利的一方法律主体的请求行为表现出来，因为如果一方具有（狭义）权利，那么，他的请求行为必然具有法律上的正当性，所以，在法学史上，法学家通过"请求"这一形象的概念来把握（狭义）的权利概念。例如，在英美法系，法学家用"claim"一词来表示狭义的权利概念，而在大陆法系，民法学家则用"请求权"（Anspruch）的概念来表示狭义的权利概念。使用这些概念时应当注意**"请求权"**与**"请求的权利"**是不同的，"请求的权利"只是一种"请求的自由"，此请求不一定有法律上的正当性，所以，"请求权"与"请求的权利"之差别与"胜诉权"与"诉权"的差异颇为相似。①

"义务"一词相对于"权利"一词来说，其含义要明确得多，一般就是指"必须做什么或不做什么"。在法律语言中，情态动词"应当"常常被用来表示一种义务，但是，并不是说：所有出现在法律文件中的"应当"一词都一定表示一种义务，而应当根据具体语境解释其含义。如《中华人民共和国公司登记管理条例》第 20 条规定："法律、行政法规或者国务院决定规定设立有限责任公司必须报经批准的，应当自批准之日起 90 日内向公司登记机关申请设立登记。"这里的"应当"并不表示"在主管部门或者审批机关批准后 90 日内，向登记主管机关提出申请"是一种义务，它只是当事人履行申请登记权力的法定程序而已，只是企业法人在法律上得以成立的必要条件而已。当事人可以不遵循法定程序，不过这样会导致其申请登记行为不能产生法律上的效力。

---

① 费因伯格用 propositional claim 与 performative claim 这两个术语来区分"请求权"与"请求的权利"。见本书第 100 页注①。

第三章 私权的结构

英国法理学家约瑟夫·拉兹在解释命令性规范时也曾经谈到这个问题,他说:"(命令性规范)通常通过这种表达而得到陈述:特定的个人应当(应该、必须等等)实施一个特定的行动。尽管技术性规则(例如如何烤制蛋糕或者操作计算机的指南)常常也用这种类型的句子来表达,但它们并不属于我们关注的这类规则(命令性规范)。"①

这一区分是非常重要的,特别是在识别强制性规范时尤为重要。《合同法》第52条规定:"有下列情形之一的,合同无效:……(五)违反法律、行政法规的强制性规定。"许多法官和律师将有"应当"或"必须"等字样的法条都认定为强制性规范,这是错误的。中文"应当"或"必须"字样,有的表示duty,构成强制性规范;有的表示power生效的程序,并不构成强制性规范。② 根据《合同法》第52条,违反强制性规范,导致合同无效,此为"绝对无效";而欠缺power生效的程序,其后果是暂不生效,而非绝对无效。

例如《公司法》第16条第2款规定:"公司为公司股东或者实际控制人提供担保的,必须经股东会或者股东大会决议。"再如《中外合资经营企业法实施条例》第14条规定:"合营企业协议、合同和章程须经审批机构批准后生效。"其中的"必须",严格说来,并不表示duty,而是表示power生效的程序。所以,违反的后果只是暂不生效,而非绝对无效。

无权利—无义务(自由)

这里的自由概念与我们的日常意识所理解的自由概念不尽相同,它纯粹是对义务的否定,它是指在一方法律主体(甲)无权利要求另一方法律主体(乙)做什么或不做什么的法律关系中,另一方法律主体(乙)所处的法律地位。

而我们的日常意识所理解的自由概念则不是一种最为基本的法律关系,而是一种复合性的法律关系,它不仅包含这里的自由概念,同时还包

---

① 〔英〕约瑟夫·拉兹:《实践理性与规范》,朱学平译,中国法制出版社2011年版,第45页。
② 德国学者称之为"权能规范"(Befugnisnorm),而非"行为规范"(Verhaltensnorm)。参见苏永钦:《寻找新民法》,北京大学出版社2012年版,第323页。德国学者关于行为规范与权能规范的区分,与哈特的义务规范与授权规范的区分很相似。

含狭义的权利概念。例如,在我们的日常意识中的"公民的迁徙自由"概念,它一方面包含公民可以自由迁徙的含义,即他人或政府无权利要求公民不自由迁徙,另一方面,它也包含公民有权利要求他人或政府不干预其迁徙自由,即他人或政府有义务不干预公民自由迁徙的含义,甚至包含公民有权利要求他人或政府积极协助其自由迁徙,即他人或政府有义务积极协助其自由迁徙的含义。在现实生活中,一种自由如果仅含有"可以做什么或不做什么"的概念,而不含有"请求他人不干预"以及"请求他人积极协助"的概念,那么,它是形同虚设,无实际意义,但是,我们不能因此而否认本书所界定的自由概念在逻辑上是一种独立的法律关系。

边沁也很早就意识到自由概念的复杂含义,他将自由分为两种,一是裸露的自由(naked liberty)、未巩固的自由(uncorroborated liberties)①,即法律不通过设定他人"不干预"的义务予以保护的自由,二是遮衣的自由(vested liberty),即法律通过设定他人"不干预"的义务予以保护的自由。②

所以,关于"自由"一词在法学话语中的使用,我们也可以做这样的总结:狭义的自由概念是指本书所界定的与"无权利"相关联的、与"义务"相反的自由概念,而广义的自由概念就是指上述的我们日常意识所理解的自由概念。在英美法系,一些法学家如霍菲尔德用"privilege"来表示本书所界定的自由概念,而用"liberty"表示我们的日常意识所理解的自由概念。

关于自由的概念,我们也要注意区分社会学上的自由与法律学上的自由概念之不同,前者是事实意义上的自由,后者是规范意义上的自由,前者一般指有能力做某事并且没有现实阻力,后者只是指法律允许做某事,至于有无能力做、有无现实阻力,则不在法律上的自由概念的内涵之内。例如,一囚犯越狱逃跑,尽管他获得了事实上的自由,但是,却无法律上的自由。

---

① Jeremy Bentham and H. L. A. Hart, *Of Laws in General*, Athlone Press 1970, pp. 99, 290-291.

② H. L. A. Hart, "Bentham on Legal Rights", in Jules L. Coleman (ed.), *Rights and Their Foundations*, Garland Publishing Inc. 1994, p. 181.

另外，在理解"无义务（自由）"的概念时，还要注意它所指向的行为是"作为"（+）还是"不作为"（-），这是需要区分的。严格地说，无义务（+）或自由（+）或霍菲尔德的 privilege（+）是不同于无义务（-）或自由（-）或霍菲尔德的 privilege（-）的。

在中国政法大学给研究生讲授法学方法论课时，我常问学生："我有在小月河边散步的自由"，这一陈述是否必然包含"我有不在小月河边散步的自由"？

从日常语言的角度看，这两个陈述是相互包容的，但从严格的霍菲尔德的权利分析的角度看，这两个陈述是相互独立的，不相互包含，因为 privilege（+）和 privilege（-）是不同的。而日常语言中的自由通常是同时包含 privilege（+）和 privilege（-）的。

权力—责任

权力可以是公法性质的，即公权力，也可以是私法性质的，即私权力。[①] 而公权力与私权力也可作进一步的分类。在公法中，如果实施权力是一种义务，那么这种权力就是职权（ministerial power），如果实施权力是一种自由，那么，这种权力就是裁量权（discretionary power）[②]，但是，这里的职权和裁量权概念就不是纯粹的权力形式了，而是复合性的法律概念，因为它们中掺入了其他元形式如义务和自由。在私法中，决定他人法律关系的权力通常称为 authority，而决定自己的法律关系的权力通常称为 capacity。

值得注意的是，当前的许多法学论文在使用权力概念时，并未给读者一个关于权力的精确定义和阐释，当然，我们并不能因此就说他们所使用的权力概念是一个"无含义"的词语，我们可以通过细致入微的语义分析

---

① 《牛津法律大词典》对于"民法上的权力"一词的解释是："有权做具有法律效力或作用的事情的法律概念，如立遗嘱；如果不还款，债权人有权出卖抵押物；通常认为权力只是更广泛的权利概念的含义之一。"可见，《牛津法律大词典》也将权力视为广义上权利的一种形式，看来，霍菲尔德的对于权利的分析与分类已经为英美国家法学家普遍接受了。〔英〕戴维·M.沃克:《牛津法律大辞典》，李双元等译，法律出版社 2003 年。

② Reginald W. M. Dias, *Jurisprudence*, 4th ed., Butterworths 1976, p.57.

的方法来探求他们所使用的权力概念的真正的内在含义。①

郭道晖先生在《权利与权力的对立统一》一文中所表达的权力概念就是法学文献中一直流行的权力概念,他将权利视为公民的权利,而将权力视为国家的权力,所以,权力就是国家的直接强制力②,即国家有运用直接强制力的自由,而与本书的"权力"概念则完全不同。

本书中责任概念与一般的汉语法学文献中的责任概念的差异就更大了,在后者,所谓责任是指违反了既定的法律规范后所导致的法律上的不利益。而在本书中,责任则是指一法律主体的法律关系的设定、变更和消灭决定于另一法律主体的法律行为这样一种法律关系。

无权力——无责任(豁免)

这里的豁免概念与国际法上的豁免概念如"国家及其财产豁免权"不尽相同,后者主要是指"法律规定的例外",这种"例外"可以是义务上的例外,免于某种义务,当然,也可以是违法责任上的例外,免于某种违法责任,即无责任,但是它绝不仅仅是指"无责任"状态。

八、霍菲尔德的权利形式理论与德国民法学的权利形式理论之比较分析

下面,我们继续思考一个问题。以长于思辨为特色的德国民法理论将权利按所谓"法律上的力"也区分为四种类型,即请求权、支配权、形成权、抗辩权。尽管在表面上,这与本章以上所分析的权利的四种元形式十分相似,那么,差别是否存在呢?厘清这个问题,在我们今后将法律关系

---

① 如有的学者将行政法律关系区分为权力关系与非权力关系,所谓权力行政关系是行政主体对相对人使用权力手段,即在法律上占优越地位施行行政活动;而所谓非权力行政是行政主体对相对人使用非权力手段,即在法律上站对等地位施行行政活动(应松年主编:《行政法学新论》,中国方正出版社 1998 年版,第 61 页)。凡规范国家或公共团体为其双方或一方主体之法律关系并以权力服从关系为基础者,为公法。凡规范私人之间或私团体之间的法律关系,并以平等关系为其基础者,为私法(梁慧星、龙翼飞、陈华彬:《中国财产法》,法律出版社 1998 年版,第 3 页)。这里,学者们使用权力概念时,实际上隐含了这样的意思,一方当事人可以使用直接强制力的手段实现其目的。但没有点明,所谓强制力的法律形式是什么?是霍菲尔德的 privilege? 还是 power?

② 郭道晖:《试论权利与权力的对立统一》,载《法学研究》1990 年第 4 期。

第三章 私权的结构

元形式的方法引入民法研究时,可以扫清许多概念上的障碍。① 下面,我们就作一简要的比较分析。

1. 请求权(Anspruchrechte)与(狭义的)权利概念

请求权的概念是德国法学家温德夏特创制的,上面已经指出,请求权与(狭义的)权利概念的内涵是基本一致的,其义都是要求他人做什么或不做什么的权利。但是,民法学上的所谓"请求权与其基础权利关系"理论使问题变得复杂了。这一理论说明,请求权的概念主要侧重于它是因原权利受侵犯而生的一种救济性的权利②,而不是侧重于它是一种独立的权利元形式,但是,从纯粹形式的角度看,它们没有差别。

在使用请求权的概念时,"请求权"这三个字还令人常常将请求权概念幻觉为:如果某人有请求权就是意味他有实施"请求"这一行为的权利,从而将"请求权"与"请求的自由"两个概念混淆了。在许多情形下,某人不具有请求权,但不能据此否认他的"请求的自由"。这一问题在诉讼法的理论上就表现为胜诉权与诉权的关系问题,在诉讼法上"不具有胜诉权"并不意味"不具有诉权",其中的道理是一样的,这里不再赘述。

2. 支配权(Herrschaftsrechte)与自由的概念

支配权系指直接支配权利客体之权利,它在本质上是一种自由,但是,支配权的概念在外延上比自由要小,因为自由的内容可以包括各种各样的行为,而支配行为只不过是其中的一种行为而已,是对客体的控制行

---

① 对于法律现象的分类,民俗民法学与分析民法学的方法是不同的,后者只遵循逻辑的原则,它一般是理性建构起来的,而前者并不完全依循逻辑,更多地受实践的影响,一般是在历史中逐步演变而成。这也是连接概念(word)与事物(thing)关系的两种不同的方法。福柯在《词与物》的法文版前言中引述一部中国的百科全书对兽类的分类:"1. 属于皇帝的,2. 长生不老的,3. 家畜,4. 乳猪,5. 海怪,6. 传说中的,7. 野狗,8. 其他可纳入各类的,9. 猛兽,10. 数量庞大的,11. 有细绒尾的,12. 诸如此类的,13. 打破水罐的,14. 来自远方、形如苍蝇的。"这种滑稽可笑的分类实质上是一种民俗性质的分类,就如同民俗民法学对权利的分类,而现代生物学对动物的分类则如同分析民法学对权利的分类,两者都有它的合理性。见刘北成编著:《福柯思想肖像》,北京师范大学出版社1995年版,第119页。

② 有学者认为,债权上的请求权除外,见梅仲协:《民法要义》,中国政法大学出版社1998年版,第37页。但是,在债权清偿期届满之前,并不发生给付请求权,只有在之后,实际上是债权被侵犯了,才产生给付请求权。参见佟柔主编:《中国民法学·民法总则》,中国人民公安大学出版社1992年版,第70页。

为,所以,如果用支配权这样一种非纯形式上的定义来表示一种权利的基本类型,显然是不严谨的。

3. 形成权(Gestaltungsrechte)与权力的概念

形成权概念是经过许多法学家的思索才最终明朗的,1889年德国法学家埃内克策鲁斯(Ludwig Enneccerus)在其关于法律行为的著作中论述了难以纳入当时的权利体系中的"取得之权能"的概念(Erwerbsberechtigungen),这是形成权概念的最初发端,其后齐特尔曼(Ernst Zitelmann)在此基础上提出"能为之权利"的概念,最后,1903年泽克尔(Emil Seckel)用十分妥当的语词将这一新的权利类型凝练为"形成权"的概念①,意即形成法律关系之权利,所以,形成权的严格定义系指通过法律行为使特定法律关系发生、变更与消灭的权利,它包括撤销权、追认权、选择权等,它与本书所界定的权力的概念本质上是一样的,或者说,形成权是一种权力。

4. 抗辩权(Einrede)与豁免的概念

在德国民法学中,抗辩权系指"因请求权人之行使权利,义务人有可以拒绝其应为给付之权利者",它的功能在于停止请求权行使的效力,具体类型如同时履行抗辩权、不安抗辩权、先诉抗辩权等。本书认为,民法上抗辩权的本质是一种权力,是在权利冲突时,一方权利人通过"抗辩"这种法律行为否定对方权利、肯定己方权利(无义务)的权力。抗辩权与形成权一样,都应从属于本书的权力概念②,所以,抗辩权概念与本书所界定的豁免的概念是根本不同的。在英文中与抗辩权相应的词是 plea,而不是 immunity,这也是一个很好的证明。

如果我们要将权利元形式理论引入中国的法学研究中,我们面临的一个基本任务就是,如何用汉语凝练一套新的术语来表述这些基本概念,以避免现有概念所造成的混乱。这里,本书提出一个初步方案,供法学界参考,如下:

---

① 〔德〕汉斯·多勒:《法学上之发现》,转引自王泽鉴:《民法学说与判例研究》(第4册),中国政法大学出版社1997年。形成权有时也被称为变动权、能权、抽象权、次生权等。

② 梁慧星先生在《民法总论》中将抗辩权视为与形成权同一种类型的权利归入"变动权"的类型中,这种编排是有一定道理的。参见梁慧星:《民法总论》,法律出版社1996年版,第66页。

术语的构造遵循这一规则,即每一个术语的结构都由三个字构成,第一个字表示此权利类型在法律形式上的特点,如"请""可""能""抗"等,第二个字都是"为",因为权利的内容就是行为①,第三个字都是"权"。② 这样,权利的四种元形式就可以用以下四个新术语分别表示:

权利元形式一:请为权,即(狭义的)权利;

权利元形式二:可为权,即自由;

权利元形式三:能为权,即权力;

权利元形式四:抗为权,即豁免。

小结:霍菲尔德的权利形式理论相比德国民法的权利形式理论的优势

从以上分析看到,德国民法中的权利形式理论并不是完全周延的逻辑类型。正如雷磊教授参照德国学者 Klaus Adomeit 的研究后所指出:"德国教义学传统中发展出来的权利类型都可以用 Hohfeld 法理论上的权利要素来分析,前者只是偶然的,与语言习惯和文化传统相关的用法,而后者却是逻辑上的必然,只有它能揭示出法律主体之间真正的结构关系。"③

第三节　私权的主体

在本章第一节,我已经指出,一个完整的法律关系包括法律关系的主体、法律关系的形式、法律关系所指向的行为三项要素。而在本章第二节,我则以霍菲尔德的理论为基础,分析了法律关系的四种基本形式。在以下两节中,我将继续分析法律关系的其他两种要素,即法律关系的主体

---

① 作为权利内容的行为可以是事实行为,也可以是法律行为,下文中的"请为权"和"可为权"中的"为"是指事实行为,它包括"作为"与"不作为"两种形式,即"为为"和"为不为",而"能为权"和"抗为权"中的"为"则是指法律行为。

② 通过语义分析,我们发现,"权"字在汉语中的含义,以现代西方法学的术语来表述,就是"正当性",而当"权"字在法律语境中使用时,它表明"法律上的正当性",即"法的规范性"。

③ 雷磊:《法理论及其对部门法学的意义》,载《中国法律评论》2018 年第 3 期。

和法律关系所指向的行为,在这里,所谓法律关系所指向的行为,我称其为法律关系的客体,这与一般的教科书中的说法可能不尽相同。一般教科书往往将物作为法律关系的客体,我以为这是不严谨的说法,因为法律关系规范的对象是行为,而不是物,物只是界定行为的一个要素而已。所以,我将在分析私权的主体和客体问题之同时,力图说清人、行为、物在私权结构或法律关系结构中的位置,这将为我们进一步理解具体类型的私权特别是物权以及财产权概念提供一个十分有力的认知工具。

一、法律主体的一般理论

法律上的人不等同于生物的人

常识总是将法律上的人与生物的人视为同一,但是,这个常识绝对是一个错误。它的错误所在,我们从动物在法律史上的地位就可以看得出来。

在现代文明社会的法律中,动物不是法律主体,但是,在古代一些国家的法律中,动物却曾经作为法律的主体,例如猫在古埃及,白象在暹罗(今泰国),它们因为享有法律上的权利而成为法律主体,也有动物因为承担法律上的义务而成为法律主体,如在古犹太和古希腊。将动物视为义务主体最典型的例子是在中世纪,那时,动物可以被法院传唤、被逮捕、被投入监狱。[①]

可见,法律上的人与生物上的人是不同的,法律中的人纯粹是法律的建构,法律中的人不必就是有生命和意志的人,动物也可以成为法律上的人,而有生命和意志的人也不一定就是法律中的人。这一点在罗马法中,就可以看出。"并非一切人均为罗马社会的权利主体。除了是人之外,还需具备其他基本条件:是自由的,而且,就市民关系而言,还应当是

---

① John Chipman Gray, *The Nature and Sources of the Law*, Roland Gray (ed.), 2nd ed., Macmilian Company 1921, pp. 41-45. 霍姆斯说,在原始社会中,人们将动物视为义务主体,主要是一种野蛮的血亲复仇的观念使然,而这种做法之后被保留下来也主要是一种宗教赎罪的仪式,而不是为了惩罚,见 Oliver W. Holmes, *The Common Law*, Little, Brown & Company 1923, pp. 7-24.

市民。"①

可见"法律中的人"本质上是建立法律秩序的一种技术,但是,这一点在许多情况下并不明显,因为"法律上的人"与"生物上的人"在法律中往往是同一的,如我国的《民法通则》中有关法律主体的第二章,就直接冠以"公民(自然人)"之名,意即在中国民法中,公民这种法律上的人就是自然人,而自然人就是法律上的公民。所以,在这里,公民概念作为一种法律技术的特质并不明显。但是,当诸如公司这些非生命体的组织也成为法律上的人的时候,"法律上的人"的技术性就十分显凸了。

实际上,"法律中的人"的本质是纯粹的法律建构,这一点一直为许多法学家所忽视。德国法学家基尔克为了说明公司这样的团体之所以成为法人,撰写了四卷本的宏著说明公司团体本来就像自然人那样是活生生的意志体,这在分析法学家看来,是画蛇添足,实在没有必要,因为即使公司团体不是那种活生生的意志体,它也可以成为法律上的人。

法律人格之语源:罗马法

所谓私权主体,即法律主体,也就是法律上的人,或称为人格。

在语言史上,人格概念源于罗马法。在古罗马的语言中,有两个有关人的概念,一是 homo,它系指"通常之具有五官四肢者"的人,即"生物的人";另一是 persona,它系指具有人格之人。Homo 不一定具有人格,而具有人格的 homo 则别称为 persona。

Persona 一词含义演变的历史也比较复杂,persona 原指演戏时所戴面具,后来又指面具所象征的人物(the character indicated by a mask)。② 在罗马法中,它开始指人格,即可以承担法律关系的资格,这一点主要从救济上体现出来,具有资格的人具有起诉的权力,他们的财产利益才受到法律的承认。这可以从古罗马法中的 municipium、collegium 等制度中表现

---

① 〔意〕彼德罗·彭梵得:《罗马法教科书》,黄风译,中国政法大学出版社1996年版,第30页。

② James B. Greenough and George L. Kittredge, *Words and Their Ways in English Speech*, Classic Books 1901, p.268; Charles K. Ogden and Ivor A. Richards, *The Meaning of Meaning: A Study of the Influence of Language upon Thought and of the Science of Symbolism*, Harcourt, Brace and World 1923, p.129.

出来。

普通法上的法律主体

自然人是普通法上的第一种法律主体,但是,自然人作为法律关系的主体却具有一定的弹性,法院可以决定主体何时成立。例如,一个孩子可以告在他出生之前对他母亲有伤害并引起他残疾的人。在遗嘱继承中,死者的意愿仍被法律保护,既然遗嘱产生法律效力,在生法律效力之时,必然假设遗嘱人的法律主体资格仍然存在。

独任法人是普通法创造出第二种法律主体。很早以前,人们发现,一项官职的延续不能因为为官者的死亡而终止,所以,普通法就将官职人格化。萨尔蒙德说:为官者我来你往,但是,那个官职却依然如故。① 这句话倒颇似中国的谚语:"铁打的营盘,流水的兵。"而梅特兰则说:独任法人的概念最初是这样创造出来的,人们想将土地的用益权(seisin)赠送给教堂,但是,却不知在法律上谁应是受赠者,于是,独任法人的概念解决了这一难题。目前,在普通法中最为特别的独任法人就是皇位(Crown)。②

在普通法中,有时物体也会被人格化,如海商法上的船只。③

权利能力与法律人格

权利能力(Rechtsfähigkeit)概念在法律上的含义是什么?有关学说众说不一,一般认为权利能力是享有权利之资格。《德国民法典》第1条规定:"人之权利能力,始于出生。"此处之"权利能力"概念当然是指民法上的主体资格。所以,所谓权利能力既然是指主体资格,它不仅指享有权利之能力,也指负担义务之能力,即义务能力(Rechtspflichtfähigkeit)。由于民法是权利本位之法,所以,仅称为"权利能力",但是,我国民国时期著名民法学家胡长清先生则建议:"似改称'权义能力'为适当"。④

---

① John W. Salmond, *Jurisprudence: Or the Theory of the Law*, 3rd ed., Stevens and Haynes 1910, p. 289.
② Frederic Maitland, "The Corporation Sole", (1900) 16 *Law Quarterly Review*, pp. 335-354.
③ Albert Kocourek, *Jural Relations*, Bobbs-Merrill 1928, p. 58.
④ 胡长清:《中国民法总论》,中国政法大学出版社1997年版,第57页。

权利能力①是一种法律的建构,权利能力全称应是权利义务能力,即承担法律关系的能力,所以,权利能力的实质是法律主体的资格,能力即资格。考证能力的词源,也可以发现能力的原本含义,在罗马法中,能力是头颅的意思,当法律赋予一个对象以权利能力时,实质上就是将法律的"头颅"树立在对象的身上,将其建构为法律的主体。② 在罗马法中,"当一个人(homo)具备足以使其获得权利能力的条件时,在技术用语上被称为 Persona,因而,权利能力也被称为 Personalita(人格)"。③ 所以,许多经典的民法教科书都将权利能力与法律主体资格即人格视为同一个概念,如梅仲协在《民法要义》中对权利能力概念作这样的定义:权利能力,亦即人格之别称,享受权利,负担义务之能力也。④

关于"法人权利能力范围"概念的一点质疑

上面已经指出,权利能力的概念与主体资格的概念是同一的,所以,法人的权利能力概念与法人的主体资格概念也应当是同一的。那么,公司法理论中,所谓公司法人"权利能力之范围"这一概念又是什么含义呢?因为权利能力就是法律主体资格,难道法律主体资格还有什么范围?这显然是一个很令人不解的问题。

可能的解释有两种,第一种解释是:公司在从事法定的权利能力范围之内的行为时,它是具有法律主体资格的,如果它从事法定的权利能力范围之外的行为时,它就不具有法律主体资格。但是,有一个矛盾它无法说明,矛盾在于,公司的法律主体资格是在其登记注册之时就已经获得,它并不因为公司在从事法定范围之外的行为,就不具备法律主体资格,简单地说,即使公司在从事非法活动时,它仍然是法人⑤,仍具备法律主体资格。

---

① 权利能力,德文是 Rechtsfäehigkeit,法文是 capacite de jouissance de droit civil,英文是 capacity。在英语中,权利能力与行为能力这两个概念都用 capacity 表示,见梅仲协:《民法要义》,中国政法大学出版社 1998 年版,第 53 页和第 58 页。
② 法律的建构与法律的拟制是两个不同的概念,但是,常被混用。
③ 〔意〕彼德罗·彭梵得:《罗马法教科书》,黄风译,中国政法大学出版社 1996 年版,第 30 页。
④ 梅仲协:《民法要义》,中国政法大学出版社 1998 年版,第 53 页。
⑤ 非法活动所生之责任也是法人自己承担。

第二种解释是：所谓权利能力范围，就是权利范围，特别是自由权的范围。① 公司在从事法定权利能力范围之外的行为时，仍具有法律主体资格，但是，只不过是它无权利从事这些行为罢了。这种解释显然认为现行的公司法教科书上所谓的公司法人之权利能力概念并不是指法律主体资格，它只是指公司法人可以享有的权利范围而已。

第二种解释比较合理，但是，如果这样，公司法人的权利能力概念就与罗马法以来传统的民法理论关于权利能力概念的理解就大不相同了，而如果权利能力不指主体资格，悖于语言习惯，总让人不可思议②，所以，最好的解决方法就是抛弃公司法人"权利能力范围"这一用语，才能根本澄清概念上的混乱。③

主体与身份

此外，主体与身份的概念也是不同的。自然人的主体地位是在民法典中被创建的，而在其他一些部门法中，自然人则具有特定的身份，如同自然人戴上了特定的面具，超越该身份与该"面具"的事项则不在该部门法中涉及，例如《刑事诉讼法》中的一个重要的主体身份是"犯罪嫌疑人"，而不是"犯罪人"，刑事诉讼法的体系围绕"犯罪嫌疑人"这一面具而

---

① 按此观点，公司法人的权利能力范围，一般就是指但不限于公司的经营范围，它赋予公司的是商事自由的权利范围。

② 江平教授则认为，权利能力与人格就不是同一个概念。他说："人格是指可以成为民事权利主体的资格，而权利能力则是指可以享有民事权利并承担民事义务的资格。前者是主体的资格，后者是享受权利的资格。前者指条件，即具备了什么条件才能成为主体，后者指范围，即民事主体可以享受的权利范围。"按照这种理解，公司法人"权利能力范围"这一概念在逻辑上就成立了。参见江平主编：《法人制度论》，中国政法大学出版社 1994 年版，第 3 页。

③ 科克洛克主张区分 Personateness 和 Personality 或许对我们有所启发。他说 Personateness 即法律上的人（legal person）和 Personality 即法律人格（legal personality）是不同的，法律上的人是承受法律关系的主体资格，而法律人格则是法律上的人所承受的法律关系的总和。法律上人的概念仅仅是一个空虚的理念，一个概念性的指向，凯尔森称之为"nur ein idealer Zurechnungspunkt"。法律上的人是一个不可化约的（irreducible）法律实体（subsistent）。它要么存在，要么不存在，它存在时只有一个质，就是承受法律关系的资格。而人格的概念则可以收束和扩张，在理论上，可能存在不具有人格的人（a person without personality），但是，却不可能存在不具有人的人格（personality without a person）。也许，权利能力就是科克洛克的 personality，而法律主体资格就是科克洛克的 personateness。见 Albert Kocourek, *Jural Relations*, Bobbs-Merrill 1928, p.291.

建构起来。再如《消费者权益保护法》是围绕"消费者"这一身份而建构起来的。当然,主体地位是身份的前提,身份附着在主体上。

二、法人的构造

霍菲尔德认为,只有自然人才是法律主体,法人人格是一种程序形式(procedural form),是一种法律技术,用以解决自然人的集合所涉及的复杂法律关系,集合性的法律关系最终是可以化约为个体自然人之间的法律关系的。① 这里,霍菲尔德走上了"过度解构"的道路。

应当承认,法人与自然人差异极大,法人完全是法律构建的,法人形态法定主义就是法人的一个重要的特征。

1. 法人形态为什么法定?

法人形态为什么采法定主义?其原理与财产权法定主义是一样的,②因为法人形态的效力是对世的,不限于设立人之间。外部人判断一个组织是否是法律上的主体,需要客观的法律标准,法人的形态种类需经法律规定确定,方可被外部人识别。经法律确定的法人形态种类,其数目是有限的,内容是固定的。发起人依据法律确定的法人形态类型,设立法人,经法定程序成立法人,产生对世效力。

2. 法定什么:法人的本质要素和非本质要素

法人形态法定主义首先将法人形态类型限定于一定数目(Numerus Clauses),此谓类型固定,然后,再对各特定类型的法人的本质要素进行规定,法人的本质要素包括如下三项,是法律必须予以规定的内容:

一是规定法人最抽象的质——主体性,这是法人概念最抽象的规定性,各类型的法人在这一点上是绝对相同的,就如同"存在"是万事万物共同具有的最抽象的质。

二是规定特定形态的法人的目的,如行使公法目的或私法目的、营利

---

① 霍菲尔德的观点见 Wesley N. Hohfeld, "Nature of Stockholders' Individual Liability for Corporation Debts", (1909) 9 (4) *Columbia Law Review*, pp. 285-320. 批评意见 Arthur Corbin, "Legal Analysis and Terminology", (1919) 29 (2) *The Yale Journal*, p. 164.

② 参见王涌:《财产权谱系、财产权法定主义和民法典〈财产法总则〉》,载《政法论坛》2016年第1期,第103—118页。

目的或非营利目的等。法人不同于自然人,自然人本身就是目的,而法人是法律基于特定的目的而建构的,特定目的构成法人概念的第二项规定性。

三是规定特定形态的法人的实体构造,包括机关、资本、名称等,主要是机关构造——内部的意思形成机关、外部的意思表示机关,这是两个不可或缺的机关。一般的,法人的内部的意思形成机关和外部的意思表示机关应由不同的机关分别承担,如公司法上的治理结构,此谓复杂的机关构造,或谓分权制的机关构造。但也有特殊例外,如全民所有制企业,采厂长(经理)负责制,将两者授予厂长(经理)一身;再如英美法上的独任法人(Corporation Sole)也是如此,此谓单一的机关构造,或集权制的机关构造。此外,机关构造还有成员制和非成员制之分。

除上述三项是法人的本质要素外,其他的要素都是法人的非本质要素。

3. 本质要素和非本质要素区分的哲学基础:经拟制说改造的法人实在说

本质要素和非本质要素的区分不是臆断的,它的哲学基础是关于法人的本质的学说。传统的学说有拟制说和实在说两种,但都只揭示了法人本质的某一侧面。

拟制说认为法人是拟制的,是在目的范围内被拟制为法律主体,一旦超越目的范围,该法人就被视为不存在。实在说则认为,法人作为法律主体,是一种有机而实在的存在。拟制说忽视了:法人一经拟制,就成为法律上的一种实在的持续的存在。[①] 而实在说忽视了:法人不经法律拟制无以成为法律上的主体。

笔者主张经过法人拟制说改造的法人实在说,或者是经过法人实在说改造过的法人拟制说。它的中心理论是:法人是法律拟制或建构的,否则无法成为法律上的主体,但一经拟制或建构,法人就实在地存在

[①] 法人本质学说中拟制与实在可在分析哲学中命名理论(A Theory of Naming)中予以更深入的理解,见 Saul A. Kripke, *Naming and Necessity*, Harvard University Press 1980.

着，①其主体性质具有稳定性，即使超越目的范围，它的主体性质也依然存在。

法人的拟制性质决定了法人的目的性，它必然为特定目的而生，决定了"目的"是法人的本质要素之一。

法人的实在性质决定了法人必须有实体构造，实体构造是其存在的基础，这决定了"实体构造"是法人的本质要素。

当然，某项具体要素是否是法人的本质要素，需要细致的分析。例如法人的责任形式，非常重要，是法人的本质要素，但不独立构成一项法人的本质要素，因为责任形式已经包含在法人的主体性要素中：因为法人是独立主体，当然独立承担责任，不累及成员或股东，除非法律有相反规定。再如"是否可以分配利润和剩余财产"，是非营利法人的本质要素，但也不独立构成一项法人的本质要素，因为它已经包含在非营利法人的目的要素中。

再如其他的要素，如营利法人应当纳税，"应当遵守商业道德，维护交易安全，接受政府和社会的监督，承担社会责任"，②虽也具有强制性，适用于全部营利法人，但不是营利法人的本质要素，与营利法人的形态无关，是营利法人的外在义务。再如"中小企业"的概念，《中小企业促进法》以及有关部门发布的《中小企业标准暂行规定》所认定的"中小企业"，也不构成独立的企业法人形态，因为"规模"不是法人形态的本质要素。再如社会企业(social enterprise)的概念，它也不构成一种独立的企业法人形态，因为它是以商业运作的方式，实现社会或公益目标，它的特殊性表现在经营者的理念和运营模式，而"运营模式"不是法人形态的本质要素，其形态依然是营利法人。

总之，法人的本质要素是内在要素，具有规范性，对于发起人设立法人的行为具有直接的规范效力，一旦被违反，则不产生特定法人形态成立的法律效果；非本质要素是外在要素，不规范发起人设立法人的行为，而是规范法人成立后的行为，有的甚至无规范性，仅是对现有的法人形态的

---

① Eric W. Orts, *Business Persons: A Legal Theory of the Firm*, Oxford University Press 2013，p.33.

② 《民法总则》第86条。

其他特征的描述。

4. 法人分类：目的维度的分类与构造维度的分类

从上述的法人形态的三项本质要素看，由于主体性是共同的，无差异，无法成为分类的标准，但后两项即目的和实体构造却是不同的，可以成为分类标准。所以，法人分类无论如何复杂，在元标准或本质标准的层面上，只有两种分类标准，一是目的维度的分类，二是构造维度的分类。

所谓目的维度的分类是以法人的目的和功能为标准的分类，具有相同目的和功能的法人归属一类，例如营利法人和非营利法人的分类、公法人和私法人的分类，再如公法人中的机关法人的类属，它是以行使公权力为目的的法人的类属。

所谓构造维度的分类主要是按法人的实体构造特别是机关构造方式为标准的分类，具有相同内部的机关构造的法人归属一类，例如社团法人和财团法人之分，前者的机关中有成员，意志自主，后者则无成员，受外在意志制约。

5. 法人分类中的目的维度和构造维度之间的关系

具有相同目的的法人，其机关构造可能相同，也可能不同。某些类型的法人，其目的维度和构造维度具有同一性，具有相同的目的，也具有相同机关构造。也有一些类型的法人，如非营利法人，目的相同，但机关构造可能不同，或为社团，或为财团。

立法中的一个具体问题是：如果在目的维度上进行法人分类后，立法需基于分类提取公因式，公因式是否既包括目的维度的公因式，也包括机关构造维度的公因式？回答是肯定的。例如《民法总则》关于营利法人的一般条款（公因式）显然既规定了营利目的的界定，即可以分配利润，也规定了营利法人的机关构造。营利法人的形态强制除目的强制外，也包含机关构造结构的强制性——即权力机关、执行机关和监督机关三权分立的强制构造。

当然，在这一问题上，营利法人是很特殊的，因为营利法人必然是社团法人。① 中国没有财团法人型的营利法人,民法法系国家也无财团法人型的营利法人,原因在于:财团法人在历史上的出现,是为慈善与公益目的而设立,而不是营利目的;其次,财团法人在机关构造上无成员,不分配利润和剩余财产,与营利法人的目的相悖。② 可见,目的维度上的营利法人天然地捆绑着构造维度上的社团法人,营利法人的公因式也在一定程度上必然包含了社团法人的公因式。

另外,需要注意的问题是:行业分类与目的维度分类和构造维度的分类的关系,例如学校法人、医院法人等,这是行业分类,但以前,却将其归入非营利法人,这是错误的,因为行业与目的并无必然联系,学校和医院既可以是营利的,也可以是非营利的。2016 年 11 月《民办教育促进法》终于厘清了这一问题,第 19 条规定:"民办学校的举办者可以自主选择设立非营利性或者营利性民办学校。"

三、法人的元分类

法人有林林总总的分类,而所谓元分类是指最基本的分类。

元分类按其功能又可以分为两种:一是理论意义上的元分类,二是立法意义上的元分类。所谓"立法意义上的元分类"应符合两项特征:一是立法所使用的分类,而非仅仅停留在理论上;二是民法典立法层面上所使用的最基本的分类。立法意义上的法人元分类与法人形态法定主义原则紧密相连。

法人的元分类在法律史上是不断变化和丰富的。

在英美法系,早期普通法上就有法人的元分类,一种是宗教法人与世

---

① 营利法人中的一人公司与国有独资公司似乎不符合社团法人"人的集合体"的本质,但是,相对于财团法人而言,社团法人的本质并不在于"多人之集合",而在于其是否有成员,是否有自我意志,是否受制于外在意志,即使只有一个成员,也符合社团法人的本质。

② 在商事领域,投资基金相似于财团法人,其法律性质是信托,不是形式上的法人,但是隐蔽的法人。

俗法人之分，另一种是独任法人和集合法人之分。① 据梅特兰的考证，最早的独任法人可以追溯至 1448 年，集合法人则更早。② 1844 年英国颁布《合股公司法》(Joint Stock Company Act)，1862 年颁布《公司法》(Company Act)，关于法人的法律开始走向法典化，走向现代化。立法上的营利法人和非营利法人的元分类开始出现，③在英国 1862 年《公司法》上，公司分为股份有限公司和保证有限公司两种基本类型。④ 前者是营利法人的组织形式，后者是非营利法人的组织形式，⑤但都规定在《公司法》中。其实，英国的《公司法》实质上是一部法人法，而非专门关于商事法人（公司）的法典。

在美国，营利法人和非营利法人的元分类在立法上就表现得更为突出。美国有两部模范法人法，一部是《模范商事法人法》(Model Business Corporation Act) 即《公司法》，另一部是《模范非营利法人法》(Model Nonprofit Corporation Act)，被各州采用。

---

① 关于普通法上宗教法人 (ecclesiastical corporation) 与世俗法人 (lay corporation) 之分、独任法人 (corporation sole) 和集合法人 (corporation aggregate) 之分，见 Stewart Kyd, *A Treatise on the Law of Corporations*, vol. I, J. Butterworth 1793, p. 22. 这是英国出版于 1793 年的关于法人的系统著作，影印版见 The Lawbook Exchange. Ltd 2006 年版；另参见：Cecil T. Carr, "Early Forms of Corporateness", in Associations of American Law Schools (eds.), *Select Essays in Anglo-American Legal History*, vol. III, Little Brown and Company 1909, p. 161.

② Frederic W. Maitland et al, *State, Trust and Corporation*, Cambridge University Press 2003, p. 12.

③ 英国历史上最早的非营利事业的立法是 1601 年颁布的《慈善用益法》(*The Statute of Charitable Uses*)，但这是关于慈善信托的最早的法律，而不是关于法人的，因为信托不是法人。

④ 股份有限公司 (company limited by shares) 和保证有限公司 (company limited by guarantee) 之分在澳大利亚、爱尔兰、香港地区等国家和地区的公司法也存在。保证有限公司在设立时，成员不需要出资，但需在章程中承诺对公司债务的保证责任范围。公司解散时，成员按其承诺对公司债务承担保证责任。该类公司用于俱乐部、慈善等非营利目的。《英国公司法》第 3 条第 3 款规定了保证有限公司："如果成员的责任被限定在他们承诺当公司清算时向其缴纳出资，则公司是'保证有限公司'。"见 Derek French et al, *Mayson, French & Ryan on Company Law*, 24th ed., Oxford University Press 2007, pp. 48-50; Phillip Lipton et al, *Understanding Company Law*, 15th ed., Thomson Reuters 2009, p. 65.

⑤ 英国《慈善法》(Charity Law) 规定了慈善法人组织 (Charitable Incorporated Organization)，而慈善法人组织则采用保证有限公司的形式。

与英美法系不同,大陆法系则采社团与财团的法人元分类。社团法人概念源自罗马法,财团法人概念源自教会法,历史悠久。社团和财团作为法典的法人元分类,则肇始于1896年的《德国民法典》,至今已有120年的历史。①

在法典上,法人的元分类是十分重要的,因为法典需要提取公因式,对元分类的法人进行最基本的规定。例如,民法法系国家采社团和财团的法人元分类,民法典对社团和财团各作基本规定,为各类具体的社团和财团提供共同的规则。此种立法技术的合理性在于:一是建构一种从一般到特殊的民法体系,层层递进,结构清晰,易于理解;二是节约立法成本,无须在规范各类具体的法人时,再重复制定一般性的规则。

大陆法系民法有从一般到特殊的层级化的立法嗜好,②英美法系则不同。英美法系无民法典,所以,没有立法的层级结构,一般采用以一部单行法彻底地解决问题的立法技术,毕其功于一役。英美法系虽有法人元分类,却无多层次分类,追求立法的简明实用,不喜提取公因式,所以,英美法系上所谓法人元分类实质是法人的一次性分类。美国以两部模范法典分别规范营利法人和非营利法人,少有其他特别法。英国则更极端,将营利法人和非营利法人基本上集中在一部《公司法》中予以规定,不喜欢叠床架屋。

综述可见,立法采取何种法人的元分类,并无天经地义的固定模式,不应迷信一种模式。

四、社团法人与财团法人

《民法总则》采营利法人和非营利法人的元分类,但传统民法中的社

---

① Rudolf Huebner, *A History of Germanic Private Law*, Francis S. Philbrick (trans.), Little, Brown and Company 1918, p.153.

② 进入当代,欧洲国家的民法典的此种嗜好似乎越来越强烈,例如在1992年《荷兰民法典》中,关于消费者买卖合同的规范,在法典中从一般到特殊可经过六个层面:法律行为——债——合同——双务合同——买卖合同——消费者买卖合同,纵向分层达六层。《葡萄牙民法典》中层次就更多。See Martijn W. Hesselink, *The New European Legal Culture*, Kluwer 2001, p.10.

团法人和财团法人的概念与分类并未被中国民法抛弃,其实它依然存在。在学术上和立法上,需要充分了解社团法人和财团法人概念的历史起源,透视社团法人和财团法人的概念结构的本质,以做出理性而先进的立法选择。

(一) 社团与财团的法人分类的历史起源

1. 社团法人与财团法人分类的概念史起源

民法典上社团法人和财团法人的元分类起源于 1896 年颁布的德国民法典。

德国民法上的社团法人概念的产生,经历了从"共同态"(Gemeinderschaft)概念至"团体"(Genossenschaft)概念、再至法人(Korporation)概念的发展过程。其中,"共同态"和"团体"是德国民法上的本土概念,①而法人概念在德国民法上的最终形成,则得益于罗马法的影响。② 从 14 世纪起,德国人就开始尝试以罗马法上的法人理论解释德国法上的团体概念,至 16 世纪初,在帝国法院和法学者的共同努力下,终于成功。

罗马法将人的集合分为两个截然不同的类型:Universitas 和 Societas,前者有法律人格,即社团,是社团法人概念的雏形,后者无法律人格,如合伙。

古罗马早期无财团法人概念,那时,从事扶贫救困的慈善机构均是政府的机构,是政府内部的部门,所以,无须赋予独立的法律主体资格。之后,公元 392 年,基督教成为罗马帝国的国教,基督教教会出现,教会从事慈善活动,独立于政府的慈善机构才在罗马帝国出现,被赋予主体地位,罗马法上产生了具有财团法人性质的概念——universitates bonorum。③

---

① "共同态"是指多数人之集合,就权利之取得和义务之负担,皆采共同一致之态度而达成决议,无意思机关,对外无独立人格。"团体"对外是独立主体,有法律人格,但对内仍然是多数人之集合,权利义务属于各成员,团体则不具有独立性。见 Rudolf Huebner, *A History of Germanic Private Law*, Francis S. Philbrick (trans.), Little, Brown and Company 1918, pp. 146-151.

② 李宜琛:《日耳曼法概说》,中国政法大学出版社 2003 年版,第 31—46 页。

③ John Chipman Gray, *The Nature and Sources of the Law*, Roland Gray (ed.), 2nd ed., Macmilian Company 1921, pp.58-59.

第三章 私权的结构

简而言之,罗马法是在康斯坦丁大帝宗教改革后,在基督教的影响下①,在传统的社团概念之外,开始承认一种新的主体类型——universitates bonorum(财团)。这是为宗教和慈善目的所捐赠的财产,财产本身就是可承担权利义务的独立的法律主体。所谓宗教和慈善目的如设立教堂、修道院、医院、救济院等,它通过生前捐赠或遗嘱捐赠而设立,它可以享有财产权,它可以通过代理人从事活动,如果捐赠人在章程中没有规定代理人,则由治安官代行,它对外转让财产有严格的限制。②

但是,应该说,对于财团法人概念,首开先河的是基督教的教会法(Canon Law),而非罗马法。教会法创造了财团法人(Anstalt)的概念,在中世纪得以广泛使用,一直至今。在教会法理论中,财团法人是一种永恒的人格,以特定的捐赠财产为基础,为了特定的目的,受制于外在的意志,是依上帝的神旨而设立的,是独立的法律人格。

财团法人的概念从教会法传入了德国法。③ 当然,之前德国法上已经发展出相似的概念——Sondervermögen,它特指教会的财产,如教堂的俸禄、教堂建筑物(Fabrikvermögen),是一种独立的财产。④

在德国概念法学的努力下,财团法人概念得到进一步的提炼和发展,⑤最终德国民法典采纳了财团法人(Stiftung)的概念。

---

① 基督教对罗马法的影响很大,除了引入财团法人的概念外,也引发了查士丁尼国法大全的产生。在查士丁尼之前的几个世纪,一批哲学家在罗马法中引入自然法法理和原则,使得罗马法更为清晰而精致,但后来基督教对罗马法进行了修改,产生了矛盾和混乱,为了消除矛盾和混乱,查士丁尼任命一批法学家,成立专门的委员会,于公元533年编纂完成了查士丁尼国法大全。See Carlton J. H. Hayes, Frederick F. Clark, *Medieval and Early Modern Times: The Age of Justinian to the Eighteenth Century*, The Macmillan Company 1983, p.27.

② 《查士丁尼法典》Cod.1.2.23.24.35.46.49. See William Smith et al (eds.), *A Dictionary of Greek and Roman Antiquities*, John Murray 1890.

③ Rudolf Huebner, *A History of Germanic Private Law*, Francis S. Philbrick (trans.), Little, Brown and Company 1918, pp.154-156.

④ 所以,基尔克认为:财团法人的概念有德国法的本土根源。见 Rudolf Huebner, *A History of Germanic Private Law*, Francis S. Philbrick (trans.), Little, Brown and Company 1918, p.153.

⑤ 但是,财团以财产为基础,是否应当予以法人资格在德国却存在激烈的争议,Alois Brinz 否认财团(stiftung)是法人。见 John Chipman Gray, *The Nature and Sources of the Law*, Roland Gray (ed.), 2nd ed., Macmilian Company 1921, pp.58-59.

2. 社团与财团分类的社会政治史起源

由于教会法的影响,德国法将财团法人推广到私人捐赠设置的法人,教会法上财团法人概念被扩展至世俗社会,现代财团法人的概念逐渐形成。在这一过程中,还有许多重要的政治、宗教和哲学背景不可忽视:

(1) 由于新教的影响,教会对捐赠的垄断得以打破,捐赠向世俗社会转移。

虽然教会法中早已发展出财团法人的概念,但是,教会权力过大,"自五世纪以降,凡贫病者之救济,悉由教会为之,慈善事业殆为教会完全独占"。① 宗教改革之后,新教崛起,新教认为:人只要信仰上帝就可以救赎,救赎无须通过教会,行善也无须通过教会。

特别是"文艺复兴时代,当时人士,自我意识极强,对教会之介在捐款人和法人之间,深感不快。多主张法人之目的及其管理方法,应由捐款人自由决定,且于贫病救济之外从事于教育艺术等文化事业。及宗教改革之势崛兴,对于旧教攻击甚烈。此种捐助财产,遂亦乘势化为完全独立之法人,是为财团法人(Stiftung)"。②

(2) 超越"人的集合"的法人理念的发展,为财团法人概念的发展奠定了法理基础。

首先,罗马法上的法人概念,随罗马法的复兴,被欧洲国家广泛接受。萨维尼说:"罗马法上的法人概念已经具有超越人的集合的性质的萌芽,罗马法在殖民地设立法人,法人是基于国家的意志,而非人的集合"。③

其次,现代国家主权概念的出现,人们将主权视为一种理念实体,它的生命超越于人的集合,超越于朝代更替,是一种永恒存在的法人。

在超越"人的集合"的法人理念的影响下,法人并不仅指"人的集合",基督教的财团法人概念在法理上得以被接受。

---

① 李宜琛:《日耳曼法概说》,中国政法大学出版社2003年版,第46页。
② 同上书,第47页。
③ Friedrich Carl Von Savigny and William H. Rattigan, *Jural Relations: or, The Roman Law of Perons as Subjects of Jural Relations: Being A Translation of the Second Book of Savigny's System of Modern Roman Law*, Wildy & Sons 1884. 重印版见 Hyperion Press 1979, pp.75-203. 关于超越"人的集合"的法人理念,另参见 Rudolf Huebner, *A History of Germanic Private Law*, Francis S. Philbrick (trans.), Little, Brown and Company 1918, pp.154-155.

(3) 主权国家的出现。

在自然法的影响下,德国中世纪习惯法上的团体概念被纳入绝对的主权国家的意志下,从教会法传来的财团法人的概念也接受了同样的洗礼。① "十六世纪后,无论新旧教国家,凡设立财团法人者,皆须取得国家之许可,以代教会之以许。于是财团法人乃脱离教会之监督,改隶国家之管辖。然国家不过就其人格之赋予,有许否之权耳。其财产之用途,管理之方法,悉由捐款人自由决定。"②《德国民法典》最终采财团法人制度,并具有鲜明的警察国家的特征,③对财团法人实施严格管制,财团的设立采许可制。第80条规定:"设立有权利能力财团,除有捐助行为外,应经财团住所所在地的邦(州)之许可。"

(二) 法人意志的两种先验类型:自我意志与外在意志

社团和财团法人的元分类的出现,虽然具有历史的偶然性和曲折性,但从法人构造的逻辑结构看,法人先验地存在两种必然的意志类型:一类是自我意志,它是法人成员的集体意志,具有自我利益;另一类是外在意志,无成员,无自我利益,法人的目的是实现外在意志。

社团法人和财团法人完美地契合于法人意志二元化的分类。当然,除财团法人外,大陆法系上的机关法人、英美法系上的独任法人等,亦可归属于受制于外在意志的法人类型,因为它们无自我利益。

(三) 财团法人的法律本质:外在意志与章程

1. 财团法人的法律本质:财产的集合?

法人意志的两种逻辑类型:自我意志与外在意志决定了社团法人与财团法人之间的本质差异。但是,在教科书中,通说认为:财团的本质是财产的集合,但如此表述无法揭示财团法人在法律上的本质特征,仅有修辞上的效果。现行的梵蒂冈的《教会法典》(Code of Canon Law)也采社团法人和财团法人的元分类,它在定义社团法人和财团法人时,其 Can. 115

---

① Rudolf Huebner, *A History of Germanic Private Law*, Francis S. Philbrick (trans.), Little, Brown and Company 1918, p. 155.

② 李宜琛:《日耳曼法概说》,中国政法大学出版社2003年版,第48页。

③ 〔德〕弗朗茨·维亚克尔:《近代私法史:以德意志的发展为观察重点》,陈爱娥、黄建辉译,上海三联书店2006年版,第461页。

条也规定:"教会内的法人是人的集合或物的集合"。①

2. 德国法理论中的社团法人和财团法人的差异

在德国法学史上,在国家和教会的共同努力下,社团法人和财团法人的差异理论出现了。该理论认为:"社团法人是成员的集合,其意志是集体的意志,是大多数成员的意志。而财团法人的意志非成员的意志,而是受制于外在的意志,捐赠人或创始人的意志。社团是由自身意思驱动的组织体,财团法人是由他人意思从外部推动的组织体"。②

基尔克和科勒从法人的意志和机关两方面阐述了社团与财团的差异。基尔克(Otto von Gierke)说:"社团是由一项内在意思所创造和掌管,财团则是由一项超然意思所创造和掌管。"科勒(Josef Kohler)说:"社团拥有支配机关(社员),财团仅有伺候服务机关(管理人)。"③

3. 财团法人的法律本质:章程维度

社团法人和财团法人的本质差异在于,财团法人制度高度重视捐助人的权力,最终具体表现在两者的章程差异上:

一是章程的制定,社团法人章程由成员制定,财团法人章程由捐助人制定,捐助人是财团法人之父,财团法人的目的由捐助人制定。

许多国家的民法典对此有明确的规定,例如《智利民法典》高度重视财团法人的捐助人(创始人)的目的与意思,其第562条规定:"须由一定数量的人员管理的公益基金会,应受创始人对之发布的章程约束;如创始人未对此阐明其意思,或者只是不完全地予以阐述,可由共和国总统补充该缺陷。"《德国民法典》第85条则规定:"财团之章程,除联邦或各邦州之法律有规定者外,依捐助行为为之。"

二是章程中的关于法人内部机关的规定,社团法人有成员大会,财团

---

① Canon 115 § 1 Juridical persons in the Church are either aggregates of persons or aggregates of things. See Catholic Church and Canon Law Society of America, *Code of Canon Law*: *Latin-English Edition*, Canon Law Society of America 1983, p. 35. 拉丁文原版见:*Codex Iuris Canonici*, Libreria Editrice Vaticana 1983.

② Rudolf Huebner, *A History of Germanic Private Law*, Francis S. Philbrick (trans.), Little, Brown and Company 1918, p. 155.

③ 基尔克和科勒的论述参见:〔葡〕曼努埃尔·德·安德拉德:《法律关系总论》(第一卷),吴奇琦译,法律出版社2015年版,第76页。

法人无成员大会,有理事会。

三是章程的修改,特别是对章程中的目的条款的修改,社团法人社员大会有权修改,财团法人理事会无权修改。

财团法人的目的条款的变更需经国家权力干预,例如《德国民法典》第 87 条规定:"财团之目的不能完成或其完成危及公益时,主管官署得为财团另行指定目的或将财团撤销。"①《韩国民法典》第 46 条【财团法人的目的及其他变更】规定:"财团法人目的不能实现时,经主管机关许可,设立人或理事可以参照设立的宗旨,变更其目的或章程的其他规定。"②

(四)中国法中的事实上的财团法人:基金会和民办非企业(法人)单位

虽然《民法通则》没有使用财团法人的概念,但是,判断在中国法中是否存在财团法人,不能仅仅看法律概念与名词,而应看制度的实质。在中国的非营利组织法中,基金会和民办非企业(法人)单位是实质上的"财团法人",是国务院法规创设出的事实上的"财团法人"。

《民法总则》中还出现了捐助法人的概念。其实,捐助法人是财团法人的另一种表述,两者是同义语。《民法总则》使用捐助法人概念,显然是为了回避财团法人概念可能引发的歧义。教会法中财团法人概念使用"Anstalt"一词,而德国民法典中财团法人概念使用"Stiftung"一词,"Stiftung"本身有"捐助、捐赠、捐助创办"的含义,除"财团法人"的译法外,我国学者还将"Stiftung"译为"捐助法人",也无不妥。③

---

① 《德国民法》,赵文伋、徐立、朱曦译,五南图书出版有限公司 1992 年版,第 14 页。

② 《韩国最新民法典》,崔吉子译,北京大学出版社 2010 年版,第 141 页。

③ 较早使用"捐助法人"概念的著述主要有,江平主编:《民法教程》,中国政法大学出版社 1988 年版,第 120 页;赵旭东:《论捐助法人在民法中的地位》,《法学》1991 年第 6 期,第 14—16 页;江平主编:《法人制度论》,中国政法大学出版社 1994 年版,第 50 页,其中写道:"我国民事立法既不以社团法人定类,财团法人概念的使用也就无以对应了。'财团法人'一语倒有些令人一般公众费解,甚至易使人将其与经济学意义上的资本家财团相混淆,远不如'捐助法人'更为确切明了。因此,在我国舍弃财团法人之语词,而保留财团法人之实质,'捐助法人'一语当最为可取。"

五、非法人组织

关于民事主体的立法例,《民法总则》相较于《民法通则》变化较大。《民法通则》采二主体说,仅规定自然人和法人两种民事主体,将合伙置于自然人一章中规定。① 《民法总则》则采三主体说:自然人、法人和非法人组织。

"非法人组织"的概念是《民法总则》新创,之前,立法使用"其他组织"的概念,但考虑到"其他组织"一词含义模糊,歧义较多,被弃而不用。但理论上的问题依然没有澄清:合伙等所谓"非法人组织"在本质上是否已经是法人了?

(一)两大法系中的非法人组织(合伙)

在英国法中,也有非法人组织(unincorporated association)②的概念,这是合伙之外的一个独立概念,但与合伙的性质一样,无主体资格,完全受合同法的规范,无独立的诉讼权利,团体财产关系由信托法调整,在侵权法上无侵权责任能力。可见,英国法采取的是二主体说:自然人和法人。

英国法上,合伙没有成为法律主体,主要原因是,历史上英国法的合伙法没有受到欧洲大陆的商人法(Merchant Law)的影响,③所以,合伙法未采法律实体说(legal entity theory),而采集合说(aggregate theory)。英国法彻底贯彻合伙的非主体性,如合伙与第三人签订合同,只要合伙成员有变动,退伙或入伙,合伙与第三人的合同均需变更或重新签订,因为合伙只是人的集合,不是独立的主体。④

欧洲大陆深受商人法的影响,商人法上的康孟达(commenda)是商事合伙的早期形态,之后,商事合伙在各国近代商法典中摇身一变,成为"无

---

① 立法过程参见江平口述:《沉浮与枯荣:八十自述》,陈夏红整理,法律出版社2010版,第289页。

② Thomas B. Courtney, *The Law of Companies*, 3rd ed., Bloomsbury Professional 2012, p.21.

③ William Holdsworth, *A History of English Law*, vol. V, 3rd ed., Sweet and Maxwell 1945, p.84; William Holdsworth, *A History of English Law*, vol. VIII, 2nd ed., Sweet and Maxwell 1937, pp.194-198.

④ Geoffrey Morse, *Partnership Law*, 6th ed., Oxford University Press 2006, p.5.

限公司",取得法人资格或法律主体资格。在民法法系国家如德国、法国等,《商法典》没有规定合伙企业,只规定了无限公司,以"无限公司"的新外衣确立了商事合伙的地位。台湾地区"公司法"也规定了无限公司,没有合伙企业的概念,与德法立法例一样,"立法"理由是:"惟无限公司,就实质上观之,乃不外乎一种个人企业或合伙企业而已。本法所以认无限公司为法人,实系一种立法上之政策,俾其对外关系臻于明确,论其对内关系,带有浓厚之合伙性质。"①

中国大陆的立法例却出现了合伙企业,而非"无限公司"。

合伙的主体地位是困扰中国民法学者很久的问题,合伙特别是合伙企业虽不是法人,但在中国法上享有以自己的名义对外签订合同和诉讼的权利、以自己的名义享有财产权等,与法人无并无二致,民法法人篇为什么不像苏格兰法②那样收编合伙?直接将合伙企业认定为法人(legal person)?

当然,英格兰立法在规定合伙的地位时,用的词是"legal person"。英美法系中有关法人的术语也多,如 corporation、legal person、legal entity 等。英语中原本就有 corporation 一词,而 legal person 是外来语。德国法学家萨维尼发明 juristische Person 一词,奥斯丁将其译为英文 legal person。③其实,legal person 和 corporation 两词都指向独立的法律主体,所以,说苏格兰法上合伙是法人,是可以成立的。

再看大陆法系上与"非法人组织"类似的概念。在《德国民法典》中,第一章"人"仅包括两节:自然人和法人,与非法人组织相似的概念是第54条【无权利能力之社团】的规定:"对无权利能力之社团适用于合伙之规定"。民事合伙规定在第七章"各种债之关系"的第14节,仅视合伙为合同关系和财产法上的共有关系,而非主体。在《德国商法典》中,未见

---

① 柯芳枝:《公司法论》(上),台湾三民书局2004年版,第78页。

② 在苏格兰,"a firm is a legal person distinct from the partners of whom it is composed"。见1890年的苏格兰的《合伙法》第4(2)条规定。2004年10月18号英国的法律委员会向英国的立法机构提出了关于合伙法的改革报告,建议赋予合伙以法人资格。

③ Peter Stein, *Roman Law in European History*, Cambridge University Press 1999, p.125.

商事合伙的概念,其实,合伙在商法典中已经变身为"无限公司"了,第 105 条第 3 款规定:"关于无限公司,以本章无其他规定为限,适用《民法典》关于合伙的规定。"

(二)重申法人实在说:关于非法人组织"部分权利能力"论的疑问

"非法人组织"不是法人,却是民事主体,概念存在内在矛盾,"部分权利能力"论成为为之辩护的理论之一。①

自然人之外,任何事物只要被法律认可为独立的法律主体,它的本质就是法人,法人与法律主体的概念具有统一性。在逻辑上是不存在"不是法律主体的法人",同样也不存在"是法律主体的非法人";在法人与非法人之间,或在法律主体和非法律主体之间不存在中间状态,简而言之,法律主体概念或权利能力概念只有质的规定性,无量的规定性,权利能力的有无之间不存在中间状态,不存在所谓的"部分权利能力"。除非采法人拟制说,所谓"部分权利能力"的概念才有可能。

在法人拟制说下,一个组织被拟制为法人后,它并不是持续存在的实体,它仅在其目的范围内被视为法律主体,在目的范围外,则被视为不存在,所以,出现了有限度的权利能力范围或部分权利能力的概念。同为法人,权利能力范围却有大小之分。

在此逻辑下,就必然存在两个概念:一是抽象的法律主体资格(抽象的权利能力),二是具体的法律主体资格(具体的权利能力),②即所谓的权利能力范围。前者一旦获得,即持续地拥有,例如通过登记获得法人资格,或通过登记获得"非法人组织"资格,皆在存续期间持续地拥有抽象的权利能力。在这一点上,法人登记和非法人组织登记,两者的本质是一样的,都是获得了抽象的主体资格。但是,两者的差异在哪里呢?只能在具体的法律主体资格。

对于法人,抽象的法律主体资格与具体的法律主体资格是同一,因为法人在所有的民事活动中均有法律主体资格,无须另外规定;但是,"非法

---

① 刘召成:《部分权利能力制度的构建》,载《法学研究》2012 年第 5 期,第 121—135 页。

② 有台湾学者区分一般权利能力和特别权利能力,参见施启扬:《民法总则》,中国法制出版社 2010 年版,第 64 页。

人组织"可能不同,在某一具体的民事活动中,是否具有具体的法律主体资格,需要法律特别规定。

如此看来,"具体的法律主体资格"是可以分割的,该资格的赋予具有"批发"和"零售"两种方式了,前者适用于法人,一旦获得法人资格,即"批发式"地获得所有具体的法律主体资格,后者适用于"非法人组织",虽然已有抽象的法律主体资格,但仍然需要通过多部法律分别地"零售式"地赋予具体的法律主体资格,例如《合同法》第2条赋予合同主体资格,《民事诉讼法》第3条赋予诉讼主体资格,《合伙企业法》第20条赋予财产权主体资格。

"非法人组织"概念在拟制说中寻得了依存的逻辑基础,部分权利能力成为非法人组织的本质,但是,拟制说没有看到法人的实体性——法人一经登记成立,就是一个不可否认的实体和主体了,除非解散之。

在法人实在说下,一个组织一旦被拟制为法律主体,它就是一个持续存在的实体,是一个概念实体,是一个制度实体,也是一个物质实体。即使它超越目的范围,也依然是一个法律主体。虽然法律可以禁止它在某一个领域作为法律主体参与活动的资格,但是,它依然是一个作为法律主体存在的实体。

例如在上述的讨论中,如果非法人组织不具有某具体的法律主体资格,或超越了权利能力的范围,非法人组织依然为之,法律后果什么?其实,不过就是导致法律行为无效,所谓"具体的法律主体资格"或"部分权利能力"的限制,不过构成了一个效力性强制性规范而已,但法律依然将"非法人组织"视为法律主体,只是向其追究法律行为无效的责任而已。可见,即使在所谓的权利能力范围之外,非法人组织的主体性依然存在。

我国采法人实在说,非法人组织概念无法成立。

当然,关于有法人人格和无法人人格之间是否存在中间状态,"不完整法人"(imperfect legal person)的说法也比较常见,①但是,是量的维度

---

① Monique Koppert, "The New Dutch Partnership Act", (2007) 4 (6) *European Company Law*, p. 267.

上——"权利能力范围"的不完整？还是质的维度上——法人人格独立性的不完整？缺少理论论证。①

（三）法人概念的符号功能：独立法律主体有无法人符号的细微差别

这里，以合伙企业为例，无论在抽象的法律主体资格还是具体的法律主体资格上，非法人组织与法人无本质差异。

这里，就产生一个概念和逻辑的问题：既然合伙组织与法人在主体资格上并无实质差异，那么法人符号的意义是什么？一个独立的法律主体冠有法人符号和不冠有法人符号的细微差别是什么？

答案是：如果一个组织被赋予法人资格，它就"一揽子"地获得了抽象的和具体的主体资格，在任何民事活动中均具有主体资格，而无需其他法律在特定领域如合同和诉讼等再另赋予其主体资格；如果一个组织没有被赋予法人资格，则应推定它在任何民事活动中均无主体资格，除非法律有特别规定。例如合伙企业，因为《合同法》、《民事诉讼法》、《合伙企业法》等有特别规定，所以，它获得了几乎所有民事领域的主体资格。可见，无法人资格，并不一定就不能成为法律主体，与法人的差别仅在于：无法人资格的组织需要其他法律在特定领域单独赋予其主体资格。相比之下，法人概念的功能就显示出来了，它只是推理的方法不同而已。

法人概念在法律推理中的另一功能是关于组织背后的成员的责任的推理。如果是法人，应推定该组织独立承担责任，独立于其投资者或成员，除非法律有特别规定，例如无限公司，它是法人，但法律规定其股东承担无限责任。如果是非法人组织，则推定它不独立承担责任，其投资者或成员承担无限责任，除非法律有特别规定，例如有限合伙无法人资格，但法律规定有限合伙人承担有限责任。

关于组织的投资者或成员，法律一般会明确规定其责任，但在一些情况下，法律也无明确规定，则需要法律推理，法人概念在推理中的功能就十分重要了。例如 1988 年实施的《全民所有制工业企业法》第 2 条规定：

---

① 参见本节"非法人组织的类型谱系"部分。

"企业依法取得法人资格,以国家授予其经营管理的财产承担民事责任"。该条并未明确企业背后的投资人——政府的责任,所以,在实践中,有外商咨询:政府对于全民所有制工业企业承担的是有限责任还是无限责任?江平教授在回答这一问题时,就从法人概念的本质出发,给予答案,他说:"全民所有制工业企业是法人,应独立承担责任,法律无相反规定,所以,政府作为投资人应承担有限责任"。① 如果一个企业不是法人,那么,关于它的投资人的责任的推理完全相反了,推理应当是:因为该企业不是法人,所以,它不独立承担责任,法律如无相反规定,其投资人应承担无限责任。

总之,除在权利和责任的法律推理上略有差别外,非法人组织(合伙企业)与法人并无实质差别,因为在实践中,非法人组织(合伙企业)在特别法的规定下,获得了与法人同样范围的具体权利能力。

(四)"非法人组织"概念是《民法总则》的败笔

首先,《民法总则》关于"非法人组织"的规定存在明显的名实不符的矛盾之处,名为"非法人",实质具有法人的全部性质:

1. "非法人组织"是规定在第三章法人之后,列为第四章,但第108条规定:"非法人组织除适用本章规定外,参照适用本法第三章第一节的有关规定。"第三章第一节是法人的一般规定,该条实质上规定"非法人组织"可以适用法人的一般规定。

2. 如果说"非法人组织"在所谓的权利能力范围上与法人不同,范围略小,该概念尚具有独特性质,但是,在第五章民事权利中,第114条规定:"民事主体依法享有物权"之后,第118条、第123条分别规定民事主体享有债权和知识产权,民事主体包括非法人组织,因为《民法总则》第2条规定:"民法调整平等主体的自然人、法人和非法人组织之间的人身关系和财产关系",该条已经认定"非法人组织"是民事主体,所以,"非法人组织"的权利能力范围与法人完全同一。

3. 在行为能力上,第102条规定:"非法人组织是不具有法人资格,

---

① 江平教授语,我记于1996年中国政法大学民商法博士生"民商法专题研究"课堂笔记。

但是能够依法以自己的名义从事民事活动的组织。"第 105 条规定了非法人组织的对外代表机关。显然,它具有完全的行为能力。

4. 在成立的方式上,第 103 条规定:"非法人组织应当依照法律的规定登记。"登记是非法人组织成立的前提,与法人一致。

其次,《民法总则》"非法人组织"概念的外延主要指向合伙企业等需要经登记才成立的商事主体,是严重错位。本来,对于这些商事企业如合伙企业,应仿民法法系商法典国家,将其改造为无限公司并赋予法人资格,但是,《民法总则》以"非法人组织"符咒将它的命运隔绝在法人之外,这不是一种先进的立法理念。《民法总则》背后的知识谱系存在断裂。

再者,《民法总则》"非法人组织"的概念挤压了真正的"非法人组织"的法律空间,鸠占鹊巢。

实践中,真正存在问题的是,是那些没有登记的组织,它们是真正的"非法人组织"。对于它们,是仅赋予程序技术上的诉讼主体资格,还是一定范围内赋予实体上的权利义务的独立主体资格?① 立法技术是什么?关于这些问题,《民法总则》未触及,而将原来具有一定伸缩性和灵活性的"其他组织"概念扼杀了。变革的最终结果是,总则明确规定的"非法人组织"都是与法人本质重复的概念,而那些模糊的却具有模糊合理性的具有制度弹性的可司法创造(其他组织)的地方,却变成了"一片白茫茫的真干净"。关于未登记的团体之法律地位,《民法总则》沉默了,出现了令人担忧的制度空白。

(五) 真正的"非法人组织"概念:以不登记为标准——梅特兰的理论

法人是国家通过特定形式拟制成为法律主体,本质是国家权力的创

---

① 这些问题在英国的合伙法改革研究中有重点讨论:一个组织未经登记,在何种情况下可以被赋予人格。见 Law Commission and Scottish Law Commission, "Partnership Law: A Joint Consultation Paper: The Law Commission Consultation Paper No 159 and The Scottish Law Commission Discussion Paper No 111" (September 2000), pp. 19-22, ⟨https://www.scotlawcom.gov.uk/files/4112/7892/7070/dp111_partnership_law.pdf⟩ accessed 24 December 2020.

制,如通过特许创制,或通过登记创制,但是,民间有无数的团体或无法获得国家权力的点化而成为法人,或者欲逃离国家权力的控制,但是,它们是实实在在的团体存在,国家法律对于它们是什么态度? 这才是"非法人组织"的真正法律意义。

英国法学家梅特兰(Frederick. W. Maitland)在《非法人团体》(unincorporated body)和《道德人格和法律人格》两文①中对此有充分阐述。他引用戴雪先生的演讲:"一群人出于某种共同的目的聚集在一起以一种独特的方式行为,那么他们就创造了一个团体(body),这种团体在本质属性上,不同于那些作为其构成部分的人。"②

有的团体被拟制为法人,梅特兰说:"法人人格是一种法律拟制,它是君主的恩赐",或"源自主权行为(act of sovereign power)"。但是,没有拟制为法人的团体呢? 即没有特许没有登记的团体,它们有法律人格吗? 梅特兰说:"有社团就有团体的成立(group formation),有关人格的问题也就不能避免,至少在我们还讲究逻辑思维的情况下是如此。"③可见,对于未登记的非法人团体,法律对于其人格问题也应予以回应。

德国民法典中的"无权利能力社团"的概念本质也表现为在其成立时无国家权力参与:"设立无权利能力社团仅需一个不拘形式的设立行为和设立人所制定的章程,不需要有当局的参与,也不需要登记。"④

在中国实践中,也有大量的未登记的在国家权力之外形成的非法人团体,如民事合伙、业主委员会、校友会、驴友会、老乡会、歌迷会、各种项目的筹备委员会、设立中的公司等等。在互联网时代,社交网络技术的发

---

① 〔英〕F. W. 梅特兰:《国家、信托与法人》,樊安译,北京大学出版社2008年版,第66页。
② Albert V. Dicey, "The Combination Laws as Illustrating the Relation Between Law and Opinion in England During the Nineteenth Century", (1904) 17 (8) *Harvard Law Review*, p. 513.
③ 〔英〕F. W. 梅特兰:《国家、信托与法人》,樊安译,北京大学出版社2008年版,第76、84、86页。
④ 〔德〕卡尔·拉伦茨:《德国民法通论》(上册),谢怀栻等译,法律出版社2003年版,第235页。

达促进结社,不登记的非法人组织迅速滋生,它们具有团体的真正属性,但未登记,遗憾的是,它们无法纳入《民法总则》的非法人组织中,规范明显存在空白。

"真正的非法人组织"(非法人团体)的人格问题是法律无法回避的,各国法律以自己的方式解决这一问题。"真正的非法人组织"需要在立法上解决的问题有四个:一是财产归属,二是对外责任,三是对外代表和诉讼地位,四是成员的变更对外部关系的影响。

在英国,梅特兰说:"信托使得非法人团体不用依靠国王所授予的法人身份便能够得到一种持久的身份。"①信托使得英国人在国王权力控制范围之外实现了结社自由。英国法以信托法解决了非法人团体的财产结构等问题,②非法人团体中代表人或负责人担任受托人,其他人为受益人,受益人集合在信托的结构中,形成一个团体。

民法法系国家则是以共有理论和连带责任解决非法人团体(无权利能力社团)的财产关系和对外责任问题,并承认事务执行者的对外代表权,适用合伙的规定,此外,《意大利民法典》第37条还规定了"共同基金"解决非法人社团中的财产问题。

关于第四项,英国法一直拒绝合伙(非法人团体)的法律实体性质,坚持纯粹合同关系,所以,团体内部成员的任何变化均导致对外关系的变化;但美国出现立法变化,早期与英国立法相同,③1997年颁布的《修订的统一合伙法》(Revised Uniform Partnership)则采合伙实体说:内部成员的变化不导致外部关系的变化。④

---

① 〔英〕F. W. 梅特兰:《国家、信托与法人》,樊安译,北京大学出版社2008年版,第16页。
② Graham Moffat, *Trust Law: Text and Materials*, Cambridge University Press 2005, p. 852.
③ 参见美国著名判例: *Fairway Development Co. v. Title Insurance Co.*, 621 F. Supp. 120 (N. D. Ohio 1985).
④ Robert W. Hamilton et al, *Cases and Materials on Corporations including Partnerships and Limited Liability Companies*, West Academic Publishing 2010, p. 201.

（六）非法人组织的类型谱系

经过对比较法上复杂的非法人组织立法例的分析,①可以形成一个关于非法人组织的类型谱系,如下：

非法人组织类型一：	中国《民法总则》·非法人组织	——实质上的法人
非法人组织类型二：	德国《民法典》·无权利能力社团	——有限的法律实体
	美国《修订的统一合伙法》·合伙	——有限的法律实体
非法人组织类型三：	英国法·合伙与非法人团体	——合同与信托关系

从上图可见,中国《民法总则》的非法人组织是一个比较极端的立法例。

（七）关于"非法人组织"概念的模糊认识的根源：对商事合伙主体地位理解的错位

严格说来,民法上的"真正的非法人组织"(或无权利能力社团)是不经任何登记的团体,这正是公民在国家权力范围之外的结社自由的表现。《民法总则》第103条规定："非法人组织应当依照法律的规定登记",所指向的已经不是"真正的非法人组织"了。《民法总则》第102条甚至将非法人组织的外延指向个人独资企业、合伙企业,所指向的就更不是那些无须登记的"真正的非法人组织"了。

立法错位的根源很复杂,但主要根源在于：用民事合伙的理念来理解商事合伙,将商事合伙理解为民事合伙的地位,进而理解为非法人组织的地位,最后,反向推理,将非法人组织的外延指向合伙企业。其实,这也是中国民法学的知识系谱上的一个问题。

历史原因可能在于,20世纪90年代中国立法机关确立的现代企业制度中的三种基本类型：个人独资企业、合伙企业、公司,更多参照英美的

---

① 我以为：在团体人格的立法上,人格性质从无到完整,存在两端,一端是纯粹的合同关系的人的集合,毫无人格性质,另一端是法人,具有完整的人格性质。两端之间应该存在不断过渡的谱系,正如财产权谱系一样。这种人格谱系是值得研究的基础理论问题,这里仅列出一个初步的类型化谱系。

立法例①,而非民法法系国家的先进立法例,所以,个人独资企业、合伙企业没有作为无限公司法人写入公司法②,而是作为两个独立于公司的企业类型予以确立。虽然合伙企业在立法中已是独立法律主体或实质上的法人,但仍以英美法系的合伙理论或民法法系的民事合伙理论来解释合伙企业,认识错位因此产生,进而将商合伙视为"无权利能力的社团"或"非法人组织",而不作为法人看待,名实分离。

在理论上,需要回答一个基本问题:商合伙是否可能是"真正意义上的非法人组织"?

其实,经登记而成立的商事合伙已不是"真正的非法人组织",在许多民法法系国家,商事合伙已经改造为无限公司法人了。

英国情况却不同③,合伙(商事合伙)是真正的非法人组织,不是法律上的实体(legal entity),更无主体资格,但是,问题是,合伙从事商事活动,在英国难道不需要登记吗?所谓登记在理论上应有三种,需具体分析,一是主体地位登记,如法人登记,二是营业登记,三是税务登记。在英国,合伙从事营业活动,只需要税务登记,无主体地位登记,也无营业登记,除非涉及特殊行业的营业许可,而税务登记丝毫不影响合伙人之间的合同关系,没有使得合伙获得法律主体地位。

我国合伙企业的登记却含有上述全部的三项,合伙企业通过登记已经成为民事主体,所以,它不是真正的非法人组织,本质上是法人。在中国,营业登记是强制的,并且与主体资格相捆绑,背后深层次的原因在于:国务院 2002 年 12 月颁布的《无照经营查处取缔办法》事实上确立了一项重要原则——"任何营业行为均需营业登记",而营业合伙在中国只有一

---

① Brenda Hannigan, *Company Law*, Oxford University Press 2003, pp. 26-27.

② 德国、瑞士等国不认无限公司为法人,法国、日本等国认其为法人。德语 offene Handelsgesellschaft 一词译为中文时,有译本译为"无限公司",有译本译为"普通商事合伙"。

③ 英国《1862 年公司法》引入了无限公司概念,所以,客观地说,英国同时存在法人化的合伙(unlimited companies)和纯粹合同关系的合伙(partnership),这可能也是英国无须将 partnership 提升为法律主体或法人的原因。见 Thomas B. Courtney, *The Law of Companies*, 3rd ed., Bloomsbury Professional 2012, p. 35.

种营业登记形式——合伙企业的设立登记,所以,营业合伙在中国只能是合伙企业,而不可能是"无权利能力的社团",或者说,不可能是纯粹合同关系的个人合伙。

(八)可能的补救措施:民法典《合同编》将民事合伙的概念改造为真正的"非法人组织"概念

既然《民法总则》的非法人组织不是"真正的非法人组织",而"真正的非法人组织"又需要民法典的规范,空白如何填补?可以考虑,在未来合同编中写入合伙,扩大合伙的概念的外延,将合伙构造成"真正的非法人组织"的总称概念,同于《德国民法典》中的"无权利能力社团"概念。或者,在民法典最终汇纂时,修订《民法总则》的"非法人组织"概念。

六、信托:隐蔽的主体

法律上的主体概念的逻辑结构是什么?能否像权利分析那样,对之进行更细密的分析?以上内容已对此作了初步探讨。这里,以信托为例,再做分析,以揭示法律上的主体的多样化的逻辑形态。

英国衡平法的产物——信托具有相当的复杂性,它通常以合同形式设立,信托财产具有独立性,所以,学者多从合同法和财产法的角度理解信托,但忽视了另一个重要视角——法律主体。

很难想象信托是一个法律主体,但信托确实是一种特别的法律主体,它是一种"寄居型"主体,它寄居于受托人的人格而成为一个隐蔽的法律主体。受托人的人格实质上一分为二,一是其本身的人格,背后是其个人财产,一是信托人格,背后是信托财产,但在表面上两种人格却是合二为一的。

英国判例在"信托是否是一个法律上的主体"的问题上,态度左右摇摆。早期的税法判例视信托为法律上的人[1],之后,又予以否定。[2] 当然,问题主要限于税法的判例中,因为涉及对信托的税收,而在合同法、侵权

---

[1] CIR v. Jagger & Co (Pty) Ltd., 1945 CPO 331.
[2] Tony Honoré, *The South African Law of Trusts*, Juta & Company Limited 1976, pp.49-50.

法和财产法上,信托是否是一个法律主体,并不导致十分棘手的实践问题。

但近来,在英美法中,法律趋向以一定的形式承认信托的主体性质,最典型的是美国《统一法定信托实体法案》①,它规定:经过法定程序的登记,商业信托可以自己名义取得与持有财产、签订合同、发行证券、起诉应诉等。

即使法律不明确承认信托的主体性质,但从学理的角度看,也不可否认信托是一种隐蔽的主体。当然,法律若不明确承认信托的主体性质,信托作为一种隐蔽的主体,只能以受托人的名义从事活动,而不能以自己的名义。如果法律授权信托可以自己的名义从事活动,其实就揭开了面纱,将信托脱离隐蔽的主体状态,成为一个显示的主体了。

综前述,法律上的主体不是一个单纯的概念,它是多样而复杂的,一方面它有绝对的主体和相对的主体,如法人组织和非法人组织②,另一方面它还有显示的主体和隐蔽的主体,如传统法人和信托。

"隐蔽的主体"的概念值得关注。在民法典国家,民事主体一般会在民法典的总则中列举,例如《德国民法典》总则第一章"人"中列举了自然人、法人,法人一节下又列举了社团法人、财团法人和公法人。但这种列举是不能穷尽一国法律体系中的全部民事主体的,因为还存在着很多"隐蔽的主体"。

如何理解"隐蔽的主体"的概念?首先,需要回答什么是法律主体?其次,需回答什么是"隐蔽"?所谓法律主体是指权利和义务的承受者,而所谓隐蔽则是在民法典中没有被明示列举为主体,也未被其他法律明

---

① *Uniform Statutory Trust Entity Act 2009* (USA),§102 cmt. 该法案将信托分为制定法上的信托(statutory trust)和普通法上的信托(common-law trust),前者是法律上的人,后者不是。

② 在英美法中,在法人组织和非法人组织(unincorporated association)之上一般有一个外延更大的概念涵盖两者,如 legal entity,将绝对的主体和相对的主体包含其中。

示确认为主体,但本质上具备主体的一切特质。信托即是典型一例。①

当然,除信托外,一些其他制度也可能是隐蔽的主体,例如南非法官在 CIR v Emary NO② 一案中还探讨过在遗产执行人确定前死者的遗产(the estate of a deceased person)是否具有法律人格?一个独立的财产和责任集合体(an aggregate of assets and liability)是否具有法律人格?③

七、无主体权利问题

上文已经指出,主体是一个特定权利的必要的因素,不存在无主体的权利,但是,耶林曾经设想可能存在这样一种暂时的情境,在这种情境中,一个法律关系只有承担法律负担的主体而无承担法律利益(权利)的主体。为此,他精心设计了一个例子,A 是一笔动产的主人,在其死亡之后和遗产管理人指定之前这一段时间内,B 侵害了这笔动产,B 的行为是侵权行为,但是,他侵害了谁的权利?

耶林认为,在这种情形中,只存在义务而不存在权利,尽管他侵害了这笔动产,但他没有侵害任何人的权利。对耶林观点的反驳有两种:

一种反驳认为,在此情形中,义务存在,权利也存在,只不过权利的主体尚未明晰,权利被悬置(suspense)了,权利主体可能是遗产继承人,可能是国家,也可能是遗嘱认证法庭(probate court)。

另一种反驳认为,在此情形中,可以假想 A 仍然活着一直至遗产管理人被指定,权利的主体仍然是 A。④

我以为,耶林的例子确实是一个特殊情形,但第一种反驳是成立的,因为在此情形中,权利主体尚不能确认,并不意味着权利主体就不存在。

---

① 信托作为一种法律主体和基金会作为一种法律主体有什么区别?在中国慈善立法中也遇到这一问题,除具体制度差别,功能性差别在于:捐赠人或委托人的地位不同。
② Inland Revenue v. Emary NO, 1961 (2) SA 621.
③ Tony Honoré, The South African Law of Trusts, Juta & Company Limited 1976, p.50.
④ Albert Kocourek, Jural Relations, Bobbs-Merrill 1928, p.55.

罗马法中的"未继承的遗产"(hereditas jacens)与耶林的这个例子比较相似。关于这一问题,罗马法学家的观点就更为奇特,他们认为,权利存在,但权利的主体不存在。他们说:"从被继承人死亡到接受继承有一段间隔期,在此期间,遗产属于无主体财产,遗产中的各项权利没有权利享有人(nullius in bonis sunt)。"①

至于英国法对这一问题的态度是如何的,分析法学家萨尔蒙德告诉我们:"英国法是不承认无主体权利(ownerless right)的存在的,因为任何一种权利都有其主体,只不过有些权利的主体是尚不确定的(indeterminate)而已,它们也不一定必须有确定的主体(a vested and certain owner)。例如,一片无条件继承的土地(fee simple)通过遗嘱留给一个尚未出生的人,那么,在遗嘱人去世之时,这片土地属于谁呢?我们不能说它不属于任何人,我们应当说它属于那个尚未出生的人。"

至于英国法是如何具体解决这一问题的,萨尔蒙德继续说:"在1873年《司法制度法》(Judicature Act)之前,英国法主张,在遗产原主人去世与遗产管理人指定之前,遗产上的权利属于遗嘱认证法庭的法官(the Judge of the Court of Probate)。而在1925年之后,此间的遗产上的权利属于遗嘱认证、离婚和海事法庭的庭长(the President of the Probate, Divorce and Admiralty Division)。"②

最后还需强调一下,一种特定的权利必然有其主体,但是,一个特定的物却不一定必有其所有者,所以,无主物之概念在民法上是存在的,但是,人们常将物与物上的权利混为一谈,以至于将无主物视为无主体权利,此乃误区。

---

① 〔意〕彼德罗·彭梵得:《罗马法教科书》,黄风译,中国政法大学出版社1996年版,第431页。拉丁文 hereditas iacens 中的 iacens 一词的含义是:躺、卧,在这里表示财产处于空闲状态。

② 见 John W. Salmond and P. J. Fitzgerald, *Salmond on Jurisprudence*, 12th ed., Sweet & Maxwell 1966, p.223. 萨尔蒙德还指出,罗马法是通过将遗产人格化的方法来解决这一问题的:Roman law in such a case personified the inheritance itself, and regarded the rights contingently belonging to the heir as presently vested in the inheritance by virtue of its fictitious personality.

第四节 私权的客体：行为抑或物？

一、客体的概念

什么是权利的客体？温德夏特和奥斯丁的不同观点

这一问题的答案大约有两种，一种是温德夏特的回答，他说：权利的客体就是与权利相联系的物；另一种是奥斯丁的回答，他说：权利的客体是作为或不作为的行为，是义务主体应当受到约束的行为，权利的客体也就是指权利的内容。一是物论，一是行为论，这两个答案可谓大相径庭。[①]

我国民法学的观点

而我国学者对这一问题的回答，大概采取了"兼容并蓄"的中庸之道。《中国大百科全书·法学卷》关于民事法律关系的客体即权利的客体是这样论述的："民事主体的权利、义务共同指向的事物（对象）。通常指物（财产）、行为和精神财富。物是指由民事主体支配、能满足人们需要的物质财富。它是民事法律关系中的常见的客体，如所有权法律关系的客体就是物。行为指人的活动以及活动的结果。债的法律关系中以行为作为客体（或称以债务人的给付为标的）。"[②]

这一段论述是中国法学者最权威的论述，但是，它一股脑地将物和行为都视为权利的客体，反而使得问题更加复杂了。

权利关系的双层客体结构

实际上，什么是权利的客体，关键取决于我们如何定义权利的客体这

---

① John W. Salmond and P. J. Fitzgerald, *Salmond on Jurisprudence*, 12th ed., Sweet & Maxwell 1966, p.41.

② 中国大百科全书出版社编辑部：《中国大百科全书 法学卷》，中国大百科全书出版社1984年版，第417页。

样一个概念①,如果我们将权利关系所规范的对象视为权利的客体,那么,行为显然是权利的客体,因为只有行为才是权利法律关系所规范的对象。但是,我们还应注意到,行为本身也是可以有客体的,如"出卖土地"这一行为,其中土地就是这一行为的客体。所以,权利法律关系之客体问题之所以复杂,就在于它具有"双层的客体结构",我称之为**"权利关系的双层客体结构"**②。

其中,一层是权利法律关系本身之客体即它所规范的行为,另一层是行为本身之客体,一般是物。为了说明这一结构,我举一个例子,例如,甲与乙签订了一份关于出卖甲的土地给乙的契约,这就产生了一个债权,按照前面的定义,这个债权的客体就是"出卖土地"这一行为,而"出卖土地"这一行为本身的客体则就是土地这个物,可见"行为"和"物"构成了权利法律关系的双层客体结构,物包含在行为之中。

当然,如果我们为了简明起见,可以跳开行为这一环节,而将权利法律关系的客体直接定义为它所规范的行为本身的客体,这样原本是作为行为客体的物就直接成为权利的客体了。这样,温德夏特的"物是权利的客体"的观点就成立了。

说法并不重要,关键在理解

总之,从逻辑的角度考虑,我赞同奥斯丁的观点,行为是权利的客体;而从形象与通俗的角度考虑,我以为,温德夏特的"物是权利的客体"观点也未尝不可。但是,不管我们采取什么说法,关键在于前后的标准必须统一,或视行为为法律关系客体,或视行为的客体为法律关系的客体,而不能"朝三暮四",将行为和物等均视为权利法律关系的客体,从而导致逻辑上的混乱。

---

① 权利(法律关系)的客体是什么?关键在于我们如何定义客体这一概念。关于法律关系之客体的定义可谓林林总总。50年代苏联学者甚至认为"被纳入该法律关系范围的,受到法律关系影响或作用的社会关系"也是法律关系的客体,实际上也没有什么奇怪的,因为他们将客体定义为法律调整的对象。见〔苏联〕A. K.斯塔利格维奇:《社会主义法律关系理论的几个问题》,载《政法译丛》1957年第5期。

② 尽管这一概念多少有一点故弄玄虚的色彩,但是,我们不能否认,这是权利结构之研究中的一个重要问题,必须创制一个新的概念,对它进行提炼和概括,使之凸显,以期引起法学者的注意。

其实,关于"权利的客体是什么",采用何种说法并不重要,重要的是澄清和理解权利作为一种法律关系其内在的结构是怎样的,行为和物在其中各处在什么样位置,这才是关键,这也是本节之所以不厌其烦地分析权利的客体问题的真正用意之所在。

企业作为权利的客体

如果在企业之上可成立一种所有权,此所有权就不是物权法上的所有权,逻辑结构是不同的。企业是若干财产权的集合,在该集合之上的所有权,或以该集合为客体的所有权是否是一种新型类型的财产权?这是一个重要的问题。许多国家和地区的法典都作了这样的尝试,例如《俄罗斯民法典》、《澳门商法典》等。

企业是否构成一种权利客体,并在其上形成一种财产权类型?问题产生了,规定了客体,是否在其上就一定存在所有权,存在一个企业的所有权?这是一个相当复杂的问题。

企业作为权利客体,企业其实是一个权利的集合,如动产和不动产所有权、债权、商标权、专利权等,有体物上的所有权是以一个有体物为客体,客体是真正的物,但企业所有权则是以一群权利为客体。它的结构与内容显然不同于物权法上的物的所有权。

个案研究:"新闻"是一种怎样的客体?

新闻是一种比较复杂的客体,复杂性在于它具有双重结构,一是作为客观事件本身的新闻,二是关于新闻的表达。在逻辑上,两者可以分立,在实践中,两者紧密相连。新闻作为权利客体的复杂性,就使得关于新闻的著作权问题变得复杂起来。

有一种观念认为:"新闻是公共产品,是共享的,法律不应保护新闻的垄断性。"许多网站以《著作权法》第 5 条第 2 款的规定为其转载他人新闻作品的侵权行为辩护,因为该款明确将时事新闻,与国家机关的决议和通用数表、历法等同样对待,不适用著作权法保护。

"纯粹事实本身无著作权"(There is no copyright in facts),这是一个著名的法谚。但问题在于,新闻与新闻作品是不同的概念,新闻不受著作权保护,但新闻作品受著作权法的保护。不做如此区分,对《著作权》第 5 条第 2 款的解释就会产生歧义,甚至是恶意扩大解释,将其扩大到所有的新闻作品。

当然,新闻作为一种事实无法独自存在,必在表达之中,复制或转载一个新闻事实,通常也在复制和转载一种表达。所以,进一步的问题是,"关于新闻的怎样的表达受著作权法的保护"? 简单的解决的方法是,将对新闻的表达分为两类:一是对新闻的单纯的事实描述,二是对新闻的文学描述。前者不受著作权法保护,但后者应受著作权法保护。

《著作权法》修订草案显然注意到了这一问题,它将《著作权法》第5条第2款的表述,从"时事新闻"改为"通过报纸、期刊、广播电台、电视台、网络等媒体报道的单纯事实消息"。这样的修订或许可以消除可能的歧义和恶意的解释。

什么是"媒体报道的单纯事实消息"? 简而言之,如天气数据、体育竞赛的比分、事件的梗概等,单纯事实外的任何关于新闻的表达都在著作权法的保护之内,更遑论关于新闻事件的深度调查和报道。

今后,对于新闻报道,可能出现两种侵权方式:一是逐句抄袭(verbatim),则必然侵犯著作权,二是不逐句抄袭,仅仅窃取新闻信息。

纯粹的新闻信息的窃取,而非抄袭表述,也是可能的,这是否构成侵权? 1918年第一次世界大战期间美国最高法院关于国际新闻社诉美联社(International News Service v. Associated Press)的裁决是最早的判例。国际新闻社获取美联社的新闻,但对新闻报道进行重写(rewrite)。大法官认为:新闻本身不受著作权法保护,但是受其他法律保护。大法官适用普通法上的窃取理论(misappropriation),保护新闻,并称之为"新闻的准财产权"(quasi-property of hot news)。按现今的立法,纯粹新闻本身可以纳入反不正当竞争法中的商业秘密的范畴中予以保护,但保护需要严格的条件,例如美国法要求:新闻的取得花费了成本,新闻发布具有时间的敏感性,侵权人"搭便车",侵权人与被侵权人存在直接竞争关系等。

相比于新闻,历史事实在法律中几乎不受保护,例如德国著名的兴登堡案(Hoehling v. Universal City Studios, Inc., 618 F. 2d 972 (2nd Cir. 1980)),作家根据其搜集的资料,以详尽的分析和独特的视角,对兴登堡号事故的原因提出了不同于以往的看法,自称发现真相。影视公司根据其著作拍成电影,作家告影视公司侵权,却未获法庭支持。法庭认为:不仅历史事实,对历史的解释也不受著作权保护。

此外,纯粹的历史假说也不受著作权法保护,例如《达·芬奇密码》案。原告认为:《圣血和圣杯》假设耶稣曾结婚生子,血脉绵延不绝,而《达·芬奇密码》内容借用此历史假设,构成剽窃。2006年英国伦敦高等法院驳回了原告诉讼。①

二、行为

通过行为界定权利:能否清晰地界定行为决定了能否清晰地界定权利

我们在界定一种私权时,首先应当界定这一私权所指向的行为,特别是对于(狭义的)权利和自由这两种形式的权利,这一点显得格外重要。如因合同所生之债权是一种(狭义的)权利形式,它要求他人做或不做某事,如果我们无法清晰地界定"要求他人做或不做某事"中的某事是什么,即是什么行为,那么,我们也无从清晰地知道这一特定的合同债权的具体内容是什么。

实际上,民法中的许多有关权利的概念,它们只是一种模糊的指向,所以,它们所表示的权利范围也是模糊的。

界定行为的种种方式

界定行为的方式典型的大约有四种:

一是以行为的客体来界定,如使用某物的行为,强调某物。

二是以行为的方式(方法)来界定,如按某种专利的方法来生产产品的行为,强调专利方式。

三是以行为的结果来界定,如致人损伤的行为,强调损伤的结果。

四是以行为的主观状态来界定,如诚信行为,强调主观之诚信。②

界定行为的方式与权利类型

一般来说,对一种行为的界定往往是同时运用以上几种方式,但是,

---

① *Baigent & Another v. The Random House Group Ltd.*, [2006] EWHC 719 (Ch).

② 其他还有:以行为的环境来界定,以行为的主体来界定,或以行为的意思来界定,如事实行为和法律行为等。

在界定某一类型的私权所指向的行为时,往往又是更为突出地运用其中的一种方式。

例如,界定所有权所规范的行为时,我们往往突出地运用第一种方式,通过界定行为之客体来界定行为,最终界定某一所有权的特定含义,具体说来,所有权包括要求他人不侵占某物的权利,这里,"不侵占某物"就是以某物为中心的一种行为,所有权还包括所有人可以任意地使用占有某物的自由,这里,"任意地使用占有某物"也是以某物为中心的行为,这样,以某物为中心形成了一个行为的集合,对这些行为进行规范,进而形成一个权利的集合,而这个权利的集合就是某物的所有权。

再如专利权,界定专利权所指向的行为时,我们更突出地运用第二种方法,即通过界定行为的方式来界定行为,最终界定某一专利权的特定内容,具体说来,某一专利权包括要求他人不按照某技术的方式来生产产品,这里,"不按照某技术的方式来生产产品"就是以某技术的方式为中心的一种行为,专利权还包括专利权人可以按照某技术的方式来生产产品,这样,以某技术的方式为中心形成了一个行为的集合,对这些行为进行规范,进而形成了一个权利的集合,这个权利的集合就是某技术的专利权。

这里,要特别指出的是,人们往往将"技术"想象为物,实质上,技术并不是行为的客体——物,而仅仅是行为的方式。人们对于以行为的客体——物为中心而形成的权利概念如所有权比较容易理解,而对于以行为的方式为中心而形成的权利概念如专利权则不太容易理解,所以,也将行为的方式即专利技术想象为物或视为物才得以理解,但是,这样又导致了另一困境,因为这个所谓的物与一般的物不同,它无形无体,不可视不可触,所以,人们又无奈地称之为无形物,实质上,它根本就不是物,它只是行为方式或方法。可见,这种困境的原因完全在于:人们不习惯从行为的角度来理解权利,而喜欢从物的角度来形象地理解权利。

正因为抛开了行为这个中间环节来理解权利,所以,当他们遇到这样一种权利——这样一种权利以这样一种行为为规范对象——而这样一种行为却没有"物"作为其客体时,他们就当然要陷入思维的怪圈之中,只能借助"拟制",将本不是物的理念、方案、符号等拟制为物,最后通过这个"子虚乌有"的物理解了那些不同于有体物所有权的权利,在法律史上,人们就是这样来理解近现代社会中新出现的那些财产权的,如专利权、商标权、著作权等。关于这一问题,下面本书继续阐述。

三、物

分析法学家奥斯丁对法律上"物"的概念的分类

奥斯丁说:"在日常意识中,物是一种具有稳定形态的客体(permanent object),可以被我们的感觉反复感知。字典列举出许多种物(thing)一词所具有的含义,但是,在这所有的含义中有两个共同的因素,一是物(thing)具有稳定的特定的因素,但是,一种事物其状态和因素到底稳定到什么程度才可称为物,这却是难以确定的;二是物是有形体的,毫无疑问,有形体都是物。"[1]

物在法律上的用法比日常用法更广。在法律上,物是可能成为权利和义务客体的事物,在这个意义上,每一种权利都有一个物作为它的客体,所有权的客体是物体,不受诽谤的权利的客体是声誉,在这个意义上,物的概念已经大大超过物权法上"物"的含义,如《德国民法典》第90条规定:"本法所称之物为有体物。"但法律上的物(thing)可能具有更多的类型:

一是有形的可触摸的;
二是存在于物理世界,但却无形,如电;
三是既是无形的,又不可触摸,但是,却是一种财富,如专利;
四是既不是有形的,也不是经济财富,如声誉。

以上是分析法学家在理论上对物的概念的整理,但是,在不同的法律制度中,物的概念也是不同的。

罗马人将权利也视为一种无体物

盖尤斯在《法学阶梯》说:有些物是有体物(res corporales),另一些物是无体物(res incorporales)。有体物是能触摸到的物,如土地、奴隶、衣

---

[1] John Austin, *Lectures on Jurisprudence*: *Or*, *The Philosophy of Positive Law*, Robert Campbell (ed.), 5th ed., John Murray 1885, p.358.

服、金、银及数不胜数的其他物;无体物是不能触摸到的物,如权利,比如遗产继承权、用益权及以任何形式设定的债权。被称为役权的城市和乡村土地上的权利也属于无体物。①

物(利益)的概念在法律权利建构中的功能

在许多分析法学的著作中,"物"总是被单列一章予以论述,物的概念之所以重要,因为它在权利的建构中起着"支点"的作用。

这个"支点"作用可以简单地表述为:一种法律所建构的权利,其内容取决于它所指向的行为,而它所指向的行为其内容是什么,则取决于与此行为相关联的物。反过来表述就是:物决定行为的内容,行为则决定权利的内容。

那么,物是如何决定行为的内容呢?上文已经指出界定行为有三种最主要的方式,它们是:

一是以行为的客体来界定,如使用某物的行为;

二是以行为的方式来界定,如按某种专利的方法来生产产品的行为;

三是以行为的结果来界定,如毁人声誉的行为。

严格说来,物一般只能作为行为的客体,但是,法律也将行为的方式乃至结果也视为物,如将作为生产方法的专利以及受损的声誉都作为物,这样界定一种权利所规范的行为就几乎都离不开物的概念了。

实际上,此种广义的"物"的概念实质上就是指一种法律权利所保护的利益②,法律每设定一种权利其目的都在于保护一种利益,所以,每一种权利背后都有一种利益,而每一种权利所规范的行为都必然与其所保护的利益有联系,如果将其所保护的利益都视为物,那么,每一种权利的界定显然都要与一种物有关。如有体物所有权中的物是有体物,它是有体物所有权所保护的利益;专利权中的物是专利,它是专利权所保护的利益;商标权中的物是商标,它是商标权所保护的利益。

---

① 〔意〕桑德罗·斯奇巴尼选编:《民法大全选译:物与物权》,范怀俊译,中国政法大学出版社 1993 年版,第 1 页。

② 萨尔蒙德持此种观点: A right, as we have said, serves to protect an interest; and the object of the right is the thing in which the owner has this interest. 见 John W. Salmond and P. J. Fitzgerald, *Salmond on Jurisprudence*, 12th ed., Sweet & Maxwell 1966, p.223.

当然,各国法律对物的概念的界定是不同的,但是,物的概念在法律中所起的功能却都是一样的。

从本节分析可以看出,尽管"物"在权利的建构中起着重要作用,但是,物与权利完全是两个不同的概念,物是一个客观存在,而权利则是一个规范理念的存在,是一种法律关系。但是,人们在谈及权利特别是财产权时却总是将两者混淆。

也正是由于我们不习惯于从法律关系的角度来理解权利,所以,总是挥不去"物是权利的化身"这样一种天真淳朴的观念,就像原始人必须通过图腾才能理解宇宙,我们必须通过"物"才能理解权利。所以,物权因为"看得到有体物"而变得容易理解,而知识产权却因为"摸不到那个物"而变得困惑不解,所以,就说知识产权是"无形"财产权,这样,才解开了心中那个顽固的"物"的情结。事实上,所有的权利包括物权都是"无形的",因为它们只是理念世界中的不可触摸的规范关系。

正因为此,有一些现代学者断言,区分有形财产与无形财产是徒劳无益的,他们认为,一切财产都是无形的。如法国的佛鲁尔(J. Flour)和罗倍尔(J. Aubert)指出:"物和权利具有完全不同的性质,将之放在一起比较和分类是毫无道理的。从逻辑上讲,不应将物视为财产(权)。"①

小结:物的分类

总结以上论述,可以将最广义上的物分为两类,一类是物质的物,它包括有体物质和无体物质,无体物质也应是在物理学上客观存在的物质,如电磁波等,物质的物一般是行为的客体;另一类是理念的物,它包括客观理念和规范理念,客观理念指客观存在的而非法律所创造的理念,如技术方案,而规范理念则是指法律所创造的权利。

之所以一种权利也会被视为物,原因在于此种权利对界定其他权利也会承担类似于"物"的作用,如德国民法上的"权利物权"(Rechtseigentum)概念。权利物权的概念之所以成立,原因在于"某些权利如股东权、著作权等,它们除自身原本的价值外,也能带来收益,这些权利的此种性

---

① 尹田:《法国民法上的无形产权》,载《外国法学研究》1996年第3期。

质是它们成为限制物权的客体的客观条件"。①

法律将理念以及其他无形利益视为物是一种拟制技术

分析法学家认为,作为理念的物如客观理念和规范理念并不是真正的物,而是拟制性的物,是法律拟制技术的体现②,而关于"物"的拟制性的用法并不是法学的独特发明,事实上,它也是法学从思辨哲学中借用而来的,它使法律的思维过程变得形象而生动。例如,权利的转让本是一种抽象的法律过程,但是,若将权利拟制为物,权利的转让就如同物的交付一样形象生动,易于理解。

也正是这一原因,有形财产和无形财产的划分才是有道理的。所以,法国学者马洛里(Ph. Malaurie)和埃勒斯(L. Aynes)认为:"如果我们要对财产权利作生动和实际的想象,则区分有体财产和无形财产是有必要的。"③

物的概念与权利思维中的实体化倾向

将权利等同于物这种权利思维中的实体化倾向在财产权问题中表现最为典型。麦克劳德在《经济学入门》一书中说:"大多数人在说到或听到财产的时候,想到某种物质的东西,例如土地、房屋、牲畜、货币等等,可是那不是财产的真正意义。财产这个名词的真正的和原来的意义不是指物质的东西,而是指使用和处理一件东西的绝对权利。财产的真正意义是完全指一种权利、利益或所有权,因此,把物质的东西叫做财产和叫做权利、利益、所有权,是同样的荒谬。"④

这里,我还准备附带说明这样一个问题,为什么人们总是习惯于通过实在的物来把握权利的概念?实际上,这是与法律发展早期人们的实体化思维方式有关。许多法学家都曾注意到这个问题,例如波洛克(Freder-

---

① 孙宪忠:《德国当代物权法》,法律出版社 1997 年版,第 348 页。权利物权包括权利用益权和权利质押权,权利用益权是通过对权利的占有而获得权利的孳息,如通过占有某一债权而获得债权的利息的权利,通过占有有价证券而获得分红的权利。权利质押权是指债权人以他人的所有权之外的权利担保其债权的实现。
② 有些分析法学家称之为类比性的用法(analogical application)。
③ 尹田:《法国民法上的无形产权》,载《外国法学研究》1996 年第 3 期。
④ 转引自〔美〕康芒斯:《制度经济学》(下册),于树生译,商务印书馆 1997 年版,第 19 页。

ick Pollock)和梅特兰(Frederic W. Maitland)在他们的著述中就曾指出:

"古代日耳曼法,正如古代罗马法,在处理债和其他合同利益的转让时遇到很大的困难,除非权利是包含在一种有形实体中的,人们就不能理解权利如何被转让的。无形物的历史也告诉我们这一点,只有当受让人获得了实体,将牲畜放入牧场,将职员送入教堂,将小偷处以绞刑,权利才真正被转让。"

"中世纪的法律有关无形物的领域很多。任何一种具有可转让性质的稳定的权利,都被看作是像一片土地那样的物。正是因为它是一个物,而不是法学家思辨的虚构,所以,它才可以被转让。有人想转让教堂的受俸牧师推荐权,他会说他在转让教堂。所以,布莱克顿(Henry de Bracton)向人们解释到,权利不是那种有形的土石结构的东西,而是一种无形之物,一种如同他的灵魂一般的无形之物。"①

实际上,正因为权利是如同灵魂一般不可捉摸的东西,所以,人们总是通过"实体化"的方式来把握它,狄骥就曾指出:"主观权利的概念只是灵魂概念的一种发展。当这种灵魂的活动受到社会保护时就带着一种特殊性质加以实体化,正如人们说上帝是三位一体时,把赋予上帝的属性加以实体化的情况一样。"②

应当说,将抽象概念实体化是人类智力发展早期所常见的现象,所以,在法律发展的历史上,人们同样也不能摆脱这种思维方式的影响,这是法律史上的"儿童思维"。可以说,将物视为权利的化身,乃至将物视为权利的客体,这些所谓现代人的权利思想,恐怕也是法律史上的这种"儿童思维"的一个遗迹。

物的概念与所有权概念之关系

物的概念在法律上与所有权的概念关联最为紧密,这一点将在第二

---

① Wesley N. Hohfeld and Walter W. Cook, *Fundamental Legal Conceptions as Applied in Judicial Reasoning*, Yale University Press 1919, p.28 (refering Frederick Pollock and Frederic W. Maitland, *The History of English Law Before the Time of Edward I*, 2nd ed., Little, Brown & Company 1905, pp.124, 226).

② 〔法〕莱翁·狄骥:《宪法论 第一卷:法律规则和国家问题》,钱克新译,商务印书馆1962年版,第197—198页。

编第四章第二节"所有权概念分析"中具体分析。

第五节　私权的其他分析维度

形式、主体、客体是一个私权得以成立所不可或缺的要素,但是,对一个私权的分析完全没有必要仅仅局限于这三个要素(维度),我们还可以从其他维度对一个私权进行分析。

一、其他分析维度之一:私权的效力范围

对世权(对物权)与对人权

在民法中,关于私权的一种常见的分类方法就是:对世权抑或对人权? 此种分类方法就是以某一权利的效力范围为标准的,而所谓效力范围一般又表现为某一权利所针对的或所约束的法律主体的数量。

对世权,或称绝对权,也称为"对物权"(Rights in rem),是指效力涉及一切人的权利(rights residing in persons and availing against other persons generally)。[1] 这里的"一切人",严格说来,是指某一特定的法律体系的效力范围内的所有法律主体。物权、知识产权、人身权皆属对世权。奥斯丁考察了对物权的现代定义的起源,他说:"一群现代民法学者这样定义对物权:tfacultas homini competens, sine respectu ad certam personam(不针对某个特定的人的权利),而这一定义是格老秀斯创造出来的。"[2]

对人权(Rights in personam),也称相对权,是指效力仅涉及特定人的权利。这里的特定人一般是一个人。债权即属对人权。

对人权和对物权的分类可追溯到罗马法,奥斯丁给予这一分类以高

---

[1] Albert Kocourek, "Rights in Rem", (1920) 68 (4) *University of Pennsylvania Law Review*, pp.322-336.

[2] 〔英〕约翰·奥斯丁:《法学讲演录》(四),徐宗立译,中国社会科学出版社 2008 年版,第 885 页。

度评价。① 奥斯丁对此作了进一步研究。他说:"关于对物权,其他人承担的义务是不作为的义务,如不要侵犯所有者的财产;在特定情形下,也有作为的义务,如捡到该遗失物要归还,但是,当归还的义务成为现实时,具体的义务人却往往是特定的。"奥斯丁强调:对物权的义务内容通常是不作为的,但是,在奥斯丁的法理学的课堂上,一位学生提出反例,如国家要求每一个人都有纳税的义务,要求一定年龄的人都有服兵役的义务。② 其实,这一反例并不成立,因为一个具体的对物权应针对某一特定的具体的标的,如某物的所有权,而所谓政府的税权和兵役权并不是针对同一个特定的具体的标的,它只是内容和性质相似的对人权在概念上的统合而已,是"想象中的对世权",遗憾的是,奥斯丁在其著作中似乎没有对此作出充分的反驳。

四种权利形式均有对世形态

以上分析的对世权实质上是 claim 的对世形态,其实,霍菲尔德的其他三种权利形式也可以构成对世形态:(1)对世的 privilege,例如你有在小月河边散步的 privilege,世上其他任何人均无权利(no-right)要求你不。(2)对世的 power,例如,你有 power 处分你的电脑,处分行为对世上其他人都有效。(3)对世的 immunity,例如,世上其他人处分你的电脑,对你均无效。

对世权与对人权的中间形态

仅仅对世权和对人权两个类型并不能涵盖以"效力范围"为划分标准而可能出现的所有类型,因为"对世"与"对人"只是"效力范围"的两个极端,前者是最大的范围,后者是最小的范围。在"对世"与"对人"之间显然存在中间的形态。例如,某一权利的效力范围既不大至"对世"即特定的法律体系的全部效力范围,也不小至"对人"即仅一人范围,而是特定的法律体系的效力范围内的某一部分范围。如商法上的一些权利只对

---

① Wilfrid E. Rumble, *The Thought of John Austin: Jurisprudence, Colonial Reform, and the British Constitution*, The Athlone Press 1985, p. 33.

② John Austin, *Lectures on Jurisprudence: Or, The Philosophy of Positive Law*, Robert Campbell (ed.), 5th ed., John Murray 1885. 中国社会科学出版社 1999 年影印版,第 785 页。另外,在第 391 页奥斯丁也谈到这个问题。

抗商主体。

关于对物权和对人权之间是否存在中间状态的问题,一些分析法学家在阐述对物权和对人权问题时,做过分析,例如萨尔蒙德。①

债权的不可侵害性所引出的问题:债权的对世性?

债权是典型的对人权和相对权,但是,第三人侵害他人债权的侵权责任问题则使"债权"的相对性变得复杂起来,似乎债权又具有了对世性。

一般地,基于债权的相对性,债权人只能向债务人请求给付,债务人因可归责的事由致债务不履行时,应对债权人负损害赔偿责任。那么,第三人侵害债权的侵权责任能否成立?如甲出卖玉环于乙,交付前被丙不慎毁损,致甲给付不能。于此情形,乙就其所受之损害,可否向丙请求损害赔偿?再如丁受雇于戊,庚以高薪延聘,使其跳槽,于此情形,戊就其因此所受之损害,可否向庚请求损害赔偿?②

在德国,依据《德国民法典》第 826 条规定:"以违反善良风俗之方法对他人故意施加损害之人,对受害人负有赔偿损害之义务";在台湾地区,依据台湾地区"民法典"第 184 条第一项后段规定:"故意以背于善良风俗之方法,加损害于他人亦负损害赔偿责任",第三人侵害他人债权之侵权责任均可成立。③

所以,作为债权人具有这样一种对世权,即有权利要求其他任何人均不得以违反善良风俗的方法侵害其债权。那么,是否债权就因此而成为对世权了?其实,并不是债权成为了对世权,只是债权人享有了一种从属

---

① "Why should there not be rights available against particular classes of persons, as opposed to the whole community and to persons individually determined, for example, a right available only against aliens? An examination, however, of the contents of any actual legal system will reveal the fact that duties of this suggested description either do not exist at all, or are so exceptional that we are justified in classing them as anomalous. As a classification, therefore, of the rights which actually obtain legal recognition, the distinction between real and personal rights may be accepted as valid." See John W. Salmond, *Jurisprudence: Or the Theory of the Law*, 3rd ed., Stevens and Haynes 1910, p.208.

② 引自王泽鉴:《民法债编总论》(第一册),三民书局/台大法学院福利社 1996 年版,第 18 页。

③ 参见王泽鉴:《侵害他人债权之侵权责任》,载《民法学说与判例研究》(第五册),中国政法大学出版社 1997 年版,第 190 页。

于债权的对世权,此对世权是债权的从权利而已,债权是此从权利所保护的对象。

在理解此问题时,应当将狭义的债之关系与广义的债之关系区分开来,前者仅指债权人与债务人之间的单纯的给付关系,而后者则指为保护债权人的给付利益,即保护狭义的债之关系的实现,所创设的其他法律关系群,这些法律关系群为债权人赋予了若干从权利,如先契约权利和后契约权利等,而对"第三人对债权之侵害"的预防与救济之权利则是其中之一种。①

债权的不可侵害性作为一种新型的财产权结构

在现代商业社会,债权的不可侵害性已经发展成为一种普遍的现象。债权的不可侵害性的法律结构是:以债为核心,外围辅以对世性的法律关系保护之。这种特殊的法律关系结构非常重要,特别是在网络时代,许多基于网络而产生的新型财产权,其本质即是该法律关系结构。例如,在网络游戏中的虚拟财产,它的核心法律关系是游戏玩家与服务器经营商之间债的关系,但是第三人如果"窃取"其虚拟财产,本质上是破坏游戏玩家对于服务器经营商债权的实现。在其他领域,如储户对于存款的权利,其核心是储户与银行之间的债的关系,但是,其效力或保护的范围可以扩展到第三人,即第三人不得采取不当手段,如盗取储户个人信息,非法转移储户存款。

二、其他分析维度之二:私权的效力等级

债权效力与物权效力

有一些权利,它们的形式都是相同的,例如物上请求权和债的请求权,区分它们的标准,除了请求权的基础即权利产生的依据不同之外,还有"效力等级"的不同。

当两种或数种相同形式的权利特别是请求权发生冲突时,效力等级

---

① 参见王泽鉴:《债之关系的结构分析》,载《民法学说与判例研究》(第四册),中国政法大学出版社1997年版,第88页。

的问题就表现出来了。民法中物权与债权的一个重要差别就是物权的效力高于债权,民法之所以实行"物权法定主义"原则,它的功能就在于赋予一种权利以优先的效力和对世的效力。

物权效力与债权效力的倒错情形

一个典型的情形就是"买卖不破租赁"(Kauf bricht nicht Miete),例如台湾地区"民法典"第425条第一项规定:"出租人于租赁物交付后,纵将其所有权让与第三人,其租赁契约,对于受让人,仍继续存在。"租赁权本系债权,不可对抗物权,但是,在此情形中,租赁物所有权因买卖而转于第三人时,第三人不可主张原承租人无权占有,而以物上请求权请求其返还租赁物,在此项特别的法律规定中,债权的效力显然高于物权效力。

债权与债权之间的效力等级

债权具有相对性,不具有排他性,因此数个债权可以不论其发生先后而以同等地位并存,此谓**"债权的平等性原则"**。例如甲先后出租某屋给乙、丙、丁,其租赁契约均属有效,各债权处于平等地位,乙、丙、丁均可以向甲请求交付租赁物。再如债务人破产时,所有债权无论发生先后,均按同样比例受偿。

但是,在某些特别情形中,债权之间也仍存在效力等级,如**优先权**,即特定债权人直接基于法律的规定而享有的就债务人的不特定的总财产或特定的财产优先受偿的权利。关于这一问题,将在第三编第八章第三节"私权在事实上的冲突"中阐述。

三、其他分析维度之三:可强制的与不可强制的

规范性与强制性

有一种观点认为,凡是法律关系,就必然能为司法机关所强制。这实际上将法律关系的规范性与强制性混淆了,规范性是法律关系的必要因素,而强制性则不是法律关系的必要因素。即使没有强制力保障,法律上的规范关系也会成立。所以,"是否可强制"也是我们分析某一私权的一个很重要的维度。

在民法上,大多数实体上的法律关系(私权)均可以进入诉讼程序而

被强制,但是,也有许多权利不能,如超过诉讼时效的权利。

没有强制力保障,权利是否是权利?

也许有人会问:"如果没有强制力保障,那种所谓的权利还是权利吗?"①应当说,那种权利仍还是权利,只不过那种权利所保护的利益不可能通过公力救济的途径得以实现。也许有人会进一步问:"如果那种权利所保护的利益不可能通过公力救济的途径实现,那我们仍称之为权利还有什么实际的意义呢?"回答是:**如果我们不再视之为权利,这将会在法律推理上产生不同的后果**,这将影响与之相关的其他法律关系的性质。对此,我们可以用一实例予以说明。例如,甲欠乙100元,乙因超过诉讼时效而失去了国家强制力的救济,但是,乙的权利没有消失,如果甲主动向乙偿还100元,乙仍有权利受偿,即使甲后悔了,甲也无权利请求乙返还100元。但是,如果我们因为乙的债权超过诉讼时效而丧失强制性就说乙的权利没有了,则会导致不同的后果。这个不同后果就是,如果甲主动向乙偿还100元后,后悔了,他则可以请求乙返还,因为乙无权受偿,乙的受偿行为是不当得利。

所以,一种权利得不到诉讼程序的支持,并不会改变它在实体法上的性质,用一句更为学术化的语言来说,一种权利丧失了强制性,并不意味着同时也丧失了它的规范性。

在民法债法中,所谓"**自然债务**"理论所解决的正是这一问题。自然债务(Natural obligation)概念源自罗马法,但其确定的含义至今尚无定论。"有时用于不能依诉请求之给付义务(例如消灭时效之债务),有时用于指基于道德上义务之债务,有时指因不法原因而生之债务,有时更不加区别,兼指诸此各种情形而言,用语分歧,殊失原义。"②这里,本书就不对这一具体问题再作赘述了。

---

① 耶林也这样认为,他说:"法不只是单纯的思想,而是有生命的力量。因此,正义之神一手提着天平,用它来衡量法;另一手握着剑,用它来维护法。剑如果不带着天平,就是赤裸裸的暴力;天平如果不带着剑,就意味着法软弱无力。两者是相需相成的,只有在正义之神操剑的力量和掌秤的技巧并驾齐驱的时候,一种完满的法治状态(Rechtszustand)才能占统治地位。"〔德〕耶林:《权利斗争论》,潘汉典译,载《法学译丛》1985年第2期。

② 王泽鉴:《民法债编总论》(第一册),三民书局/台大法学院福利社1996年版,第43页(基本理论,债之发生)。

四、其他分析维度之四：
法律行为(power)的分类：负担行为与处分行为

维度之四与维度之五侧重于对四种权利元形式之一的权力(power)的分析和类型化，权力(power)是通过法律行为实施的，而负担行为和处分行为是民法对法律行为的一个重要的分类。

两者区分的标准在于它们产生的法律效果是不同的。负担行为产生请求权，用霍菲尔德的术语，是产生了权利-义务(claim-duty)的关系；而处分行为产生的法律效果是：权利的转让、权利的消灭、权利内容的变更等①。

这是我们在学习民法时，不会产生疑问的分类，但是，若以霍菲尔德的术语予以分析，疑问就产生了。负担行为和处分行为都是法律行为，在霍菲尔德的术语中，法律行为必然是行使权力(power)的行为，它必然引起现存的法律关系的变动，负担行为和处分行为都不例外。

所以，问题产生了。负担行为产生权利-义务(claim-duty)，实质上是对原先存在的无权利-无义务(noclaim-privilege)②的法律关系的否定，是对原先的 privilege 的否定，privilege 是霍菲尔德广义上的权利的一种独特类型，也是权利。在负担行为中，该权利(privilege)被放弃了，或被消灭了，或被否定了，使之转变成为义务(duty)了，那我们为什么不可以说负担行为也是一种处分行为，说它是对 privilege 的处分呢？它与民法上的处分行为到底是什么差异呢？

由于负担行为是法律行为，它也必然引起现有的法律关系的变动，它针对的现有的法律关系是什么？它针对的法律关系就是上文所说的无权利-无义务(noclaim-privilege)的法律关系，负担行为只变动 noclaim-privilege 的法律关系。对于 privilege 的变动，不存在转让的问题，所以，只产生义务(duty)。处分行为也是法律行为，它也必然引起现存的法律关系

---

① 〔德〕迪特尔·梅迪库斯：《德国民法总论》，邵建东译，法律出版社 2000 年版，第 168 页。
② 此处的"noclaim"，应为"no-claim"，为表达简洁，略写为"noclaim"，下同。

的变动,那么,它针对的现存的法律关系是什么?它针对的可以是一个单一的法律关系,如一个单一的债权(claim),或者一个复合的法律关系群,如所有权,但该法律关系群不可能仅是多个 privilege 的组合,其中必然包括 claim。

霍菲尔德的术语中的 privilege 是一种**消极权利**,源自于自然状态,而 claim 是一种**积极权利**,源自法律的创设,处分行为只针对后者。

另外,还应当注意一个问题:负担行为和处分行为不是一种周延的分类,例如授权行为,即授予权力(power)的行为,就无法归入负担行为和处分行为的两分法。再如,对权力(power)的褫夺,即解除权力的行为(如撤销代理权的行为),是处分行为吗?

负担行为和处分行为的划分问题还可在分析法学的语境中进一步分析。在霍菲尔德的术语中,有四种广义上的权利,即 claim、privilege、power、immunity。法律行为如何影响这四种权利形式?**"否定"**和**"转让"**是可能的两种方式,这样我们可以系统地提出如下问题,每种广义上的权利,对其否定或转让是负担行为?还是处分行为?当然,privilege 和 immunity 似乎不存在转让的情形,但存在被否定的情形。在霍菲尔德的术语中,如何精确地界定负担行为和处分行为,相关问题可在表格中展现如下:

	claim	privilege	power	immunity
否定	处分行为	负担行为	处分行为?	?
转让	处分行为	?	处分行为?	?

在传统民法中,本来看上去很清晰的所谓负担行为和处分行为的划分,被霍菲尔德的术语活生生地搅得混沌了。但有一点,是清晰了,处分行为是针对 claim 的,或者是针对包含 claim 的权利束的。

负担行为和处分行为的区分,可能是德国民法学者首先提出的,但是,他们对两个概念的深层含义的理解,显然没有达到理想的境地。

五、其他分析维度之五：
法律行为(power)的分类：合同、许可与授权

在传统民法中，合同(承诺)、许可和授权三个概念的边界不是十分清晰，以霍菲尔德的术语进行分析，则可以得到一幅清晰的图景。

合同、许可和授权都是权力(power)，是通过法律行为实施的，但三种权力的法律效力的内容是明显不同的，在霍菲尔德的术语中，三者的差异如下：

合同是产生合同当事人之间的 claim 和 duty。

许可产生的法律效力是：免除被许可人的一种义务(duty)，进而产生特权(privilege)，或者说，许可引发的法律关系变动是：被许可人从原先的 duty 状态变为 privilege。例如，在专利权人许可之前，被许可人处于义务(duty)中，即不得使用该专利的义务，被许可后，该义务被免除，转变为"可以使用该专利的 privilege"。

授权产生的法律效力是：授权人赋予对方以权力(power)，而不是 claim，也不是 privilege，所以，与合同和许可的法律效力完全不同。

既然法律行为可分为合同行为、许可行为、授权行为等三种基本类型，而非合同行为一种，那么，是否可能在这三种基本类型的基本上提取法律行为生效要件的公因式呢？能否将合同行为生效要件适用于许可行为和授权行为呢？在生效要件这一问题上，许可行为和授权行为是否存在特殊性呢？

我国《民法总则》第143条没有区分这三种法律行为，在实践也通常将许可和授权视为合同，立法也基本以合同生效要件为模板，规定了法律行为(包括许可行为和授权行为)生效的公因式。这种立法例是否合理？值得反思与研究。

第二编

私权的类型分析

第一篇

林分的类型及分布

第四章 所有权概念分析

第一节 不同法系传统中的所有权概念

一、绪语

分析法学的思想已基本代表英美法学界对法律关系的一种深刻理解,尽管目前仍然存在英美法系和大陆法系两种不同风格的法律体系,但法律的内在机理是一样的,所以,分析法学的理论也同样适用于对其他法系的法律概念的分析。本书拟作这方面的尝试。在这一编中,我主要选择所有权及其相关概念作为私权类型分析的示例,这样安排的用意主要在于,本书第一编所阐述的分析方法是20世纪英美分析法学家所创立的一种普适性的方法,而所有权则是私法特别是大陆法系民法历史上所形成的一个最为复杂的典型概念,以后者作为前者的试金石,真是再恰当不过了。此外,对于所有权的概念进行一番庖丁解牛般的分析十分必要,因为这将为我们理解民法上的物权概念、财产权概念以及企业法人财产权等理论与现实问题提供一个概念与逻辑的分析基础。

二、罗马法传统中的所有权概念

在罗马法中,所有权的早期称谓是 mancipium。Proprietas 作为对物的最高权利的技术性术语,在帝国晚期开始主要相对于 ususfructus(用益权)被加以使用的,它是指对物的最完全的支配权,英文中的 property 一词即源自于它。而所有权的另一个称谓 dominium 则更古老,但不那么具有技术性,而且它也被用来指"家父"的一般权力或对任何权利的拥有。①

罗马法学者将罗马法上的所有权概念定义为"对物的一般的实际主宰或潜在主宰",实质上就是对物的完全的、绝对的支配的权利。公元11世纪时,注释法学派进一步把所有权解释为所有者对财产物的占有权、使用权、收益权和处分权。即使其中有一些权利内容作为他人的地役权、用益权被从所有主那里暂时剥夺,但是,一旦这些权利终止,所有主又将恢复他对物的完全与绝对的支配权。

罗马法的所有权概念与自由资本主义时期的个人主义精神是相契合的,所以,它不仅深得19世纪注释法学家的推崇,也被《拿破仑法典》所采纳。《拿破仑法典》第544条规定:"所有权是对于物有绝对无限制地使用、收益及处分的权利,但法令所禁止的使用不在此限。"②《德国民法典》也基本采用这一概念,《德国民法典》第903条(所有权权能)规定:"以不违反法律和第三人权利为限,物之所有人得随意处分其物,并排除他人干涉。"

三、普通法上的所有权概念③

所有权是一个十分精致的法律概念,是一个必须经过学术洗练之后才可能出现的概念,这个概念不可能在法律诞生之初就已发达,所以,大陆法系的所有权概念也是在法学家的著作和法典中体现出来,而普通法上最初没有明确的所有权概念,也没有近似于所有权概念的理念,这种理念只是之后在诉讼制度的发展中逐渐达致的。④

根据梅特兰的说法,在英国法中,owner 一词最早出现在1340年,而

---

① 〔意〕彼德罗·彭梵得:《罗马法教科书》,黄风译,中国政法大学出版社1996年版,第196页。

② 《拿破仑法典》,李浩培等译,商务印书馆1996年版,第72页。

③ 本书对普通法上的所有权概念的介绍主要参考:Reginald W. M. Dias, *Jurisprudence*, 4th ed., Butterworths 1976 和 Frederick H. Lawson and Bernard Rudden, *The Law of Property*, 2nd ed., Oxford University Press 1982.

④ 法国比较法学家勒内·达维(R. David)说:普通法是救济的法,而不是权利的法。在这里,我们会看得更清楚,普通法上某种特定的权利概念是在救济诉讼中逐渐形成,而不是在救济之前,这些概念的形成反过来又影响救济诉讼。

ownership 一词最早出现在 1583 年①,但是,普通法上的 owner 和 ownership 的概念并不等同于大陆法系中的所有权人和所有权的概念。

可以说,英美土地法在其发展历史中并没有形成如同罗马法上的绝对所有权的概念,但是,在普通法的诉讼制度中却可以发现所有权理念的萌芽。

最初,普通法没有形成如同罗马法上的所有权收回之诉(rei vindicatio)的诉讼制度,它只是以侵犯之诉(trespass)的制度实现罗马法上的所有权收回之诉所发挥的救济功能,但是,英美法上 trespass 制度只是对于占有权或保有权的救济,而不是对于所有权的救济。之后,随着英美法诉讼制度的发展,收回地产之诉(ejectment)制度开始出现,它保护那些对于被占有的土地具有比实际占有人更高的权利(better right)但却未实际占有的人。

豪兹沃斯与哈格里夫斯之争辩

英国法律史学家豪兹沃斯(William Searle Holdsworth)认为,ejectment 制度在英美法中引入了新的观念,这种新观念近似于所有权。他说在 ejectment 诉讼中,作为实际占有人的被告可以通过证明第三人拥有比原告更高的权利,即 jus tertii,以反驳原告的主张,这样,原告就必须进一步主张自己比任何一个他人都具有更高的权利,这样,在英美法上就形成了对于土地的绝对权概念,也就是所有权。②

但是,哈格里夫斯(Anthony Dalzell Hargreaves)批评了这种说法,他认为,除非有权利证书(title)证明某人对土地享有这种绝对权,否则任何人都无法证明自己对土地享有对抗一切他人的绝对的权利。他认为,英国法上对土地的绝对所有权概念只是到了 1925 年的财产立法之后才出现。③

普通法上所有权理念的萌芽的另一个重要体现是保有(seisin)概念

---

① Frederick Pollock and Frederic W. Maitland, *The History of English Law Before the Time of Edward I*, vol. II, Lawyers' Literary Club 1959, p. 153.

② William Holdsworth, *A History of English Law*, vol. VII, Methuen 1925, pp. 4-23.

③ Anthony D. Hargreaves, "Terminology and Title in Ejectment" (1940) 56 *Law Quarterly Review*, p. 376.

的扩大，seisin 指土地上的特定利益，是对土地的实际占用，它被视为不同于土地本身的一个独立的"物"(thing)，这种被视为"物"的在土地上的特定利益就被称作地产(estate)，对它的享有，就是对它的所有权(ownership)。之后，土地上的种种法律利益陆续地被视为"物"，也陆续地成为所谓的 estate，这样，对于地产(estate)的所有权的概念就发展起来了。

普通法上动产所有权概念的起源

普通法关于动产的权利最初也不存在所有权的概念。梅特兰就十分怀疑，普通法上存在一种如同所有权那样的对于动产的权利。[①] 当 trespass 被用以保护动产时，它也只是保护对动产的占有，而不是对动产的所有权。后来，出现两种保护动产的新的诉讼形式，即追索非法占用之诉(Trover)和请求返还非法扣留物之诉(Detinue)，在这两种诉讼形式中，原告必须证明他具有比作为动产实际占有人的被告更高的权利(better right)，他才能胜诉，这样，"比动产的实际占有人更高的权利"这一观念就形成了。但是，被告仍可以通过证明有第三人享有比原告更高的权利以对抗原告的请求，这里的第三人在普通法中被称为 jus tertii，最终，原告就要证明自己享有对动产的绝对权利，这里的绝对权利就比较近似于所有权的概念了。之后，1893 年英国的货物买卖法中所谓对货物的财产权(property)实质上就是所有权的概念了。

狄亚斯对普通法上所有权概念的总结

狄亚斯认为，普通法上，所有权概念是针对物(thing)而言的，是对于物的所有权，物又有两种含义，一是有形之物(corporeal thing)，即实在的物，二是无形之物(incorporeal thing)，即特定的权利，所以，相应的，所有权又可以分为有形的所有权(corporeal ownership)和无形的所有权(incorporeal ownership)。但是，无形所有权只适用于几种特定的被视为"物"的法律权利，只有对于这些法律权利的拥有可以称为对它们的所有权，而其他法律权利，因为它们不被视为"物"，所以，对它们的拥有不能称为对它

---

① Whether there was any right in moveable goods that deserves the name of ownership. 见 Frederick Pollock and Frederic W. Maitland, *The History of English Law Before the Time of Edward I*, vol. II, Lawyers' Literary Club 1959, p.153.

们的所有权。在英美法上，版权(copyrights)、专利权(patents)被视为物，所以，它们是所有权的客体，对它们的拥有即是对它们的所有权。而诸如身体的安全和声誉这样的权利却不被视为物，所以，对于它们就没有所有权。土地上的种种利益也只有作为物，即成为estate，才可以成为所有权的客体。可见，普通法上所有权的概念完全取决于物的概念。

总之，在英国法上，一个人如果对某种被称为物的东西具有权利，那么，他就可以被称为所有者owner，但是，到底什么可以称为物，则是由政策(Policy)所决定的。一旦他是所有者，那么他对于此物的法律利益将比任何他人都大。但是，政策是如何决定什么东西可以称为物，狄亚斯却没有说清楚。①

权利的所有权 v. 作为一种权利类型的所有权

萨尔蒙德说："所有权从最为广泛的意义上看，是一个人与他所拥有的权利之间的关系，在这一意义上，在任何情况下，所有权人所拥有的就是权利。"②

这样，所有权就只能是无形所有权，萨尔蒙德又继续论述了有体物所有权问题，有体物的所有权只是一个言语上的图像(a figure of speech)。它只意味着一个人所拥有的有关有体物的特定的请求权、权力、自由、豁免等法律权利，萨尔蒙德实际上是在随心所欲对所有权作最广义的解释，而不是从法律史的角度来考证所有权在英美法上的本来含义。不过萨尔蒙德也承认，所有权概念在英美法上的本来含义没有他所解释的那样广。③

不过，萨尔蒙德在所有权概念分析方面有一个重要贡献，就是区分了作为一种权利类型的所有权概念与表彰一个人与他所拥有的权利之间的

---

① Reginald W. M. Dias, *Jurisprudence*, 4th ed., Butterworths 1976, p.395.
② John W. Salmond, *Jurisprudence: Or the Theory of the Law*, 3rd ed., Stevens and Haynes 1910, p.224.
③ John W. Salmond and P. J. Fitzgerald, *Salmond on Jurisprudence*, 12th ed., Sweet & Maxwell 1966, pp.246-265. 他说，对于权利的所有权，这个概念在普鲁斯民法典中是承认的。

关系的所有权概念的不同。①

当然,这就引发出一个更复杂的问题,所谓"权利的所有权"概念除表彰一个人与他所拥有的权利之间的关系外,有无可能指向一种以"权利"为客体的所有权类型?

英国丹尼斯·罗伊德(Dennis Lloyd)教授也曾对此做过分析,他的论述比较令人信服:"权利通常可以——大家也经常这样认为——被'拥有',是不争的事实。不过,这项术语所含的意义,不过是说那些权利得由某些人行使,自然这些人就被称为那些权利的所有人。若以这种定义提到一位'所有人'时,它并未告诉我们被'拥有'的这项权利所具备的性质,决不能与我们目前所讨论属于一种特定财产权的'所有权'混为一谈。以双重含义使用'所有权'一词导致的混乱,非常明显,因为,如果普遍那样使用,我们势必要把财产权的所有人形容为'所有权权利的所有人'(owner of the right of ownership)。这种可笑的说法,事实上已被避免,但英文中没有适当的用语可以称呼一位能够行使特定权利的人。有时大家使用'持有人'(holder)或'占有人'(possessor),但是言语上的习惯,依然把'所有人'(owner)当做比较自然的称呼。但是,如果既把'所有权'看作有形物体上存在的无形权利,又将其看作一个人与任何他能行使的权利之间的关系,这样必然导致混乱,所以,我们面临着另一问题:比较适宜称为所有权的财产权,它的条件究竟如何?"②

萨尔蒙德认为,ownership 是人与他所享有的权利之间的关系,这一说法同样也受到了霍菲尔德的学生库克的严厉批评。他认为,萨尔蒙德的说法为什么听起来合理,只是因为英国法从来就没有将 ownership 的概念固定在有形物之上。而罗马法则简单,它将 dominium 限制在有体物的

---

① John W. Salmond, *Jurisprudence*: *Or the Theory of the Law*, 3rd ed., Stevens and Haynes 1910, p.228. 原文如下:"Ownership, as a particular kind of right, must be clearly distinguished from ownership, as a particular kind of relation to rights of all descriptions."

② 见〔英〕丹尼斯·罗伊德:《法律的理念》,张茂柏译,台湾联经出版事业公司 1984 年版,第 310 页。

绝对所有权上。①

四、罗马法中 Dominium 概念与普通法 Ownership 概念之比较

早期的法律并没有因为所有权与占有的本质与含义这样复杂的理论问题而感到困惑,但是,略微进步一点的文明社会就会将两者区分开来。罗马法对于占有与所有权的区分要比普通法清楚得多,罗马法用 dominium 这样一个技术性的概念来指称对于物的一种绝对权,而 possessio 则指称对于物的事实上的控制而不是法律上的效力。

而英国普通法则不同,"救济先于权利"(Remedies Procede right)是普通法早期发展的一个重要特色,所以,它最初根本没有像 dominium 这样一个的权利概念,但是,它通过旨在保护事实占有的那些救济程序的发展而达到了近乎所有权的概念。特别是在中世纪,英国的法学家开始特别强调 seisin,对 seisin 的拥有即为 ownership,而这个概念已近似于罗马法上的 dominium,但是,仍有根本的差异。

波洛克认为普通法之所以所有权理念不发达,是因为普通法在处理土地案件时从来就没有一种恰当的诉讼程序,用以证明所有权。而罗马法则要比早期英国法更为容易证明所有权的存在。例如 Usucapio(时效取得)就是罗马法上所有权的基础。而普通法对追溯更高的占有权很少有限制,所以,它总是不可能达到那个最高的权利即所有权。希腊也采取了与普通法相似的做法②。

---

① Walter Wheeler Cook, "Hohfeld's Contributions to the Science of Law", (1919) 28(8) *The Yale Law Journal*, p.729. 随着计算机技术的发展,现代社会的许多类型的财产表现为无体物。"计算机科学的现状是,它迅速创造了一个信息分享者的社会,而这种分享与这种社会代表的民主和自由程度要比传统的出版广播业高得多。信息自由——以及躲避信息的自由等议题很快就摆上了台面,因为数字意义上的所有权与传统意义上对一块实体手表的所有权大相径庭,法律界无法正确认识面前的新生事物。"见〔澳大利亚〕朱利安·阿桑奇:《阿桑奇自传:不能不说的秘密》,任海龙、常江译,译林出版社2013年版,第74页。

② Frederick Pollock and Frederic W. Maitland, *The History of English Law Before the Time of Edward I*, Cambridge University Press 1898, pp.1-191. 此外,罗马法上的作为物的交付形式的曼西帕兮(mancipatio)也为证明所有权之存在提供基础,而普通法上则没有这样形式,这也是普通法上所有权概念不发达的一个原因。

当然，正如豪兹沃斯所认为的那样①，ejectment 制度在英国法上引入了所有权这样绝对权的概念。在这种制度中，一个人如果请求驱逐实际占有人而恢复自己对物的占有，他必须证明他不仅具有比实际占有人更高的权利，同时还应证明他比任何他人都具有更高权利，也就是绝对权。但是，这样的制度仍未能最终产生如同罗马法上 dominium 的权利，因为极少有原告可以证明自己具有如同罗马法上的 dominium 一样的权利，即使一份具有 60 年历史的权利证书也不能排除一种相反主张的可能。

第二节 所有权概念分析（一）

分析法学家认为，不同的法律制度中的所有权概念尽管不同，但是，实质上仍具有共同的因素，对这些共同因素的分析应当是"一般法理学"即分析法学的一项重要工作。但是，马克思在《哲学的贫困》一书中却说："要想把所有权作为一种独立的关系、一种特殊的范畴、一种抽象的和永恒的观念来下定义，这只能是形而上学或法学的幻想。"②不过，本书对这一法学的幻想倒是情有独钟。

我以为，所有权是一个概念，如果运用语义学的思维方法对其进行考察，就可以提出一个问题，即在语义学意义上，所有权概念到底指向什么？一般来说，一种法学上的冠以"权"字的概念，往往指向某一法律关系，但是，所有权要比法学上一般冠以"权"字的概念要复杂得多，它不仅指向一些可能的法律关系，同时也指向一种法律推理或权利推理的规则。具体说来，如下：

所有权概念的第一层含义：它指向若干可能的法律关系

所有权概念实质上是在说明享有所有权的人即所有人在法律上的地位，它的第一层面的含义在于，说明所有人可能具有的权利，即所有人可

---

① William Holdsworth, *A History of English Law*, vol. VII, Methuen 1925, p.95.
② 〔德〕马克思：《哲学的贫困》，载《马克思恩格斯选集》（第一卷），中共中央马克思恩格斯列宁斯大林著作编译局编译，人民出版社 1995 年版，第 144 页。

能参与其中的法律关系。

所有权概念所指向的可能的权利即法律关系,不是一个法律主体与另一个法律主体之间的关系,而是所有权人与一切其他人的关系,这种复合性的关系可以分解为若干"一个法律主体与一个法律主体之间"的关系(简称"一对一"的关系),即所有权人与每一个其他人之间的关系。如果假设在一个法律体系的效力范围之内的法律主体的数目为 n,那么,在这个法律体系中的所有权概念所包含的"一对一"的法律关系的数目就是 n-1。

而所有权人与每一个其他人之间的可能具有的法律关系形式,即所有权人可能具有的权利之形式①,按照霍菲尔德的术语,应当包括以下四种:

1. (狭义)权利—义务:所有权人有权利要求每一个其他人不侵占其财物、不妨碍其对于财物的任意行为(如占有、使用甚至损毁行为),每一个其他人都有义务不侵占其财物、不妨碍所有权人对于其财物的任意行为。

在有的情形中,所有权人却无此权利,如在紧急避险中,他无权利要求紧急避险人不侵占或损毁其财产。

2. 自由—无权利:所有权人有自由对其财物进行任意行为,每一个其他人都无权利要求所有权人不进行对其财物的任意行为,如占有、使用甚至损毁等。

在有的情形中,所有权人却无此自由,如在相邻关系中,他对其不动产的行为就不能影响邻居的安宁和光线等。

3. 权力—责任:所有权人有权力处分其财物,每一个其他人都有责任承受因所有权人的处分行为而产生的法律关系。

---

① 民法学认为,所有权是一种"对物权",所谓"对物权"并不是说这是对于物的权,"对物"在法律上的含义仅是指"对世",即这是一种对于一切其他人的权利。在这一点上,凯尔森说得十分清楚:"对人权和对物权的区分可回溯到相对权利和绝对权利之间的区分。但对物权这一用语是引人误解的。严格地说,对物权也是对人权,是对人的权利,而不是像这一用语所意味的对物的权利。"见〔奥地利〕凯尔森:《法与国家的一般理论》,沈宗灵译,中国大百科全书出版社 1996 年版,第 96 页。

在有的情形中,所有权人却无权力,如破产清算时,所有人无权力处分财产。①

4. 豁免—无权力:每一个其他人无权力处分所有权人的财物,每一个其他人的处分行为对所有权人都不产生法律效力,即所有人具有对抗他人处分行为的豁免(权)。如在一物多卖的情形中,履行过物权行为的买受人即获得对物的所有权,他就可以对抗其他人的买受行为,其他买受人的买受行为不能改变他对物的所有权,这里的"对抗"就是豁免。

在有的情形中,所有权人却无此豁免权利,如善意取得,第三人通过善意买受行为有权力消灭原所有权人的所有权。

至于**共同共有**,"共同共有"概念容易令人将其想象为共同共有人作为一个法律主体行使所有权,这种想象是错误的,是一种"偷懒"的做法。共同共有关系比单一的所有权关系略显复杂,这主要表现在关系的结构上,它存在对外与对内两种关系群,对外关系群是每一个共同共有人与共有人之外的每一个人的关系,对内关系群是共同共有人之间的法律关系。

对外关系群的内容与上面所述的所有权关系的内容基本一样,唯一的差异在于"权力—责任"关系上,单独一个共有人无权力处分共有财产。但更重要的是,在对内关系上,共有人之间在物的占有、使用、收益上是一种怎样的法律关系?相互之间均为 Privilege,还是相互之间均有 claim?相互之间关于权利分配的约定是什么性质?是否适用《合同法》?这都是模糊区域。②

对内关系群的内容,大多数国家民法典主要在"分割财产"问题上规定了"无权利—无义务"关系,即一方共有人无权利在共有期间内要求分割共有财产。

对所有权权能理论的反思

相比以上的分析,民法中的所有权权能(占有、使用、收益、处分)的

---

① 随着法律社会化对所有权的限制愈来愈多,所有权人处于法律负担一方的情形就愈来愈多。

② Chris Davies, *Property Law Guidebook*, Oxford University Press 2010, pp.52-63.

理论显得不太严谨。① 这四种权能实际上只包含了所有权中所具有的四种法律关系元形式中的两种,一是自由,占有、使用、收益三种权能实际上就是自由,即可以占有、可以使用、可以收益,而这三种权能还完全没有包含也不可能完全包含所有权中的自由的全部形式,因为对于一个物的自由行为具有无限的形式,不仅仅是占有、使用、收益;二是权力,处分权能就是权力。所有权所具有另外两种法律关系元形式即(狭义)权利和豁免却在民法的所有权权能理论中没有体现出来。

实际上,苏联法学家倒是早就指出了这一问题,维涅吉克托夫说:"仅以占有、使用、处分为内容的传统、限于三位一体的所有权定义并不能概括所有权人的全部主观权利的内容,必须加以完善。"一些其他学者试图从扩展所有权权能的角度来完善所有权概念,他们认为:"国家作为所有人所拥有的,不只是上述三项权能,而至少是四种权利,或者,是五种权能,甚至更多的权能。"②

苏联法学家意识到列举几种权能并不能概括所有权的全部内容,但是,他们并没有说明为什么列举权能的方法不能概括所有权的全部内容,相反,还继续使用这种方法,试图列举更多的权能以概括所有权的全部内容。

我以为,列举权能的方法本质上是一种类型化的方法,它不是逻辑理念的类型化,而是事实类型化③,它通过事实形态来说明一种抽象概念在外延上的可能内容,这种方法只能列举常见的形态,而不能穷尽一个抽象概念一切可能的外延。正如罗马法学者彭梵得所言:"所有权人的权利是不可能以列举的方式加以确定的,换句话说,人们不可能在定义中列举所

---

① 什么是权能?大约有三种观点:第一种观点,权利人实现权利时所能实施的行为。第二种观点权利集合说,所有权是由各种权能组成的集合体,各项权能可以成为单独的权利,集合起来则为一个整体的所有权,因此所有权的权能是指构成所有权的权利。但是,问题在于,如果说所有权是各项权能的集合,则所有权缺乏某项权能就不构成所有权了。权能就不可能与所有权分离了。第三种观点权利作用说,所有权的各项权能不过是所有权的不同作用。

② 参见〔苏联〕B. II. 格里巴诺夫、C. M. 科尔涅耶夫主编:《苏联民法》(上册),中国社会科学院法学研究所民法经济法研究室译,法律出版社 1984 年版,第 328 页。

③ 参见本书导论对法学中类型化方法的阐述。

有权人有权做什么,实际上所有人可以对物行使所有可能行使的权利;物潜在的用途是不确定的,而且在经济社会运动中是变化无穷的,在某一特定时刻也是无法想象的。法只以否定的方式界定所有权的内涵,确定对物主宰权的一般约束,即规定法律限度。"①

另外,需要补充说明的是,我在表述所有权概念的第一层的含义时,特别强调了它指向的是若干可能的权利,因为在许多情形下,物的所有权人并不享有以上所列举的全部权利,例如,房屋出租人对于已出租的房屋在出租期间就不享有占有、使用等自由,但是,我们不能就此否认出租人对于房屋所享有的仍然是所有权,所以,一些民法教科书说,所有权就是占有、使用、收益和处分的总和,将所有权视为一束**固定**的权利之集合,这在逻辑上面临一个矛盾,因为,严格说来,它必然将那些不饱满的所有权排除在所有权的范畴之外了。

由以上分析可以看出,每一个特定的所有权所包含的具体的权利内容是不同的,所以说,所有权不是一束固定的权利之集合,而是一束变动不居的权利之集合。既然是变动不居的,那就出现一个更为深刻的问题,我们依凭什么判断一种权利之集合是所有权,也就是说所有权的本质特性是什么?因为一个具有本质特性的概念尽管其外延变动不居,但是,万变不离其宗,这里,我们就要追问所有权概念的那个"宗"是什么?

我最初认为,处分权即权力(power)是所有权概念的"宗"之所在,但这并未击中肯綮,所有权概念的那个"宗"应当表现在本书下面所要论述的所有权概念的第二层含义之中。

第三节 所有权概念分析(二)

所有权概念的第二层含义:它指向一种法律推理或权利推理的规则

所有权概念不仅指向所有权可能具有的权利或可能参与其中的法律

---

① 〔意〕彼德罗·彭梵得:《罗马法教科书》,黄风译,中国政法大学出版社1996年版,第194页。

关系,同时,更为重要的是,它也指向一种法律推理或权利推理的规则,这一点为许多民法学家以及英美的分析法学家所忽视。所有权概念所指向的一种法律推理或权利推理的规则可以作如下简明的表述:

对于物的某一种权利,如果其他人不能证明其合法享有之,那么,此种权利归属于物的所有权人。

根据这一规则,我们就可以推理出,某物的所有人对于某物所实际享有的具体权利。

当然,所有权概念的这第二层含义,以往也有学者从其他角度揭示过它,归纳起来,大约有三种理论。

一是弹性力理论

这是德国法学者对所有权这一性质的另一角度的描述,他们认为:"所有权既具有浑然之内容,则其内容既得自由伸缩,例如所有权人于其土地上设定地上权或永佃权后,即须受其所设定之物权之束缚,然其本身似已成为不具权能之'空虚所有权'(Nuda Proprietas),或曰'裸体所有权'。然而,一旦其所设定之地上权或永佃权消灭,则所有权仍能恢复其圆满状态,譬如皮球压之则陷,脱之则圆,是即所有权之'弹性'也。"① 这里,所谓"弹性"只不过形象地揭示了所有权概念所包含的关于所有权人法律利益的推理规则而已,所有权"弹性"现象是后者的外在表现,而后者又是所有权"弹性"现象的抽象总结,就如同数学上,抛物线是 $y = x^2$ 的坐标图形,而 $y = x^2$ 则是抛物线的内在的数理关系一样。

二是"最大可能的利益理论"

英国牛津大学奥诺里(A. M. Honoré)教授采用维特根斯坦式的阐释方式,提炼所有权的标准要素(standard incidents),列出了所有权的十一项标准权能:占有权、使用权、管理权、收益权、处分权等等。如果一种财产权包含这些标准要素,那么,它就是一种丰满充分的所有权(a liberal ownership)。②

---

① 郑玉波:《民法物权》,台湾三民书局1976年版,第54页。
② Anthony M. Honoré, *Making Law Bind*: *Essays Legal and Philosophical*, Clarendon Press 1987, pp. 165-179.

他认为所有权是法律所认可的对于某物的最大可能的利益(the greatest possible interest in a thing which a mature system of law recognizes)。① 既然所有的成熟的法律制度都承认物上的利益,那么,在逻辑上,所谓"物上的最大可能的利益"也必然存在,所以,作为"物上最大可能的利益"的所有权之概念也必然存在。所以,他认为即使在原始社会的习惯法中,如在特罗布里恩群岛(Trobriand islands)的原始部族中,也存在有关所有权的规则。②

三是剩余权理论

在可查的关于所有权概念分析的法学文献中,最具创见的当数麦克白(William Markby)的《法律的要素》(Elements of Laws)一书,在这部书中,麦克白创建了所有权的剩余权理论。

他认为不应当定义所有权概念(ownership),而应当定义所有者(owner)。他认为,所有者只是某物的最终的剩余权人(the ultimate residuary),不管从某物上分离出多少权利,也不管剩余的权利是多么少、多么无意义,这些剩余权的拥有者,我们都称之为所有者,而所有者的权利就是所有权。这种剩余权即使十分地微小,它也十分重要。它使得所有权人在法律纠纷中处于这样一个优越的地位,那些不能证明属于他人的权利均属于所有权人。可见,在麦克白的理解中,所有权的概念实际上已经包含了一种权利推理的规则,而不是一种所谓的权利集合。③

在运用剩余权理论分析所有权概念时,我们可能会遇见这样的问题,即如何断定何种权利是被分离出去的权利,而何种权利又是剩余下来的权利?如果这个问题不解决,我们又如何确定谁是剩余权人,谁是所有者呢?

我尝试着给予一个答案,在逻辑上所有权所包含的权利的总量在时

---

① Anthony M. Honoré, *Making Law Bind: Essays Legal and Philosophical*, Clarendon Press 1987, p.161.

② Bronislaw Malinowski, *Crime and Custom in Savage Society*, Harcourt, Brace & Co. 1926, p.18.

③ William Markby, *Elements of Law: Considered with Reference to Principles of General Jurisprudence*, Clarendon Press 1871, pp.159-164. 也有一些学者用 ultimate、most enduring 等词语试图揭示所有权的性质。

间维度上是无限的,而分离出去的权利是有限的,即使将某物的一万年的使用权分离出去,它也是有限的。以权利容量的有限与无限作为区分分离出去的权利与剩余下来的权利可能是一种方法。

与剩余权理论相似的是诺伊斯(C. Reinold Noyes)的磁性内核理论,他认为一个所有权可以将他所有权中的许多权利转让出去,但是,他仍然是所有权人,这就给我们的法律定义带来了困难。从这个角度,认为所有权是一个磁性内核(a magnetic core),即使其他所有权利都被转让,它也仍然存在。①

所有权概念的第二层指向是我们判断一个特定的法律制度中是否存在所有权概念的基本标准。

"分时所有权"是否是所有权?

如果所有权的本质是剩余权的推理和确定规则,那么,所有权在理论上应当是对于特定物的一种永久性的权利。为深化对问题的思辨,这里做一假设:法律可否在某物上设立一种"分时所有权",明确规定在某特定时段,该物上的所有权归属 A,另一时段属于 B,依此类推。② 抛开现实条件不谈,在纯粹逻辑和理论上,"分时所有权"的设计是否可能? 它的本质是否是所有权? 这是一个重要问题,值得深思。

有一点可以肯定的是,虽然物的物理寿命有限,但传统民法物权法所定义的"所有权",从物权法定主义的角度看,它是包含"权利在时间维度上的无限性"这一法定内容,而分时所有权显然破坏了这一法定内容,是对物权法定主义之"内容法定"原则的违反。

"房地产所有权"的特殊结构

《物权法》第九条规定:"不动产物权的设立、变更、转让和消灭,经依法登记,发生效力。"2015 年 3 月启用的《不动产权证书》实质上表彰一种所有权——"房地产所有权",与《不动产权证书》对应的不动产物权登记

---

① Charles R. Noyes, *The Institution of Property*: *A Study of the Development*, *Substance*, *and Arrangement of the System of Property in Modern Anglo-American Law*, Longmans, Green and Co. 1936, p.310.

② 澳大利亚法律通过共有制度来设计一种类似"分时所有权"的制度,见 Chris Davies, *Property Law Guidebook*, Oxford University Press 2010, p.65.

实质上创设了一种新型的所有权类型——"房地产所有权"。它超越了物权法上"所有权"概念,因为它的标的不是单纯的物,而是"物 + 权利",或者说,是"房屋 + 土地使用权",且捆绑为一体,形成一个标的,不可分割。它与纯粹的动产所有权和土地所有权是不一样的。

非所有权的财产结构

有一种朴素的观念认为:世上除无主物外,任何一项财产之上都存在所有权和所有人。其实,这是错误的,因为可能存在"非所有权的财产结构"。非所有权财产结构的本质特征是什么?

如果所有权的本质是剩余权的推理和确定规则,那么,非所有权财产结构的本质特征就在于:在该财产权结构中,无剩余权可以确定和推理。在民法物权法中,传统的永佃权制度可谓是一种典型的"非所有权的财产结构",田面权和田底权相互独立,并且永续存在,在其中已无剩余权。

信托财产的结构本质上是否也是非所有权的结构?虽然受托人的所有权受法律极大的限制,但由于受托人仍然具有剩余权归属之地位,它仍然应在所有权家族之中,但也足以构成与民法法系传统所有权结构不同的一种新型的所有权结构,《阿根廷民法典》称之为"不完全所有权",详见下一章论述。

小结:所有权概念的静态分析方法与动态分析方法

从以上的分析可见,所有权概念有两个指向,一指向若干所有者可能享有的权利,二指向关于所有权人的权利的推理规则。从第一个指向分析所有权概念是静态分析方法,从第二个指向分析所有权概念是动态分析方法。民法学者对所有权概念的研究大多还停留在前者。

《牛津法律大词典》对所有权概念的解释也采用了静态分析的方法,曰:"享有所有权的人,具有人所可以合法对有关的财产享有的一切权利,其中至少包括下述一些权利:占据权、占有权、使用权、滥用权、用尽权、出租权、出借权、担保转让权、销售权、交易权、赠与权、遗赠权和销毁权。构成所有权的那些权利一般是对物权。"[①]

[①] 〔英〕戴维·M.沃克:《牛津法律大辞典》,李双元等译,法律出版社 2003 年版,第825 页。

以静态分析方法,可以将所有权分为完整所有权和不完整所有权,完整所有权就是奥诺里所谓的"the liberal concept of full individual ownership"的概念①,它包含所有权所有可能的内容。不过,绝对完整的所有权概念只能是一种幻想,因为任何一个国家的法律制度都不可能允许所有权包含一切可能的内容,例如,用刀杀人就是刀的所有权可能包含的内容,但是,这一内容显然为所有国家法律所禁止。在英国土地法中,即使 fee simple 也不是一种充分完整的所有权。

所以,奥诺里又列举出所有权的标准要素(the standard incidents),这些权能是所有权概念中的必要因素,如果一个法律不承认其中某些权能,或将这些权能分属于不同的主体,那么,在这个法律体系中是不存在完整的所有权概念(the liberal concept of ownership)的,它所具有的只是被修正了的所有权概念。

法学家劳伦斯·贝克(Lawrence Becker)根据奥诺里教授归纳的所有权的权能,沿维特根斯坦家族的相似性(family resemblance)理论之思路,进行组合计算,得出一个结论:按所包含的权能之不同,理论上应有不少于 4080 种所有权的类型。②

所谓所有权起源的问题

至于,在人类社会的发展过程为什么会出现所有权的概念?这已经不是分析法学所能解决的问题了,分析法学可以将历史上所形成的民法概念分解为十分精细的法律关系结构,但是,为什么历史形成了这样的概念,而不是那样的概念,这只能借助于历史法学、法社会学和法经济学的方法予以解释。在这个问题上,分析法学功能的局限性十分相似于化学分析的方法,譬如,化学分析的方法可以将煤、石油这些物质的构成元素分析得精确无比,但是,为什么在地球演进的历史中形成了煤和石油这样的物质,却只能由地质学来解答,而不是化学分析学。

---

① Anthony M. Honoré, *Making Law Bind: Essays Legal and Philosophical*, Clarendon Press 1987, p.161.
② Lawrence Becker, *Property Rights: Philosophic Foundations*, Routledge and Kegan Paul 1977.

法律学上的所有权概念与经济学上的产权概念之比较
——一个理论层面上的反思

在分析这样一个具体问题之前,首先,必须注意一个基本问题,就是经济学上的权利概念与法学上的权利概念在本质上存在什么差异?这是一个十分重要的理论问题,但是,并没有引起法学家和经济学家的重视,或者说,他们从根本上就忽略了这个问题,所以,法学家在引制度经济学于法学研究时,缺乏必要的反思意识。

严格地说,经济学上的权利概念并不能归入法学上的权利范畴之中,因为经济学是一门事实性的科学,所以,经济学上的权利概念本质上是一个事实性概念,而法学则是一门规范性科学,所以,法学上的权利概念是一个规范性概念。事实性概念与规范性概念具有本质的不同,前者强调权利的实效(be)层面,后者强调权利的应当(ought)层面。

著名产权经济学家美国加州大学教授 H. 登姆塞茨认为:制度经济学上的"所谓产权是一种社会工具,其重要性就在于它们能够帮助一个人在与他人的交易中形成一个合理的预期"。[①] 可见经济学上的产权概念的本质在于"合理的预期"。但是,法律上的权利并不是都可以给予人们一个合理的预期,因为尽管法律都具有规范效力(valid),但是,并不是所有的法律都具有实际效力(effect),有些法律执行不力,形同虚设,人们不能就此获得"合理的预期",这种"形同虚设"的法律权利是不能成为经济学上有意义的产权概念的。

正如有的经济学家所说:有了法律,并不意味着有秩序。制度经济学主要研究权利的配置对于效率的影响,所以,只有那种真正成为事实秩序中的一部分的权利,才是经济学中的权利,因为只有那些具有实效的权利才可能对于效率产生影响。

如果抛开实效层面上的差异,民法上的所有权概念也不能等同于经济学的产权概念,因为后者几乎泛指一切法律上的财产权利。

---

① 〔美〕H. 登姆塞茨:《关于产权的理论》,载《财产权利与制度变迁——产权学派与新制度学派译文集》,刘守英译,上海三联书店、上海人民出版社1994年版,第97页。

经济学向法学借鉴的概念：

奥列佛·哈特(Oliver Hart)的剩余控制权概念的来源考证

奥列佛·哈特是2016年诺贝尔经济学奖的获得者，他的不完整合同理论中有一个重要的概念，就是"剩余控制权"(residual rights of control)。[1]

哈特认为：在不完整合同下，合同双方产生纠纷，在纠纷中，拥有"剩余控制权"的一方拥有优势，另一方容易被敲竹杠。而所谓拥有"剩余控制权"的一方一般就是产权的所有者。例如，在房屋租赁合同中，双方对房屋租赁的使用方式未全面约定也不可能全面约定，这构成不完整合同。合同履行中，承租方希望重漆房屋的颜色，但这在租赁合同中没有约定，显然，该问题的决定权掌握在房屋的出租方即房屋的所有者手中。[2]

再如，甲是乙的供货商，乙因特殊原因需要大幅度增加供货，但决定权掌握在甲的手中。如果乙并购了甲，成为一家企业，乙被甲敲竹杠可能就没有了。[3] 哈特的理论可以用来解释企业并购等产权现象。

哈特的"剩余控制权"的概念来源于何处？是否是哈特的原创？在哈特的著作中，找不到"剩余控制权"的原始的出处，似乎应认定为哈特的原创。

但是，根据本书上文的考证，法学家麦克白(William Markby)早在1871年就提出了剩余权理论，用以解释所有权的概念。后来，制度经济学家广泛使用剩余权理论定义企业所有权的概念。[4]

麦克白出生于1829年，1850年从牛津大学获得数学学位，之后学习法律，从事律师职业。1866年前往印度，担任加尔各答高等法院的法官，历时12年，同时还担任加尔各答大学的副校长。之后，在牛津大学教书，同时写作《法律的要素》(Elements of Law)。该书对法律的基本概念做了深入清晰的分析，在英国影响很大，对于印度法学学生，更是首屈一指的

---

[1] 〔美〕奥列佛·哈特:《企业、合同与财务结构》，费方域译，上海三联书店、上海人民出版社1998年。

[2] Oliver D. Hart, "Incomplete Contracts and the Theory of the Firm"，(1988) 4 (1) *Journal of Law, Economics, and Organization*, p.124.

[3] Ibid., pp.123-124.

[4] 〔美〕亨利·汉斯曼:《企业所有权论》，于静译，中国政法大学出版社2001年版。

教科书。在此书中,麦克白首次提出了关于所有权概念的"剩余权"理论。①

麦克白的剩余权理论对哈特是否有影响?

根据英国《金融时报》对哈特的采访,哈特的父亲是一位著名医生,但哈特的祖父 Henry D'Arcy Hart(1866—1938),则是一位大律师(barrister),也是一位画家②。哈特祖父与麦克白几乎是同时代的人,他对于哈特可能有思想上的影响,哈特在思考所有权概念时,可能受到麦克白理论的影响。

总之,奥列佛·哈特不是产权理论领域中的剩余权概念的原创人。

---

① William Markby, *Elements of Law: Considered with Reference to Principles of General Jurisprudence*, Clarendon Press 1871, pp. 159-164.

② Troy McMullen, "Nobel Prize-winning Economist Oliver Hart on the Financial Crisis", *Financial Times* (13 January 2017).

第五章　不完全所有权：
　　　　信托财产关系的结构

霍菲尔德在斯坦福大学法学院和耶鲁大学法学院一直讲授信托法，信托法所呈现的复杂的法律关系是他萌发"寻找法律概念的最小公分母"的动因之一。他以分析法学的方法研究信托法，其成果主要表现在他的论文《衡平与法律的关系》[1]和《加利福尼亚信托法和永续法的救济性立法的必要性》。[2] 当然，他的研究重点是在衡平法与普通法的关系。他以他的四对法律概念分析了在信托上所交织的衡平法法律关系和普通法法律关系。

本章以霍菲尔德的权利分析方法以及分析法学的基本思路，分析信托财产上的法律结构，为信托法在大陆法系民法结构下的存在提供一个理解的视角。

第一节　信托法：民法家族的新成员

英美法系和民法法系沿各自不同的历史路径演变至今，其基础概念与规则迥然相异。作为纯粹的英国衡平法的产物，信托法移植至民法法

---

[1] Wesley N. Hohfeld, "The Relations Between Equity and Law", (1913) 11 (8) *Michigan Law Review*, pp. 537-571.
[2] Wesley N. Hohfeld, "The Need of Remedial Legislation in the California Law of Trusts and Perpetuities", (1913) 1 (4) *California Law Review*.

系,自然面临诸多的理论问题。

欧洲大陆的许多民法法系国家一直拒绝引入信托法。其中,法国不接受信托法①,在法理上,主要有两个原因:第一,《法国民法典》遵循绝对所有权的概念,其第 544 条将所有权定义为"对于物有绝对无限制地使用、收益及处分的权利"。而在信托法中,受托人与受益人对于信托财产的分割所有权(split ownership)显然与此相悖。第二,信托财产独立性是信托法的基本原则,但是,《法国民法典》第 2092 条规定:"负担债务的人,负以现在所有或将来取得的一切动产或不动产履行其清偿的责任。"它排除了基于特定目的的财产独立性的效力。②

荷兰不接受信托法,也存在相似的原因。第一,《荷兰民法典》坚持所有权的绝对性和不可分割原则,其第 5 编"物权"第 1 章"所有权总则"第 1 条规定:"所有权是人对物所能享有的最广泛的权利。"③信托法中的分割所有权违背上述原则;第二,荷兰民法坚持物权法定主义(the numerus clausus of real rights),任何物权的创设需遵循严格的形式要件。信托法中受益人的权利具有物权性(rights in rem),但其种类和内容完全依据当事人意思自治,违背物权法定主义原则。④ 这也是欧洲其他主要国家包括德国、瑞士的学者的普遍观点。

但是,一个国家是否引入信托法,除了法理上的因素,还有政治和政策上的因素。目前,民法法系传统的其他国家或地区之所以引入信托法,

---

① 法国于 2007 年 2 月 19 日颁布《关于建立信托制度的法律》,信托写入《法国民法典》,即《法国民法典》第三卷第十四编"信托",信托成为《法国民法典》中的一种新型的有名合同。但是,它根源于罗马法信托(fiducia),本质上是一种担保方式,而非英美法信托(trust)。

② Ph. Rémy, "National Report for France", in David J. Hayton, S. C. J. J. Kortmann and H. L. E. Verhagen (eds.), *Principles of European Trust Law*, Kluwer Law International 1999, p. 131.

③ 《荷兰民法典》,王卫国主译,中国政法大学出版社 2006 年版,第 106 页。

④ S. C. J. J. Kortmann and H. L. E. Verhagen, "National Report for the Netherlands", in David J. Hayton, S. C. J. J. Kortmann and H. L. E. Verhagen (eds.), *Principles of European Trust Law*, Kluwer Law International 1999, p. 195.

主要是基于政治和政策的因素。① 有的国家和地区是在英美法系国家主权的直接影响下,而接受信托法,如加拿大的魁北克州、美国的路易斯安那州等;有的国家是出于创设一种有效的金融工具,提高金融系统的效率的目的,而引进信托法,如哥伦比亚、厄瓜多尔、日本、秘鲁、俄罗斯等②;有的国家是由于种族因素的影响,而引进信托法,如南非;有的国家是为吸引外资,而引进信托法,如列支敦士敦,它被称为"欧洲的特拉华"。③

我国在2001年颁布并实施《信托法》,其目的与日本相似,在于引入并完善一种金融工具④,其最急迫的目的在于为整顿混乱的信托业提供全面系统的法律基础。立法者的本意重点在于规范和发展商事信托,但是,由于"信托公司的经营活动和其他信托活动中出现的不少问题也与缺乏信托关系的基本规范有关,因此,先行制定调整信托基本关系的法律是必要的"⑤,所以,信托作为一项基本的私法制度被"捆绑式"地引入中国,对中国的民法制度产生重要影响,所引发的问题仍在观察与反思之中。

应当说,民法法系引入信托法,既是信托法也是民法发展历史上的一项重要事件。

从信托法角度看,信托法移植至民法法系中,其本身经历重要的转型。"失去衡平法的信托法"不再是英美法系中"原汁原味"的信托法,虽然保持着衡平法的信托法的内核,但其边缘部分却发生了重要变化。一方面,民法法系国家不可能移植衡平法的信托法的全部外在配套制度,在移植中就已脱去其部分羽毛;另一方面,所移植的信托法构成民法体系中一个有机的部分,在法律适用的基本规则的影响下,如上位法与下位法规

---

① 在民法法系中,最早引入信托法的是拉丁美洲国家。1921年,一项对拉丁美洲银行系统的研究报告(Kemmerer报告)表明,拉丁美洲银行系统之所以缺乏效率,原因之一在于缺乏信托制度。在美国的支持下,拉丁美洲国家开始了立法改革。

② Maurizio Lupoi, *Trusts: A Comparative Study*, Cambridge University Press 2000, p.270.

③ Jaro Mayda, "'Trusts' and 'Living Law' in Europe", (1955) 103 (8) *University of Pennsylvania Law Review*, p.1052.

④ 《信托法》颁布前,我国信托机构的活动长期缺乏权威的基本准则,令信托业的发展陷入歧途。在1982—1999年,我国政府对信托业进行了五次整顿。

⑤ 张绪武:《全国人大法律委员会关于〈中华人民共和国信托法(草案)〉审议结果的报告》(2001年4月)。

则、普通法与特别法规则,民法体系的上位法规则和普通法规则必然渗透并改造信托法。以中国为例,信托行为是民事法律行为,所以,《民法总则》关于民事法律行为的一般规定适用于信托行为;信托合同是合同,所以,《合同法》关于合同的一般规定适用于信托合同,甚至《合同法》中合同无效制度也完全适用于信托无效,截然不同于英美法系以回复信托(resulting trust)为核心的信托无效制度。民法法系中的信托法成为一种"混血儿式"的信托制度①。日本、韩国、台湾地区和中国大陆信托法均具有这样的特色。

从民法的角度看,信托法中"双重所有权"和物权性质的信托受益权,以及受托人的"不完全所有权",可能对民法体系中所有权绝对性、物权法定主义、物权公示等基本原则产生冲击。作为民法法系的新成员,信托法是否是"木马病毒",最终破坏整个民法体系的统一性和完整性?这是民法面临的关键问题。但是,不可否认,信托法的引入对民法学者是一个良好的机遇,可以对传统民法的基本理论进行再思考和再认识。

由于信托法在民法法系中的问题主要表现在物权法领域,本书重点阐述:民法法系所有权概念是否排斥信托法?信托法是否颠覆民法法系物权法定主义?以及信托公示问题,对信托法在民法法系中所引发的问题作初步分析和总结。

第二节 信托财产所有权的特殊结构

如前所述,欧洲大陆民法法系国家拒绝引入信托法,一个重要原因就是:在信托中,存在双重所有权——受托人所有权和受益人所有权,它与

---

① 有学者将全世界的信托法模式分为三种:传统的英国模式(the traditional English Model)、国际信托模式(the international trust model)、民法法系或混合法系的信托法模式(Trusts in civil-law or mixed legal systems),见 Maurizio Lupoi, "The Civil Law Trusts", (1999) 32 *Vanderbilt Journal of Transnational Law*, p.969.

民法法系所有权概念格格不入。① 那么,所谓信托受益人所有权是什么? 所谓双重所有权真的存在吗? 所有权概念的本质与功能是什么? 民法法系所有权概念如何排斥信托法? 这都需要深入考证与分析。

一、信托中所谓受益人所有权的真相

在信托法中,关于受益人的权利在英语中有多种表述:beneficiary's interest、equitable title、equitable ownership、beneficial ownership,其中 equitable ownership 和 beneficial ownership 是最极端的表述。我们首先需要在语义上检讨其真正的含义。霍菲尔德早就警告过:用于讨论信托法的语言是具有误导性的②,梅特兰也这样认为。③ 关于信托法的一些基本术语,如所有权(ownership)等几乎承载着意想不到的含义(unexpected meanings),远远偏离其严格的定义。

其实,受益人的权利作为一种所有权,即所谓衡平法所有权,它的出现是一个渐进的过程。在衡平法的历史中,受益人的权利最初只是一种要求受托人履行信托义务、赔偿因其错误而造成的损失的权利,这显然是对人权。之后,发展成一种针对任何第三人(除了善意购买者)的权利。第一步出现在15世纪,早在1466年的一个判例表明:第三人从受托人处购买土地,如明知该土地是 USE④ 下的财产,第三人则受 USE 约束,受益人可以请求第三人返还该土地。这是受益人(cestui que)权利的对世性的最初萌芽⑤。

受益人所有权的概念在19世纪变得日益突出和重要。在1841年

---

① 另见 Tony Honoré, "On Fitting Trusts into Civil Law Jurisdictions", Oxford Legal Studies Research Paper No. 27/2008 〈https://papers.ssrn.com/sol3/papers.cfm?abstract_id=1270179〉accessed 25 December 2020.

② Wesley N. Hohfeld, "The Relations Between Equity and Law", (1913) 11 (8) *Michigan Law Review*, p.537; Wesley N. Hohfeld, "The Conflict of Equity and Law", (1917) 26 *The Yale Law Journal*, p.767.

③ Frederic William Maitland et al, *Equity: A Course of Lectures*, 2nd ed., Cambridge University Press1936.

④ Use 是信托的早期形式。

⑤ Tony Honoré, *The South African Law of Trusts*, Juta & Company Limited 1976, pp.15-16.

Saunders v. Vautier 判例中,委托人设立一信托,要求受托人在受益人 25 岁时,将信托财产和全部收益交付受益人。当受益人 21 岁时,受益人要求受托人交付信托财产和全部收益,法院支持了受益人的请求。学者们认为,该案标志着受益人的权利从单纯请求受托人履行信托的对人权,转变为处分信托财产的权力,这就是受益人所有权的重要表现。

此外,税法也使受益人所有权的概念获得发展。1894 年英国《金融法案》(Finance Act)推出房地产(遗产)税(estate duty),1975 年该税为资本转让税(capital transfer tax)代替,1984 年资本转让税被取消,房地产税在遗产税的名下复活,它们直接影响到信托受益人的利益。基于纳税的目的,受益人被视为信托财产的真正所有权人(owner),虽然受托人是信托财产法律上的所有权人。所以,受托人死亡,对信托财产不征税,而受益人死亡则征税,因为所有权发生移转。由于不动产税对家庭财产的重大影响,税法中的受益人所有权的概念对信托法理论影响日甚。

从受益人所有权概念演变的历史可见,信托受益人的权利虽具有一定的物权效力,但是,离所有权还是相去甚远。英美法系学者也意识到:所谓受益人所有权概念是不成立的,它更多的是税法等领域的一种比喻性的用法。在 20 世纪,慈善信托(charitable trust)、目的信托(purpose trust)、自由裁量信托(discretionary trust)大量出现,在这些类型的信托中,受益人不确定或受益人权利弱化。所以,在过去的四十多年中,受益人所有权的概念开始衰弱,那些虚妄的所谓受益人所有权的概念在英美法系受到清理。[1]

在当代英美法系信托法经典著作关于信托的定义以及其他论述中,受益人所有权概念并未被普遍接受。然而,时至今日,欧洲大陆民法法系学者仍然强调所谓信托财产的双重所有权,以致引起英美法法学者的反

---

[1] 本节关于信托受益人所有权概念的演变史的论述,主要参考:Thomas Glyn Watkin, "The Changing Idea of Beneficial Ownership under the English Trust", in Contemporary Perspectives on Property, Equity and Trusts Law, Martin Dixon and Gerwyn LI. H. Griffiths (eds.), Oxford University Press 2007, pp.139-161; Geraint Thomas and Alastair Hudson, The Law of Trusts, Oxford University Press 2004, pp.173-199; Graham Moffat, Gerry Bean and John Dewar, Trusts Law: Text and Materials, 4th ed., Cambridge University Press 2005, pp.235-242.

感,甚至怀疑民法法系学者的研究目的仅在于将信托"异域风情化"(exoticise)。①

二、霍菲尔德"财产碎片化"理论与所有权概念的本质

如何理解所有权的概念？这需要从价值与逻辑两个层面展开。

如果将所有权的性质界定为绝对性,这只是在价值层面上可以成立的主张。法国大革命后,《法国民法典》所宣扬的所有权绝对性原则纯粹是一种价值表述,而不是法律的客观逻辑。在逻辑层面上,财产权的本质是"权利或法律关系的集束",可以分解至权利或法律关系的元形式。这是以霍菲尔德为代表的现代分析法学在财产法领域所引发的理论革命②,此即财产权碎片化(fragmentation of property rights)理论。③ 在它的视野中,所谓所有权绝对性是可以突破的教条。作为财产权的一种形式,所有权的权能可以分解和分离,或者说,所有者并不一定享有物的全部权利,物的某些权利可能通过法律的特别规定或合同的特别约定而属于他人。

传统民法的所有权权能理论以占有、使用、收益、处分等权能列举的方法界定所有权概念,未能揭示所有权概念的本质。在现代社会,所有权的本质不在其绝对性和完整性(unitary ownership)。所有权概念已"沦落"为一个符号,在符号学意义上,它仅指向关于所有权人的权利的推理规则,即关于物的剩余权的确定规则。④ 该规则可以表述为:除法律特别规定或合同特别约定物的某特定权利属于他人外,该物的其他权利即剩

---

① Michele Graziadei, Ugo Mattei and Lionel Smith (eds.), *Commercial Trusts in European Private Law*, Cambridge University Press 2005, p.9.

② Wesley N. Hohfeld, "Some Fundamental Legal Conceptions as Applied in Judicial Reasoning", (1913) 23 (1) *The Yale Law Journal*；王涌:《寻找法律概念的最小公分母——霍菲尔德法律概念分析思想研究》,载《比较法研究》1998 年第 12 卷第 2 期；王涌:《权利的结构》,载《法哲学与法社会学论丛》第 4 卷,中国政法大学出版社 2001 年版。

③ James Penner, "The 'Bundle of Rights' Picture of Property", (1996) 43 (3) *UCLA Law Review*.

④ 关于所有权概念以及无所有权的财产权结构的理论分析,详见王涌:《所有权概念分析》,载杨振山、〔意〕桑德罗·斯奇巴尼主编:《罗马法·中国法与民法法典——物权与债权之研究》,中国政法大学出版社 2001 年版。

余权属于物的所有者。①

从剩余权理论看,传统民法的绝对所有权概念难以成立。绝对所有权作为一种财产权结构,其存在并不能排斥其他的财产权结构的存在。绝对所有权的财产权结构可以存在,限制所有权的财产权结构也可以存在;所有权式的财产权结构可以存在,甚至无所有权式的财产权结构也可以存在。

其实,已有民法法系国家已改变传统民法绝对所有权概念,为引入信托法奠定基础。如《阿根廷民法典》第3卷"物权"的第七题的标题为"不完全的所有权",其中第七题第2661条规定了"不完全的所有权","不完全的所有权"成为民法典中一个基本概念,虽然在传统民法眼光中,这显然是异类。在"不完全的所有权"概念的基础上,《阿根廷民法典》第2662条引入了信托。②

综上所述,既然英美法系中所谓信托受益人所有权并不存在,而民法法系所谓所有权绝对性原则也不成立,那么,民法法系所有权概念排斥信托法的结论就不能成立,因此,它就不能成为民法法系拒绝引入信托法的理由之一。

三、信托财产所有权归属——一个怎样的问题?

信托财产所有权的归属是民法法系引入信托法后争议最大的问题之一。如果以剩余权理论考察信托财产所有权归属,问题的实质就十分清晰了。

在信托关系中,之所以要明确信托财产的所有权人,目的在于明确信托财产上的权利和义务关系。信托财产上的权利和义务关系可分为内部关系和外部关系,内部关系是委托人、受托人和受益人之间的关系,外

---

① 这种法学上的理论甚至与制度经济学关于企业所有权概念也有不谋而合之处。Henry Hansman 教授指出:对企业剩余收益(residual earnings)的索取权是企业所有权的核心。见〔美〕亨利·汉斯曼:《企业所有权论》,于静译,中国政法大学出版社2001年版,第13页。

② 《最新阿根廷共和国民法典》,徐涤宇译注,法律出版社2007年版,第563—564页。

部关系是委托人、受托人、受益人与其以外的人的关系,如信托财产对外投资形成的股权关系、信托财产上的税法关系等。

在内部关系中,需要明确所有权人吗?如果现有规定没有穷尽信托财产上的全部权利和义务,则会产生剩余权归属问题。确定了所有权人就确定了剩余权归属,所以,通常需要确定所有权人。

只有在两种情形下,在信托内部关系中,不需要明确所有权人:第一,法律规定已经完全明确了信托财产上的权利在委托人、受托人和受益人之间的分配,不存在归属不明的剩余权;第二,存在归属不明的剩余权,但是,微乎其微,无关紧要。

"我国信托法采取了'就事论事'的立法方式,直接明确规定了当事人各方的权利义务关系,回避了信托财产的归属之类的问题。信托实施过程中出现争议的,依照法律规定解决争议,原则上可不考虑信托财产归谁所有。"①这种立法模式如果符合上述的两种例外情形,是可以接受的。

但是,在外部关系上,在确定信托财产上的对外的某特定的权利和义务的主体时,如基于信托财产投资而需要确定股东、基于信托财产的纳税义务而需要确定纳税主体,则需要通过明确信托财产所有权人而确定,特别是在有关法律明确规定财产的所有权人担当特定外部关系的权利或义务主体时,如果法律不明确信托财产所有权人,就会出现混乱,至少信托的对外关系的交易成本会大大增加。其实,明确信托受托人是信托财产的所有权人,益大于弊,我国应采此立法例。

四、信托财产"不完全所有权"与信托受益权的物权性质

按民法法系的债权和物权的二分法,受益权是物权还是债权?半个多世纪前,英美法系和民法法系学者就曾激烈争论(the great debate)②,但观点不一。

争论甚至波及国际私法领域。1968年的《民商事案件管辖权和判决

---

① 何宝玉:《信托法原理研究》,中国政法大学出版社2005年版,第53页。

② D. W. M. Waters, "The Nature of the Trust Beneficiary's Interest", (1967) 45 Canadian Bar Review, pp.219-283.

承认与执行布鲁塞尔公约》第 16 条第 1 款规定:诉讼中所主张的权利涉及不动产,且是对物权,物的所在地法院有管辖权。当这一条款在信托诉讼中适用时,关键的问题就是信托受益人对信托财产的权利是否是对物权? 1994 年的 Webb v. Webb 判例和 1996 年 Re Hayward 判例对此作出了不同的判决。这表明在欧洲民法法系对信托受益人的权利性质作出界定还是十分困难的。

效力的对世性、排他性、优先性是物权的根本特征。当我们说信托法创设了新型物权,首先系指信托受益人的权利。[①] 那么,信托受益权是否是物权? 下面,我们尝试做一分析。由于物权法将"物"限于有体物,而信托法中的信托财产不限于有体物,这里,将信托财产限于有体物。

信托受益人的权利主要表现在如下方面:(1)信托财产独立性,受益人对信托财产的权利可以对抗受托人个人的债权人,见《信托法》第 17 条规定。用霍菲尔德的术语描述,受益人享有一种对世的 claim,具有物权的本质特征,即对世性和排他性。(2)信托受益人的撤销权。《信托法》第 22 条规定:"受托人违反信托目的处分信托财产或者因违背管理职责、处理信托事务不当致使信托财产受到损失的,委托人有权申请人民法院撤销该处分行为,并有权要求受托人恢复信托财产的原状或者予以赔偿;该信托财产的受让人明知是违反信托目的而接受该财产的,应当予以返还或者予以赔偿。"第 49 条规定,受益人与委托人享有同样的撤销权。(3)受益人对受托人的收益请求权。

以上第(1)项和第(2)项权利均具有对世性和排他性,具备物权的性质。德国学者沃尔夫也认为:"虽然信托所有权法律上属于受托人,但是他的债权人不能直接执行信托财产。就这一点而言信托所有权具有物权效果,它超越了单纯债法的约束的范围。"[②] 这一分析是深刻的,简而言之,信托法创设了一种新型的物权类型,即"不完全所有权",这是信托受托人在信托财产上所享有的物权类型,它不同于普通的所有权,所以,应

[①] 受托人所有权是一种不完整所有权,其实,也是新型的物权,它与信托受益人的权利相辅相成。

[②] 〔德〕曼弗雷德·沃尔夫:《物权法》,吴越、李大雪译,法律出版社 2002 年版,第 32 页。

另列为一种新物权的类型。

在受托人"不完全所有权"的背面,则是受益人的"物权",受益人有权阻止受托人的债权人直接执行信托财产,这是受益人的对世的排他性权利。

《阿根廷民法典》第3卷"物权"的第七题的标题为"不完全所有权",其中第2662条规定的"信托所有权"实质上是将信托财产上的权利确认为一种不同于传统所有权的新型的物权了,即不完全所有权。不完全所有权如同苹果被咬去一块,"被咬去的一块"必然具有物权效力,而非债权效力,它归属于受益人,所以,受益人的权利也必然是一种物权性质,因为这是相关联的两个方面。

欧洲大陆民法法系学者排斥信托法的第二个理由是:信托法引入新物权,必然颠覆民法法系的物权法定主义原则(Numerus Clausus[①])。那么,什么是物权法定主义?物权类型的含义是什么?信托受益权是否隐含无数可能的物权的类型?还需要一一分析。

第三节　信托法颠覆物权法定主义?

一、物权法定主义的起源

在古代罗马法,"总的讲,物权都是典型的权利,也就是说,它们本质上是由法律确定的并可归入固定的类型,当事人的意思只能在一定限度内改变这些类型"。[②] 这是物权法定主义最初的萌芽。

在近代,物权法定主义的确立始于《法国民法典》。法国大革命之前,封建制度下,土地所有权上存在各种各样的权利。[③] 在法国大革命时

[①] 拉丁文,限制数目、数目封闭的意思。也称法律限定主义,见史尚宽:《物权法论》,中国政法大学出版社2000年版,第12页。

[②] [意]彼德罗·彭梵得:《罗马法教科书》,黄风译,中国政法大学出版社1992年第1版,第183页。

[③] Jean Brissaud, *A History of French Private Law*, Rothman Reprints, Inc & Augustus M. Kelley Publishers 1968, pp.267-268.

期,流行的观点认为:财产权的分割、土地上负载繁杂权利(the multiplication of right)是封建主义的重要特征,是财产自由流通和个人自由的障碍,是社会等级特权制度的残余①,因此,强调所有权的完整性(unitary ownership),主张控制财产权的类型数目。《法国民法典》第 543 条规定:"对于财产,得取得所有权,或取得单纯的用益权,或仅取得土地供自己役使之权。"意即当事人能够设定的财产权利只限于该条所述的三种,该条就是关于物权法定主义的规定。

尽管物权法定主义主要是法国大革命意识形态的产物,缺乏充分的理性阐述(a well-articulated rationale),它却取得了巨大的成功。② 此后,民法法系国家和地区纷纷跟随,如《日本民法典》第 175 条、台湾地区"民法典"第 757 条、《韩国民法典》第 185 条、《泰国民法典》第 1298 条、《阿根廷民法典》第 2536 条、《路易斯安那民法典》第 476—8 条、《埃塞俄比亚民法典》第 1204(2)条、中国《物权法》第 5 条、甚至《以色列土地法》(1969 年)第 2—5 条。

据考证,在英美法系,物权法定主义没有被明确认可,但是,法院所持的保守主义原则与其相似,是不成文的物权法定主义③,具有同样的效果。法院通常遵循法理,拒绝承认新的财产形式,几乎所有的财产类型的变化均是通过议会立法实现的。④

---

① M. Comporti, "'Diritti reali'(Property rights)", in *Enc. Giur*, *Treccani*, vol. XI, Rome,1989, p. 5. 转引自: Enrico Baffi, "The Anticommons and the Problem of the *Numerus Clausus* of Property Rights", p. 2〈https://papers.ssrn.com/sol3/papers.cfm? abstract_id = 1023153〉accessed 25 December 2020.

② Ugo Mattei, *Basic Principles of Property Law*: *A Comparative Legal and Economic Introduction*, Greenwood Publishing Group 2000, p. 14.

③ John Henry Merryman, "Autonomy, and the Numerus Clausus in Italian and American Property Law",(1963)12(2)*The American Journal of Comparative Law*. 该文注 3 称:"We have had our *numerus clausus* in the common law". See Co. Litt. 27, cited by Holmes in Johnson v. Whitong, 159 Mass. 424,426, 34 N. E. 542, 543(1893)。

④ Thomas W. Merrill and Henry E. Smith, "Optimal Standardization in the Law of Property: The Numerus Clausus Principle",(2000)110 *The Yale Law Journal October*, p. 69;另参见: Francesco Parisi, "Entropy in Property",(2002)50(3)*American Journal of Comparative Law*, p. 14, fn. 27.

二、作为物权的信托受益权:一种类型？或隐含无限可能的类型？

信托法所创设的信托受益权,如果仅是一种或多种类型,数量是固定的,则没有突破物权法定主义。它只表明:物权的类型通过信托法又增加了一种或数种特定类型。中国《物权法》第 5 条规定:"物权的种类和内容,由法律规定。"信托法也是其中所认可的法律之一,信托受益权是信托法规定的,它没有突破物权法定主义。只是它没有像担保物权和用益物权那样,被规定在《物权法》中,并获得一个明确的名称而已。

假设我们将现行信托法直接规定在《物权法》中,在第一编总则、第二编所有权、第三编用益物权、第四编担保物权之后,增加第五编信托物权(或信托受益权),占有和附则退列第六编和第七编。面对这样的立法例,我们会说:信托突破了物权法定主义吗？

但是,如果所谓信托受益权隐含无数可能的物权类型,物权法定主义就被突破了,因为它使得物权法定主义形同虚设。关于这一问题,有如下可能的推理:

推理一:信托主要通过意思自治如信托合同设立,意思自治的内容包含无限可能,所以,所创设的信托受益权的类型是无限的。此推理具有极大的误导性,甚至有美国学者以信托为例,论证物权法定主义在英美法系不存在,因为信托就是通过当事人的意思自治来创设财产权的[①];甚至荷兰学者也是以此为由反对引入信托法的。但是,他们忽视了:虽然意思自治内容是自由的,但是,不能突破信托的基本结构,意思自治只有符合信托的法定结构,才能发生效力,正如抵押合同等其他物权合同一样。

推理二:信托财产可以是各种类型的财产,所以,一种类型财产上的信托受益权就是一种物权,所以,所包含的物权类型就是无数。此推理逻辑显然勉强。质权中的财产既包括动产,也包括权利,但仍为同一种物权类型。

推理三:受益权的内容广泛,隐含无数可能的类型。此推理仍然勉强。信托受益权的法律内容简单而明确,主要包括:基于信托财产的收益

---

① Roger A. Cunningham, William B. Stoebuck and Dale A. Whitman, *The Law of Property with Supplement*, West Group 1984, p.711.

请求权、信托财产独立性和特定情形下的撤销权。如果按所有权权能理论，在所有权的四种权能占有、使用、收益和处分中，信托受益人只享有其中的收益权，而用益物权则享有占有、使用和收益三种权能，相比之下，信托受益权的内容要简单多了。

推理四：信托受益权登记复杂，登记的内容以当事人的意思自治为内容，其中，隐含种种类型，但是，实际上，需要登记的内容仅仅是具有物权效力的内容，主要包括：财产的信托性质、信托受托人、信托受益人等，所以，信托登记并不比担保物权和用益物权复杂。该推理仍然无法成立。

推理五：信托的目的是多样的，因此，所隐含的物权类型也是多样的。虽然信托可用于各种目的和用途，但其法律结构却是固定的，不因目的的变化而呈现结构和类型的变化。

当然，作为一种物权类型，信托物权也存在特别之处。相比于担保物权，差别在于担保物权又细分为质押、抵押、留置等，但是，信托物权没有。相比于用益物权，差别在于用益物权将财产仅限于不动产，并在一定程度上限制用益的目的，如土地承包经营权限于从事种植业、林业、畜牧业等农业生产，建设用地使用权限于建造建筑物、构筑物及其附属设施，宅基地使用权限于建造住宅及其附属设施，地役权限于利用他人的不动产，以提高自己的不动产的效益。不过，从上述细微差别仍然看不出信托受益权隐含着无数可能的物权类型。可以说，在我国法上，存在三种物权的基本类型：**担保物权**、**用益物权**和**信托物权**。

从逻辑和概念上分析，信托法并没有颠覆物权法定主义原则。[①] 在物权法定主义的问题上，只存在一个次要问题：是否仿担保物权编和用益物权编的规定，在信托物权总类型下，创设数个次类型，对信托物权的客体或具体内容加以分类并予以限制？前者可称总括式类型，后者可称细化式类型。

一些比较法学家，如法国 Pierre Lepaulle 教授、德国 Hein Kotz 教授，曾经研究民法法系内部与信托法相似的制度，如意大利的"fondo patrimoniale"、德国的"treuhand"。在比较法研究的基础上，Lepaulle 认为，所谓信托与民法物权法定主义规则不相容的说法是站不住脚的，因为在民法法系本身，就已经存在与信托相似的制度。如果冲突，民法体系内部早就

[①] 信托法是中度的财产权法定主义模式，见本书第 259 页的分析。

冲突了。① 这一观点有一定道理,但需注意的是,意大利、德国的类似信托的制度是个别特定化的信托制度,是特定的细化式物权类型,而引进一般性的信托制度,它所创设的信托,是总括式的物权类型,有一定差异。

总之,**总括式物权类型**和**细化式物权类型**的差异应引起我们的注意,虽然在逻辑和概念上它们都与物权法定主义相容,但是,在实践效果上,到底会有怎样的出乎意料的不同?还有待观察和分析。

---

① Michele Graziadei, Ugo Mattei and Lionel Smith (eds.), *Commercial Trusts in European Private Law*, Cambridge University Press 2005.

第六章　财产权谱系与财产权法定主义

传统民法学关于财产权的研究是有局限的,一方面,所关注的财产权类型仅限于物权法和知识产权法领域,忽略了其他法律领域中隐藏的财产权类型;另一方面,对财产权的一般理论的研究滞后,不仅物权法与知识产权法的研究相互隔阂太深,而且缺乏超越于物权法和知识产权法之上的财产权总论的研究。

与滞后的学术研究相映照的却是现代社会中财产权形态的多样化和复杂化,理论与实践矛盾突出。正值民法典起草之时,该问题愈发重要,因为要制定一部属于 21 世纪的民法典,就必须开阔视野,在财产权总论的高度统领和规范财产权,解决实践中复杂而多样的财产权问题。

本章拟从财产权的定义、财产权谱系和财产权法定主义等基本问题切入,研究财产权总论问题,并探讨在民法典中设立财产权总则的合理性、可能性和可行性。

在纷繁复杂的财产权形态背后,是可以发现晶体状的结构的,由简及繁,形成一个财产权谱系,在谱系中,相邻的类型具有家族的相似性。这一分析工作可以霍菲尔德的权利的元形式和法律关系的精密结构为工具而完成,虽然霍菲尔德在他的论文中只是分析了少数的财产权形态,但他的工作显然是可以深入下去的。

第一节　许可的谱系

财产权的类型有多种,但其设立的方式一般有两种:一是法律直接规定,二是基于法律规定,权利人通过许可设立。所以,本书在阐述财产权谱系之前先对许可的谱系作一分析,以作铺垫。

根据许可产生的权利的效力的强弱,可以将其分为如下几种类型:

第一种是最弱的许可,例如甲允许乙暂时经过甲的土地,再如甲允许乙使用甲的剧本著作权一年,但甲可以随时撤销,并且甲还可以同样许可他人。该许可是可撤销、非排他性的许可,作为被许可人所获得的权利,仅仅是 privilege。

第二种是次弱的许可,例如甲允许乙经过甲的土地,以方便乙通行,时限一年,不可撤销,再如甲允许乙使用甲的剧本著作权一年,不可撤销。作为被许可人,乙所获得的权利,除 privilege 外,还多了 immunity,即甲撤销许可的行为对乙无效,甲也无权撤销许可。

第三种是次强的许可,例如甲允许乙使用甲的土地,时限一年,不可撤销,并且乙还可以再许可他人使用该土地,但乙无权将其因许可所获得的权利整体转让给他人;再如甲允许乙使用甲的剧本著作权一年,不可撤销,并且乙还可以再许可他人使用该剧本著作权,但乙无权将其因许可所获得的权利整体转让给他人。作为被许可人,乙所获得的权利,除上述的 privilege 和 immunity 外,还增加了 power,一种再许可他人使用的权利,但该 power 不包括整体转让自己权利的权力。

第四种是最强的许可,即在第三种的次强的许可的基础上,增加被许可人可以整体转让权利的 power,例如,物权法中的出让土地使用权即是此类型。

在第四种最强的许可之上,还可再增加一个维度,即排他性和独占性,使之更强,即被许可人有权利(claim)要求许可人不得再许可他人使用该财产,当然,该权利(claim)仅仅针对许可人。如果该权利的对抗对象扩展至世上所有的人,即世上所有的人均不得使用该财产,被许可人的权利获得实质的排他性了,具有真正的对世性了。

从以上分析可以看到,分析许可的效力类型有几个维度:基础维度是被许可人的 privilege(使用权),之后,分别是 immunity(不可撤销)、power(再许可)、power(整体转让)、claim(针对许可人的排他性)、claim(实质的排他性)。如果用上述维度进行组合,基础维度 privilege 恒定,其他可增可减,理论上的许可的类型数应当是 2 的 5 次方,即 32 种。当然,其中的两种 power 和两种 claim 虽然在逻辑上各自独立,但在实践中其内容有包容关系,可因此相应减少类型数,但主要类型数也不应少于 2 的 3 次方,即 8 种。

在上述分析中,有一个比较困难的问题是关于不可撤销的许可,不可撤销性是如何产生的? 如果许可人与被许可人之间构成合同关系,许可被合同关系包容,合同不可解除和撤销,相应的,许可则不可撤销。那么,是否存在没有合同基础的许可? 例如作为单方允诺的许可①,是否可以随时撤销? 由于中国合同法不以对价作为合同定义的要件,仅以合意为要件,这样任何一种许可都可以视为是一种合意,进而构成合同,并因此产生"不可撤销性",但这显然与常识相悖,因为可任意撤销的许可是普遍存在的,于是新的问题又产生了,所谓的非合意的许可,即作为单方允诺的许可在实践中是一种怎样的表现形式?② 却是一个难以回答的问题。③

当然,在日常生活中"即时许可"非常普遍,即许可的作出和被许可的行为几乎同时进行和完结,这就不存在可撤销的问题,但对于非即时许可,可撤销性的问题则是一个无法回避的理论问题。

另一个理论问题是,甲许可乙(privilege)使用甲的土地,在该许可中,是否当然包含:乙因此获权(power)可以再许可丙使用该土地? 回答是否定的。因为在逻辑上,power 独立于 privilege,甲的许可应当再细分,甲的许可实质上也是在行使 power,可以细分为:行使 power(1)产生了乙的使用权,行使 power(2)产生了乙的再许可权。两者不可混同。所以,如果甲未明确赋予乙以再许可权,乙就不应具有再许可权。

关于排他性许可的问题,需要深入研究的是,甲对乙作出排他性许

---

① 苏格兰法承认单方允诺的效力,是为独特的立法例,参见:William W. McBryde, "Promises in Scots Law", (1993) 42 (1) *The International and Comparative Law Quarterly*, pp. 48-66.

② 参见[意]奥里威罗·迪里拜尔托:《单方允诺作为债的渊源——从罗马法到现代论说》,载费安玲主编:《学说汇纂》(第四卷),台湾元照出版公司 2012 年版,第 13 页。

③ 参见 James Gordley (ed.), *The Enforceability of Promises in European Contract Law*, Cambridge University Press 2001.

可,承诺不再许可他人使用他的剧本著作权,但甲违反承诺,又许可丙使用他的剧本著作权,甲对丙的许可是否有效?以霍菲尔德的理论分析之,甲对丙的许可是否有效这一问题可以转化为另一个问题,即甲是否有 power 对丙再许可?或者说:甲与乙的合同是否可以剥夺甲对丙许可的 power?回答是否定的。这里存在一个不证自明的法理,即 power 如是法律授予的,则由法律剥夺,power 如是私人授予的,则由私人剥夺。甲的著作权(包含甲的许可权)是法律授予的,乙与甲的合同不可剥夺之,除非法律明文规定:违反排他性许可之承诺,而对第三人再作许可无效。

第二节 财产权谱系

本节试图建立一个财产权的谱系,一方面厘清不同财产权类型之间的细微差异,另一方面试图发现财产权各种可能的形态,从而加深对财产权结构的理解。

最广义的财产权概念包括债权,如我国《民法通则》所定义的财产权[①],而严格意义的财产权概念则是相对于债权而言,即具有对世性质的权利,英美财产法中的财产(property)即是此意,民法中的物权仅是其中的一部分。[②]

如以最广义的财产权概念论,最为简单的财产权形式就是债权,以霍菲尔德的术语表达,即 claim,A 有 claim 要求 B 给付;而最为完满的财产权则是所有权,其复杂的结构正如第四章所述。在逻辑上,我们自然可以设想:在债权和所有权之间,存在多少可能的财产权类型,从简单到复杂,

---

① 传统民法学教科书一般将私权分为财产权与人身权两种,财产权是指直接体现某种经济利益的权利,而人身权是指与人的身体、人格或身份不可分离而不直接体现经济利益的权利。民法学对财产权概念的定义,采取的是实质主义方法,即根据权利的内容和实际价值来定性。

② 关于物权与财产权的问题,梁慧星研究员与郑成思研究员曾经进行一场有意义的论辩,参见郑成思:《关于制定"财产法"而不是"物权法"的建议》,载中国社会科学院:《要报:信息专版》,2001 年 6 月 8 日,第 41 期;梁慧星:《是制定"物权法"还是制定"财产法"?》,载《人大法律评论》2001 年第 2 辑。

从弱到强,不断演进,形成谱系。

本书取严格意义上的财产权概念,以简单而质朴的归纳法,初步建构一个财产权谱系如下:

第一类:公物

之所以将公物作为一种独立的财产权形态,因为严格意义上的公物概念不属于国家所有权的范畴,所以,它是非所有权的类型,自立门户,自成一型。所谓公物,系指不属于任何人的财产,但可为任何人所用,任何人不因先占而取得其所有权,如空气、阳光、水流等,也称公共财产。

以霍菲尔德的术语表达,围绕该物,人与人之间的法律关系皆是 privilege 和 no-right 的关系,即任何人都可以使用、占有该物(privilege),任何人都无权利(no-right)要求他人不使用、占有该物。

严格地说,这种所谓公物的财产权结构并不是财产权结构,因为它不具有垄断性,在法律效力上不具有对世排他性。但是,这不妨碍我们以之为基础,逐步进展,梳理财产权谱系,以发现关于财产权的更多的秘密。

在学术史上,许多政治哲学家,如 17 世纪的格老秀斯[①]、普芬道夫[②]和洛克[③],都是以公物(common property)作为起点,研究私人财产权。当然,他们所谓的公物,实质上是在自然状态下的,而非法律状态下的,即普芬道夫所谓的"negative community"(消极共有)中的"original common property"(原始共同财产)。[④]

在实证法上,《法国民法典》第 538 至 541 条规定了公物的范围,包括

---

① Hugo Grotius, *De Jure Belli ac Pacis*, vol. II, Francis W. Kelsey (trans.), Oceana Publications 1964, ch. 2.

② Samuel von Pufendorf, *De Jure Naturae et Gentium*, vol. IV, C. H. and W. A. Oldfather (trans.), Oceana Publications 1964, ch. 4.

③ John Locke, *Second Treatise of Government*, G. W. Gough (ed.), Basil Blackwell 1976, ch. 5.

④ Samuel von Pufendorf, *De Jure Naturae et Gentium*, vol. IV, C. H. and W. A. Oldfather (trans.), Oceana Publications 1964, ch. 4.

道路、巷、市街,以及可以航行的河道、海岸、海滩、港口、海港、碇泊场等。① 德国公法学家奥托·迈耶(Otto Mayer)以法国法上的"公物"概念来发展他的公物理论,也影响了德国的立法。在某些特定的领域,公物的概念被德国立法接受,例如1988年巴登—符腾堡州《巴登水法典》第4条(关于水床的立法),1964年汉堡州的《堤坝规制法》第2条第1、3款。②

有学者主张以公物的概念规范一些特定的自然资源的财产关系③,但是,从世界范围看,公物作为一种财产权形态在立法中被采用并不多见,即使在德国,其公法依然坚持使用私法上的私人所有权的逻辑结构④,再辅以公法上"专用"(dedication)形成所谓公法上的所有权的模式。⑤ 但是,不可否认,公物是一种独立的财产权形态,在财产权谱系中应占一席之地。

为了更透彻的理解公物概念,这里,比较一下公物概念与其他可能混淆的概念之间的差异:

1. 国家所有权

国家所有权显然是财产权最饱满的形态——所有权的一种特殊形式,特殊在于所有权的主体是国家,而公物在法律上无所有者,两个概念的差异十分明显。

---

① 《法国民法典》中译本将第538条国家管理的财产译为"国有财产",翻译似有问题,法文domaine public,应为"公共所有"。见李浩培、吴传颐、孙鸣岗译:《拿破仑法典》,商务印书馆1997年版,第71页。

② 德国联邦宪法确认了这种在特定情形下的财产权的形式,见判例BVerfGE 24,367(382)。

③ 参见肖泽晟:《社会公共财产与国家私产的分野——对我国"自然资源国有"的一种解释》,载《浙江学刊》2007年第6期。

④ Hanno Kube, "Private Property in Natural Resources and the Public Weal in German Law-Latent Similarities to the Public Trust Doctrine?",(1997) 37 (4) *Natural Resources Journal*. 德国早期是用Regalien(国王特权)来规范自然资源的财产权。虽然罗马法在德国兴起,出现了绝对所有权的理念,但是在自然资源问题上,德国仍然保留了原来日耳曼法上的基本概念Regalien。1794年《普鲁士基本法典》规定:道路、航道、海滩、港口是国家的公共财产,但在19世纪末,自然资源为私人所有,之后,对自然资源私人所有权的限制很快建立起来。在宪法层面,主要反映在1919年《魏玛宪法》第153条:强调个人所有权的社会义务,后来写入《德国基本法》第14条第2款,作为财产法的宪法原则。

⑤ Michael Stolleis, *Public Law in Germany:1800—1914*, Berghahn Books 2001, p.399.

2. 公共财产

公共财产的概念不是严格法律意义上的概念,这里,以英国法上的公共财产(communal property)概念作为样本进行分析比较。

英国财产法上公共财产有两种,一是"完全开放的公共财产"(open access communal property)的概念:每一个成员都有权利占有使用资源,而不被排除在外。另一是"限制开放的公共财产"(limited access communal property)。

英国法学家认为,公共财产(communal property)与国有财产(state property)的区别在于:对于某种财产,如果只有通过改变立法的方式才能排除人们使用,这就是公共财产,例如高速公路;如果国家不需要改变立法即可限制或排除人们使用,这就是国家财产,例如国家图书馆的图书。[①]

从英国法学家对公共财产和国家财产的分析看,所谓公共财产不过是国家开放或让渡国有财产所有权中的占有权和使用权,国家保留对财产的剩余权的一种结构,它依然是所有权。虽然在自然资源的管理上,国家确实需要通过立法来排斥和限制他人使用,如海域使用权等,但这还不足以否定国家在公共财产上存在所有权,还不足以证明所谓公共财产是一种超越所有权的新型财产权结构。公共财产与国家国库所有权的差别仅在于前者的公法规制和负担更重而已,但未彻底改变国家保有最终支配权和剩余权的所有人的形式地位。

3. 无主物

公物与无主物的差别在于,无主物适用"先占"原则,即任何人都有一种权力(power),通过先占取得对该物的所有权,但是,对于公物,任何人都无此种通过先占取得所有权的权力(power)。

第二类:具有物理垄断性,但不具有法律垄断性的"财产"

这里,首先应辨析两个概念:物理上的垄断性和法律上的垄断性,所谓物理上的垄断性系指由于物理上的原因使得某主体对于特定的标的享

[①] Alison Clarke and Paul Kohler, *Property Law: Commentary and Materials*, Cambridge University Press 2005, pp.36-38.

有排他性的利益,例如,爱因斯坦的天赋,爱因斯坦因其天赋而独占一种智慧,为其独有。所谓法律上的垄断性系指,根据法律的规定,某主体对于特定的标的享有排他性的权利,例如专利权。

财产权只是法律上的概念,一种利益如仅具有物理上的垄断性,它并不构成严格法律意义上的财产权,因为它不具有法律上的排他性,但在它之上仍然存在法律关系,其法律关系与公物的法律关系相同,即享有该利益的 A 有 privilege 享有该利益,其他人无权利(no-right)要求 A 不享有该利益;其他人也具有 privilege 享有该利益,A 也无权利(no-right)要求其他人不享有该利益。但是,由于物理原因,其他人客观上无法享有该利益。

虽然该利益不构成严格法律意义上的财产权,但是,将其与公物一样置于财产权谱系,有助于我们理解财产的体系,以及一种常见的"财产"形态在财产体系中处于什么位置,如对资本市场的一种独特的直觉能力和操作方法,但又无法纳入专利权、商业秘密的范畴,应如何理解它的性质与法律结构。

关于物理上的垄断和法律上的垄断以及两者的相似的效果,亚当·斯密也有过阐述。他首先阐述了物理上的垄断的一种典型现象——对秘密的独占,他说:

"当某一商品因有效需求增加而市价比自然价格高得多的时候,这商品的供给者大抵都小心翼翼地隐瞒这种变化情况。要是被人知道,其丰厚的利润定会诱使许多新竞争者向这方面投资。"①

亚当·斯密甚至还比较了商业方面的秘密和制造业方面的秘密的不同,他说:"不过,必须承认,这种秘密很少能长久保守,而那非常的利润只能在这秘密未给人知道以前独享。制造业方面的秘密,比商业方面的秘密,能保守得长久些。一个染业者,如果发现了一种制造染料的方法,其所费仅及通常方法的一半,而他又能妥善处理,他就能终生独享这发现的利益,甚至能把它传给子孙。"②

---

① 〔英〕亚当·斯密:《国富论》(上卷),郭大力、王亚南译,商务印书馆 2014 年版,第 54 页。

② 同上。

对该秘密的独占,纯粹因物理上的原因而形成,而非法律赋予的垄断权,但它与法律赋予的垄断权的效果是相似的,所以,亚当·斯密继续说:"给个人或商业公司以垄断权,其作用与商业或制造业中保守秘密相同。"①

当然,秘密并不都是纯粹物理上的垄断,有些秘密受到法律的一定程度的保护,如商业秘密,见后文详述;也有一些秘密,得不到法律的一丝保护,是纯粹物理上的垄断,一旦泄漏,垄断地位自然瓦解。

第三类:具有物理垄断性,法律保护其物理垄断性,但不直接赋予其法律垄断性(商业秘密)

此第三类是非常特殊的财产权形态,准确地把握它的法律结构并不是一件容易的事情,因为它具有物理垄断性和间接的法律垄断性的混合性。

在物理垄断性的层面上,商业秘密与爱因斯坦的天赋十分相似。商业秘密由于客观的秘密状态使得商业秘密持有人对商业秘密享有一种排他性的利益,一旦秘密状态被破坏,该利益的排他性则被打破。

法律对商业秘密的保护,不同于专利权,法律并不赋予商业秘密以法律上的排他性,但法律保护它的秘密状态,法律禁止任何人以不正当的手段如盗窃、欺诈、抢劫等获取该商业秘密。不同于上述第一类和第二类财产,商业秘密持有人除 privilege 外,他具有一种 claim,要求其他人不得以不正当的手段获取该商业秘密,但是,该 claim 并不是要求其他人不得使用该商业秘密,如果其他人是通过自己研发的正当手段取得则不在此限。

由于法律没有直接赋予其排他性,所以,商业秘密的排他性直接源于物理原因,而非法律原因,所以,该利益本质上也不是财产权。

这里,又产生一个问题,商业秘密持有人有无权利许可他人使用该商业秘密?如果持有人实施了许可,该许可是否是严格法律意义上的许可?这组问题似乎是与我们的日常经验相悖的,但是,问题确实存在。

---

① 〔英〕亚当·斯密:《国富论》(上卷),郭大力、王亚南译,商务印书馆 2014 年版,第 55 页。

第六章　财产权谱系与财产权法定主义

首先,应如何理解许可(license)？以霍菲尔德的术语描述,许可必然是行使 power 的行为,而 power 的行使必然引起法律关系的变动。例如,一台钢琴的所有权人许可他人使用钢琴,法律关系的变动是十分清晰的,可具体描述如下:许可前,所有权人有 claim 要求他人不使用钢琴,他人具有 duty 不使用钢琴;许可后,所有权人原先的 claim 变为 no-claim,而其他人原先的 duty 变为 privilege(可以使用该物)。

但是,商业秘密持有人的所谓"许可"会产生怎样的法律关系的变动呢？是否与上述的钢琴所有权人的许可一样,回答是否定的。商业秘密持有人原先的 claim 是要求他人不得以不正当的手段获取该商业秘密,经过许可,此 claim 变成了什么？变成了 no-claim(无权利要求他人不得以不正当的手段获取该商业秘密)？显然不是,因为在所谓许可之后,商业秘密持有人依然具有该 claim(要求他人不得以不正当的手段获取该商业秘密)。反过来说,被许可的人的 duty 是否有变动？回答也是否定的,因为他的 duty(不得以不正当的手段获取该商业秘密)依然没有变化。

再提一个问题:经过许可后,被许可人是否获得了 privilege,可以使用该商业秘密？回答是:被许可人原先就具有此种 privilege,所以,并非通过所谓许可获得该 privilege。那所谓许可到底使什么发生变化了？发生变化的是物理条件,商业秘密持有人通过所谓许可,实质上是传授行为,使得被许可人知晓和掌握该商业秘密,从而在物理条件上被许可人能够使用该商业秘密,而非在法律上获得使用该商业秘密的 privilege。

所以,可以得出一个结论,商业秘密本质上不是严格意义上的财产权,商业秘密持有人的所谓许可不是严格法律意义上的许可,它的本质是传授行为,或者是以传授行为为债的给付内容的合同行为。这个结论与我们的传统观念确实大相径庭,但是,通过严格的霍菲尔德式的分析,我们只能得出该结论。

既然在商业秘密上,许可都不可能,转让商业秘密就更不可能,而在实践中,所谓商业秘密的许可和转让本质上都是物理传授行为,而非财产法意义上的许可和转让。

第四类:具有法律上的垄断性,但不具有任何处分权

所谓法律上的垄断性,系指法律赋予某主体对于特定的财产以排他的使用占有的权利,即排他性,此排他效力来自于法律的规定,而非来自物理原因。排他性是财产的最基本的特质①,是财产权的最基本的结构,是财产权的本质基因。

值得注意的是,法律上的垄断性有的是稳定的,有的是不稳定的,例如物权法上的占有制度创设出一种法律上的垄断利益,即占有人排斥他人侵犯其占有的权利,但是不稳定的,因为该垄断利益以占有人的占有事实为前提,一旦他失去占有,该垄断利益随之丧失。基于占有事实而享有的排他性的垄断利益是否是一种财产权?从排他性和垄断看,它具有财产权的基本特征,但它是不稳定的,所以,又不典型。

典型的财产权虽然在财产权谱系中有不同形态,但其排他性和垄断性是稳定的,它的稳定性的基础是什么?稳定性基础在于:排他性权利一旦被赋予,它不以一种脆弱的变动的事实如占有事实为前提,它的消失和变化通常是基于权利人的处分行为,或在法律规定的特别情形下发生,所以,是稳定的。

此种法律上的垄断性,可以通过私法或者公法创设,但法律结构会有所不同。

私法创设的法律上的垄断性,以霍菲尔德术语表达,其结构是:A 不仅有 privilege 占有使用该财产,其他人无权利(no-right)要求他不占有使用该财产;A 还具有 claim 要求其他人不得占有使用该财产,不得妨碍 A 占有使用该财产。

公法创设的法律上的垄断性,以霍菲尔德术语表达,其结构是:A 有 privilege 占有使用该财产,其他人无权利(no-right)要求他不占有使用该财产,但 A 通常还不具有 claim 要求其他人不得占有使用该财产,而是国家具有 claim 要求其他人不得占有使用该财产。最为典型的就是行政特

---

① Shyamkrishna Balganesh, "Demystifying the Right to Exclude: Of Property, Inviolability, and Automatic Injunctions", (2008) 31 *Harvard Journal of Law and* Pubic *Policy*, pp. 602-605.

许权,例如 A 具有生产电信产品的行政特许权,但 A 并不具有禁止其他人不生产该电信产品的权利,只有国家有权禁止。

一般来说,私法创设的具有法律上垄断性的财产,权利人本身也必然包含处分权,可以许可他人使用该财产,甚至转让该财产,但是,公法所创设的具有法律上的垄断性的财产权,权利人本身并不具有处分权,这里所谓"处分权"即可以许可他人使用该财产和转让该财产的权力(power)。例如营业执照、职业执照,权利人不仅不可转让执照,甚至无权许可他人使用该执照。当然,也有一些特殊的行政特许权经法律特别规定可以转让,例如排污权、进出口配额等,是为例外。

可见,行政特许权是一种最简单的财产权结构,它仅具有法律上的垄断性,但不具有处分权。传统的教科书并不将行政特许权视为一种财产权,这是一种褊狭的见解,它不仅导致理论研究的局限,将行政特许权排斥在财产法研究的范围之外,并且,在司法实践中也导致危害,例如在刑事诉讼、侵权诉讼以及夫妻共同财产分割诉讼中,行政特许权不被作为一种特殊的财产利益予以考虑,破坏了司法公正。

当然,在国外的判例中,行政特许权已经逐渐进入法官的视野,被视为一种重要的财产利益,成为司法裁决中需要认定的一个重要因素。典型案例如下:

1. 刑事判例:香港 Attorney-General of Hong Kong v. Daniel Chan Nai-Keung Wednesday 29 July 1987[①]

在该判决中,一种行政特许权——纺织品出口配额被视为财产,成为盗窃的标的。在该案中,被告是香港一家纺织品公司的董事,他有权处分公司的纺织品出口配额,但他一直以极低的价格将公司的大量的纺织品出口配额出售给与他有关联的另一家公司。法官认为:出口配额是一种无形的财产,所以,能够被盗窃。虽然被告有权处分公司财产,但以如此低的价格出售公司的出口配额,则构成盗窃罪。[②]

[①] *Attorney-General of Hong Kong v. Daniel Chan Nai-Keung* [1987] 1 WLR 1339.
[②] 《英国盗窃法》(English Theft Act 1968 s 4(1))所规定的无形财产(intangible property)包括政府特许的出口配额,有关分析见:James W. Harris, *Property and Justice*, Clarendon Press1996, p.51.

在我国司法实践中,由公法创设的行政特许权很少成为民事诉讼中的诉讼标的,但在刑事诉讼中也有行政特许权被视为财产的先例,2006年深圳市中级人民法院曾将纺织品出口配额作为财物定性为盗窃罪的对象。①

2. 夫妻共同财产分割判例:美国 O'Brien v. O'Brien②

在该案中,夫妻离婚分割财产,争议的焦点在于:丈夫所拥有的医生职业执照是否是一种财产,其价值是否应当分割?③ 法官认为:这是一种应当予以分割的财产。

第五类:具有法律上的垄断性,也具有许可的权力,但不具有转让权

这里,首先应辨析许可(license)④和转让(assignment)两个概念。

在英美普通法上,许可被定义为许可人和被许可人之间的一种"不诉合同"(a contract not to sue)关系,即当被许可人侵犯其财产权,许可人不诉被许可人⑤。可见,许可本质上是免除被许可人原先具有的不侵犯许可人的财产的义务。而转让(assignment)则是将整体权利让与他人。⑥

关于第五类的财产,我们以《反不正当竞争法》第 5 条规定为例进行

---

① 参见姜军伟、涂平:《窃取纺织品出口配额构成盗窃罪》,载《人民司法》2008 年第 24 期。

② *O'Brien v. O'Brien*, 489 N.E. 2d 712, 717 (N.Y. 1985).

③ William M. Howard, "Spouse's Professional Degree or License as Marital Property for Purposes of Alimony, Support, or Property Settlement", in Thomson, *American Law Reports*: *Annotations and Cases*, vol. III, 6th ed., Thomson 2005, p. 447 (summarizing the three approaches that courts adopt when determining spousal entitlement to an advanced degree).

④ Christopher M. Newman, "A License Is not a 'Contract Not To Sue': Disentangling Property and Contract in the Law of Copyright Licenses", (2013) 98 *Iowa Law Review*, pp. 1103-1163.

⑤ See *Harris v. Emus Records Corp.*, 734 F.2d 1329, 1334 (9th Cir. 1984) ("[A] license has been characterized as an agreement not to sue the licensee for infringement").
另参见 Raymond T. Nimmer & Jeff C. Dodd, *Modern Licensing Law 2010—2011 Edition*, Westlaw 2009, §10:8 ("Licensing law is fundamentally a species of contract law, broadly understood").

⑥ 英文 assignment 的含义见:Brtan A. Garner, *Black's Law Dictionary*: *Deluxe 9th Edition*, Thomson Reuters 2009;知识产权法中的转让与许可之区分见, Staff of Senate Committee on the Judiciary, 86th Congress, Divisibility of Copyrights 1 (Comm. Print 1960) ("An assignment carries all rights; a license is really a contract not to sue the licensee....").

分析,第5条规定:"经营者不得采用下列不正当手段从事市场交易,损害竞争对手:(二)擅自使用知名商品特有的名称、包装、装潢,或者使用与知名商品近似的名称、包装、装潢,造成和他人的知名商品相混淆,使购买者误认为是该知名商品"。这一条创设了一种怎样的权利? 值得深入分析。

知名商品特有的包装、装潢所构成的财产,作为第五类财产的典型,具有如下特点:第一,法律直接赋予知名商品生产商排斥他人使用其特有的包装、装潢的权利,即 claim(-),其他经营者都有义务(duty)不使用知名商品的包装和装潢;第二,知名商品生产商有权力(power)许可其他经营者使用该知名商品的包装和装潢;第三,由于法律没有将知名商品的包装和装潢作为一种权利类型加以规定,所以,知名商品生产商就无法将该权利整体转让给他人。

上述的第三点殊难理解,需细述之。

设想一下:如果知名商品经营者将知名商品上的包装和装潢的权利整体转让给他人,该转让是否会产生法律效力?会产生怎样的法律效力?我们可以对此提一系列的问题:转让后,如果知名商品的经营者继续使用该包装和装潢,有第三人擅自使用该知名商品的包装和装潢时,谁有权提起针对第三人侵权的诉讼?知名商品的原经营者是否有资格提起诉讼?知名商品的原经营者显然仍然有资格提起诉讼,因为上述的权利整体转让不发生效力,所以,它不像商标权和专利权的整体转让那样,经转让后,原权利人就彻底"出局"了,知名商品的包装装潢的原权利人仍然在权利之中,只要他在转让后依然持续使用该包装装潢;虽然这样,他就违约了,但违约行为丝毫不影响他依然受《反不正当竞争法》第5条的保护。由此可见,所谓的转让只产生债的效力,不产生财产法上的效力。

为什么知名商品经营者对于知名商品的包装和装潢的权利不可以像商标权和专利权一样转让给他人?直接的回答是:因为法律没有将该权利打包成为一种法定的权利类型,更没有赋予该权利以"可转让性"。

"打包"是一个重要的术语,是权利创设中的一个重要的工序,本书将在下节"财产权法定主义"中详述。如果一束具有对世性的权利被打包成为一种权利类型,法律规定它可以整体转让,它则可以转让,例如物的所有权、商标权、专利权、用益物权等,反之则否。这是财产权的高级形态,是下文所列举的第六类财产形态。

美国法将知名商品特有的包装、装潢纳入商业外观(Trade Dress)的概念中①,商业外观的含义则更广。商业外观可否转让?这需要从商业外观权的立法目的和保护成本两个方面予以考量:

商业外观权的设置主要目的是维护正当竞争,和帮助消费者识别商品,现有的侵权责任法上的保护已经足以达到此立法目的。如允许商业外观权可以转让,则意味着创设了一种新型的可转让的财产权,就超出了立法目的。即使商业外观权中的某些要素需要更强的法律保护,可以依赖商标法和著作权法的保护。

将商业外观权设定为一种新型的可转让的财产权,将使法律关系复杂化,需要巨大的维护与保护成本。法律保护某企业的商业外观,是基于什么事实确认该企业享有特定的商业外观权?一般是基于该企业已经使用该商业外观并且在消费者中形成一定的认知的事实,法律识别的成本比较简单。如果商业外观权可以转让,对于商业外观权归属的法律识别就骤然复杂化,且不以消费者的普遍认知为前提,将超出了商业外观的立法目的,甚至扭曲了商业外观的立法目的,实施起来,不仅增加巨大的成本,而且可能导致商标法和著作权法与所谓商业外观权法的界限发生模糊,破坏整个知识产权法的体系。

虽然各国对商业外观的法律保护日益加强,但英国仍然以普通法上的仿冒之诉(passing-off)保护商业外观,中国立法与之相似,并未走一条激进的商业外观保护法的道路。虽应加强对商业外观的保护,但将商业外观权上升到一种新型的可转让的财产权,则是危险的。

商业外观权是一种特别的财产权类型,权利具有排他性,可以许可,却不具有可转让性,它在本书所建构的财产权谱系中是一朵"奇葩"。

第六类:具有法律上的垄断性,不仅可以许可,也可以整体转让

中国物权法规定的一种用益物权——出让土地使用权,就是典型的第六类财产,它与英美法上的 lease 也很相似。

---

① *Lanham (Trademark) Act 1946*, 15 U.S.C. § 1051.

当然，lease 通常翻译为中文的"租赁"，但中国法中的房屋租赁权与英美法上的 lease 虽冠以相似的名称，但在效力上又有根本的差异。前者不可以独立转让，后者则可以，所以，英美法上的 lease 本质上是中国物权法中的用益物权，而中国法上的租赁权应属本书所列的第五类财产形态，而非第六类。

这里，对两者做一细致的比较分析：

	权利的形成	权利的样态	权利的可转让性
用益物权	契约—债权—物的交付	权能：占有、使用等 效力：对抗所有权	可独立转让
租赁权	契约—债权—物的交付	权能：占有、使用等 效力：买卖不破租赁	不可独立转让

民法学教科书通常将租赁权视为纯粹的债权，这也不完全正确，虽然它不是用益物权，但它的结构并非纯粹债权那般简单。

我们实际上是在两种含义上使用租赁权，一是作为一种债权的租赁权，它仅仅指承租人有要求出租人交付其房屋供其租赁使用的权利，这种权利存在于出租人交付房屋之前，即上图所示之"权利形成"部分；二是作为一种对世权的租赁权，它仅仅是指承租人有占有、使用甚至经营他人房屋的权利，任何人包括所有权人也不得干预他，这种权利存在于出租人交付房屋之后，即上图所示"权利样态"部分，这种权利是不能包含在前面所谓的作为债权的租赁权的概念之中的，但是，这种权利的产生却始于前者之实现，即出租人交付房屋。所以，"租赁权是债权"之说法只是在阐述租赁权的前一种涵义，而非后一种，而后一种涵义已是一种对世性的权利，而非债权了。①

从图中还可见，租赁权符合用益物权的一部分特征，特别是在"买卖

---

① 这里，顺便提一下对租赁权的保护问题，对于租赁权的第一层意义，以债法加以保护就已经足矣，而对于租赁使用权的第二层意义，债法无法加以保护，因为它不是债权，物权法也无法加以保护，因为它不是物权。那么，它仰赖什么法的保护？这是意在保护一切私权的民法典所不能忽视的问题。它可以通过占有制度予以保护。对占有的保护，实际上也保护了使用、收益等一切对于物的自由权利。实际上，基于物权的占有、使用、收益等权能也是通过占有制度保护的。租赁权是介于债权与物权之间的一种独特的权利。

不破租赁"的原则确立之后,租赁权亦可对抗所有权,使之非常接近用益物权,但是仍有一步之遥,即租赁权缺乏独立的整体转让性,对租赁权的处分只限于分租转租,而不能独立转让。

担保物权在财产权谱系中的位置

上述六类财产权的谱系分析基本上是基于用益性质财产权的分析,那么,担保性质的财产权(担保物权)在其中应置于何种位置?

首先需要回答的第一个问题是:担保性的财产权是否具有垄断性?回答是肯定的。它的垄断性质与用益性质的财产权的垄断性质不同在于:前者是对财产的价值的垄断,后者是对财产的占有的垄断,其他的分析维度则无大异。

从上述的谱系分析来看,担保性质的财产权大约都属于上述第四类的财产权,即具有法律上的垄断(价值排他性),但不具有任何处分权。当然,部分担保性质的财产权,例如商法领域的附担保公司债信托,债权人可对担保物权进行处分,让渡于受托人,使之相对独立于主债权[①],是为例外。

其他怪异形态的财产权结构

以上所描述的财产权谱系是财产权的基本形态的谱系,但在此基础上会衍生出一些形态怪异的财产权结构,如信托财产的受托人所有权,它是一种不完全所有权,再如永佃权中田底权与田面权的组合,以及因"债权的不可侵害性"形成的一种新型财产权等。

在逻辑上,财产权可碎片化,也可再组合,不同的分割方式或不同的组合方式可以制造出林林总总的形态怪异的财产权结构。财产权的分割方式与组合方式也是一门值得研究的新学问。

财产权形态的无限可能性

在理论上,法律关系元形式的各种组合可以造就各种各样的财产权形态,正如原子的不同组合可造就不同的物质,化学元素的不同组合可造就不同的化合物,财产权形态也是同理。

---

① 参见蔡炯燉:《附担保公司债信托之研究》,台湾联经出版事业公司1987年版,第72页。

但问题是,既然财产权形态具有无限的可能性,为什么在实践中立法仅仅采纳有限的几种财产权形态?这是一个从理念世界进入现实世界必然面临的问题。这一问题应由制度经济学去解释,一种财产权的创设将涉及诸多的社会成本,只有那些效益大于成本的财产权形态才可能被立法采纳。

第三节　财产权法定主义的含义

以上列举了六类财产,这为我们分析财产权法定主义提供一个基础。其实,上述六类财产可以简化为两种主要类型①,以霍菲尔德的术语可以简约表述为:

第一类:claim(−);

第二类:claim(−)+power(assign)

上述的 claim(−)系指权利人有权要求世上其他人不得占有使用侵犯该财产,即对世性、排他性;上述的 power(assign)系指权利人有权将该财产权整体转让,即可流转性。财产权中的这两个要素,即对世权的设立和对世权的转让,都具有涉他的效力,所以,只能通过法律规定而产生,而非纯粹通过合同约定产生。如果要通过合同设立对世权或转让对世权,则必须采用财产权法定类型化的技术。

财产权法定类型化的技术

法律如何对财产权进行类型化?

一种类型的财产权,如果可通过合同设立,或进行整体转让,那么,该类型的财产权须经法律明确类型化。如果不可通过合同设立,也无法整体转让,该类型的财产权,实质上不是严格的法定类型化了的财产权,例如商业外观权。

---

① 如何甄别财产权?学者们提出很多方法和理论,见:Francisco J. Morales,"The Property Matrix: An Analytical Tool to Answer the Question,'Is This Property?'",(2013) 161 *University of Pennsylvania Law Review*, p.1125.

所谓"财产权法定",显然是相对于合同约定而言的。

财产权具有法律上的垄断性(排他性),此种法律上的垄断性必然是通过法定而产生的,而不可能仅仅依靠当事人之间的合同约定,因为合同约定只约束合同当事人,此为合同的相对性(privity),而财产权的排他性具有对世效力,即 claim(−),此种对世的 claim(−)只能通过法律规定而生,这是财产权法定主义的第一层含义。

财产权法定主义的第二层含义是,法律将一束具有对世性的权利"打包",即类型化。法定的财产权的类型如同橱窗里的商品,商场里签订的合同需要指向橱窗里的一项商品,方才有效。打包或类型化是合同发生对世效力的桥梁和中介,它辅助合同产生财产权效力(对世效力),主要表现为:

一是此种被类型化的权利,可以通过合同约定而设立。

某些财产权,经法律类型化规定,通过合同约定而设立,如出让土地使用权。合同之所以产生对世的效力,系因为在合同之先,已有法律关于特定权利类型的规定。

二是此种被类型化的权利,可以通过合同约定而整体转让。

如果法律在"打包"中规定,该包权利可以整体转让,该类型的权利则可以通过合同约定而转让。①

在上文,我们已经提及一个有趣的问题:一种财产权经法律规定已经具有对世性和排他性,如知名商品的包装和装潢权利,但为什么不可以整体转让?原因就在于,它未经打包更未被赋予可转让性。

未经法律规定,仅通过合同约定,原权利人对世的 claim(−)如何就让渡给了受让人?受让人如何通过合同取得对世的 claim(−)?如果可以,则意味着,合同对第三人产生了效力,世界上所有其他人均受此合同的约束,这显然超出了纯粹的合同效力。

这里,我们以产生的方式和是否可整体转让作为两个维度,对实证法

---

① "打包"是一种怎样的技术?例如著作权,"著作权"被打包是通过《著作权法》第10条规定:"著作权包括下列人身权和财产权……",而著作权被赋予可转让性,则是通过《著作权法》第27条:"转让本法第十条第一款第(五)项至第(十七)项规定的权利,应当订立书面合同。"

上的若干财产权进行分类,以作进一步分析,列表如下:

	不可转让	可转让
通过法律规定直接产生	知名商品包装装潢	商号
法律规定但经由合同产生	地役权(限制转让)	出让土地使用权

一项特定财产权是一组对世性的法律关系的集合,它可以通过法律直接规定而产生,如知名商品的包装和装潢权利[①];它也可以在被法律类型化的前提下,经由合同约定而产生,如出让土地使用权。这是财产权法定主义的两层含义。

但是,问题产生了,民法上的物权法定主义是什么涵义?

传统民法教科书认为:物权法定主义内容包括:(1)类型强制(Typenzwang),即不得创设民法或其他法律所不承认的物权。(2)类型固定(Typenfixierung),即不得创设与物权法定内容相异的内容。它的潜台词是:如果合同约定的权利类型与内容,不符合法律对权利类型化的规定,则不发生效力。

显然,按照传统民法教科书对物权法定主义的解释,物权法定主义应当是上述的财产权法定主义的第二层含义,可见,物权法上的"物权法定主义"的含义是比较狭隘的,主要原因在于:有体物一般均有所有人,所以,在有体物上再设物权,必然是通过与所有权人的合同而产生,合同约定的权利类型符合物权法规定的权利类型,则产生物权效力。

但是,对此至少可以追问三个问题:一是不经当事人的合同而由法律直接规定一种排他性的法律关系,它是否是物权?二是一种排他性的法律关系,如本节归纳的第一类财产结构即对世的 claim(−),是否足以构成物权?三是《物权法》所谓的物权是否仅限于《物权法》列举的物权类型?

关于第一个问题,回答是肯定的,例如留置权就是法定的,不需当事

[①] 一个重要问题:侵权法是否可以创造财产?一般说来,在侵权规则之前,一般应有财产规则即排他性的规定,侵权规则是保护现有的法定财产,但是,也有特别情形,基于公序良俗原则的侵权规则,本身"原创性"地产生排他性,侵权法反向设立对世的 claim(−),其实这是财产的第一种类型。见第九章"私权的救济"。

人合同约定；

关于第二个问题，如果回答是肯定的，则本节所归纳的财产权类型均在其中；如果回答是否定的，我们则需回答：怎样的结构才是物权？是否仅限于本节归纳的第二类？

从物权法规定的用益物权角度来看，应是第二类，即最完满的"claim(−) + power(assign)"结构。

但从担保物权的角度看，法定留置权虽与用益物权不同，但它的本质结构也是本节归纳的第一种财产类型，即对世的 claim(−)，所以，对于第二个问题应持肯定回答，所以，散见在《物权法》之外的部门法中的各类对世性质的优先权等，均应列为物权。

但问题复杂在于，有些复杂形态的财产权无法纳入传统物权法关于用益物权和担保物权的二元划分中，例如信托法上的受益人的受益权，它也应纳入物权的范畴，在上章已做阐述。

关于第三个问题，如欲与上述答案逻辑一致，回答则只能是"不限于"。

在上述分析基础上，我们追问第四个问题：租赁权是否应当是物权法上的物权？如果用益物权的标准是最完满的"claim(−) + power(assign)"结构，租赁权就不是用益物权，但如果物权以对世的 claim(−) 为最低准入标准，租赁权就应纳入物权范畴。

如果我们以哈特的思想反思上述的分析过程，就会提出一个更为基本的问题。哈特说：法律中的概念的意义在于它在法律推理中的功能是什么？[①] 那么，我们追问《物权法》中物权的定义，它的意义何在呢？一种权利即使被纳入了物权范畴，意义何在呢？其实，在法律推理层面上，它的意义仅仅在于此类型的权利是否适用《物权法》的总则部分，而总则的规定其实多为具体化规定，并不具有"普适性"，所以，一种类型的权利是否具有物权的名分就没有太大意义了。

总之，《物权法》上的物权清单本质上并不是一个基于严格的逻辑而

---

① H. L. A. Hart, "Definition and Theory in Jurisprudence", (1954) 70 (1) *Law Quarterly Review*, p. 37.

列举的目录,也并不是穷尽全部实证法上的物权的目录,这个物权清单实质上是一个常用物权清单,它的价值在于"便民服务",而非严谨的逻辑。

在现代社会,由于电子技术的发展,以及经济规制和环境保护方面法律工具的丰富[1],财产权形态越来越复杂[2],需要我们加强财产法的基本结构的研究,本节的分析试图在这一方向上做一点基础工作。

财产权法定主义的三种模式

财产权法定主义根据其强度可以分为强中弱三种模式。所谓强度是指一国立法中的财产权法定主义原则给予合同的自由空间的程度,设立财产权的合同所具有的自由空间越小,则财产权法定主义越强,反之,则越弱。

从世界各国的立法看,财产权法定主义强中弱的代表模式分别是:

1. 财产权法定主义强度模式:大陆法系的物权法定主义

大陆法系物权法定主义包括类型强制和类型固定两个方面,从类型强制看,不仅法律关系的结构是固定的,并且,每一种物权严格对应一种类型的物,如质押对应动产,抵押对应不动产,有些物权甚至对应更为具体类型的物,如地役权对应土地。从类型固定看,每一种物权的内容是固定的,有严格的目的和用途,例如区分担保和用益,甚至作更为细致的分类限制。大陆法系的物权法定主义非常精细化,所以,给予合同自由的空间就很小,故为强度模式。

2. 财产权法定主义的中度模式:英美法系的信托法

英美法系的信托法也创设财产权,信托财产的独立性就是一种独特的财产权类型。信托的法律结构是强制的,信托财产上存在受托人和受益人二元化的财产权结构,它是固定的,不可被合同突破。但是,信托财产的类型不强制,信托财产可包含所有类型的可转让财产;信托内容也不

---

[1] 美国有些州创设了"太阳能役权"(solar easements),参见:Alexandra B. Klass, "Property Rights on the New Frontier: Climate Change, Natural Resource Development, and Renewable Energy",(2011) 38 *Ecology Law Quarterly*, p.97.

[2] 例如信息资料的所有权的问题,参见 Maria Perrone, "What Happens When We Die: Estate Planning of Digital Assets",(2012) 21 *Commlaw Conspectus*, p.185.

强制,目的和用途合同可以自由约定。

3. 财产权法定主义的弱度模式:南非的《地契登记法案》(Deeds Registries Act)

根据南非的《地契登记法案》,合同可以自由地创设土地上的财产权类型,一经登记即具有物权效力,具有对世性。① 这是世界范围内最为宽松的财产权法定主义,是一种没有类型强制的财产权法定主义。

第四节 财产权可转让性的逻辑结构

在分析了财产权法定主义后,再重点阐述与之相关的一个重要问题——财产权的可转让性。当然,并不是所有的财产权都可以转让,但可转让性是许多重要的财产权的基本特性。

可转让性在人们的意识中是一个貌似简单的问题,但其逻辑结构和内涵却是很复杂的。本章单设一节以澄清,并对前述内容作一小结。

权利法定类型化的功能:可转让性的前提

财产法上的权利类型化和人身权法上的权利类型化功能不尽相同,人身权法上的权利类型化如生命权、健康权、名誉权等,其功能是将相关权益置于一个权利类型下,可适用相同的法律保护。而财产法上的权利类型化的功能则更丰富,例如他物权中出让土地使用权类型,类型化的功能细细列举,应包括:一是为通过合同设立该物权提供标准化的权利设立内容;二是为通过合同转让该物权提供标准化的权利转让内容;三是为该类型的权利中所包含的对世性和排他性的权素(对世的 claim-)的有效转让提供法律基础,因为对世性和排他性的权素的转让不可仅凭合同,合同的相对性(privity)决定了仅仅合同本身并不能产生对世性和排他性的权素的转让的有效性,需有法律的前提性规定。法律将特定权利类型化,赋予可转让性,实质上就认可了通过合同转让该类型权利中所包含的对世

---

① C. G. van der Merwe, "Numerus Clausus and The Development of New Real Rights in South Africa", (2002) 119 *South African Law Journal*, pp. 803-815.

性和排他性的权素的有效性;四是锁定功能,即权利被类型化后,该类型化权利所包含的权能将无法独立转让和剥离。

不可转让性的两种类型:商业秘密和毒品

不可转让的财产,可以分为两种类型,或两种原因。第一种类型是因为该财产不具有排他性,仅是财产利益,尚未上升至财产权,更不是法定类型化的财产权,本质上无法转让,如商业秘密;第二种类型是因为法律明确禁止特定财产的流通,例如毒品,它是有体物,是物权,是法定类型化的财产权,本质上具有可转让性,但是,因法律的强制性规定而被限制。形象地说,前者是先天不可转让,后者是后天不可转让。或者说,前者是逻辑上的不可转让性,后者是法令上的不可转让性。

法定类型化权利中的权能的独立转让的问题

所谓类型化权利中的权能的独立转让的问题,最典型的例子是,将股权中的收益权(利润分配请求权)独立地转让出去,是否有效? 在商业领域,特别是结构化融资中,此类设计虽有争议,但愈来愈多,如不动产收益权的资产证券化。

从纯粹法理看,此类转让是无效的,或者说,此类转让不构成权能的独立转让,所谓独立转让只是幻觉。权利被类型化之后,其内部权能将无法分离,无法成为各自独立的单元,所以,独立转让也是不可能的,除非法律将该权能再类型化,这也是财产权法定主义的一个隐蔽的含义。

例如甲对乙公司有股权,甲经乙同意,将股权中的利润分配请求权转让给丙。在该案中,有两个问题:

一是丙有权向乙请求分配利润吗?回答是肯定的。

二是利润分配请求权独立转让了吗?回答是否定的。

关于第一问,虽然丙有权向乙请求分配利润,但其请求权基础并不来自"利润分配请求权的独立转让",而是来自甲乙丙签署的一个纯粹债的效力的合同,它不具有对抗任何第三人的效力,所以,该合同不构成"利润分配请求权的独立转让"。它只是创造了一个新的债的关系。

但在一个特别情形下,利润分配请求权是可以转让的,例如2014年末,某公司经股东大会作出利润分配决议,应向股东甲分配利润100万元,甲具有请求公司分配100万元的请求权,该请求权是现实的,是可以转让给他人的。此案例中的 100 万元的利润分配请求权和上述的作为股权中的权能的利润分配请求权有何差异？差异应在于，前者是由利润分配请求权衍生出来的债权，所谓利润分配请求权是该债权的原因和基础，后者的转让不等同于前者的转让。

如果甲将股权转让给丁，丁将获得利润分配请求权，而丙将失去"利润分配请求权"，因为甲乙丙签署的合同因甲转让股权而无法履行。

在实践中，还有更极端的做法，将股权收益权（利润分配请求权）作为抵押权的标的，这是无效的，不产生物权效力。

在资产证券化中，因为股权转让存在登记上的障碍，所以，以股权收益权的转让替代股权转让，此做法较普遍，但效力存疑，股权收益权不构成一项独立的财产权，不具有可转让性，因此，不构成信托财产，所谓"转让"只是幻觉而已，所谓"转让"只具有债的效力，它不构成"真实出售"。[1]

在表决权信托（voting trust）中，从此类信托的名称看，信托财产应是股权中的表决权，但同股权收益权一样，表决权也无法成为一项独立的财产权，不具有可转让性，无法成为信托财产。在具体实务操作中，表决权信托一般就是股权信托，信托财产是股权，而非股权中的表决权，通过股权信托将表决权委托给受托人行使。[2]

以前在土地信托的实践中，委托人将土地承包经营权中的经营权权能作为信托财产，转让给受托人，设立信托，而不转让土地承包经营权，土地承包经营权依然保留在委托人的名下。虽然有此实践，但土地承包经营权中的经营权权能是不能独立转让的，所谓转让只是一种假象，实质上是在委托人和受托人之间形成一种债的关系，委托人许可受托人经营该土地，并非是经营权的转让。当然，2018 年《农村土地承包法》修订后，确立了"三权分置"，该问题就不存在了。

---

[1] 真实出售（true sale），指证券化资产从原始权益人向 SPV 的转移。该财产转移在性质上须是真实出售，其目的是为了实现证券化资产与原始权益人之间的破产隔离，即原始权益人的其他债权人在其破产时对已证券化资产没有追索权。参见王涌：《虚幻的财产转让与资产证券化的风险》，载《法律与新金融》第 1 期，北京大学金融法研究中心 2015 年 5 月。

[2] Robert W. Hamilton, *The Law of Corporations in A Nutshell*, West Group 2000, p. 281.

也有人问:利润分配请求权本质上是一种债权,既然债权可以独立转让,为什么利润分配请求权就不能独立转让？这是一个很好的问题。但是,股权中的利润分配请求权显然是不能简单地视为一种债权的,民法上的债权与一种类型化的权利内的某一请求权是有区别的。

法定类型化的权利中的请求权权能与债权的界限

当然,首要问题在于:民法上债的定义是什么？翻遍德法日民法典,也看不到民法典对于债的准确定义。是否一种请求权就构成一种债权？显然不是,因为物上请求权就不是,基于人格权上的请求权也不是。那么,问题又来了,基于股权上的请求权和基于信托受益权上的请求权是否是债权？

或者说,是否存在独立的债权和不独立的债权？日本信托法将信托受益人的利益分配请求权视为债权,这显然存在问题。

关于股权中的利润分配请求权,上文已经阐述了,在特定情形下是可以独立转让的,也可以说,在该特定情形下,该利润分配请求权已经转化为债权了。或者说,在该特定情形下,该利润分配请求权既是股权的权能,也是独立的债权。这是一个十分有趣的问题,如果以一个案例来分析其中的概念上的微妙差异,就更为奇妙,令人深思。

接上文案例,假设甲在股东大会作出利润分配决议后,将自己应分得的 100 万元利润的请求权转让给乙,并通知了公司。在乙请求分配前,甲将自己的股权转让给丙,丙也请求分配同样的 100 万元。请问,公司应当向谁分配该 100 万元的利润？

传统民法对债权概念定义的模糊

如果将民法中的债权概念纳入霍菲尔德的术语中予以理解,则会产生很多困惑。简而言之,一个基本问题就是:霍菲尔德术语中的 claim-duty 的关系是否都是民法上债的关系？回答显然不可绝对肯定。首先可以排除的是,物权法上的物上请求权是 claim-duty 的关系,但不是债权关系,人格权法上的请求权也是 claim-duty 关系,但不是债权关系。

但是,有些请求权是否是债权关系,则要复杂得多,例如公司法上的股东对公司的利润分配请求权是否是债权？准确地说,应分为两类,一是抽象的利润分配请求权,二是具体的利润分配请求权。前者是一种资格,尚无具体确定的权利内容,如应分配的利润金额等;后者则是一种具有具体给付内容的债权。前者不可独立转让,后者则可以独立转让。

更进一步的问题是,物上请求权可以是一种具有确定内容的请求权,如请求拆除某特定妨碍物的请求权,为什么不可以独立转让? 因为该请求权与物紧密相连,不可分离,所以,也不可从所有权中分离出来。而具有具体给付内容的利润分配请求权,其内容是金钱,可以从股东资格中剥离出来。可见,独立性也是债权的一个十分重要的特性。

再如公司增资的股东优先认购权,它是一种 claim,与债权外形相似,但欠缺债权两个特质:一是可转让性,公司法未规定可转让;二是稳定性,一旦公司取消增资,该权利即消失。

法定类型化权利中的权能的再类型化:以农村土地承包经营权为例

中国的集体土地所有制存在严重的弊病,弊病有三:一是土地利用效率低下,二是集体组织腐败严重,三是农民利益无充分保障。土地私有化是一种可以考虑的改革方向,但工程浩大,也非意识形态所能容忍,所以,以集体土地流转作为改革的突破口是现实的选择。

2015 年 3 月 10 日,十二届全国人大三次会议将《农村土地承包法》的修订列入了全国人大常委会的立法计划,全国人大农业与农村委员会负责修订工作。农业的生产经营方式正发生重要变化,各种新型经营主体——专业合作社、家庭农场、农业产业化龙头企业等大量涌现,土地流转和规模经营速度加快。此次《农村土地承包法》的修订工作面临的主要问题就是如何使农村的土地承包制度与农业的生产经营方式相适应。

为实现这一目标,法律如何构造一种新的权利结构? 部分学者提出了"三权分置"方案。中国社会科学院法学研究所孙宪忠研究员在中国民法学研究会 2015 年年会上作主题发言——《推进农村土地经营的"三权分置"的法律问题》,他说:"近几年来我们国家开始试验在土地分布条块小型化、分散化的情况下想办法把土地合并,建立家庭农场或者说甚至是城市人到农村去做规模化的农业。那么在这种情况下,因为要长期的建立农场,就需要确定农村土地新的权利。把土地承包经营权的概念在法律上固定下来,对于以后新出现的权利,设为耕作经营权或者耕作权,构成三权分置。"

该方案是可行的,在法理上,该方案本质上是对已经类型化的权利

（土地承包经营权）中的权能（耕作权）再类型化，这样在同一土地上就存在三层财产权结构：所有权——土地承包经营权——耕作权，虽然繁复，但符合财产权法定主义原则。2018年12月，十三届全国人大常委会第七次会议表决通过了《关于修改〈农村土地承包法〉的决定》，正式确立了农村土地"三权分置"制度。

同样，在特定的商事实践中，如资产证券化，如果需要将股权中的利润分配请求权作为信托财产独立转让，以设立信托，可通过立法，将股权中的利润分配请求权再类型化，使之成为一项法定的独立的财产权。

法定类型化权利中的权能的再类型化：美国法上的著作权的可分割性（divisibility of copyright）

法定类型化权利中的权能的再类型化，实质上是一种权利的再分割，分割成为相对独立的权利单元，该权利单元的处分与其母权利的处分相对独立，互不影响。这里，所谓母权利，系指派生出新的权利单元的权利母体。例如，上文所分析的土地权利，土地所有权相对于农民的土地承包经营权就是母权利，而土地承包经营权相对于它所分割出耕作权也是母权利。当然，所分割出来的权利，相对于母权利，也可称为子权利。但需要强调的是，该子权利已经从母权利的内部权能，经法定类型化后，成为一种新的独立的财产权类型。

在逻辑上，这种权利的分割可以是无限的。在实践中，因成本效益的限制，分割的层级不可能很复杂，无论是横向分割，还是纵向分割，都是有限的。上节分析的土地权纵向层面上分割出三层已经是比较复杂了。

这里，我们再以美国法上的著作权的可分割性为例，作一分析。

所谓著作权的可分割性，是指著作权中的权能可以分割为相对独立的新的财产权单元，可以独立转让，受让人和著作权的所有权人一样，具有对世性权利。其对世性权利主要表现为一种诉权，即对于侵犯著作权的人具有独立诉权。美国法的思维和民法法系的思维不一样，它不探讨什么他物权的性质，而是很实用地从诉权的角度，揭示权利的性质。

在1976年《著作权法》（修正案）之前，美国法采著作权不可分割理论。该理论认为：著作权是一个统一的整体，无法被分割成更小的单元。就是说，著作权只能整体转让，对其中的权能的所谓转让本质上都只是一种许可。被许可人不具有财产性权利(Title),无权去起诉侵犯著作权的行为。美国法严格区分转让(assignment)和许可(license)这两个概念。

不可分割理论应当追溯到美国最高法院的 Waterman v. Mackenzie 的判例。该判例认为:除专利的整体转让(a grant of the entire patent)和授予特定地理区域内的排他性的专利权(a grant of the exclusive right for a specified geographical area)等情形可认定为转让,其他的所谓转让均认定为许可,被许可人没有权利去起诉侵犯专利的行为。

美国法院根据此判例,发展出著作权的不可分割的理论:著作权不可以被分割,不可以按照时间、区域或特定权利内容进行分割,并将分割后的部分权利进行转让。不可分割理论背后的理由是,保护侵权嫌疑人免被连续的(successive)诉讼侵扰,这样可以限制诉讼。

最初,这一理论没有引发问题和不公平,因为著作权的范围非常有限,那时著作权中唯一被有效使用的权利仅仅是复制权。所以,那时需要保护的仅仅是针对复制,只要赋予排他性复制的权利即可。

但是,之后就不同了。随着媒体技术的发展,著作权中的各个财产权权能需要单独地在市场交易。

根据《美国法典》第 106 条的规定,著作权有五个基本权利:复制权、改编权、出版权、表演权和展览权。1976 年的《著作权法》(修订案)第 201 条—2 规定:"著作权中的任何排他性权利,以及第 106 条特别规定的权利(五种基本权利),都可以转让,分别所有。"它承认了著作权的可分割性(severability)原则,更多的权能从著作权中独立分化出来,成为新的财产权类型。[①]

财产权可转让性的逻辑内涵

财产权类型化、财产权的可转让性和财产权法定主义三者之间关系密切。当我们谈论某特定的财产权具有可转让性时,其逻辑内涵是相当丰富的。主要包含:

第一,该特定财产权已被法律类型化,此即财产权法定主义的核心

---

① Elliot Groffman, "Divisibility of Copyright: Its Application and Effect", (1979) 19 *Santa Clara Law Review*, p.171.

含义；

第二，该特定类型的财产权已被法律赋予可转让性；

第三，该特定类型的财产权可通过合同转让，所包含的对世性和排他性的权素随之有效转让；

第四，该特定类型的财产权的转让必然是整体转让，其内部的权能不可独立转让，除非其内部权能被法律再类型化。

一种财产权的可转让性应由法律明确规定，此即财产权可转让性的法定主义，这应当在民法典中予以明确规定。

处分权的逻辑结构：霍菲尔德术语的描述

借此节，我们也总结一下转让权或处分权的逻辑结构，正如第三章论述，处分行为是复合型的法律关系，包含两层法律关系，一是 power-liability，即处分人有处分的权力，处分行为对他人有效；二是处分行为本身可能是 privilege，与他人具有 privilege-noclaim 的关系，或可能是 duty，与他人具有 duty-claim 的关系。

处分人在第一层法律关系中，具有有效的处分权（power），但在第二层法律关系中他的处分行为的法律性质却具有三种可能：一是在行使自由（privilege），二是在履行义务（duty），三是在违反义务（duty）。

需要研究的是第三种可能——违反义务的处分行为，义务又可分为约定的义务和法定的义务，其中重要的问题是，违反了义务是否导致处分行为无效。关于此问题的一般法理是什么？

假设法律对此无规定，违反私人约定的处分行为的效力如何？在法理上应如何分析和推理？

分析和推理可以从这一点开始：甲乙私人之间关于禁止转让的约定，可否消灭甲所拥有的处分权？由于处分权是法律赋予的[①]，处分权行使产生的效力是对世的，所以，按一般法理，纯粹的私人之间的约定无法消

[①] 财产权中的处分权是法律赋予的，这是财产权法定主义的内涵之一。即使债权，债权人对债权的处分权也是法律赋予的，例如《意大利民法典》第 1260 条对债权的可转让性的规定："尽管没有债务人的同意，债权人也可以有偿或者无偿地转让自己的债权，但是以债权不具有人身性质或者法律不禁止转让为限。"

灭一种法定的和对世的权力。①

处分权的对世性是一个十分重要的概念，用霍菲尔德的术语描述，即甲拥有处分权（power），世界上所有其他人均处于责任（liability）中，即均受该处分权行使而产生的效力的约束。要透彻理解处分权的对世性，必须从霍菲尔德的法律关系的关联性（correlativity）公理入手，回答一个基本问题：甲拥有处分权（power），它的关联方是谁？甲与谁构成了 power-liability 的法律关系？

当然，对物的处分权的对世性较易理解，因为物权是对世性的，对物的处分权必然产生物权效力，所以，该处分权必然是对世性的。所以，各国法律对于违反私人约定的物权处分行为的效力的规定惊人的一致，都规定有效。

但是，对债权的处分权是否具有对世性？回答是肯定的。它同样符合上述的霍菲尔德术语对处分权对世性的描述：债权人甲对债权拥有处分权（power），世界上所有其他人均处于责任（liability）之中。其中的一项重要的对世性，通俗地说，就是：甲有权将该债权转让给世界上任何其他人。所以，私人之间的约定可否禁止债权转让？如果法律无规定，根据处分权的对世性原理，私人约定不能剥夺债权人的对世权——处分权，所以，私人约定对处分权的禁止或限制无效。

当然，如果法律对此有规定，则依法律规定。其实，各国法律的规定或法院审理的态度不尽相同。

罗马法系认为合同中对让与的禁止条款无效，除非受让人知道。②例如，《意大利民法典》第 1260 条第 2 款规定："双方当事人可以协议排除债权的转让，但是该协议只能对抗能够证明在受让时知道该协议的受让人。"第 1379 条规定："契约约定的禁止转让，仅在契约当事人之间有效"。《葡萄牙民法典》第 577 条第 2 款也作了同样的规定。

---

① 关于这一问题，我在 2014 年中国政法大学民商经济法学院的硕士研究生法学方法论课的期终考试试卷中，设计了一道题目："甲对乙作出排他性许可，并约定甲不再许可他人使用他的剧本著作权，但甲违反约定，又许可丙使用他的剧本著作权，甲对丙的许可是否有效？如果实证法对这一问题无任何规定，试以霍菲尔德的理论阐述其中的法理。"

② 〔德〕海因·克茨：《欧洲合同法》（上卷），周忠海、李居迁、宫立云译，法律出版社 2001 年版，第 396 页。

《德国民法典》第 399 条规定:"因与债务人有协议约定不得让与者,其债权不得让与。"《瑞士债法》第 164 条也作了相同的规定。在实践中,德国法院一般认定,违反合同中的禁止条款的让与是无效的,其无效不仅仅是在当事人之间,而且是普遍的。①

第五节　民法典中的《财产法总则》

一、现代社会的财产权观念

人类社会关于财产的观念随社会经济的发展经历了一个漫长的演进,康芒斯说:"在封建和农业时代,财产主要是有形体的。在重商主义时期(在英国是 17 世纪),财产成为可以转让的债务那种无形体财产。在资本主义阶段最近四十年中,财产又成为卖者或买者可以自己规定价格的自由那种无形的财产。"②

根据康芒斯的论述,可以作如下归纳:在封建和农业时代,财产权主要是有体物所有权,如土地所有权,而在重商主义时期,财产权主要是债权③,而在现代资本主义时期,财产权则主要是市场自由权,如从事某些特殊行业的行政特许权等。④

财产概念的发展简史以及关于财产权谱系的分析,启迪我们对财产概念应当抛弃三个局限,实现三个转变:

---

① 〔德〕海因·克茨:《欧洲合同法》(上卷),周忠海、李居迁、宫立云译,法律出版社 2001 年版,第 397 页。

② 〔美〕康芒斯:《制度经济学》(上册),于树生译,商务印书馆 1997 年版,第 95 页。

③ 在资本主义初期,可转让的债权是十分重要的财产。麦克劳德说:"如果有人问,什么发现对人类的财产变化的影响最深,我们大概可以符合实际地说——那是人们发现债务是一种可以出卖的商品。韦伯斯特曾说信用对于使国家富裕的贡献千倍于全世界所有的矿山,他这句话的意思是指人们发现'债务是一种可以出卖的商品或物;它可以像货币那样使用,并且产生货币的一切影响'。"见〔美〕康芒斯:《制度经济学》(下册),于树生译,商务印书馆 1997 年版,第 14 页。

④ 参见〔美〕万德威尔德:《十九世纪的新财产:现代财产概念的发展》,王战强译,载《经济社会体制比较》1995 年第 1 期。

1. 财产权观念转变之一：从"物"到"无物"——抛弃财产权只是物的观念

财产权是一种法律关系，法律关系是人与人之间的关系，而非人与物的关系，所以，不管有没有有形物作为权利的对象，财产都可以存在。

将"看得见、摸得着"的物视为唯一的财产是一种极为淳朴的观念，实际上，从财产概念的历史中可以看出，有体物只与封建和农业时代的财产权密切相关，而在重商主义和现代资本主义时代，最重要的财产权已远远不限于对有体物的所有权了，而知识产权、商誉权等"无物之权"则变得十分重要，在这些财产权中，我们几乎找不到有体物的影子，而只有经济利益。① 但是，在许多人的观念中，财产权的概念仍停留在有体物所有权上，这显然忽视了财产权在现代的形态。

2. 财产权观念转变之二：从"绝对权"到"相对权"——抛弃财产权只是绝对权的观念

大陆法系的财产法是以对物的绝对所有权概念为基础的，而普通法关于财产的概念在布莱克斯通的经典著作《普通法释义》中也被理想化地定义为对物的绝对支配，但是，随着社会化大生产的发展，对物的绝对权已受到极大的挑战，许多新的财产并不具有绝对的排他性质，它们只是在一定领域（主要是商事领域）内具有排他性质，例如《反不正当竞争法》所创设的财产权。

示例 《反不正当竞争法》所创设的财产权之非绝对性

1993年9月2日颁布的《中华人民共和国反不正当竞争法》有关规定实际上创设了以下几种新型的财产权类型：

1. 知名商品经营者对于知名商品的名称、包装、装潢乃至与之相似的名称、包装、装潢的权利

《反不正当竞争法》第5条规定：经营者不得擅自使用知名商品特有的名称、包装、装潢，或者使用与知名商品近似的名称、包装、装潢，造成和

---

① 参见本书第三章"私权的结构"中"人、物、行为在私权结构中的位置"部分的分析。

他人的知名商品相混淆,使购买者误认为是该知名商品。这一条文尽管没有直接规定知名商品经营者的权利,但是,既然他人存在此种义务,那么,从中我们就可以推理出与之相关联的权利,即对于知名商品的名称、包装、装潢乃至与之相似的名称、包装、装潢不被擅用的权利的存在。

2. 经营者对于商品的认证标志、名优标志及产地的权利

《反不正当竞争法》第5条规定:经营者不得在商品上伪造或冒用认证标志、名优标志等质量标志,伪造产地。从此禁止性规定中可以推理出经营者对于商品的认证标志、名优标志及产地的权利。

3. 经营者对于商业秘密的权利

此权利可以从《反不正当竞争法》第10条规定:"经营者不得以盗窃、利诱、胁迫或者其他不正当竞争手段获取权利人的商业秘密"中推出。

这些财产权的非绝对性主要表现在:(1) 它们所对抗的主体只是市场竞争领域的主体(即商事主体),而不同于物的所有权可以对抗一切其他人。(2) 它们所对抗的侵犯行为只是商事活动中的不正当竞争行为,如伪造、冒用、盗窃等类型的行为,其他也可能有损于权利人利益的行为则不在这些财产权的对抗之中,商业秘密权就不能对抗通过正当手段获得他人商业秘密的行为,而商标权则可以对抗一切。

理解这些非绝对性的财产权类型时,我们不可将其勉强地套入某一传统的权利类型之中,而应通过实证分析了解它的内在关系和结构。此类非绝对性的财产权的大量出现主要原因在于,现代工业社会中的法律为保持效率与公平的平衡,对某些特定利益只采取有限保护的政策,非绝对性的财产权就是这种有限保护政策的产物。

2017年11月《反不正当竞争法》修订,有关条文的表述略有变化,但基本原理未变。

---

3. 财产权观念转变之三:从"私法上的权利"到"公法上的权利"——抛弃财产只是私法上的权利的观念

将财产权仅限于私法上的权利是财产权观念的最隐蔽的误区,实际上,在现代社会,由于国家公法对经济领域的规制与调控,私法所赋予给人们的经济自由又被公法收回,然后赋予特定的少数主体,使经济自由成

为稀缺资源,在此背景下,许多重要的财产权实质上已经表现为公法上的权利。

公法上的财产权一般通过行政许可制度创设,我国目前的行政许可制度大约包括:(1)有关调整经济生活的许可制度,如工商企业许可、个体经营许可、外商投资企业经营许可、工业产品生产许可、专利许可、商标许可等;(2)有关医药卫生和文化出版的许可制度,如医药卫生许可、书报刊许可、电视许可、演出许可、考古许可等;(3)有关公共安全和公共秩序的许可制度,如枪支刀具许可、爆炸物品许可、化学及放射性危险品许可、道路交通和水路运输许可、社会公共安全产品生产许可等;(4)有关自然资源和生态环境保护许可制度,如森林采伐许可、矿产资源开采许可、渔业捕捞许可、野生动物狩猎许可、排污许可、海洋倾废许可等;(5)土地使用和城乡建设中的许可制度,如固定资产投资许可、规划许可、建设用地许可、房屋拆迁预售许可等;(6)进出口许可制度等。

在上述的行政许可权中,许多都具有直接的经济价值,并且可以通过合法或者非法的渠道转让与流通,具有极高"变现"能力,当然,这种不正常现象与我国的行政许可制度的不完善和官僚腐败严重等因素是有关的。

雷齐的《新财产》

实际上,"财产权利"的公法化是现代国家所共同面临的问题,美国法学家雷齐(Charles A. Reich)于1964年在《耶鲁法学杂志》发表《新财产》一文对此现象作了系统论述,他说:"在过去的十几年中,美国所发生的最重要的变化就是,政府已成为财富的最主要的来源(the emergence of government as a major source of wealth),政府就像一个巨大的吸管(a gigantic syphon),它聚敛着财税和权力,然后吐出财富。"雷齐认为,政府所创造出来的财产主要有:薪水与福利(income and benefits)、职业许可(occupational licenses)、专营特许(franchise)、政府合同(contract)、补贴(subsidies)、公共资源的使用权(use of public resources)、劳务(service)等。①

---

① Charles A. Reich, "The New Property", (1964) 73 *The Yale Law Journal*, pp. 733-787.

这些财产是现代社会的重要的财产形态,而对这些财产的分配则是通过公法实现的,而不是私法,雷齐主张通过宪法控制(Constitutional Limits)、实体法的限制(Substantive Limits)、程序保障(Procedural Safeguards)等方式保障此类财产分配之公正。

现代社会的诸多重要的财产权主要是公法上的产物,所以,一个社会财产分配主要是公法的使命,不是民法典的使命,民法典只不过是将公法所创造的这些财产权再加以私法上的效力和私法上的保护而已,所以,财产权绝不仅仅是私法上的权利,如果将财产权仅限于私法领域,这种法律学上的误区必将阻碍我们对现实中国社会中财产分配之正义问题的深刻认识。

二、民法典中的《财产法总则》

以上探讨的问题属于财产法总论,相关内容应在《民法典》起草中落实到财产法总则编。如果《民法典》不设财产法总则,在逻辑上将无法涵盖全部财产类型和内容,必然有重要的问题在法典中被遗漏,进而对市场经济造成不可预计的影响和损害。1992年的《荷兰民法典》专设财产法总则,其立法例可谓先进,值得借鉴。①

下列内容是财产法的一般性问题,应当规定在民法典的《财产法总则》中:

1. 规定财产权法定主义原则。财产权法定主义原则应当在财产法总则中予以确定。在立法实践中,行政法规、地方性法规和部门规章是否有权创设新的财产权类型?在司法实践中,法官是否可以根据习惯承认新的财产权类型?②

2. 规定财产权的转让性。关于财产权的转让性,《荷兰民法典》第三编财产法总则第83条规定财产权转让问题:"(1)除被法律或权利性质所排除外,所有权、分项权利、债权均可以转让。(2)债权的可转让性可

---

① 参见《荷兰民法典》(第3、5、6编),王卫国主译,中国政法大学出版社2006年版。
② Yun-chien Chang & Henry E. Smith, "The Numerus Clausus Principle, Property Customs, and the Emergence of New Property Forms", (2015) 100 *Iowa Law Review*, p.2275.

由债权人和债务人协议排除。(3)除法律另有规定外,其他权利不可转让。"财产权的可转让性必须是法定的,民法典应当明确规定该原则。在实践中,许多不具有转让性的财产被转让,造成了混乱,民法典应当在源头上确定"财产权可转让性的法定主义"原则。①

3. 对财产权的客体作系统规定,将企业(营业)作为权利客体予以规定。《意大利民法典》在第五编"劳动"设第 8 章"企业",第 2555 条规定:"企业是企业主为企业的经营而组织的全部财产的总和。"《俄罗斯民法典》第 132 条则将"作为权利客体的企业"规定在民法典总则中。中国需要一部具有商法品格的民法典,作为客体的营业以及营业转让需要在民法典中规定,最合适的位置是在民法典《财产法总则》中规定。

4. 规定超越物权和知识产权法之上的财产权类型。

例如信托,由于信托的标的是所有可以转让的财产权,有体物可以成为信托财产,知识产权也可以成为信托财产。信托作为财产法,既非物权法所能容纳,也非知识产权法所能容纳。当然,信托法完全可以作为单行法存在,现实也是如此,但由于民法典应具有体系性和全面性,应统摄现实中所有的财产权类型,所以,信托作为一种重要的财产权类型,在民法典中应有一席之地。当然,这并不是说将整部信托法摄入民法典,而是民法典中应有关于信托的"接口条款",寥寥数条即可,以显示英美舶来品的信托在民法体系中的逻辑位置。

民法典中的哪一个部分可以为信托设置"接口条款"?可选择的方案有:

一是在民法总则民事主体部分写入信托。因为即使法律不明确承认信托的主体性质,但从学理的角度看,也不可否认信托是一种隐蔽的主体。当然,法律若不明确承认信托的主体性质,信托作为一种隐蔽的主体,只能以受托人的名义从事活动,而不能以自己的名义。如果法律授权信托可以自己的名义从事活动,其实就揭开了面纱,将信托脱离隐蔽主体的状态,成为一个显示主体了。

---

① 王涌:《虚幻的财产转让与资产证券化的风险》,载彭冰主编:《法律与新金融》第 1 期,法律出版社 2018 年版,第 39 页。

二是在债编合同部分写入信托,如 2013 年《匈牙利民法典》在合同编设"资产管理信义合同"(Fiduciary Asset Management Contract),引入信托。

三是在物权法部分写入信托,例如《阿根廷民法典》在第三卷物权中设第 7 题"不完全所有权",其中第 2662 条就是关于信托的"接口条款",它规定:"所有权若系基于合同或遗嘱中设立的一项信托而取得,并且为了向合同、遗嘱或法律规定之人移交标的物,该所有权仅应存续至信托消灭之时,则该所有权为信托所有权"。但这一立法例的问题在于,信托不限于有体物,物权法中规定的信托不能涵盖信托的全部。所以,最好的立法例是在财产法总则中规定信托,为信托设置"接口条款"。

此外,质押和抵押的标的也是涵盖物权和知识产权,甚至还包括应收账款等其他权利和利益,质押权和抵押权是超越于物权法的,所以,可规定于财产法总则。《荷兰民法典》第三编财产法总则第九章规定质押权和抵押权,可以参考。

再如"共有",将原来局限于物权法的"共有"制度提升到财产法总则中加以规定,因为共有是通用于有体物和无形财产权的财产权结构,法典应对共有作更系统更具体的规定。

5. 在财产法总则中创设新的超越物权法和知识产权法之上的财产权类型,如分时财产权、让与担保等;对公法创设的财产权如行政特许权等,在民事法律关系上的效力作一般性规定;规定新型财产利益如信息和数据的财产法保护模式。

6. 就财产法中的"许可"问题进行系统规定,许可与合同是两种不同的法律行为,虽然在实践中经常纠缠在一起,理论上也未充分澄清许可与合同之间的差异,但"许可"确实需要认真对待,需要法典做特别的规定。

第三编

私权的法律建构

第三부

대학의 교육과 지원

第七章 私权的设定

第一节 民法上的概念和范式

民法对私权的设定是通过民法规范而成就的,而民法规范则又是由概念组合而成,民法设定私权之技术奥妙,可以通过对民法中的概念的分析而发现。本节即对民法中概念的类型、功能、形成规律以及民法中的范式作一分析。

一、民法中的概念之类型

民法中概念的基本分类

民法上的概念一般地可以分为两种,一是描述事实的概念,如有体物、侵权行为等,二是描述法律关系的概念,如物权、债权等。但是,这两类概念经常被混淆,如合同与合同关系、委任与代理关系时常被混同。

霍菲尔德也曾将概念分为法律概念和非法律概念,但是,霍菲尔德所谓的非法律概念实质上也是法律学中的概念,只不过它是描述事实的概念,而不是描述法律关系的概念罢了。

霍菲尔德的分类:法律概念和非法律概念

早在霍菲尔德之前,奥斯丁就十分强调区分词语的法律含义和非法律含义,他对自然法学将道德权利和法律权利混同的做法甚为恼火,他主张应当区分法律所保护的利益(the de facto interest or claim which is protected by law)和法律所授予的利益(the advantages conferred by law)的不同，前者是正义论和社会学法理学研究的问题，而后者是分析法学研究的问题，后者的本质是法律为保护特定的利益所授予的权利。

霍菲尔德也十分强调区分法律概念和非法律概念的必要性，他认为在日常的法律讨论中，人们常常混淆法律的和非法律的概念，即混淆事实关系和纯粹的法律关系，如将对于某物的权利和此物本身混为一谈，他说，这是一个不幸的流俗。

这一流俗产生的原因有两个：第一个原因是物理上和精神上的事实关系常常与纯粹的法律关系紧密地结合在一起。这一原因也不可避免地影响到早期人们的法律观念和法律制度。

第二个原因是法律术语的模糊性和不严谨。而法律术语的不严谨和模糊性往往缘于这样的历史事实，即我们的许多法律术语最初只用于表示具体的事物或行为，而当它们被从日常话语中借来用于表示法律关系时，往往是一种比喻性的用法，所以，常令人误解。如 Property（财产）一词就是典型的例子，财产一词有时用来表示与一定法律利益相联系的物体，有时又用来表示与一定物体相联系的法律利益。Transfer（转让）这一概念也是一个很好的例子，Transfer 原本含义仅指交付即占有转移的行为，但当其作为抽象的法律术语时，它也可能是指，在没有转移占有的情况下法律利益的转移。另一个例子是 Power（能力）一词，它原指做某事的物理上的或精神上的能力，但 Legal power（法律能力）的含义与此却完全不同。Liberty（自由）一词也是如此情形，事实状态中的自由和法律上的自由，其义大相径庭。而在合同法领域，合同事实和合同之债的混淆也是一个例子，Contract（合同）一词有时指当事人的合意这一事实，但有时又指因合意而产生的法律后果即合同之债。

描述自然性事实的概念和描述建构性事实的概念

民法中描述事实的概念也有两种，一是描述自然性事实的概念，如土地、货币、建筑物等，二是描述建构性事实的概念，如法律行为、侵权行为、行为能力、善意、过失、要约、承诺等。第二种概念所描述的事实都是自然事实中原本所不存在的，而是法律向自然事实注入评价性因素之后所形成的事实。霍菲尔德的所谓有效性事实与证据事实倒是与此颇有相似。

霍菲尔德的分类：有效性事实和证据性事实 霍菲尔德区分了两种

事实,一是有效性事实(operative fact),有效性事实是指可以直接创造新的法律关系的事实,也可以称之为 constitutive (causal/dispositive) fact;二是证据性事实(evidential fact),证据性事实是指可以证明有效性事实成立的事实,证据性事实只是为推理有效性事实提供了证明的基础,而不是结论。他举了一个例子以说明有效性事实与证据性事实两个概念的差别。在一个侵权之诉中,A宣称他被B的狗咬了,即被B侵权了,不管是被名叫Jim的狗,还是Dick的狗咬的,这一侵权事实就是有效性事实。至于究竟是Jim狗咬的,还是Dick狗咬的,这也只是证据性事实,证明上述的B的侵权行为这一有效性事实的成立。有效性事实可称为抽象事实,证据性事实可称为具体事实。

因为霍菲尔德没有区分两种事实的根本差异,所以,许多学者对霍菲尔德所谓的有效性事实和证据性事实提出了进一步说明,他们认为,所谓有效性事实并非一种自然事实,而是一种法律的建构和结论,如所谓"要约"和"承诺"就不是一种纯自然事实,而是已经掺入了法律判断的因素于其中。[①]

拉伦茨的"法律的技术性概念" 拉伦茨则将本书所谓的"描述建构性事实的概念"称为"法律的技术性概念"[②],他认为:法学之所以要建立这些概念,目的在于法律建构中的涵摄目的,即将不同样态的现象纳入一个一般概念之中,以便于法律的陈述和推理。

我以为描述建构性事实的概念的出现,是法律发展的重要标志,可以说:无此类概念,即无所谓法律之技术。因为缺失此类概念作为中介,而从自然事实直接到法律后果的方法是法律发展原始的水平。

小结

民法中的概念可以分为非建构性概念和建构性概念,非建构性概念一般是描述自然事实的概念,它们一般不是法律创造的概念,而是从日常语言中直接引入,而建构性概念则是法律自己创造的概念,建构性概念可

---

① Roy L. Stone, "An Analysis of Hohfeld", (1963) 48 *Minnesota Law Review*, pp.313, 317-322.

② 〔德〕拉伦茨:《法学方法论》,陈爱娥译,台湾五南图书出版公司1996年版,第七章"法学中概念及体系的形成",第397—401页。拉伦茨在这一章中还提出了另一个概念,即"规定功能的法的概念"。

分为描述建构性事实的概念和描述法律关系的概念:

民法上的概念:A. 非建构性概念:描述自然性事实的概念,如土地
          B. 建构性概念:描述建构性事实的概念,如法人
                      描述法律关系的概念,如物权

实际上,法律推理过程也是这三个概念层层展开的过程,从自然性事实推理至建构性事实,再从建构性事实推理至法律关系,如在霍菲尔德的那个"狗咬人"的例子中,B豢养的一只名叫 Dick 的狗咬了 A,这是一起自然性事实,由此,我们可以推出"B 对 A 的侵权行为"这一建构性事实成立,由此,我们又进一步推出"A 有权利要求 B 赔偿"这样一种债权债务之法律关系。

二、作为一种权利名称的法律概念之性质与功能

作为民法上的一种权利名称的法律概念,它所描述的只能是法律关系。那么,这些法律概念是一种什么性质的存在?回答有多种。

概念实体论

它是自柏拉图始至黑格尔而登峰造极的一个哲学流派的观点,它认为法律上的若干基本概念是一种抽象的实体,本身具备内在的生命和特质。

劳伊德说:"将抽象概念视为实体的趋向在法律概念与政治概念的范围中最为强烈,因为这些概念充满了情绪化的弦外之音。形而上学者(理念论者)认为,这些概念不只是一种说话的方式,而是真实的实体,甚至具有形而上的人格,比任何自然实体更真实和崇高。"[①]

哈特的概念功能论及其对概念实体论的批评

哈特认为法律概念并不是一种独立的抽象实体,它只是一种工具[②],

---

① 〔英〕丹尼斯·罗伊德:《法律的理念》,张茂柏译,台湾联经出版事业公司 1984 年版,第 232 页。

② 见 H. L. A. Hart, "Definition and Theory in Jurisprudence", (1954) 70 (1) *Law Quarterly Review*, p.37. 这是哈特就任牛津大学法理学教授的就职演说,"它作为一个激奋人心的开端,开辟了法哲学研究的一个新方向,这篇演说从 1954 年出版至今,一直成为学界争论的焦点"。参见舒国滢:《赫伯特·L·A·哈特——一代大师的陨落》,载《比较法研究》1996 年第 10 卷第 4 期。

所以,他非常赞同边沁的观点:不可孤立地看待一个法律概念,而应将其放在整个法律推理中予以考察,它在整个法律推理中所承担的"媒介"作用才是法律概念的本质,例如,法人的概念本质就是一种指代功能,指代一组权利义务的关系群,使得法律推理简明而形象,就如表达式 Y = A + B + C 中 Y 的指代功能一样。而概念实体论者将法律概念视为现象背后的永恒不变的范型(Archetypation),其错误在于它忽视了这个所谓的"范型"只不过是法律的逻辑建构的一个产品而已。所以,他说,在研究法律概念时,不要问某概念的本质是什么,而应问这个概念的功能是什么。

我以为,对于民法中的种种概念如权利能力、行为能力等概念的理解确实应当采功能论的思路。

斯堪的纳维亚法学家对法律概念实体论的批评——罗斯对所有权概念在法律推理中的功能之分析:图图(Tû Tû)理论

他们认为,作为一种权利名称的法律概念根本不是一种什么真实的实体,例如法律上的所有权,它只是法律体系中某些具体规定的集合之简称。① 罗斯关于所有权分析的图图理论就是他们的理论的代表。

罗斯认为所有权的概念不代表任何事物,他说,我们可以不使用所有权一词,将含有所有权一词的法律规则重写一遍。法律规定:如果甲购买了一件物品,那么他就是物的所有人;如果甲是物的所有人,那么他可以请求物的损害赔偿。我们可以删除上述规定中的中介词——所有权,而将上述法律规则重写一遍,即"如果甲购买了一件物品,那么他就可以请求物的损害赔偿。"这样规定可能有一点不方便,但是事实上,我们一定要将某种意义加在所有权上,这是没有意义的。

罗斯引用了一个例子说明所有权概念的功能。在一个原始岛国上,人们相信一种称为"图图"(Tû-Tû)的东西的存在,如果你吃了酋长的食物,那么,你就会变成图图,如果你变成了图图,你就必须进行涤罪的仪式。局外人都会明白,这里的图图是毫无含义的,其实,法律中的所有权概念也同图图一样是无含义的。

---

① J. W. Harris, *Legal Philosophies*, Butterworths 1980, p.89.

实际上，许多法律概念的功能只是在法律推理的过程中从法律事实走向法律结果的一个中间步骤。所以，如果不将这些法律概念放在法律推理的动态情景中，我们是不能把握这些法律概念的确实的含义和功能的。

但是，以往很少有人这样思考问题，于是总要追问这些概念的本质是什么？其实这是很无聊的。为了说明这种做法的无聊，罗斯将前例再作进一步的假设：有一天，有人吃了酋长儿子的食物，而不是酋长的食物，有人说这也会使他变成图图，但另一些人却不这样认为。于是，岛上的老人以及那些试图平息争论的人就开始讨论"图图是什么"这个问题。我们这些局外人显然很清楚这种讨论没有任何意义，但是，岛中人却执迷不悟。罗斯借此隐喻：法学家讨论所谓所有权的本质之类的问题同岛中人探讨图图的本质一样毫无意义。

所以，罗斯认为：在这一意义上，法律概念的思维同这个原始岛国土著的"图图"思维在结构上具有惊人的相似性。这种相似性植根于我们的传统，这种传统由语言所决定，这种语言的力量控制了我们的思维，这是传自人类文明幼稚期的一笔古老的遗产。

在得出这些结论之后，还有一个重要问题，就是在法律事实和法律后果之间，我们插入某类权利这样的一种虚构的概念，这种绕圈子的做法到底有什么合理性？

罗斯说：有关所有权的法律规则，完全可以在不使用所有权概念的情况下，被清晰地表述出来。但是，这样将会需要无比繁多的具体法律规则将单个法律后果与单个的法律事实直接联系起来。如果使用了所有权的概念，这种繁杂的单个联系就会变成一种简明的系统联系，使法律推理简明化，这就是所有权概念的功能。①

对斯堪的纳维亚法学家观点的批评

按照斯堪的纳维亚法学家的分析，作为一种权利类型的名称的法律概念如"所有权"的概念，它们在法律中和法学中所起到的作用，也只是一种"简化"的作用，通过它们，许多繁杂的法律规定变为一个简明的符

---

① Alf Ross, "Tû-Tû", (1957) 70 (5) *Harvard Law Review*, p.812.

号。用这个简明的符号指代这些繁杂的法律规定,就像用 π 指代冗长无际的圆周率一样。如果这种理论的目的只是在于驳斥概念实体论,那么,斯堪的纳维亚的分析是精彩的和独到的,但是,如果将作为一种权利类型名称的法律概念之功能仅仅局限于此,则又显得武断和简单了。

这种看法忽略了所有权这类概念的其他两种态样。

第一,法律并不只是一套可以确定的规则组成的静态集合,任何时候我们都可以透过它们去分析一个既定概念的法律内涵与关系,相反,法律是各种规则、命令、标准与原则的大混合,处于一种虽然缓慢但持续不断的变迁之中。这些概念,无论什么时候,大部分都可以简化为某种类型的规则与原则,但是,总有一些不能确定的范围,正是因为"不完整性"、"不确定性"的存在,法律概念可能被赋予崭新但并非全然无可预料的功能与用途。所以,概念在法律中具有象征作用,代表某种态度或方向,因此,它的意义超过了任何一套确定的规则,它是法律发展的一项重要工具。

第二,有一些概念在法典中本身就具有规范作用①,如《德国民法典》中的生命权、身体权、健康权、自由权概念,《德国民法典》对这些概念未做任何解释,所以,这些概念也无法像斯堪的纳维亚法学家所主张的那样可以完全化约为若干具体的实在法上的规则,但是谁都不会否认生命权、身体权、健康权、自由权是《德国民法典》这部实在法上的法律权利。

第三,分析简化的方法似乎低估了法律概念在社会心理学意义上的功能,一如道德概念,在社会心理学意义上的规范功能。一项重要的概念,譬如所有权,具有指陈某类认许行为的作用。这不仅是一种心理刺激,驱使我们遵循"财产观念在社会上任何一个人心目中引起的整套法律与道德戒律",同时也是保持社会和平秩序以及某种程度安全的法律本身的象征。②

可见,斯堪的纳维亚法学家对法律概念的理解实际上走上了一条极端的逻辑实证主义的道路。

---

① 法律概念具有价值判断性,其本身就体现了对其反映对象的肯定或否定。黄茂荣:《法学方法与现代民法》,台湾大学法学丛书 1982 年版,第 22—35 页。
② 参见〔英〕丹尼斯·罗伊德:《法律的理念》,张茂柏译,台湾联经出版事业公司 1984 年版,第 244 页。

三、民法中概念演变的路径依赖现象问题

问题

在导论中,已经指出,民法中的概念有的是民俗性的概念,有的是分析性的概念,前者是历史演变延续下来的,如物权和债权概念,后者则是分析法学家创造的,如霍菲尔德的一套术语。在现行的民法制度中,所采用的概念大多仍是民俗性的概念,分析性的概念的作用往往局限在学理上,很少进入立法中。所以,问题就出现了,今日民法上的许多概念并不具有充分的合理性,但是,它们仍然被广泛地使用,并具有现实生命力,这是什么原因?

制度经济学的路径依赖(Path Dependence)理论的解释

制度经济学的路径依赖理论,似乎可以提供一个富有启迪的答案。这里,我们以常见的"城市道路"现象来说明路径依赖理论的基本内容。

有一座城市,街道蜿蜒曲折,令人不解。不过,街道蜿蜒曲折的原因正写在这座城市的历史之中。这座城市原是一片森林,杳无人烟。一百年前,一位皮革商人来到这片森林,砍树通路。原本,他应当砍一条笔直的道路,但是,在森林的中心有一个可怕的狼窝,皮革商人为了避开这个狼窝,砍出了一条弯曲的道路。尽管道路弯曲费去商人不少赶路的时间,但是,却保障了商人的生命安全。当然,我们可以设想,如果商人同时也是一位猎手,那么,他就会选择一条笔直的道路,但是,这种假设不是历史。后来的商人都沿着这条道路来来往往,尽管曲折,但是,却没有人愿意再砍出一条笔直的道路。来往的商人愈来愈多,他们不断地砍伐两边的树木,于是,原来的林中小径变成了一条通商大道。而此时,原来那个令先来者惊恐不安的狼窝早已销声匿迹了。再后来,许多商人在大道两旁定居下来,他们开垦土地,建造房屋,开办旅店。几十年以后,这片森林逐步变成一座繁华的现代城市,但是城市中间的那条大街却仍如一百年前那条林中小径一般蜿蜒曲折。

制度经济学家常常用上面的例子来解释现实中的一些奇怪的经济制度的形成过程,实际上,现代民法学的发展在一定程度上也是一个路径依赖的过程。可以说,现代民法正如这座现代城市,而现代民法中的若干概

念如物权与债权的概念的发展就正如城市中间的那条街道。①

物权与债权概念的演变史就是路径依赖的典型

在罗马法中,物权与债权的概念并没有出现,但是,在罗马法的诉讼制度上,我们却可以发现物权与债权概念的萌芽。在罗马法上,诉讼的种类可以分为对人的诉讼(actiones in personam)和对物的诉讼(actiones in rem),对人的诉讼所涉及的是同某个人的法律关系,该人侵犯了产生于该关系的权利,这种关系就是债的关系。对物之诉本是借以维护物权或对物的权利的诉讼,但是,在较一般的意义上,对物之诉是指为维护可能遭受任何第三人侵犯的绝对权利的诉讼,这类权利除物权外,还包括身份权利或资格权利以及家庭权利。之后,在罗马法的上述概念的基础上,教会法中首先出现了对物权(ius in re)和向物权(ius ad rem)的用语。

而近现代民法上的物权概念是由11—13世纪时期的欧洲注释法学派的代表人物伊洛勒里乌斯(Irnerius,1055—1130年)和亚佐(Azo Potius,1150—1230年)提出,他们在对《查士丁尼民法大全》进行研究诠释中,建立了初步的物权学说。

700年之后,物权概念开始从法学家的理论中走入法典。1811年《奥地利民法典》第307条规定:"物权是属于个人财产上的权利,可以对抗任何人。"1896年,《德国民法典》设定物权编,对物权及其基本类型作了系统规定。"物权编"立法例之后为许多国家如瑞士、日本、韩国的民法典所采纳。

初学民法时,我总以为物权与债权概念就像数学中正数与负数概念一样是天经地义的,其实它们也不过像中国的疆域一样是在漫长的历史演变中形成的,其中有无数的偶然、巧合乃至不合理,英美普通法从来就

---

① 美国的法学家和经济学家常常运用路径依赖理论分析某些法律制度和经济制度的形成,参见 Mark J. Roe, "Chaos and Evolution in Law and Economics", (1996) 109 *Harvard Law Review*, p.641. 这篇文章运用了路径依赖理论分析了现代美国公司治理结构的特点之形成。

没有物权与债权的概念,"日子也过得不错"①,所以,现代民法学者对待它们的态度应当是反思与理解,乃至必要的警惕,以免我们的民法思维被它们钳制,成为它们的奴隶而失去创造的能力。

四、私权建构的一般技术:民法范式

人是概念的动物,人类依靠概念认识世界,同时,也依靠概念控制世界,前者产生科学,后者产生规范。法律就是一种重要的规范形式。现代法律一般包含三项要素,即价值、事实和逻辑,而逻辑的因素在现代民法中的作用是十分重要的。现实中的问题通过法律要件和法律效果的关系被逻辑地表示出来,据此保证了当事人有预测的可能性,进而保证了法的安定性。而法律的逻辑要素又首先表现为法律的概念,一系列相关的概念所形成的结构即为"范式"。"范式"这一概念首先是由科学哲学家库恩(Thomas S. Kuhn)提出的,用以解释自然科学的认识机制,他认为:范式是某一时期为一特定的科学共同体的成员所认可的用以确定问题和解决问题的一种概念结构。②

其实,库恩的"范式"理论同样可以用以解释法律特别是民法设定私权的一般技术。现行的大陆法系民法"范式"源自罗马法,这是一个以"权利"为核心的范式系统。这一范式系统十分精致地将人的自然权利编入法律的结构之中,形成一套具有严密逻辑联系的法律权利体系。当人们运用这一范式逻辑对一定的事实情境进行法律推理时,由此获得的法律结果与人们的正常的正义观念基本契合,可以说明,这一范式逻辑具有一定的合理性。法律的范式及其逻辑推演就像数学一样对人们的关于正义的直觉承担着证明功能。

---

① 江平教授语。
② 〔美〕托马斯·库恩:《科学革命的结构》,金吾论、胡新和译,北京大学出版社2003年版,第36—43页。有关库恩的范式理论在法律学(法律推理 legal reasoning)研究中的运用可以参见 Aleksander Peczenik, Lars Lindahl and Bert Van Roermund (eds.), *Theory of Legal Science — Proceedings of the Conference on Legal Theory and Philosophy of Science*, Lund, Sweden, December 11—14, 1983, D. Reidel Publishing Company 1984.

民法的范式可以分为两种：形式的范式和实质的范式。形式的范式一般是对法律效力的界定，如物权和债权的概念，实质的范式一般是关于法律事实的界定，如侵权行为的概念。民法的形式范式一般具有恒定性，无论时间的演进抑或空间的迁移，以物权和债权为核心的民法的形式范式并无明显的变化，而民法的实质范式如侵权行为的概念在不同的时代和不同的国度却有不同的内涵。民法的形式范式之于民法的实质范式的关系颇似于酒杯之于酒的关系。

以法律概念和法律范式为中心进行法律推理是民法乃至整个法学自身所特有的方法，这种方法可以称为法律自治主义方法论。

立法者运用"法律范式"对社会关系进行调整，但是，法律的范式一般是稳定的，而社会关系则是变动不居的，如何使法律的范式适应社会的变迁？即如何使法律的范式包容和解决新型的社会问题？这是现代社会的民法面临的重要课题。考察西方国家民法发展的一般规律，我们可以发现，上述的解决一般依赖于三种方法，一为法律解释，二为法律拟制，三为法律革命。

所谓"法律解释"的方法就是运用法意解释、扩张解释和目的解释等方法使新兴出现的社会关系纳入固有的法律范式之中，此种方式受语言的客观性的限制，因为法律的范式总是表现为语言，语言具有一定程度的模糊性，同时亦具有一定程度的客观性，其模糊性正是法律解释的空间，但是，法律解释一旦突破其客观性的界限，即突破法律语言的外壳，法律解释就成为"法律曲解"了。

所谓"法律拟制"的方法一般适用于这样的情形：某一非常的社会关系为某一法律范式不能包容，但是，如果不以后者调整前者，则会导致不公正或不合理的结果，所以，就将前者拟制为后者所界定的事实。诸如代理法中的表见代理，信托法中的拟制信托等概念皆为法律拟制。

所谓"法律革命"的方法则是用新的法律范式取代旧的法律范式，或者，在保留旧的法律范式的基础上创制新的法律范式调整新的社会关系，前者如在工业事故责任的法域中，1916年美国法学家巴兰庭（Arthur A. Ballantine）提出的无过失责任的范式取代传统普通法的过失责任的范式，后者如20世纪中期日本学者创制的日照权的范式，以调整现代工业社会中所出现的与高层建筑周边地区居民的日照利益相关的社会关系。日本法学家北川善太郎在总结现代民法中诸如产品质量法、环境法、计算机法等重要的法域的成长历程时,对现代民法的发展规律作了以下的精辟的论述:"在初级阶段的法的世界,新问题有其被认识的过程,但其毕竟是新问题,所以,根据现有的法概念和法制度还不能充分地起到解决问题的作用。然而,在当事人提起诉讼寻求解决之时,法院却不能以这是从未存在的问题为由拒绝审判。法院研究现有的判决例子,分析学说的动向,为解决这个新问题,努力形成法律框架。这时,在具体的法律要件和法律效果尚未明确确定的情况下,援用诸如一般性条款名义下的诚实信用原则来试图救济当事人,即对于新的问题,法个别地加以承认,进而在法的意义上,新的问题确定以后,开始主张和提倡针对新问题的法概念和法理论。当新问题的逻辑框架在某种程度上已形成,在这一过程中,判决积累而形成判例,学说也逐渐确定下来。当问题达到相当广泛的程度时,作为过去从来不存在的新法制度在现在的法秩序中确立起来了。"[1]北川善太郎所谓的"法律框架"就是本书所谓的"法律范式"。

法律范式的外在表现就是法律的词语,所以,也可以说,词语就是法律实施社会控制的基本工具,而作为一部法律的灵魂,法律范式水平的优劣又直接决定一部法律的语词风格及其实际效用。目前,我国民事立法的用语是比较混乱的,这种情形在日本的立法史上也一度比较严重,川岛武宜曾十分尖锐地批评过这种现象,他说:"我国政府历来持有着这样一种信念,即不管词语的表现如何粗糙,只要制定了法律,具体的问题在运用时就可以自然解决。这种信念一方面意味着通过适用使技术拙劣的立法得以完善,另一方面还意味着,只要制定了法律的外观,适用可以解决任何问题。我们不应该只将提高法律词语的技术水平简单地视为词语的问题,因为它更是合理地处理社会纠纷,为民主社会权力的行使确定界限所必不可少的前提条件。"[2]

---

[1] 〔日〕北川善太郎:《日本民法体系》,李毅多、仇京春译,科学出版社1995年版,第116页。

[2] 〔日〕川岛武宜:《现代化与法》,王志安等译,中国政法大学出版社2004年版,第251页。

当然，上述的讨论还引出这样一个问题，即法典语言的通俗与严谨之矛盾。1986年《民法通则》就出于"通俗化"的意图，使用了许多不严谨的概念，如"财产所有权和与财产所有权有关的财产权"等，这在司法实践中造成了众多问题。《法国民法典》也曾着意于文风的明快和浅俗，但法典的最终实施仍然依赖于通过司法解释和判例所建立起来的那些"具有高度技术性的非日常生活性质的逻辑和概念"。所以，法律的严谨应重于通俗。

从以上的分析中，我们可以发现，在民法的社会功能的实现过程中以及民法的发展演进过程中，民法的范式起着根本的作用，而如何凝练法律范式和设计法律语词正是分析法学的基本工作。

第二节　私权的设定与法律的渊源

哈特之前的法律渊源理论

法律渊源是分析法学中的一个重要问题，它事关法律的界限。在哈特之前，英美法学家关于法律渊源亦有诸多论述。

萨尔蒙德（Jhon W. Salmond）认为：法律渊源分为形式渊源（Formal Source）和质料渊源（Material Sources）。他说：形式渊源给予法律规则以效力和强制力，而质料渊源则为法律规则提供内容。整个民法的形式渊源只有一个，即国家意志和权力。而法律的内容则可以采自各种质料渊源，但是，这些质料渊源要获得法律效力，只有通过国家的法庭（tribunals）的接受，例如习惯法。[①]

质料渊源可以分为两种：法律的和历史的。例如：判例是法律的，但学术著作如法国波蒂埃（Robert Pothier）的著作和《国法大全》等，则是历

[①] John W. Salmond, *Jurisprudence*: *Or the Theory of the Law*, 3rd ed., Stevens and Haynes 1910, p.117.

史的。① 判例得到法律的认可,而其他质料性的渊源却没有明确得到法律的认可(legal recognition)。②

哈特的法律渊源理论

哈特意识到法律渊源问题的复杂性,在论述法律渊源和法律效力的问题时,他提出了一个重要的概念"承认规则"(rule of recognition),通过承认规则,确认法律渊源。他发现:在英美法中,普通法、习惯法可以被法令剥夺其法律地位,但是,它们的法律地位不是来自立法权的默然的行使,而是来自于承认规则的接受,此承认规则赋予习惯与判例独立但逊于成文法的法源地位。

哈特说:"在法体系的日常运作中,承认规则极少被明确地陈述为一项规则。""承认规则"的这种"非明文表述"的特点增加了我们对它理解的困难。③

哈特关于承认规则,有两段重要的阐述。

他说:"一个人若对法体系内特定规则的效力作出内部陈述,这个内部陈述可以说是建立在'这个体系是普遍有实效的'这个外部陈述为真的基础上,在正常的情况下我们表达内部陈述,必须以法体系普遍的实效为背景。但是,若因此就说关于效力的陈述'意指'(mean)法体系具有普

---

① 当代法学家 Robert S. Summers 则建议区分法律的渊源和质料的渊源(separate the sources of law and the materials),见 Robert S. Summers, "Essays on the Nature of Law and Legal Reasoning", Duncker & Humblot GmbH 1992, p.125; Robert S. Summers, "The Formal Character of Law", (1992) 51 (2) The Cambridge Law Journal, p.242.

② Carleton Kemp Allen 认为萨尔蒙德的形式渊源(Formal Source)和质料渊源(Material Sources)概念中,source 具有不同的含义,Formal Source 是法律效力(legal validity)的概念,而所谓 Material Sources 只是具有影响力,但不具有法律效力。见 Carleton Kemp Allen, Law in the Making, 6th ed., Oxford University Press 1961, p.260. 哈特则认为:可将质料渊源(Material Sources)视为一种许可的法律渊源(permissive legal source),以区别强制性法律的或正式的渊源(mandatory legal or formal source)。见 H. L. A. Hart, The Concept of Law, Oxford University Press 1961, pp.246-247.

③ 哈特使用了一个比较糟糕的例子,承认规则很像比赛中的得分规则。在比赛过程中,决定哪些行为构成得分(比如棒球中的跑回本垒,或足球中的射球入门等等)的一般化规则很少被详述出来。这个例子确实令人不解,在现代体育运动的竞技比赛中,得分规则是非常清晰而详细的予以规定的。不知哈特所言出自何处。见:H. L. A. Hart, The Concept of Law, 3rd ed., Oxford University Press 2012, p.102.

第七章　私权的设定

遍的实效性,这也是错误的。虽然假使一个法体系从未成立或者已被废弃,则说这个体系内的规则是有效或无效,'通常'是失去焦点(pointless)或无谓的,但是,这样的说法并非没有意义(meaningless),也不一定总是失去焦点。就好比讲授罗马法最生动的方法,就是要在谈到罗马法的时候,说得好像它具有实效,并且讨论其体系内特定规则的效力,并以之实地解决问题案例。又好比若要恢复一个被革命摧毁的旧社会秩序,并且抵抗新秩序,其中一种办法就是坚守旧政权下的法效力标准。比如仍然按照俄国沙皇时代有效的继承规则来主张财产权的白俄人民就是如此。"①

他还说:"我们可以依循一条我们所熟悉的法律推理途径,借此便能清楚了解承认规则作为终极规则的意义。如果有人问:某项规则是否具有法律上的效力?为了回答此问题,我们必须运用其他法律规则所提供的效力标准。最后,如果要更进一步询问该法律规则是否有效时,我们便需诉诸'女王议会所制订者即是法律'这项规则。然而在此,关于效力的探询必须停止:因为我们所触及的这项规则,尽管跟前面的行政命令和法律一样,都可以提供判断标准来衡量其他规则的效力;但是,与它们不同的是,我们却再无法找到另一条规则,可以提供判断标准来衡量这个规则的效力。承认规则存在的形态,却必须是法院、政府官员和一般人民,在援引其所含判断标准以识别法律时,所为之复杂但通常是一致的实践活动本身。承认规则的存在是事实问题。"②

从上述两段话可以看出,哈特的法律的效力的概念(validity)是一个混合性的概念,既含有规范性因素,又含有事实性因素。

法律效力概念的三层维度以及对哈特理论的追问

这里,我主张法律效力概念存在三层维度的含义:一个法律体系,无论它是否已经建立,或者已经废止,它作为一种概念性的存在,其特质是规范性,在其封闭的体系内,规范性本身就是效力,这是最纯粹的效力概念。如果一个法律体系在现实时空中存在,它的效力就比上述最纯粹的效力概念就多了一个外在的维度,从概念性存在进入现实性存在。一种法体系如果在时空中存在,并不意味它具有实效,如果它又具有实效(efficacy),

---

① H. L. A. Hart, *The Concept of Law*, 3rd ed., Oxford University Press 2012, p.104.
② Ibid., pp.107-110.

这就为最纯粹的效力概念增加了第二层外在维度。

哈特的效力概念并不是上述三个维度的简单叠加,他实质上是以第三个维度为核心,反向定义效力概念,甚至在一定程度上阉割了纯粹的法效力概念。哈特的方法本质上主要是社会学的方法,而非分析法学的,或者说是"被社会学软化了的分析法学"。当然,应当承认,哈特的方法更为深刻,更能揭示现实世界中的基本法理问题。

但是,我们关于哈特的法律效力和法律渊源理论的追问不应停止:

1. 哈特的承认规则,并不完全是一个规范性陈述,而是以一个规则是否在一个法律体系中具有实效为基础和背景的,在理论上,它从"实然"到"应然"的飞跃,这是如何转化的,没有说明。

2. 哈特承认规则的上述特点,即将社会学观察和法律的内部性规范性陈述,紧密集合在一起,这与他对法律概念的定义是一脉相承的。到底是哈特对？还是奥斯丁对？这是一个需要重新思考的问题。

3. 如果承认规则以实效为背景,对于法官的具体案件的裁决实践有何方法论意义上的价值？承认规则缺乏明确清晰的表述,法律实践是否可能陷入不可知论之中,增加不确定性？

4. 在成文法国家,哈特的承认规则很重要吗？在哪些方面比较重要,例如在中国,法律人一般都可以判断什么是法律,因为是成文形式。但是,法律解释和疑难案件中,法的承认规则是否就显得特别的重要？在法律解释和疑难案件中,法官通常适用的是原则、习惯和法理,但是,怎样的法理是法律渊源？党的政策在中国的法院的裁决中,虽不直接引用,但党的政策的精神在实践中却贯穿其中,可否说,中国法律的承认规则是承认党的政策为法源之一的？

北欧学者的法律渊源效力等级理论[①]**:霍菲尔德术语分析**

以上阐述的是英美法传统中法律渊源理论,北欧也是现代分析法学的重镇,在北欧日耳曼法的传统(Nordic tradition)中,对于法律渊源理论卓有贡献者有 Torstein Eckhoff、Aleksander Peczenik、Jacob Sundberg 和 Stig Strömholm。其中佩克真尼克(Aleksander Peczenik)的法律渊源效力等级

---

① Aulis. Aarnio, *Essays on the Doctrinal Study of Law*, Springer 2011, p.147.

理论更为突出。①

他将法律渊源的效力等级分为三层:

第一层级是强约束的法律渊源(strongly binding sources),包括国际法和国内法,国际法如欧盟法、欧盟人权公约、欧盟法院的判例,国内法如宪法、法令等;

第二层级是弱约束的法律渊源(weakly binding sources),如立法者的意图、先例(precedents)等;

第三层级是可适用的法律渊源(permitted sources),如经济、历史和社会论证、伦理与道德论证、法律基本原则、比较法论证等。

此外,第四层级是被禁止的法律渊源,如违背法和违背善的实践(against law or good practice)的论证和公然政治性(openly political)的论证不可作为法律的渊源。

法律渊源是一个规范性概念,本身就反映一种法律关系,是国家和法官之间的法律关系。按霍菲尔德的四种法律关系的基本形式,在法律渊源适用问题上,国家与法官之间应存在如下关系:

第一种是强制关系,即上述的"强约束的法律渊源",法官必须适用,用霍菲尔德术语,是 duty(+)。

第二种是弱强制关系,即上述的"弱约束的法律渊源"。所谓"弱强制"和"弱约束",仍然是必须适用的法律渊源,仍然是 duty(+),但是,效力次于第一种,即第一种渊源不存在时,必须适用第二种。

第三种是许可或自由关系,即上述的"可适用的法律渊源",法官具有 privilege。

第四种是禁止关系,即上述的"被禁止的法律渊源",是 duty(-)。

当然,按照德沃金的理论,法官在法律适用和法律推理中,只有义务,没有自由,具有实现正义的诫命,似乎法律渊源中就不存在所谓"可适用"或"可不适用"的类型了。

---

① Aleksander Peczenik, *On Law and Reason*, Springer 1989, p.319; Aleksander Peczenik, "Statutory Interpretation in Sweden", in *Interpreting Statutes: A Comparative Study*, D. Neil MacCormick and Robert S. Summers (eds.), Routledge 1991, p.311.

逻辑自然法是否是法律渊源？

本书在第三章强调逻辑自然法，例如"法不禁止即自由"原则，本身即具有富勒所谓的"法律的道德性"，是法律的渊源。但是，从纯粹法学的角度说，逻辑自然法只是法律的逻辑，正如数学公式一样，不是法律的渊源。

按奥斯丁的理论，法律是主权者的命令，显然逻辑自然法不是主权者命令，主权者命令是可以被废止的，逻辑自然法是人类理性对主权者的命令，永恒的，不可被废止，无论主权者是否宣誓它，它都客观存在，所以，逻辑自然法不是实证法意义上的法律渊源。

虽然逻辑本身不是法律渊源，但主权者明示或默示的"必须遵守逻辑"的命令则是法律渊源。现代法治的立法者使用法律关系的逻辑，即默认并默示之。逻辑自然法是法的现代性的起源，是现代法治话语的深层结构，从此意义上，逻辑自然法也是法律渊源。

习惯法（Customary Law）

《民法总则》第十条规定："处理民事纠纷，应当依照法律；法律没有规定的，可以适用习惯，但是不得违背公序良俗。"该规定明确将习惯引入法律渊源。严格说来，习惯与习惯法是不同的。例如以"习惯"解释合同，习惯只是证明当事人真实意思表示的证据，却不是法律渊源。第十条是关于法律渊源的规定，所以，此条中的"习惯"应当理解为"习惯法"。习惯可具有个体性、特殊性，但习惯法应具有普遍性，方可为"法"。如何认定某种习惯法的普遍存在？是司法实践中的难题。

1990年3月，印度尼西亚最高法院作出一个判例，确立一个原则，刑事责任认定的依据不限于刑法典，可依据习俗法（习惯法）判定有罪。判例的案情很简单：巴厘岛上，一个男人诱奸了一个女人，承诺娶她，女人怀孕了，但男人违背了他的诺言。最高法院宣称：该男人有罪，虽然他没有违反刑法典，但他违反了巴厘岛的习俗法（adat law）。世界各国的刑事审判，均采行"罪名法定主义"原则，只有违反了刑法典，才为罪，但巴厘岛却是一个例外，违反习俗法，也可能是罪。但在审判中，法官如何发现巴厘岛的习俗法呢？印度尼西亚自独立后，对于民间习俗法就没有系统深入的调查与研究，适用习俗法存在巨大的困难。找一个证人出庭阐明巴厘岛的习俗？但如何保证证人不偏不倚呢？如何保证证人的陈述是公认的习俗法,而不是个人的正义观?印尼最高法院最终未敢采取这种方法,而是依据巴厘岛的古老法典《Adi Agama》。印尼最高法院在一系列判例中,通过对《Adi Agama》的解释,发现了习俗法的一个基本原则,那就是:如果一个男人以虚假的婚姻许诺,诱奸一个女子,应受惩处。你去欧洲,你可以看到古老的城堡,但你看不到法庭上法官手捧古代法典判案,然而,在巴厘岛,你不仅可以看到古老的庙宇,也可以看到古代法典不散的阴魂,古代法典披着"习惯法"的外衣出现在法庭上。①

此外,在香港,虽然清朝早已灭亡,但《大清律例》也依然披着习惯法的外衣出现在民事法庭上,适用至今,并成就了一批以《大清律例》研究为生计的律师和专家。②

中国在经历一场社会主义革命之后,一些传统的习惯法,尤其市场经济和土地制度上的习惯法已经荡然无存了。而在其他国家,土地制度上的习惯法是实实在在存在着的,成为一个重要的法律问题。此类案例较多,可列举一二。

巴布亚新几内亚上世纪80年代的宪法规定国家对自然资源的所有权,但与母系氏族习惯法上的土地权利发生强烈冲突,引发14年内战,一万五千多人死亡。③ 事后悔之,当初不如将所有权问题悬置起来,由习惯法去解决。之后的巴布亚新几内亚宪法只字不提自然资源所有权问题,其第2.2条仅含蓄地规定:"国家主权涵盖疆域、自然资源"。

另一则是澳大利亚的 Mabo v. Queensland 案,高等法院基于土著人在传统习惯下对土地的占有以及与土地的密切关系,承认土著人在国王的土地所有权上享有土著人权利(Native Title),这是典型的财产法上的

---

① Lilik Mulyadi, "Makalah Penelitian Eksistensi Hukum Pidana Adat di Indonesia", (2013) 2 (2) *Jurnal Hukum dan Peradilan*.

② 2019年颁布的《外商投资法》第42条废止了三资企业法,但同时规定,依三资企业法设立的外商投资企业在五年内可以继续保留原企业组织形式等。该条存在一个矛盾:"三资企业法虽然死了,但它们还活着。"如何解释这一矛盾?也许可用习惯法的理论,三资企业法被废止后,它们是否转变为习惯法了?

③ Nicholas Haysom and Sean Kane, *Negotiating Natural Resources for Peace*: *Ownership, Control and Wealth-Sharing*, Centre for Humanitarian Dialogue (HD Center), Geneva, Switzerland 2009, p.7.

习惯法权利。该判例确立的原则在 1993 年写入澳大利亚土著人权利法案(Native Title Act)。①

个案研究:最高人民法院指导性案例是否是法律渊源?

最高人民法院于 2010 年 11 月 26 日正式发布《关于案例指导工作的规定》,建立了指导性案例制度。背后的法理问题是,指导性案例是判例制吗?指导性案例是法律渊源吗?

所谓判例制(binding precedent),其核心内容就是遵循先例(stare decisis),法官针对新案件或新问题作出的裁决、所创立的规则,需为同级和下级法院法官在今后相似案件的裁决中遵守。

判例制是英国人的法律实践智慧。虽然判例制曾受到霍布斯和边沁的批评,但批评不仅没有摧毁判例制,反而促进了判例制的发展和完善。奇怪的是,英国没有一部成文法明确规定了"遵循先例"原则,但该原则却延续了数百年。从 1800 年以来,尤其是 19 世纪后半叶英格兰开始严格遵守"遵循先例"的原则,其中有深邃的理性与智慧。制度经济学的研究也表明,英美法系的效率之所以更高,一个重要原因在于判例制。

目前我国最高人民法院正在试行的"指导性案例制"与判例制是具有本质差异的两项制度:

差别之一:指导性案例本质上是最高人民法院发布司法解释的一种新形式,只是在原来的抽象的文字基础上增加了"故事元素"。它的局限在于仅有一条产出路径,数量极少,对司法裁判没有产生实质性的影响。而判例制则将超越司法解释,成为一种新的法律渊源。

差别之二:规则的供给时效和数量差别巨大。判例制具有即时性、全面性,而指导案例的形成周期长,产出小。

在探讨指导性案例的本质时,一个重要的问题是,指导性案例是法律渊源吗?

指导性案例存在一个悖论:它本质上是"司法解释",但是,它不作为法官裁决的依据,只能在法官说理中引用。依据指导性案例做出的裁决,却要引用其他法条,这会导致法律推理的结构出现明显的错位。

---

① David J. Bederman, *Custom as a Source of Law*, Cambridge University Press 2010, p. 69.

错位的原因在于,最高人民法院和全国人大法工委在这一问题上存在意见分歧,最后导致了调和式的奇怪的处理方式——"指导性案例可在说理中引用,却不是裁决依据"。当然,即使按此奇怪的标准,指导性案例实质上也已经是"法律渊源"了,是北欧学者所谓的"弱约束法律渊源",或"可适用的法律渊源"。最高人民法院的"会议纪要"亦同。

另一个问题是:指导性案例文本中的哪一部分具有规范约束力?

这是一个很重要的问题,在英美法系的判例制中,判例是一个完整的判决书文本,文本的分析性结构(analytical structure)可分为 ratio decidendi、holding、dictum 三个层面,其中,dictum 不具有规范效力,holding 具有规范效力,ratio decidendi 是在 holding 基础上的更为抽象地提炼形成的原则或一般性规则,也具有规范效力。①

目前,我国的指导性案例的文本,并不是判决书的全文,而是经过提炼后的文本。文本由三个部分构成:第一部分是首部,包括指导性案例的编号、名称、类型等;第二部分是指导要点,主要是对指导性案例的指导价值、作用的归纳;第三部分是案情介绍,主要归纳指导性案例的裁判结果和说理。哪一部分具有规范效力? 第二部分显然具有规范效力,第三部分尤其是其中的说理部分是否也具有规范效力? 值得研究。

第三节 规则—原则:设定私权的两种法律规范形式

一、概念分析:民法中的规则与原则

原则问题研究的基本背景②

之所以原则的概念会成为现代法理学的一个重要的论题,部分原因

---

① Bryan A. Garner, *The Law of Judicial Precedent*, Thomson Reuters 2016, p.44.
② 关于原则与规则的理论,重要文献有:Ronald Dworkin, *Taking Rights Seriously*, 2nd ed., Duckworth 1981; Robert Alexy, *A Theory of Legal Argumentation: The Theory of Rational Discourse as Theory of Legal Justification*, Ruth and Neil MacCormick (trans.), Clarendon Press 1989; Aleksander Peczenik, *On Law and Reason*, Springer 1989; Joseph Raz, "Legal Principles and the Limits of Law", (1972) 81 (5) *The Yale Law Journal*, pp.823-854.

归于日益重要的人权问题,因为关于人权的法律规范一般表现为原则,而非规则。此外,现代社会变化剧烈,以严格的规则裁决个案的设想已不现实,所以,即使在成文法国家,法律中也出现越来越多的弹性化的规范(elastic legal norms),也以原则为其形式。[①]

如何区分原则和规则?

我们面临的首要的问题是,原则和规则之间是质的差异? 还是量的差异? 主张两者存在质的差异的学说可称为"强区分理论"(Strong Demarcation Thesis),德沃金与阿列克西是代表人物。[②] 强区分理论部分建立在维特根斯坦的规则的概念基础之上[③],主张规则的适用方法是"要么适用,要么都不适用",规则如同铁轨,要么遵循之,要么彻底不遵循,没有例外。

弱区分理论认为:在原则和规则之间只存在量的差异,而非质的差异。[④] 这一理论则建立在维特根斯坦的"家族的相似性"的理念和分析方法之上。他们认为:原则和规则在法律推理中的功能是一样的,不存在不同的推理和适用方法。两者的差异只是在于:原则比规则更具有一般性(generality),而无其他特别的性质区别于规则。

德沃金之前的法学家对规则与原则的研究

对规则与原则的区分是法律规范的研究发展中的一个最重要的里程碑。在当前的西方法学界中,对法律中的规则与原则的阐述最为精深的当属德沃金[⑤],但是,规则与原则之区分却并不是从德沃金才开始的。

在奥地利,沃尔特·威尔伯格(Walter Wiburg)在20世纪40年代因

---

① Aulis Aarnio, *Essays on the Doctrinal Study of Law*, Springer 2011, p.119.

② David Lyons, "Principles, Positivism and Legal Theory", (1977) 87 (2) *The Yale Law Journal*, p. 414ff.

③ Frederick Schauer, "Rules and Rule-Following Argument", in *Wittgenstein and Legal Theory*, Dennis M. Patterson (ed.), Westview Press 1992, p. 225ff.

④ Joseph Raz, *Practical Reason and Norms*, 2nd ed., Oxford University Press 1990, p.49; Martin P. Golding, "Principled Decision-Making and the Supreme Court", in: *Essays in Legal Philosophy*, Robert S. Summers (ed.), University of California Press 1970, p. 208ff.

⑤ Ronald Dworkin, *Taking Rights Seriously*, Harvard University Press 1977. 中译本见〔美〕德沃金:《认真对待权利》,信春鹰、吴玉章译,中国大百科全书出版社1998年版。

提出灵活体系理论(theory of flexible system)而领风气之先。①

1956年德国法学家Josef Esser在其著作《原则与规范》(Grundsatz und Norm)中就已经较深入地阐述了这一问题,而且,从此书中可以看出,此前的许多欧洲的法学家早已注意规则与原则的区分问题。在Esser之后,Arthur Kaufmann、Karl Larenz和Wilhelm Canaris也发展了一套有关原则与规则的理论。但是,这些法学家都未能在逻辑上清晰地区分规则与原则。②

德沃金的规则与原则理论

由于德沃金的原则理论影响巨大,这里,我们重点分析德沃金的理论。德沃金认为,法律规范可以分为两种,一是规则,二是原则,两者具有不同的性质。规则与原则在逻辑上的差异在于③:

1. 规则是以一种全部适用或全部不适用的方式(all-or-nothing fashion)对个案发生作用,不得有例外。例如,"三个证人签署的遗嘱才具有法律效力"是一条法律规则,因此,两个证人签署的遗嘱就无效。当然,规则也可能出现例外的情况,但这只说明该规则太简单,没有将不同的情况予以区分,因而是不完善的,但是,规则本身要求无例外地统一实施。

而原则却不同,例如,"不允许任何人因自己的过错而合法获利"的原则就可以有例外,实际上,许多人就是通过自己的过错而获利的。会出现"原则中的例外"现象的原因在于,法官在适用原则时不像在适用规则那样无例外地统一实施,而是在与其他原则的平衡中加以取舍。

2. 如果规则冲突,有特定的技术解决其冲突,如新法优于旧法(lex

---

① 〔德〕罗伯特·阿列克西:《法:作为理性的制度化》,雷磊编译,中国法制出版社2012年版,第131页,第6章"法律原则的结构"。

② 台湾学者颜厥安评价这些学者时说:"虽然Esser曾认为原则与规则有质的不同,但是,他并未能就此点在逻辑上成功的澄清,反而在原则之内又做了许多不甚精确的分类,尽管他曾指出原则是实证法,但是,他又否认原则是直接的法源。拉伦茨将原则等同于'指导性价值准则',他反复陈述原则需要具体化需要填充,但是,他未能说明这种作用是一种心理上的影响力,抑或是一种规范的拘束力。造成这种现象的原因可能是因为这些学者都不曾清晰地反省到底规范是什么,都缺乏对规范论的检讨。"见颜厥安:《法与道德——由一个法哲学的核心问题检讨德国战后法思想的发展》,载《政大法学评论》1993年第47期。

③ Ronald Dworkin, *Taking Rights Seriously*, Harvard University Press 1977, pp.22-28.

posterior priori),或者两个冲突的规则均归于无效。但是,法律原则冲突了,却依然是有效的原则。

3. 当不同的原则在同一案件中竞合时,法官通过权衡它们之间的相对重要性,以决定适用的原则。例如,法官在审理雇员因找到收入更高的工作而欲解除与原雇主合同的案件时,实际上有两个原则在起作用,一个原则是"不允许任何人因自己的过错而获利",另一原则是"契约自由"。在这一案件中,经过衡量,后一原则应起更重要的作用。

而规则却不同,当不同的规则在同一案件中竞合时,法官不是通过权衡它们之间的相对重要性而决定适用何者,而是遵循法律冲突的规则解决这一问题。法律冲突的规则如:上位法优于下位法、新法优于旧法、特别法优于普通法等。[1]

阿列克西(Robert Allexy)的理论

阿列克西是目前西方法学界一位极具影响的法学家,他对法律规范的研究堪称前沿。他对德沃金的原则与规则的区分理论提出了批评,并提出了自己的见解,他认为原则与规则的决定性差异在于:原则作为一种规范,它要求某一法益在法律与事实的可能范围内应尽最大可能加以实现,因此,原则是一种"尽力实现之诫命"(Optimierungsgebot),原则是最佳化的命令。[2]

这表明原则可以不同程度地加以满足,而规则只能在无效或有效中择其一。此外,所有的原则都具有显示性特征(prima facie Charakter),它只指示规范的方向,而所有的规则都具有相同的定义性特征(der definitive Charakter),它只指示规范的内容。[3]

---

[1] 关于民法适用中的原则竞合和规则竞合或原则冲突和规则冲突的问题,本书将在第八章"私权的冲突"中详细阐述。

[2] 〔德〕罗伯特·阿列克西:《法:作为理性的制度化》,雷磊编译,中国法制出版社2012年版。

[3] Robert Alexy, *A Theory of Legal Argumentation*: *The Theory of Rational Discourse as Theory of Legal Justification*, Ruth Adler and Neil MacCormick (trans.), Clarendon Press 1989;颜厥安:《法与道德——由一个法哲学的核心问题检讨德国战后法思想的发展》,载《政大法学评论》1993年第47期。

对德沃金原则与规则区分理论的疑问

德沃金和阿列克西的关于原则和规则区分的理论存在一个问题,他们的理论重点集中于原则如何适用和规则如何适用,但是,原则和规则如何识别?并无清晰的答案。虽然在我们的直觉中,似乎可以识别原则,如民法上的诚实信用原则,这是一项不证自明的原则,但这只是一种朴素的经验论,在理论上如何建构一种识别和区分原则和规则的标准,却是难题。①

德沃金的理论是从原则与规则的区分出发而逐步建构起来,而他关于原则与规则区分的理论则是从对 Riggs v. Palmer 判例的分析归纳出来,所以,要研究德沃金的原则与规则区分理论,首先应深入研究 Riggs v. Palmer② 判例。

关于 Riggs v. Palmer 判例的细读

Riggs v. Palmer 一案的基本案情如下:

1880 年 8 月 13 日,佛兰希斯·帕默先生(Francis B. Palmer)订立一份遗嘱:他的部分的遗产由两个女儿(Mrs. Riggs and Mrs. Preston)继承,她们是本案的原告,其他财产由他的孙子埃尔默·帕默(Elmer E. Palmer)继承,他是本案的被告。

佛兰希斯·帕默先生拥有一个农场和若干不动产。在立遗嘱之日到他死亡,他的孙子一直和他生活在一起。埃尔默·帕默知道,遗嘱中的条款对他有利,他想阻止他的祖父撤销这个遗嘱,并且想尽快获得这些财产,他恶意地毒死了他的祖父。

死者的女儿 Mrs. Riggs 和 Mrs. Preston 起诉埃尔默·帕默,但埃尔默·帕默主张自己有权继承遗产,法官面临的问题是:埃尔默·帕默能获得遗产吗?

法官的判决与推理如下:

---

① 当然,除德沃金外,还有一些法哲学家建立了其他理论来区分原则和规则。例如冯·赖特认为:法律原则是"应该是"的规范,法律原则是"应该做"的规范。
② *Riggs v. Palmer*, 22 N.E. 188 (1889).

本案法官否认谋杀者埃尔默·帕默有权继承遗产。深入分析法官判词,可以看到,法官采用了三种推理的方法:

第一种推理方法是法律条文的衡平解释和合理解释的方法。法官想象,如果立法者面对本案,会如何制定法条,或者会如何解释该法条?

法官说:这个法令的目的在于,使得遗嘱人能够处分他的财产,实现他的最终愿望。但是,如果一个继承人谋杀了被继承人还能获得遗产,这不是立法者的意图。如果这个案件呈现在立法者的脑海中,他们必然会规定一些特别条款来处理这个特例。

关于对法令的衡平解释和合理解释,法官旁征博引,引用了多位大师的理论,包括亚里士多德、山姆·罗得福、培根、普芬道夫等。他们的理论认为:立法者的意图并不一定包含在法令的字词中,应当通过衡平解释将其发掘出来。

法官采用的第二种推理的方法是原则与规则的理论。

法官说:"任何法令甚至合同,都受法律中的基本原则约束(fundamental maxims of the common law):任何人都不应从其错误行为、欺诈行为和犯罪行为中获益。"

法官采用的第三种推理的方法是比较法的方法,法官引用《拿破仑民法典》第727条的规定:"下列各人不得继承遗产:一、因杀害被继承人既遂而被判处罪行者;二、诬告被继承人应受死刑之罪者;三、成年的继承人,知被继承人之被故意杀害而不向司法机关告发者。"法官说:"至今为止,在普通法国家,还没有一个国家认为这是一个重要的问题,通过立法加以对这类案件规定。我们的立法者熟悉民法,他们不认为这很重要而将其纳入法令的规定中。这不是一个被遗漏的案件,因为很明显,我们的立法者认为普通法中的法谚足以规范这类案件,专门通过法令立法是没有必要的。"

在本案中,持异议的法官同样也给出了充分的反对理由。

异议法官认为:"问题并不是由我们的良知决定。我们受刚硬的法律约束。我们面临的问题是,一个遗嘱是否可以被更改,或撤销?我认为,法令没有留下空间,给法院行使衡平管辖权。上诉人引用其他国家的立法例,但在本国法律没有立法的情况下,法院没有权力启动救济制度。我认同,基于衡平和自然正义,应当宣布该遗嘱无效,可以想象,被继承人也会改变遗嘱的。但是,这些都是立法的理由,而非司法裁决的理由。本国的法令已经规定了遗嘱可以变更和撤销的各种情形。本案不符合修改和撤销的要求,所以,该遗嘱是不可撤销的。此外,继承人已经遭受刑法惩处,如果剥夺继承,是增加了惩罚。"

在充分了解本案法官的推理过程的基础上,我们可以对于德沃金在此基础上建立的原则理论予以追问:

第一个问题:在本案中,法官适用的是衡平法中原则(法谚),这个问题之所以重要,是因为该案中原则的适用,是否是一个普适性的问题,还是英美法中法律适用的一个特殊问题。

根据英国的判例,传统的衡平法中的原则如何适用?它与普通法先例所确立的规则是怎样的关系?早在1523年,大法官Christopher St. German宣称:"衡平法应调和(temper)和缓和(mitigate)僵化的法律。"在历史上,普通法与衡平法之间一直存在冲突,在1615年,Ellesmere勋爵担任大法官时,国王詹姆斯一世宣布:衡平法优先于普通法。这就意味着,衡平法的原则是可以推翻普通法的规则。①

当然,后来的判例有新的趋向,例如在Tinsley v. Milligan(1993)判例中,法官认为:衡平法的法谚在文辞上过于抽象和宽泛,无法被视为一种有约束力的规范(binding rules)。②

在本案中,法官采用衡平法的原则推翻的是议会法令中的规则,而非普通法先例中的规则,裁决的方法本身已存在问题,德沃金在此案裁决的基础上建立起来的原则理论缺乏坚实的根基。③

---

① Nigel Stockwell and Richard Edwards, *Trusts and Equity*, Pearson Education 2005, p.35.
② Ibid., p.34.
③ 德沃金在对Riggs案的分析,提出的一种推理形式,是原则可以改变规则,为规则增加例外。而此案的原法官的推理的最主要的形式,并不是原则推翻规则,而是法律解释的形式,即是按字面解释还是按立法真意解释? 这与原则推翻规则的推理形式是完全不同的。

在《法理学的核心问题》一书中,西蒙德兹(N. E. Simmonds)认为[1]:在 Riggs 一案中,冲突的不是原则与规则,而是原则与原则,任何人不能从其错误中获益是一个原则,而法官应严格按照法律的字面意义去裁决案件,又是一个原则,这两个原则相冲突。哈特也说:德沃金的分析难道不是意味着,原则只是和原则冲突,而不是和规则冲突?[2] 可见,德沃金从该案归纳出的原则推翻规则的推理方法存在问题。

第二个问题:德沃金所谓原则是成文法中的原则,还是不成文法中的原则?如何识别?

我们首先将原则置于成文法中讨论,在民法学者的经验中,提及原则时,"诚实信用"和"公序良俗"会跃入脑海。在各国的民法中,包括中国,对此均有规定。除"诚实信用"和"公序良俗"的规定之外,物权法定主义是否是原则?民法规定的一般人格权是否是原则?要注意:有些貌似法律原则的标准,并非必然是法律原则,因为它们可能仅仅是某些法律规则的缩略形式而已。[3] 所谓物权法定主义原则、一般人格权等可能就是某些"法律规则的缩略形式"。

如何识别成文法中的原则呢?[4] 德沃金的理论没有给予明确的回答,更没有给予一个可操作的方法。[5]

其实,德沃金的原则概念还不限于成文法中的原则,他说:"如果一个

---

[1] Nigel E. Simmonds, *Central Issues in Jurisprudence*, *Justice*, *Law and Rights*, Sweet & Maxwell 2002, p. 183.

[2] H. L. A. Hart, *The Concept of Law*, Oxford University Press 1961, p. 262.

[3] Joseph Raz, "Legal Principles and the Limits of Law", (1972) 81 (5) *The Yale Law Journal*, pp. 828-829.

[4] 我在讲授法学方法论课时,曾经问学生:如何发现一部法律中的原则?学生回答五花八门,有曰:总则部分的法条就是原则;有曰:规定得最抽象的法条是原则;有曰:在立法机构的立法理由书中找。这些都是朴素的经验主义的回答,如何在逻辑上识别原则是一件十分困难的事情。

[5] 德沃金在《认真对待权利》一书中,提及 Sartorious 教授的观点:除非我们能发现制度上(实证法)的支持(institutional support),否则,我们就不能发现和识别原则。这些实证法上的指示,如:在法令的前言(preamble)中明示该法的原则,或者在立法机构的立法报告中明示该法的原则等等。见: Ronald Dworkin, *Taking Rights Seriously*, Harvard University Press 1977, p. 66.

案件找不到可用的规则,则法官须寻找由某个道德立场所导出的原则来下判决,但这个原则不是取之于既有的法制之外,而是原来已含于法制之内的法律原则"。德沃金认为:在现行的法中存在最为健全的理论,最为健全理论所蕴含的原则本身就是法律的组成部分。[1] 可见,他的原则概念更多的不是以成文法中的法条形式表现和陈述的原则,而是现行法体系背后的精神,它更加缺乏有效的识别方法。

当然,德沃金也论及法律原则的发现方法,但侧重于法律原则与非法律原则的识别标准,他认为:如果在一个特定的法律体系中,一种完善的理论可以为该法律体系中的规则提供正当性说明,某一原则是该理论的一部分,那么该原则就是法律原则。建构这一理论必然涉及复杂的道德和政治理论,但它本质上不是经过哈特的承认规则予以识别和发现的。

在哈特的理论中,承认规则(rule of recognition)是通过法官行为的经验事实来确证,在这一意义上,法的内容是通过纯粹的经验调查而确立的,根本不追问背后的道德问题。而德沃金的理想法官赫拉克勒斯(Hercules)只适用法律的最完美的理论,而不问其他法官是否接受它们,他自己决定哪个原则为现有的法律提供最完美的正当论证。他面临政治理论中最有争议的问题,而不是关于他的同伴的行为的一个经验性调查的问题。[2]

原则与规则是普通法与特别法的关系

关于原则与规则是否存在质的差异,可以回到规范的构成理论上予以讨论。

一个规范应具备下列要件:一是规范的对象,二是规范的情景,三是规范的行为。一个典型的原则和一个典型的规则之间存在若干中间形态,此谓"家族的相似性",但对于一个最为极端形式的原则,在其构成要件上,有其特质,主要有三点:一是规范对象必然是全部主体;二是所规范

---

[1] 〔美〕安德鲁·奥尔特曼:《批判法学:一个自由主义的批评》,信春鹰、杨晓锋译,中国政法大学出版社2009年版,第42页。

[2] Nigel E. Simmonds, *Central Issues in Jurisprudence*, *Justice*, *Law and Rights*, Sweet & Maxwell 2002, pp.188-191.

的情境,必然是全部情境,或者也可称"无情境";三是规范的行为必然是全部行为。所谓原则与规则的质的差异,本质上是"一般性"(generality)的程度的差异。①

所以,原则和规则可以置于普通法和特别法的关系中予以理解,原则是永远处于普通法位置的法律规范,而规则却不同,一项规则在不同的关系中,相对于不同的规则,可能是普通法,也可能是特别法。恒处于普通法位置的可以有多项原则,如诚实信用原则、公序良俗原则,原则与原则之间则无普通法和特别法之分,因此它们的适用与规则就不同,一项具体的规则在一特定的情境中,如无与之矛盾的特别法存在,它则必然适用;而原则在一特定的情境中,如无规则可适用,原则也必然适用,但可适用的原则可以有多项,它们之间不存在普通法和特别法的关系,所以,就出现一种崭新的适用方法,完全不同于规则的适用,这是德沃金所说的原则的适用方法:"当不同的原则在同一案件中竞合时,法官通过权衡它们之间的相对重要性,以决定适用的原则。"②

原则与规则的冲突和补充关系:霍菲尔德术语的描述

在实践中,更常见的是,在同阶位上,原则可以对规则进行补充,例如在《合同法》中,合同的履行按诚实信用原则,可以衍生出许多附随义务。但是,原则的补充功能只能在规则沉默的地方运用,因为在规则沉默的地方,"法不禁止即自由","法不授权即无权",按霍菲尔德的术语,那里留下很多 privilege 和 disability,在这些 privilege 和 disability 的地方,原则是可以介入的,进而打破法律的沉默,创设出 claim 和 power。但是,对于规则性法条已经明确规定的 claim 和 power,原则一般是不能否定的,甚至对于规则性法条已经明示的 privilege 和 disability,原则一般也是不能否定的,否则就构成冲突关系,而非补充关系。

---

① Frederick Schauer, "Prescriptions in Three Dimensions", (1997) 82 *Iowa Law Review*, pp.911-922.

② Ronald Dworkin, *A Matter of Principle*, Harvard University Press 1985.

二、私权的设定：原则与规则

私权是通过法律规范设定的,而法律规范有原则与规则两种形式,所以,私权在立法上的形态也可以分为两类：一是通过民法原则而设定的私权,二是通过民法规则而设定的私权。前者可称为原则状态中的私权,后者可称为规则状态中的私权。

民法原则的设定缓冲了法律的稳定性与社会的变动性之间的矛盾,因为现代社会的急剧发展产生许多亟须保护的新型利益,这些利益在具体的民法规则中往往无以体现,法官只有通过民法原则将其摄入私权的体系,并予以保护,当对此类利益的法律保护显得愈益重要时,立法者就会制定出具体的规则,设定一种特定的明确的私权类型以保护此类利益。

所以,对一种新型利益的保护往往会经过原则保护和规则保护两个阶段,所以,随着立法的发展,许多原本是原则状态的私权也会逐渐明晰化为规则状态的私权。在我国的民法制度中,对商品装潢的保护就经历了这一过程。如"莒县酒厂诉文登酿酒厂"一案①,法院认为：文登酿酒厂违背诚实信用原则,以仿制瓶贴装潢及压价手段竞争,属不正当竞争行为,因此应停止侵害,赔偿损失。当时,中国尚无《反不正当竞争法》,没有具体的法律规则规定经营者有"禁止仿制商品装潢"的义务,但是,民法上的诚实信用原则经过解释,可以推出"法律禁止经营者仿制他人商品装潢"的含义,相应的,他人对于其商品装潢的权利经过诚实信用原则的解释也得以成立,但只不过是原则状态中的私权而已。

三、民法规则与私权的设定与推定

私权的设定

民法上的私权特别是定型化的私权主要是通过民法规则的方式设定,民法规则设定私权的方式有两种：

一是直接的方式。法律直接规定特定的法律主体享有某一权利,如

---

① 《最高人民法院公报》1990年第3期,人民法院出版社。

《中华人民共和国民法通则》第 98 条规定:公民享有生命健康权。

二是间接的方式。根据权利与义务的关联性原理,权利与义务之间相互依存,相互统一,如果法律设定了权利,同时也设定了义务;反之,如果法律设定了义务,同时也设定了权利。尽管两者在法律上效果是一样的,但是,不可否认,这是两种不同的立法方式,前者可以称为权利规则,后者可以称为义务规则。所以,根据权利规则我们可以推证义务的存在,反之,根据义务的规则我们可以推证权利的存在。其中,"通过义务规则推证权利的存在"就是权利的间接设定方式。因此,法律可以通过设定他人的义务而间接地为特定的法律主体设定权利,尽管这种方式所设定的权利没有明确写在法律条文中,但却可以从法律条文中推证出来。

私权的推定

上面已说,私权主要是通过规则设定的,但是,并不是所有的私权都是通过规则明文设定的,规则所明文设定的私权只是冰山之一角,更多的私权则是隐藏在"明文的规则"之后,需要推定。但是,只有两种私权形式可以通过推定而成立,一是自由,二是豁免,其他形式的私权即(狭义)权利和权力则必须明文规定方可成立。

自由与豁免这两种形式之私权的推定分别适用下面两个逻辑:

自由的推定之逻辑:法不禁止即自由

当然,民法上的许多自由权也可以通过明文规定的形式而设定,如合同自由就是一个典型,各国民法典几乎无一不做"合同自由"之规定,但是,如果一国民法典不作合同自由之规定,是否合同自由权在该国民法典上就不能成立呢?答案是否定的,因为公民在私法上的自由并不都是通过民法规则明文设定的,只要法律上没有一个规则明确禁止公民做某事或不做某事,那么,公民做某事或不做某事的自由就应当推定成立。

关于"法不禁止即自由"的原则,西方众多法学家都曾经探讨过,即使最为反对自由主义的原苏联法学家也曾小心谨慎地触及这一问题,1980 年苏联科学院国家和法研究所所长库德里亚夫采夫在《苏维埃国家和法》上发表的《法律与合法行为范围》对此作了有价值的研究。① 不过他是从合法行为与违法行为的角度来阐述这一问题的,他首先指出了这一问题的复杂性,他说:"合法行为和违法行为的特征,通常由法律或其他规范性文件规定得相当充分,因此,看起来区分它们之间的界限是不成问题的。然而,上述的两者之间的区分的某些方面尚待进一步研究。"②

而尚待进一步研究的一个重要问题就是未经法律规定但不违反法律规定的行为是否是合法行为,他认为应视之为合法行为,这一主张与"法不禁止即自由"的自由主义法则实为异曲同工。他选取了一个实例来说明这一问题:"住房建筑合作社实际工作中有一种用抽签分配住房的方法。一种意见认为这种分配方式'不合法',因为分配住房时没有考虑到入股者家庭特点(如因疾病、残疾、老年而使用高层住房有困难)。可是,住房建筑合作社章程和民法典都没有直接规定住房分配办法或向某些人提供优惠的规范,因此,任何分配住房的方法,只要不违反民事立法,就是合法的。在规定出这种法律解决办法以前,未经法律规范直接规定而同时又不违反民事立法的公民行为,应当认定是合法的,必要时,可以按照诉讼程序加以保护。"

实际上,"法不禁止即自由"的原则在当时的苏联民法中也有体现,例如苏联各加盟共和国民事立法纲要允许实施"虽然未经法律规定但是不违反法律的"的行为。这一原则甚至在苏联的司法实践中也得到了贯彻,例如,在 1964 年《苏俄民法典》第 253 条和第 254 条对以终身抚养卖主为条件的住宅买卖作出禁止规范之前,苏联法院承认未经法律规定而未加禁止的买卖是许可的合法买卖。再如公民对于共同购买彩票和分配彩奖的协议,苏联法院也认为法律对此没有许可或禁止的规定,这种行为

---

① 〔苏联〕B.H.库德里亚夫采夫、H.C.马列英:《法律与合法行为范围》,吴大英、任允正摘译,见《环球法律评论》1981 年第 1 期。

② 有一些苏联法学家以为这一问题很简单,如 B.B.拉扎列夫认为只有那些"符合于法律规范所规定的理想模式"的行为才是合法行为。但是,问题恰恰在于,在没有这样一种法律所规定的理想模式时,此种行为的性质应如何认定。参见《苏维埃国家和法》1976 年第 10 期,第 30 页。

是合法行为。①

弱许可和强许可的问题

自由来自法律的许可,有一些哲学家对于许可的类型进行分类,分为"弱许可"和"强许可"。冯·赖特是代表之一,根据他的定义②,所谓弱许可是,"如果许可不是来自任何既存的规范,而只是一个从不存在禁止该行为实施的规范而来的推论,那么它就是一个弱的意义上的许可"。而所谓强许可,则是由法律明确规定,一个人被许可去实施一个行为。用拉兹的话来总结和定义弱许可和强许可,就是:"指令授予的许可和在相反的没有指令的情况下我们拥有的那些许可",或曰:"一个体系的某条规范提供的许可和在相反的没有规范的情况下我们拥有的许可。"③

从以上的定义,可以看出,所谓"弱许可"实质上就是"法不禁止即自由"原则的适用。

弱许可和强许可的区分是否有意义?从内容看,两者并无实质的区别。例如,法律没有禁止一个人在街道上行走,则此人有在街道上行走的自由(privilege);而法律有明确的规范许可一个人可以在街道上行走,其法律效果的内容与上述无异。从这一角度看,关于弱许可和强许可的区分并无太大意义。

那么,再换一个角度看,两者的区别是否在于:强许可的规范性的效力比弱许可更大?拉兹分析后说:"这些哲学家无法确定强许可在其规范性力量上不同于弱许可的方式,强许可和弱许可正好是相同意义上的许可,它们的差别只在于渊源不同。"④

拉兹的判断基本正确,但需要补充的是,如果强许可是通过一种较高

---

① 〔苏联〕B. H. 库德里亚夫采夫、H. C. 马列英:《法律与合法行为范围》,吴大英、任允正摘译,见《环球法律评论》1981 年第 1 期。

② Georg H. von Wright, *Norm and Action: A Logical Enquiry*, Routledge & Kegan Paul 1963, pp. 85-89.

③ 〔英〕约瑟夫·拉兹:《实践理性与规范》,朱学平译,中国法制出版社 2011 年版,第 92—93 页。

④ 同上书,第 94 页。

层级的法律规范设定的,如宪法,那么,下一层级的法律规范则无法推翻和否定它。反之,如果仅仅是一种弱许可,任何层级的法律规范均可推翻和否定之。从这一角度看,强许可的规范性力量高于弱许可。拉兹显然忽略了这一点。

"法不禁止即自由"与行政许可中的"负面清单"问题

在法哲学的分析中,我们发现"法不禁止即自由"是一个公理,但在法律实践中,却不是一个清晰的原则。

我国对外资管理一直采用《外商投资产业指导目录》模式,即正面清单,规定"能做什么",反之,"不能做什么"则不清楚。而负面清单则规定"不能做什么",没有列入负面清单的都可以做。2013 年,获批设立的中国(上海)自由贸易试验区内,"负面清单"管理作为一项引人注目的制度变革开始实施。

法禁止的两种规范形式:规则与原则

负面清单是规则,而不是原则,是法禁止的规则规范形式。关于法禁止,还存在原则规范。问题在于:负面清单构成对原则性禁止的排除?从该问题出发,负面清单存在两种立法例,一是有原则兜底的负面清单,另一种是无原则兜底的负面清单。例如:美国的负面清单,最后存在国家安全的原则作为防卫与补漏,而欧盟则无。

豁免的推定之逻辑:法不设责即豁免(法不授权即无权)

其中机理与法不禁止即自由一样,这里,就不赘述了。

但是,对自由与豁免的推定并不是我们想象的那样如形式逻辑一般简单,由于民法规范并非规则一种,还有原则,这就使得对自由与豁免这两种形式的私权的推定显得复杂得多了,因为民法规则是否禁止某特定行为、是否设定某特定责任可以一目了然,但是,民法原则是否禁止某特定行为、是否设定某特定责任并非一目了然。

法官在裁判中,容易混淆"法不授权即无权"与"法不禁止即自由"这两个原则。例如在一个公司法判例中,董事长将股东会会议主持权委托给一位股东行使,委托是否有效?本应当适用"法无授权即无权"原则,但法官却适用了"法不禁止即自由"原则。①

弱豁免(弱无权力)和强豁免(强无权力)的问题

与上文阐述的"弱许可和强许可"的问题一样,"豁免"(immunity)也存在"弱豁免和强豁免"的问题,由于豁免的关联概念是"无权力"(disability 或 no-power),所以,该问题也是"弱无权力和强无权力"的问题。

所谓"弱无权力"是指法律没有赋予某人以权力,根据"法不授权则无权"的原则,某人则无权,此为"弱无权力";如果法律明确规定某人无权力,虽然与"法不授权则无权"的推理结果一样,但因为经过法律明示,则为"强无权力"。关联方所对应的则是"弱豁免"和"强豁免"。

"弱许可和强许可"、"弱无权力和强无权力"的问题在法律冲突理论中十分重要,因为对于"弱许可"和"弱无权力",任何层级的法律规范都可以推翻它,并且不能被认为与上层级的法律规范冲突,但是,对于"强许可"和"强无权力",因为上层级法律规范已经明示,下层级法律规范则不可推翻之。

这一原理,对于地方立法的权限这一现实问题具有重要意义。地方立法在什么限度内,可剥夺公民的某项自由而设定义务,在什么限度内可授予政府权力? 如何识别地方与上位法律规范的冲突?

四、作为私权渊源的民法原则之适用条件:法律间隙(漏洞)?

民法原则在何种情形下才可以被适用? 民法学者大多认为,在现行法无明文规定时,即存在"法律的间隙"(gaps, Lacunae)或"法律的漏洞"时,应以民法原则补充法律漏洞。②

那么,我要问的是,法律真的有漏洞吗? 所谓的"法律的间隙或漏洞"到底是指什么?

民法学者一般在这样的情形下认为法律有漏洞:原告向法院主张被告的行为违反了一种义务,但是,这种义务在法律上无任何形式的规定。

---

① 广西壮族自治区高级人民法院(2013)桂民提字第154号民事判决书。
② 梁慧星:《民法总论》,法律出版社1996年版,第40页。

但是，人们从道德正义和习惯法的角度认为被告具有这种义务，法律应当规定这种义务，但法律却无明文规定，所以，法律有漏洞。

但是，所谓"法无明文规定"，从分析法学的角度看，其实质就是，对于某一特定事实情境，无法律规范予以"假定"并予以"处理"。关于这一问题，平常人乃至法学者有一种错觉，以为：在无法律规范予以假定和处理的事实情境中，也无法律关系。实际上，虽然法律关系可以通过法律文件中的法律规范直接规定，但是，并不是所有的法律关系都是必须通过法律文件中的法律规范而直接规定的，无权利—无义务（自由）和无权力—无责任这两种法律关系并不必定通过法律文件中的法律规范直接规定，它们完全可以通过"法不禁止即自由"和"法不授权即无权"的原理而推定存在。所以，必须强调：即使在"法无明文规定"的情况下，也存在法律关系；而存在法律关系的地方，就不存在法律漏洞。如果说在一个国家的主权的辐射下，竟还存在法律未及的"无法律关系的自然状态或区域"，显然不当。

接下来的问题是，我们能否将"一种义务在法律上无任何形式的规定"这一情形视为法律的间隙或漏洞？从逻辑上来看，一种义务在法律上无规定，也就意味着它仅仅是道德义务，而法律却没有设定此种义务，即法律没有禁止一种与此相关的自由行为，根据本书第一编所论述的义务与自由的相反性，即"法不禁止即自由"的推理逻辑，在这种情形下，原告与被告的法律关系是"无权利与自由"的关系，即原告无权利要求被告做什么，被告有自由不做什么。可见，法律仍然覆盖了这种情形，法律对于这种情形仍然具有特定的态度，法律仍然在调整这种情形中的原告与被告的关系，只不过是没有将其规定为"权利与义务"关系，而是"无权利与自由"的关系，当然，将其规定为"无权利和自由"的关系可能是极为不公平的，或者在现实生活中导致了不同利益之间的冲突和纠纷①，但是，一

---

① 两个人之间的"无权利—自由"关系最容易导致纠纷，因为在此情形中，法律听任两个人或更多的人处在一种各人都享有自由的竞争局面中，此时，每个人都有自由去做牺牲他人利益的事情。例如甲和乙都看到人行道上有一张100元的钞票，法律没有规定他们中的任何一个人有义务让另一个人得到它，换句话说，如果做得到的话，两人都有自由得到它。在此情形中，自然会产生纠纷，但法律只听之任之。法律对此种纠纷听之任之，也会使人们觉得这是法律的漏洞。参见〔美〕J.范伯格：《自由、权利和社会正义：现代社会哲学》，王守昌、戴栩译，贵州人民出版社1998年版，第80页。

种极为不公平的法律关系,以及一种在现实生活中易导致不同利益之间的冲突和纠纷的法律关系,并不等于没有法律关系,所以,我们不能就此认为法律在这里出现了间隙和漏洞,所谓"法律的间隙和漏洞"的说法在逻辑上是不成立的。因此,凯尔森认为所谓"法律的间隙"是一种虚构。①

那么,"法律的间隙和漏洞"的这样一种虚构的说法是否是毫无实质意义呢?也不是。所谓"法律的间隙"这种虚构的说法的意义和功能在于,它限制了对法官的授权,而这种限制主要是心理学上的限制,而不是法学逻辑上的。

"法律的间隙与漏洞"这一虚构在心理学上的效应:凯尔森的观点

因为这样虚构的说法可能会产生一种心理学上的效果:它暗示或者诱使法官只是在那些颇为罕见的情况下,即在他认为拒绝原告的主张是如此显著地不公平,以至使他感到拒绝原告的主张是与立法者的意图完全背离时,才考虑使用所谓法律间隙下的自由裁量权。②

从以上分析可见,所谓"法律的间隙"在逻辑上确实不能成立,但是,它却不失为一种微妙的法律语言的艺术,它在法官的心理上可以产生一种意想不到的效果。由此可见,在许多情形下,立法的艺术并不表现出严谨的逻辑性,反而,正是其中的一些"反逻辑"的因素使之发挥了艺术的魅力,实现了逻辑所不能实现的功能。所以,我们在理解法律语言时,仅仅从逻辑学的角度来评析它,只能是一种狭隘的方法,我们应当开阔对法律语言的理解,认识到法律语言在心理学、社会学上的意义。

当然,这里还有一个问题没有解决,从法律的逻辑论的角度看,法律不存在间隙与漏洞,但从法律的价值论的角度看,法律存在间隙与漏洞,那么,如何判断法律出现间隙与漏洞?标准是什么?如何解决?

德国学者关于"法律漏洞"的界定

德国学者卡尔·恩吉施从实证法的整体结构角度界定什么是法律漏洞,他说:"漏洞是在一个整体内部的一个令人不满意的不完整性(Unvoll

---

① 〔奥〕凯尔森:《法与国家的一般理论》,沈宗灵译,中国大百科全书出版社1996年版,第165页,"间隙的观念:一个虚构"。
② 同上书,第167—168页,"间隙虚构的目的"。

ständigkeit);法律漏洞是法律整体内部的一个令人不满意的不完整性。"①这一界定就与凯尔森的定义就完全不同了。法律漏洞应是法律在结构上的漏洞,而非在价值上的漏洞。前者可通过"类推""举轻明重"等法官续法的方法解决,后者则应通过立法来完善。

例如,在中国《公司法》中,第16条明确规定了公司为股东提供担保需经股东会会议回避表决通过,但是,公司为股东直接承担债务,或免除股东对公司的债务,是否应经过相同的程序,《公司法》却没有规定,这显然是一个漏洞。法官可以遵循"举轻明重"的推理,填补该漏洞。

法理学上的疑难案件(Hard Case)与自由裁量问题

上述的法律空隙可以构成"疑难案件",或者在法律解释中出现模糊的文本(open texture),也可以构成"疑难案件"。哈特认为在疑难案件中,法官有权进行自由裁量,但是,德沃金抛弃了哈特的自由裁量的理论。

问题在于:法官进行自由裁量时,是绝对的自由裁量,还是有约束的自由裁量?有约束的自由裁量的约束是什么?德沃金的理论显然要高明一筹,德沃金认为:在所谓的自由裁量中,法官依然遵循法律,所遵循的是法律中的原则,并且不限于成文法中的原则,包括实证法背后的法律理论中的原则。而哈特在这一问题上基本沉默了。德沃金以其原则理论为武器,彻底否定了哈特的自由裁量理论,是其成功之处。②

关于民法原则的适用条件问题,暂时阐述至此,下一章"私权的冲突"将详细阐述民法原则的适用方法——可废止性(defeasibility)理论。

五、民法中人身权的设定:规则设定抑或原则设定?——《民法通则》与《德国民法典》之比较

《民法通则》共分九章,其中民事权利单列一章,此章又分为财产所有权和与财产所有权有关的财产权、债权、知识产权、人身权四节,关于人身权的规定单成一节,计八个条文。应当说,单独设一节规定人身权体现了立法者对于人身权的重视。但是,当我们翻开其他国家的民法典,特别

---

① 〔德〕卡尔·恩吉施:《法律思维导论》,郑永流译,法律出版社2013年版,第168页。

② Ronald Dworkin, *Taking Rights Seriously*, Harvard University Press 1977, pp.31-39.

是《德国民法典》,却会发现它们对于人身权的规定则完全采取了一种十分简略的方法。

《德国民法典》可谓是现代民法典的典范,它在结构上分为五编:第一编总则、第二编债的关系法、第三编物权、第四编亲属法、第五编继承法,其中关于人身权的规定并未单成一章或一节,对人身权的主要规定只是附属在侵权法之中,即《德国民法典》第823条的规定:"因故意或过失不法侵害他人之生命、身体、健康、自由、所有权或其他权利者,对被害人负赔偿损害之义务。"

同物权、债权、知识产权相比,人身权规定之所以这样简单,原因在于:

1. 人身权的产生是"天赋"的,是随自然人或法人的诞生而诞生。而物权、债权、知识产权的产生则不是"天赋"的,一个法律主体获得这些权利的原因是复杂的,所以,民法在规定这些权利时,显然需要用大量的篇幅规定权利的取得,而这对于人身权显然是不必要的。

2. 人身权一般不能转让,而物权、债权、知识产权则是可以转让的,民法在规定这些权利时,也需要大量的篇幅规定权利的转让,而民法关于人身权的规定就不需要包括这些内容。

3. 民法对于人身权的规定主要是关于对人身权保护的规定,这也就是《德国民法典》仅仅将人身权主要规定于债法编的侵权行为一章之中的原因之所在。

我国有学者曾经论断:"人身权不能法定",尽管这种说法有失严谨,因为法律上的所有的权利都是法定的,否则,它们就不是法律权利,而只是道德权利,但是,这一论断却用一种不严谨的语言道出了一个道理:人身权不宜以具体的规则加以限定,而用"人身权"这样一个不确定的概念将人身权划一个模糊笼统的圈,却是一种最好的规范方法,或者在人身权内容规则化后,规定"一般人格权"概念,保留原则规定,其中的原因在于:人身权与文化密切相关,不宜固定化。这实质上就是原则设定私权的方法。

第四节　公法在私法关系上的效力①(一)：宪法

一、问题

宪法一词来源于拉丁文 constitutio，本是组织、确立的意思。古罗马帝国用它来表示皇帝的"诏令"、"谕旨"，以区别市民会议通过的法律文件。欧洲封建时代用它表示在日常立法中对国家制度的基本原则的确认，含有组织法的意思。英国在中世纪建立了代议制度，确立了国王没有得到议会同意就不得征税和进行其他立法的原则。后来代议制度普及于欧美各国，人们就把规定代议制度的法律称为宪法，指确立宪政体的法律。②

宪法是属于公法的范畴，它调整两种法律关系，一是国家机关与国家机关之间的关系，另一是国家与公民之间的关系，后者主要是以确认公民的基本权利的形式表现出来的，所以，宪法中所确立的公民的基本权利实质上是公权，在理论上，这些基本权利是对抗国家的(reine Staatsgerichtetheit)，而不对抗其他私法上的主体(Bürgergerichtetheit)③，所以，它在私法关系上没有直接的效力，然而在司法实践中，无论英美法系国家，还是大陆法系国家，乃至中国大陆和台湾地区，在私法审判中援用宪法规范却

---

① 公法与私法是两个平行的法域，公法是不可能在私法上产生效力的，充其量，只能说是影响，但是，德国法学家研究这一问题时，都称"效力"问题，台湾学者也这样沿用，所以，这里，本书也称效力问题，尽管我一直认为这样说不太严谨。
此外，公法与私法作为两种不同性质的法律关系，它们直接表现为公权与私权两种不同性质的权利，所以，所谓"公法在私法关系上的效力"，也可以说是"公权的私权效力"。
本章主要阐述宪法与行政法在私法关系上的效力，此外，国际法特别是国际人权法在国内私法关系上的效力也是当前西方法学家研究的一个重要问题，因篇幅和结构所限，本章不再阐述这个问题，有关这方面的研究，可以参见 Andrew Clapham, *Human Right in the Private Sphere*, Clarendon Press 1993.
② 中国大百科全书总编辑委员会《教育》辑委员会，中国大百科全书出版社编辑部：《中国大百科全书法学卷》，中国大百科全书出版社1984年版，第638页。
③ 德国法学家称之为消极的权利(status negativus)，也是一种防卫权(Abwehrrechte)。

是屡见不鲜,这显然与我们以上所说的公法与私法泾渭分明的理论是冲突的,那么,这种做法的理由何在呢?这就是本节所要研究的宪法在私法关系的效力问题。

实际上,宪法与民法之间的关系是西方特别是德国法学家关注已久的重要理论问题,但是,宪法与民法之间的关系一直没有得到我国法学界的高度重视,当然,其主要原由,一在于中国虽有宪法,而作为"公民对抗国家政府侵害之保障"意义上的宪法权利概念在我国并不成熟,所以,所谓宪法在私法关系上的效力在实践中并不成其为一个重要问题;二在于我国法学研究中,"部门法割据"现象甚为严重,部门法学科之间鸿沟极深,交流贫乏,所以,处于各部门法学科之间交界领域的问题常常无人问津,而成为学术荒地。①

二、形式宪法与实质的私法关系

在讨论宪法与私法关系时,首先必须强调的问题是,宪法与宪法关系是两个不同的概念,宪法一般是指冠以"宪法"名称的法律文件,而这样的冠以"宪法"名称的法律文件其内容则往往是不"纯"的,它主要规定公法的关系,即国家机关与国家机关以及国家与公民之间的关系,但是,有时它也"越俎代庖"地直接规定一些私法关系。

关于形式宪法到底应规定什么,凯尔森的观点十分开放。他说:"如果存在一个宪法性法律的特殊形式,那么,不管什么内容都可能在这一形式下出现。事实上,由于某种理由而被认为特别重要的主题,就往往由宪法代替普通法律加以调整。美国宪法现在已被废除的第18条修正案,即禁酒令修正案,就是一个例子。"② 凯尔森的观点是有道理的。再如宪法中规定公司法条款的例子,19世纪中期,美国各州在宪法中就直接规定

---

① 台湾的学者很早就注意这个问题了,1968年10月翁岳生先生就翻译了一篇日本学者的论文《基本人权之保障在私人之间的法律关系》,载于《宪政思潮》,并于1972年指导他的学生蔡钦源完成《宪法上基本权利之规定在私法关系中之效力》的硕士学位论文。

② 参见〔奥〕凯尔森:《法与国家的一般理论》,沈宗灵译,中国大百科全书出版社1996年版,第143页。凯尔森的观点比较极端。他认为宪法与普通法律的区别在于宪法性法律的创造(制定、修改、废除)要比普通法律更为困难。

公司法的问题,如禁止公司从事目的条款外的活动,赋予公司与自然人同样的诉权,规定公司董事选举的累积投票权制。①

在形式宪法中规定实质性的私法关系,是一种独特的现象。与此相对应,还存在另一种独特的现象,即在民法中规定实质性的宪法关系。例如《法国民法典》第 545 条规定了国家征用的问题,《意大利民法典》和中国《物权法》也规定了征收的问题,这其实是宪法关系,却规定于民法中。

在宪法中规定私法关系,这种做法在德国大约是从 1919 年的《魏玛宪法》开始的。

《魏玛宪法》第 118 条规定:"所有德意志人民在普通法律限制之范围内,均有以语言、文字、刊物、图画或其他方法自由表达其意见之权利;任何工作条件及任用条件,均不能妨害此项权利,任何人皆不得阻碍此项权利之行使。"

《魏玛宪法》第 159 条规定:"任何人及任何职业以维持且促进劳动条件及经济条件为目的之结社自由,应保障之。限制或妨碍此项自由之约定及措施,均属违法。"

这两项规定禁止私人之间的契约对于公民的"言论自由"与"结社自由"的限制,是一种"赤裸裸"的私法关系。《魏玛宪法》积极介入私法关系自有其历史背景,其创立于第一次世界大战之后,它的起草者认为,只凭民法典的规定尚不足以保障基本权利,故而直接在宪法中规定:"言论自由"不能在私法关系中被剥夺和被拘束,这样,这项规定就可以直接取代有关民事规定,直接适用于私法案例之中。这是对传统的宪法与私法关系的理论重大修正。②

此外,更为典型的是 1919 年《魏玛宪法》还在"共同生活"一章中规定婚姻亲子关系,这种奇特的编排甚至令人怀疑是否是民法典中的章节"串门"到了宪法中来,所以,我们不能因为它"串门"到了宪法中来就否认这是实质上的私法规范,尽管他们在形式上冠以"宪法"之名。既然在

---

① Harry G. Henn and John R. Alexander, *Laws of Corporations and Other Business Enterprises*, West Publishing Co. 1983, p.42.

② 有学者称之为"私法立宪主义"(constitutionalism of private law),参见薛军:《批判民法学的理论建构》,北京大学出版社 2012 年版,第 67 页。

形式上的宪法文件中出现的是实质上的私法规范,那么,它当然可以成为私法(私权)的渊源。

但是,《魏玛宪法》作出了以上的规定,并不表明它改变了宪法上的基本权利的"公权"性质,在魏玛时代的宪法学者看来,除了"言论自由"与"结社自由"两种基本权利之外,其他基本权利仍然是只防止国家的侵害,而不是私人的侵害。

德国在第二次世界大战之后所制定的现行《基本法》并没有继受《魏玛宪法》关于"基本权利在私法关系上的效力"这一创造,保存了宪法上基本权利之公权性质的纯粹性。《基本法》第1条明确表示了这一态度,其第一项规定:"人类尊严不可侵犯。尊重及保障此种尊严,是全体国家权力之义务。"其第三项规定:"下列基本权利,视为直接适用的法律,直接拘束立法、行政权力以及司法。"①

三、宪法上的基本权利对第三人直接效力理论在德国的兴起

1949年德国《波恩宪法》(又称《基本法》)为新国家明确地确立了法治基础上的自由、社会、民主的秩序的原则,国家社会主义的影响以及力图恢复日耳曼古老的传统,都在各方面影响了宪法,宪法的起草者煞费苦心地将规定基本人权的19个条款置于宪法之首,从传统理论看,这些条款所规定的公民之基本权利,是对抗国家的基本权利,旨在保障公民免于遭受国家权力滥用之侵害,它们对于私人之间的法律关系即私法关系无任何效力。但是,德国学者对此提出了挑战,他们提出了宪法上基本权利对第三人效力理论,简称"第三人效力"理论(Drittwirkung der Grundrechte),也有学者将之称为宪法上的基本权利在私法上的适用理论。其中所谓第三人即指国家与私人关系之外的第三人,"第三人效力"理论则主要研究:除宪法明文规定适用于私法关系之中的基本权利之外,宪法上

---

① 德国现行基本法之所以如此强调基本权利"对抗国家"的性质,是因为在希特勒统治之时,《魏玛宪法》中之基本权利面对国家权力之滥用而无任何实证法的效力,所以,基本法第一条特别强调基本权利直接拘束国家权力,至于它在私法关系上的效力,显然不在基本法起草者思考的重心之所在。参见陈新民:《宪法基本权利及"对第三者效力"之理论》,载台湾《政大法学评论》1985年第31期。

的其他基本权利在同为基本权利享受者的私人之间,在何种程度,以何种方式,发生效力? 它对作为第三人的私人的拘束力与对国家的拘束力是否一样赋有效力? 这些宪法条款在什么意义上也可以调整私人与私人之间的关系? 具体地说,就是宪法所赋予公民的对抗国家的基本权利是否也可以对抗私人?

对于这一问题的回答主要有两种理论,即直接效力说、间接效力说。

直接效力说的倡导者是 Hans Carl Nipperdey,1950 年他在《妇女同工同酬》一文中,主张宪法上的基本权利条款在私法关系中应当具有"绝对的效力",在私法判决中可以被直接引用。他认为其中的理由在于,宪法上的基本权利条款是"最高的规范"(Normen höchsten Grades),所以,如果它们不能在私法关系中被适用,那么,宪法上的基本权利之条款将沦为仅具有"绝对的宣示性质"(absoluter deklaratorische Charakter)的具文而已。再者,他还认为,德国《基本法》的第一条第三项规定:"基本权利之规定,视为直接之法律,拘束行政、立法与司法。"所以,法官作为司法者就必须直接引用宪法基本权利之规定,而不必透过民事法律。

四、对第三人直接效力之否认:间接效力理论在德国的确立

对第三人直接效力说的批评

宪法律师 Gunter Durig 在 1956 年发表《基本权利及民事诉讼》一文,对"第三人直接效力"作了激烈的批评。他认为,根据《基本法》第 1 条第三项规定,基本权利之规定对司法有直接的拘束力,所以,基本权利之规定对民事诉讼有直接的效力。但他主张"私法的独立性"和"私法的法典独自性"原则,宪法将私人间法律关系委由私法去具体化,而宪法上基本权利之功效只在拘束国家权力上,将任何宪法基本权利之规定形式地移植到私人的法律关系中,都是对"私法自治""契约自由"等私法体系的基本价值的侵害。

第三人间接效力说之内容

宪法律师 Gunter Durig 认为:为了使基本权利在私法关系上效力能够达到,应当以私法中的概括条款作为在私法中实现宪法上的基本权利之媒介(Mittel),唯有透过概括条款的适用,方可在法律体系及逻辑上保障

私法的独自性。按照这一学说,基本权利形成了一个价值的客观体系,通过民法典的一般原则这个中介,影响私法,在基本法的支配下,法官从基本法的价值观念出发,理解民法一般性条款的意义,这就是所谓的"基本权利的间接第三人作用"。

实际上,在德国《基本法》颁布以后,德国民法学者已逐步发展出关于民法典解释的"合宪性"解释的原则。联邦宪法法院 1958 年 1 月 15 日曾强调:"基本权利主要是保护公民免受国家的侵害,但是,这种权利作为宪法的宗旨,也确立了一个客观的价值序列,贯穿到整个法律体系之中。"并在之后的一个宪法案的判决中宣布:"当一个应予解释的规范可以有多种解释,而且这多种解释中有一个或者数个符合宪法,而其他的解释违背宪法,只要一个规范可以进行合宪性解释而且该解释有意义,那么任何人不得宣告该解释无效。"①

联邦宪法法院在 Lüth 一案中采纳了宪法权利的第三人间接效力理论,并作了深入阐述。宪法法院认为,联邦劳工法院将宪法上的基本权利直接适用于私法关系,"失之过宽",私人间的关于私法权利与义务的争执,不论在实质上和程序上都是民事问题,由民法来规范,但是,民法条文应当依据宪法精神来予以解释,民法上的概括条款如"善良风俗"就是可以用来实现宪法基本权利对民事关系的影响,概括条款是基本权利对民法的突破点(Einbruchstelle),是宪法基本权利进入民法关系的入口,法官在审判具体案件时,就必须以宪法基本权利之精神来审查、解释及适用民法条文,这是法官受到基本权利拘束之明证。倘若法官不遵循此种方式,忽视宪法所保障的"客观规范"即基本权利的内质,就视为公权力的侵害,公民可以提出宪法诉愿,由宪法法院来审查基本权利对民法的放射作用(Ausstrahlungswirkung)有无被实现。

德国《基本法》通过对民法典中的概括条款(基本原则)的解释而影响私法关系,严格说来,德国《基本法》不是德国私法的渊源。德国宪法法院所创设的"基本权利的第三人效力"理论被意大利、西班牙、瑞士和

---

① BVerfG, 15 January 1958, 1 BvR 400/51.

日本①以及欧洲人权法院采用。②

尽管《德国民法典》中的一般原则曾为纳粹滥用过,但是,今日在私权的宪法救济问题上倒是在将功补过了。

五、其他国家的情形

在美国,宪法中的权利在私人之间不适用。③ 美国采国家行为理论(The State Action Doctrine),此理论认为:私人部门不受宪法约束,除非它的行为构成国家行为。④ 在 Jackson v. Metropolitan Edison Co. 一案中,最高法院认为,私人部门的行为直接受政府的控制,国家与该私人部门的行为之间存在充分的紧密关系,则受宪法约束。

一些美国法学家对国家行为理论不满,提出批评,他们认为:宪法应被视为社会道德的法典,而不仅仅是关于政府行为的法典,宪法所授予的个人的权利,任何部门无论是公法的或私法的,无正当理由,都无权侵犯。⑤

虽然美国宪法不调整私人关系,但对于私法仍然有影响。例如:美国最高法院关于 Roe v. Wade 一案的判决在美国宪法上确立了"妇女具有选择终止怀孕"的宪法权利的原则,这一宪法原则最终也影响到了美国的侵权法,特别是影响了"错误怀孕"一类的侵权案例。如在 Berman v. Allan 和 Procanik v. Cillo,以及 Hummel v. Reiss 这几个案例中,由于医生因疏忽而未能提醒怀孕中的妇女,使她在怀孕的关键时期受到医药感染,而失去了流产的权利,医生侵犯了她的"中止怀孕"的选择权,妇女可因此

---

① Aharon Barak, "Constitutional Human Rights and Private Law", in Dan Friedmann and Daphne Barak-Erez (eds.), *Human Rights in Private Law*, Hart Publishing 2002, p. 22. For Japan, see also Michael J. Horan, "Contemporary Constitutionalism and Legal Relationships Between Individuals", (1976) 25 (4) *The International and Comparative Law Quarterly*, p. 848.

② See Andrew Clapham, "The 'Drittwirkung' of the Convention", in Ronald Macdonald et al (eds.), *The European System for the Protection of Human Rights*, Martinus Nijhoff Publishers 1993, p. 163.

③ *United States v. Cruikshank*, 92 U.S. 542 (1876).

④ *Virginia v. Rives*, 100 U.S. 313 (1880).

⑤ Erwin Chemerinsky, "Rethinking State Action", (1985) 80 (3) *Northwestern University Law Review*, p. 503.

而请求精神损害赔偿。①

爱尔兰在宪法的私法效力问题上,则比较激进。在爱尔兰,宪法具有私法效力,所谓宪法性的侵权诉讼(constitutional tort actions)就是典型表现。②

六、中国:宪法在私法关系上的效力?

在我国民事审判中直接引用宪法的条款已屡见不鲜,法官和法学家也从来没有受到所谓宪法权利的第三人效力问题的困扰。其原因在于:

中国宪法的概念及其规定的公民的基本权利之性质

西方学者一般是这样界定宪法的概念:宪法规定国家机构的组成和权力,调整国家机构之间以及国家机构与公民之间的关系的根本法。③在现实中,西方国家的宪法发挥的也正是这样一种功能。

但是,我国的宪法的概念则略有差异,我国学者对宪法的较权威的定义是:宪法是国家的根本大法,是民主制度的法律化,是阶级力量对比的表现。④ 它没有像西方国家的宪法概念那样强调它所调整的只是国家机构之间以及国家机构与公民之间的关系,所以,公民与公民之间的关系仍未排除在中国宪法的调整范围之外,实际上,中国宪法中的诸多条款也直接规定了公民与公民之间的关系。例如:

《中华人民共和国宪法》第 36 条规定:"中华人民共和国公民有宗教信仰自由。任何国家机关、社会团体和个人不得强制公民信仰宗教或者不信仰宗教,不得歧视信仰宗教的公民和不信仰宗教的公民。"

---

① Basil S. Markesinis, *A Comparative Introduction to the German Law of Torts*, 3rd ed., Clarendon Press 1994. 有关美国法中私法与宪法关系的其他案例,如美国的《产品质量法》与《宪法第一修正案》的关系可参阅 Lisa A. Powell, "Products Liability and The First Amendment: The Liability of Publishers for Failure to Warn", (1984) 59 (3) *Indiana Law Journal*.

② *Meskell v. Córas Iompair Eireann*, [1973] I. R. 121, para. 133 ("If a person has suffered damage by virtue of a breach of a constitutional right... that person has the right to seek redress against the person or persons who infringed that rights").

③ Owen H. Phillips and Paul Jackson, *O. Hood Phillips' Constitutional and Administrative Law*, 7th ed., Sweet & Maxwell 1987, p. 5.

④ 吴家麟主编:《宪法学》,群众出版社 1983 年版,第 46 页。

《中华人民共和国宪法》第 40 条规定:"中华人民共和国公民的通信自由和通信秘密受法律的保护。除因国家安全或者追查刑事犯罪的需要,由公安机关或者检察机关依照法律规定的程序对通信进行检查外,任何组织或者个人不得以任何理由侵犯公民的通信自由和通信秘密。"①

以上两条均明确强调个人不得侵犯公民的宗教信仰权与通信自由和秘密权,可见这两种基本权利同样对抗个人,直接规范私法关系,具有私权的性质。

总之,《中华人民共和国宪法》并不是在西方传统的宪法理论的影响下形成的,所以,它不仅调整国家与公民之间的关系,也调整公民与公民之间的关系,它所规定的公民的基本权利,其性质并不仅仅是对抗国家的侵害,同时也对抗私人的侵害,是公权和私权的混合。以上两例宪法条款只不过明确表明了这一点而已,其他没有明确表明的条款同样也具有此种性质。

其实,这也是中国民法学者的普遍观点,例如,佟柔主编的《民法原理》在列举中国民法的渊源时就将宪法列为第一渊源,认为"宪法具有最高的法律效力,任何民事法律、法令、法规、决议、命令和单行条例都不得与宪法的规定相抵触。宪法中所确定的各项社会主义原则,是一切民事立法的基本依据,因此,宪法是我国民法的重要渊源。宪法中关于建设社会主义的方针、路线的规定,关于所有制的规定,关于公民基本权利和义务的规定,对民法具有特别重要的意义"。②

宪法条款在中国民事审判中的效力

正因为中国宪法的调整范围不同于西方国家宪法,所以,在中国的民事审判中直接援引宪法条款并无不当,以下就是几个典型案例:

---

① 其他类似条文还有第 41 条:"对于公民的申诉、控告或者检举,有关国家机关必须查清事实,负责处理。任何人不得压制和打击报复。"

② 佟柔主编:《民法原理》,法律出版社 1986 年版,第 22 页。但是,在《民法原理》之后也有一些民法教科书没有将宪法列入我国民法的渊源之中,如梁慧星:《民法总论》,法律出版社 1995 年版,第 19 页。

案例一　四川新津县人民法院(1995)新民初字第118号案

原告王玉伦(女)及其女儿李尔娴,均系新津县五津镇蔬菜村村民。1995年初,蔬菜村转让其部分土地后,其他村民都分得了土地转让费,而王玉伦、李尔娴却分文未得,因为该村"村规民约"有一条规定:"凡本地出嫁女子,除特殊情况外,必须迁走户口,拒绝迁走户口的,连同婚后所生子女,虽准予上户口,但不得享受一切待遇。"王玉伦、李尔娴不能分得土地转让费,为此,王玉伦、李尔娴以蔬菜村村民委员会为被告,向新津县人民法院提起诉讼。审理此案的合议庭认为,村规民约在性质上属民事协议,而民事协议亦应符合宪法,涉讼条款要求妇女结婚后就必须迁走户口,系对妇女的歧视性对待,有悖于男女平等的宪法原则,因而无效,原告分得土地转让费的诉讼请求应予支持。鉴于合议庭明确而坚决的态度,被告蔬菜村村委会很快分给了二原告土地转让费各5000元。①

案例二

最高人民法院《关于以侵犯姓名权的手段侵犯宪法保护的公民受教育的基本权利是否应承担民事责任的批复》(法释【2001】25号)

山东省高级人民法院:

你院1999鲁民终字第258号《关于齐玉苓与陈晓琪、陈克政、山东省济宁市商业学校、山东省滕州市第八中学、山东省滕州市教育委员会姓名权纠纷一案的请示》收悉。经研究,我们认为,根据本案事实,陈晓琪等以侵犯姓名权的手段,侵犯了齐玉苓依据宪法规定所享有的受教育的基本权利,并造成了具体的损害后果,应承担相应的民事责任。

---

① 喻敏:《论男女平等的宪法原则在"民事领域"内的直接效力》,载《中国法学》1995年第6期。

案例三 成都高新技术产业开发区人民法院(2015)
高新民初字第 6730 号判决书

本案中,中国银行起诉信用卡欠费人沙小姐,要求其归还本金37.5万元,按每日万分之五的利率计算的利息,以及每个月高达5%的滞纳金。经过计算相当于年利率高达78%!

法院认为:如果认可信用借款超高额利率将导致为法律及社会民众不可容忍之悖论。《中华人民共和国宪法》第三十二条第二款昭示:"中华人民共和国公民在法律面前一律平等。"(此处引用宪法并非作为裁判依据而仅用于判决说理论证)平等,也是社会主义核心价值理念的基本内容与内涵。平等意味着对等待遇,除非存在差别对待的理由和依据。一方面,国家以贷款政策限制民间借款形成高利;另一方面,在信用卡借贷领域又形成超越民间借贷限制一倍或者几倍的利息。这显然极可能形成一种"只准州官放火,不许百姓点灯"的外在不良观感。

小结:

关于"宪法在民事审判上的效力问题",目前,在中国,我们大可不必像德国法学家那么较真,因为中国宪法与德国宪法其"内在机理"是不同的。[①]

我国宪法并未按西方宪法的传统创制,我国宪法与其他部门法的不同,在于"它调整国家生活中的基本问题,而其他法只分别调整国家生活中某一方面的问题"。[②] 实质性的私法关系并未排除在中国宪法的调整范围之外,只要重要,它就可能入宪。

---

① 但是,在未来,宪法上公民的基本权利对抗国家的性质得以强化,那么,此一问题也将成为中国民法学界和宪法学界的一个重要问题。
② 《张友渔文选》编辑委员会编:《张友渔文选》(下卷),法律出版社1997年版,第351页。

七、个案研究：宪法上的自然资源国家所有权概念的民法效力

宪法上的所有权与私法上的所有权区分之偏误

我国宪法规定了自然资源的国家所有权，但它的效力是什么？在讨论中，许多学者试图否认宪法规定的自然资源国家所有权在私法上的效力。他们依赖的逻辑主要在两方面，一是宪法的公法本质，它不产生私法效力，对此，笔者在上文已经充分批评了。另一方面，他们主张在公法层面和私法层面上，所有权概念的含义是不同的，提出了公法上的所有权与私法上的所有权的划分，或宪法上的所有权与私法上的所有权的划分。这一新颖的划分在中国的学术话语中已经流行，[①]但需要反思与推敲。

我们先从一个小问题开始探讨，例如隐私权，是否存在私法上的隐私权和公法上的隐私权之区分？回答是肯定的，因为两者明显不同，私法上的隐私权仅对抗私人，公法上的隐私权则对抗国家。

再如私人所有权，也存在私法效力和公法效力两个层面，前者对抗私人，后者对抗国家。私人财产所有权如为私人侵害，则适用民法上的物上请求权和侵权法规则保护，但如为国家侵害，如违法征收和征用，则依宪法或行政法救济渠道。例如德国基本法第14条所规定的所有权，就是基本法所保障的私人的所有权。[②]由于上述差异的存在，"宪法性财产（Constitutional Property）"的概念已成为世界范围内法学家的共识。[③]特别是在美国，由于公民在宪法上的基本权利和公民在私法上的财产权都使用同一个名词"Property"，所以，区分两种财产权就更为重要。

中国宪法学者也意识到这一问题，开始区分宪法上的财产权和私法上的财产权。"宪法上的财产权乃属于一种基本权利，与宪法上的其他权

---

① 参见邱秋：《完善我国的自然资源国家所有权制度》，载王树义主编：《环境法前沿问题研究》，科学出版社2012年版，第93页。

② 由于德国宪法将财产视为人格自由和人格发展的基础，而不仅仅是商品（这也是康德、黑格尔哲学传统中的重要理念），所以，所有权在《德国基本法》第14条中得到的宪法保护相比于美国宪法要更为充分。See Gregory S. Alexander, "Property as a Fundamental Constitutional Right? The German Example"，(2003) 88 (3) *Cornell Law Review*, p.733.

③ Gregory S. Alexander, *The Global Debate Over Constitutional Property: Lessons for American Takings Jurisprudence*, The University of Chicago Press 2006.

利一样,均是公民针对国家而享有的一种权利,即公民所享有的、为国家权力所不能侵害的一种权利,直接地反映了公民与国家权力之间在宪法秩序中的关系;而民法上的财产权则主要属于公民对抗公民或私人对抗私人的一种权利,由此形成了作为平等主体的私人之间的财产关系。由此可知,宪法上的财产权与民法上的财产权的区别,既不在于财产权的客体,也不在于财产权的主体,而在于反映在同一客体上的不同主体之间的关系。"①

应该说,这一论断是正确的。但是,基于这一论断衍生出来的诸多观点和学说却出现了偏误。不同学科包括民法、环境法、宪法,都有学者参与了所谓"宪法所有权"的论证。典型观点是:"所有权应当分为宪法层面和私法层面两种类型,宪法上的所有权是所有权人和国家直接发生的公法法律关系,它所注重的是获取所有权并得到保护的资格;民法上的所有权是所有权人和其他私法主体之间发生的民事法律关系,它所注重的是权利所指向的具体个体。"②如此划分,显然宪法规定的所有权在私法上不能直接适用。

其实,一言蔽之,所谓"宪法所有权"的真实含义,就是私法上的私人财产权也受到了宪法保护而已,并未产生一个独立的所有权。否则,它只是对抗国家,在权利形式上是一种对人权,不是对世权,如何可以称为"所有权",又如何称为"宪法所有权"? 所谓"宪法所有权和私法所有权"的划分,是基于私人所有权在宪法和私法上的不同效力的划分。

所以,整个偏误产生的过程就像一个寓言:私人所有权是一个孩子,受其生父——私法的保护,后来,认了一个教父——宪法,亦受其保护。在这个故事中增加了什么? 其实,只是增加了一个教父。旁观者却说:增加了一个孩子,现在是两个孩子了! 一个是宪法的儿子——宪法所有权,

---

① 林来梵:《针对国家享有的财产权——从比较法角度的一个考察》,载《法商研究》2003年第1期。

② 徐涤宇:《所有权的类型及其立法结构:〈物权法草案〉所有权立法之批评》,载《中外法学》2006年第1期。但所谓资格说脱离宪法文本。如果宪法明确规定国家或公民在特定客体上享有所有权,就不能说这只是获取所有权的资格,其所获取的就是所有权本身。如果不顾宪法文本的文义,以所谓的宪法理论坚持资格说,无异于削足适履。

一个是私法的儿子——私法所有权。但是,偏误并未就此落幕。学者以宪法所有权和私法所有权的区分为据,开始否定中国宪法上规定的自然资源国家所有权在私法上的效力。

应当承认,由于公法的渗透,所有权的面貌呈现复杂性。意大利学者奥利维耶罗·迪利贝托认为:"全面理解当代所有权的制度体系的困难来自多个方面,困难之一是20世纪之后才出现的,即如何正确看待民法典中的所有权和各国陆续通过的宪法所规定的所有权二者之间的关系。这就启发我们不能再一味地追求统一的所有权概念,而应建立一个多元化的所有权体系。"①但是,所有权如何多元化?

笔者认为,虽然公法的影响很大,但是所有权依然具有形式上的统一性,所谓所有权之公法和私法的绝对二元化并不成立。不能依此认为宪法上规定的国家所有权就完全不同于民法上的所有权。其实,在国家与私人的关系上,自然资源国家所有权在宪法上呈现出来的法律关系结构与在民法上呈现出来的法律关系结构是一致的。

首先,不能否认,国家是可以享有所有权的。正如凯尔森所说:"在所有现代法律秩序中,国家和任何其他法人一样,可以具有对物(in rem)权和对人(in personam)权,具有私法所规定的任何权利和义务。"②国家既是一个政治概念,也是一个法主体的概念。虽然国家作为一个抽象的实体不应有自身独立的特殊利益,但是,无论在公法还是私法上,国家是一个法人。③

其次,无论在宪法上还是在私法上,与国家所有权相关联的义务主体是相同的。凯尔森说:"在一个国内法律秩序内,必须被认为是国家的人

---

① 〔意〕奥利维耶罗·迪利贝托:《论所有权的范围及其限制——从罗马法到近代民法典的历史流变与简评》,翟远见译,载〔意〕S.斯奇巴尼、朱勇主编:《罗马法?中国法与民法法典化(文选)——二十一世纪民法典的科学体系》,中国政法大学出版社2011年版。

② 〔奥〕凯尔森:《法与国家的一般理论》,沈宗灵译,中国大百科全书出版社1996年版,第227页。

③ 参见〔德〕齐佩利乌斯:《德国国家学》,赵宏译,法律出版社2011年版,第13节"国家作为法人"。当然,在中国法律中,国家作为一个抽象实体,是否是法人成为一个问题。但是,法律规定国有财产由国务院代表国家行使所有权,国家作为法律主体享有所有权不成问题。

格者只有一个,因此,如果法律关系中一个主体是国家,另一主体就不会是国家,另一主体一定是私人。"①宪法规定的自然资源国家所有权,是规定国家作为所有者与其他任何私人之间的关系。而民法上的所有权,也是规定所有者与其他任何私人之间的关系,两者结构完全相同。

另外,从霍菲尔德的权利形式上看,宪法规定的自然资源国家所有权包含的权利形式与民法上的所有权是一样的,即作为自然资源所有者,国家有权利(claim)要求他人不侵占自然资源,国家有权力(power)处分自然资源,国家有自由(privilege)使用自然资源,他人处分自然资源的行为对于国家无效(immunity)。从国家所有权权能的角度看,国家对于自然资源应当享有占有、使用、收益、处分之权能,符合奥诺里(A. M. Honoré)的权能说。国家可以将权能分离出去,甚至出让于私人,而剩余权归属国家,因而也符合剩余权说。

有学者认为,国家是公法人,也是私法人,在宪法上规定的国家所有权中,国家是公法人,而在民法上规定的国家所有权中,国家是私法人,所以,两者仍然不同。更为关键的是,公法人和私法人主体性质的不同会影响到权能内容的不同,从而构成不同的所有权,即公法所有权和私法所有权。这是二元论者的一个有力主张。②

但是,依前文所述,在宪法中规定私法关系是一个普遍的现象。当宪法规定自然资源国家所有权时,我们依据什么确定其中的国家只是公法人?再者,当宪法明确使用所有权概念时,由于所有权本身是源于民法的概念,且在实证法上没有关于公法所有权的定义,我们又依据什么确定此所有权不包含私法上的所有权的内容?其实,所有权概念的使用必然使国家所有权涵盖私法所有权,否则,如果该所有权仅具有公法上的权能,如立法权、管理权等,还需要使用所有权的概念描述这些公法权能的集合吗?此所有权还是一般意义上的所有权吗?它就不可能符合本书第四章

---

① 前引〔奥〕凯尔森:《法与国家的一般理论》,沈宗灵译,中国大百科全书出版社1996年版,第227页。

② 有学者认为:"在物权法上,国家作为公权(国家所有权)的主体而存在。"参见尹田:《民法调整对象的理论检讨与立法表达》,载易继明主编:《私法》第8辑第2卷,华中科技大学出版社2010年版,第30页。

所述的关于所有权本质结构的三种理论,如此理解,就超越了解释学的一般规则与底线。

综上所述,一个基本的结论是,中国宪法上的自然资源国家所有权的规定本身即包含私法上所有权的内容,它可以直接在私法关系中适用,直接产生私法效力。

自然资源国家所有权:宪法上的完全规范和民法上的不完全规范

在宪法意义上的一个完全规范,在民法意义上可能是一个不完全规范,因为两种规范对于客体的确定性程度要求不同。国家所有权作为一个法律规范,所调整人的行为由以下几个要素构成:属事要素、属人要素、属物要素。自然资源国家所有权可能欠缺属物要素,①因为自然资源是个抽象概念,不具有确定性,需要解释。物权法第49条规定:"法律规定属于国家所有的野生动植物资源,属于国家所有。"如果宪法规定的自然资源国家所有权中的自然资源明确涵盖野生动植物,就不需要物权法再作如此规定了。这说明,立法者也不认为宪法规定的自然资源国家所有权是一个完全规范。

补充不完全规范,可以通过立法对自然资源进行界定,也可以通过民法解释。进行民法解释时,应当进行价值判断,使解释的结果趋向良性。例如,对于本质上是公共物的光、太阳能、空气等,不应纳入所有权规范中。如法国民法典第714条规定,"不属于任何人的物件,其使用权属于大众。"黑龙江省的气候资源国家所有权的立法显然不合理地扩大了对自然资源的解释,将风、光等公共品也纳入了所有权的范畴中。② 目前,在各国实践中,争议多的客体,如光谱、频道、基因信息等,它们是否是自然资源,有的在我国物权法中已经有答案,有的尚没有答案,需审慎判断。

---

① 本节关于自然资源国家所有权作为一种不完全规范的分析,参考凯尔森关于"国际法规范是不完全的规范"的分析。他举例说:"国际法有一个由来已久的规则:战争不应未经宣告以前开始,这一规范说明必须提出宣告,但没有说明由谁宣告,即谁作为国家代表宣战。多数国家宪法授权国家元首,而美国宪法则授权国会宣战,宪法就这样决定了属人要素,完成了前述的国际法规范。国际法'只使国家承担义务'的特征,仅仅在于:它的规范一般只决定属事要素,而将属人要素留交国内法决定"。前引凯尔森书,第357页。其实,宪法关于国家所有权的规定也具有相似的特征。

② 《黑龙江省气候资源探测和保护条例》(2012年6月14日颁布)。

八、宪法对民法解释的影响①

宪法对民法解释具有重要影响。我们首先从"解法典化"谈起。"解法典化"(decodification)是在70年代意大利那达林若·伊尔蒂教授(Natalio Irti)提出来的。主要的原因就是法典虽然存在,但是法官在裁决案件的时候,更多是适用法典颁布之后出现的多如牛毛一般的政府的法令、规章和判例,所以,就架空了法典,法典就成为一个空洞的框架。此为"解法典化"。

"解法典化"的危险在什么地方呢?它会使得法官在裁决案件的时候,陷入到多如牛毛的细节化的、技术化的规范当中去。当然,你会说,这种细节化的规范正是法治的特点。是的,法治的一个重要特点就是精细化。但是,法治还有另外一个特点就是价值。如果它过于技术化,而忘却它的价值,此法治是一种伪法治。

那么,如何拯救这样一个局面呢?主要是靠宪法来拯救。宪法是怎么拯救的呢?就是德沃金所提出来的观点,在一个所谓的法治时代,法官裁决案件,并不完全像哈特所说的那样是以规则作为基础进行推理的,很多是用原则去推理。原则是什么?原则是一个国家的法律体系所承载的价值。法律体系中的价值的序列和价值的层级是由哪部法律来宣示的?民法起到一定的功能,但是浅尝辄止,主要是宪法完成的。所以,宪法在很大程度上是一个国家法律体系的价值宣言。而宪法的条文有一个重要的特点,都是以原则的形式建构起来的,它们是一个价值序列。

以这种价值序列和原则进行推理的模式,就不同于刚才所说的在"解法典化"时代的那种完全技术化的、在多如牛毛的法令中的规则迷宫的推理方式,而应是一种原则的推理。所以,原则的推理是21世纪法治的一个非常重要的特点,这在德沃金的著作和阿列克西的著作中可以看到的。为什么他们会殚精竭虑地关注这一问题?为什么两个世界最前沿的法理

---

① 参见林来梵、龙卫球、王涌、张翔:《对话一:民法典编纂的宪法问题》,载《交大法学》2016年第4期。该文是2016年3月22日在清华大学法学院举行的宪法学者与民法学者的对话实录。

学学者关注同一个问题？这是有它的时代背景的。价值在法治时代是不能失去的,我们不能以一个技术化的碎片化的伪法治反过来异化我们的生活。

民法解释和推理需要宪法,宪法提供的价值序列可以拯救民法,这就是新时代宪法和民法之间的关系。这种拯救其实在我们的私法实践当中已经频频地发生了,过去很多的例子是通过违宪审查将违宪条款从民法典中废除。现在更突出的是,民法的解释也要用宪法的精神予以指引。此类判例在中国也出现了。例如,成都高新技术产业开发区人民法院依据宪法推理,裁定银行高额违约金条款无效。该判例虽有争议,但预示,今后中国的法官还会大量引用宪法上的原则,来补充甚至纠正传统的民法解释与推理的路径。

第五节 公法在私法关系上的效力(二):行政法

在中国民法的实践中,与民法存有千丝万缕的关系的,并对民法具有深刻影响的法律部门就是行政法。目前,行政法对中国民法的影响在某些方面是消极的,说得严重一点,有些行政法规颇似粗暴的野狼,侵占着民法的领域,扭曲着民法的精神,使得民法中的许多原则如意思自治原则在实践中形同虚设,成为一堆具文。所以,在一部论述私权的著作中,如果我们不冷静地分析行政法影响民法的一般机理,并提出有关的立法与法律解释的一般原则,显然会是一件非常遗憾的事情。

国务院制定私法规范的权力

这是公法在私法关系上效力的一个基本问题。

一般说,国务院制定的法律规范被称为行政法规。而所谓"行政法规",其中"行政"二字表明:行政法规应是规范行政法律关系的法规。那么,行政法规可否规范私法法律关系?

《立法法》(2015 年修订)第 65 条规定:"国务院根据宪法和法律,制定行政法规。

行政法规可以就下列事项作出规定:(一)为执行法律的规定需要制

定行政法规的事项;(二) 宪法第八十九条规定的国务院行政管理职权的事项。"

该条规定了国务院两项立法权,第二项应是纯粹的行政法律关系,而第一项"为执行法律的规定需要制定行政法规的事项"则应包括与行政职权行使有关的私法关系。与行政职权行使无关的纯粹私法关系不应在国务院的立法权限之内。

行政法对民法的影响主要表现它对民事法律行为的效力的影响上,早在上世纪九十年代这一问题在实践中就十分突出,引发争议。

早期案例:《城市房屋租赁管理办法》

1995年建设部《城市房屋租赁管理办法》,第32条规定:"未征得出租人同意和未办理登记备案,擅自转租的,其租赁行为无效,没收非法所得,并可处以罚款。"虽然该规章已被废止,取而代之的是2011年2月住房和城乡建设部颁布的《商品房屋租赁管理办法》,但这部旧规章所呈现出的问题依然值得研究:租赁行为是一种私法行为,国务院建设部的规章直接规定一种私法行为是无效行为,这种规定是否有效?

应当说,纯粹的行政法以及行政规章是不可以规定一种私法行为的无效,如果它这样规定了,并且是有效力的规定,那么,作出这样规定的所谓的行政法的规范本质上已不是行政法的规范,而是私法性质的规范了。

"行政法上的禁止性规定"作为一种事实对民事法律行为效力的影响

在实践中,行政法可以对私法上的民事行为产生影响[①],不过,这种影响不是通过以上所批评的"行政法直接规定民事行为效力"的形式而实现的,这种影响是这样实现的:"行政法上的禁止性的规定"作为一种事实,这一事实经由私法上的法律规范,而导致某种被行政法禁止的法律行为在私法上的无效。

《德国民法典》第134条规定:"法律行为违反法律上之禁止限度者,无效。"《中华人民共和国民法通则》第55条也有相同的规定:"民事法律行为应当具备下列条件:(一) 行为人具有相应的民事行为能力;(二) 意

---

① 这里,特别强调用"影响"一词,而不是"效力"一词。

思表示真实;(三) 不违反法律或者社会公共利益。"其中第三款的相反解释就是"违反法律规定包括行政法的规定的民事法律行为无效"。

在中国的民法制度中,行政法上对某一民事法律行为的禁止性规定就是通过这一条款导致它所禁止的民事法律行为在私法上的无效的。这一规范条款所处理的事实是"某人的行为违反行政法的规定",而这一事实判断在逻辑上包括两个事实要素:某人的行为和行政法上禁止性规定的存在。

分析至此,必须提出一个十分抽象但也十分重要的问题。现行的民法学理论认为,法律事实包括与人的意志无关的自然事件和与人的意志有关的行为,行为则分为表意行为和非表意行为。那么上面所说的"行政法对某一法律行为的禁止性规定"这样一个事实,在民法上是一种什么性质的事实呢?是自然事件?抑或行为?显然,将其归入其中的任一范畴都是勉强的。实际上,这一事实既不能归入事件的范畴,也不能归入行为的范畴,它是一种独立的事实类型。这就是一种麦考密克和魏因贝格尔所谓的**"制度事实"**。他们用这样一段抽象但也并不难懂的语言解释制度事实这一概念:"所谓制度事实是这样一种事实,这种事实是由对事件的解释产生的,这种解释则是以规范秩序作为解释方案加以参考的。"[①] 例如,"违反行政法规的禁止性规定"这一事实就是如此,它就是参照有关行政规范对一特定的行为加以解释而产生的。也许,如此琐碎的分析会将民法上的"事实"概念搞得不必要的复杂起来,但是,必须这样做,因为只有这样,才能说明"行政法上的规定"是如何在私法上产生影响的。

此外,进一步说,如果民法上没有像《中华人民共和国民法通则》第55条第三款那样的规定,行政法上对某一民事法律行为的禁止性规定是不能直接导致该民事法律行为在私法上的无效的。

其实,《日本民法典》就没有这样的规定,在这个问题上,它采取了另一种模式,谨慎地将民事法律行为与公法划开了距离。

[①] 〔英〕麦考密克、〔奥地利〕魏因贝格尔:《制度法论》,周叶谦译,中国政法大学出版社1994年版,第123页。

日本的模式

《日本民法典》第 90 条规定:"以违反公共秩序和善良风俗的事项为目的的法律行为无效。"它以"违反公共秩序和善良风俗"取代了"违反法律",而没有将民事法律行为的效力与公法的禁止性规定紧紧地捆绑在一起,缓和了公法对私法的直接冲击,是一种可取的立法例。

日本民法学者北川善太郎认为:"一般来说私法关系和公法关系形成了互不相关的独自的法律领域。作为近代法的出发点,公法和私法的区别,具体就变成以下的情况,即在公法关系中,对合同进行行政规制时,也有不遵守这个行政规制而订立合同的。例如,没有执照的卡车运输业者实际上从事运输就是一例。这时,这个运输业者可以要求得到运费吗?同私法不同,公法的观点认为,对无执照的事业应加以公法上的制裁(例如罚金),但合同的效力是私法上的问题,应另当别论,不受影响,即可以请求运费。"①日本最高法院一般也是通过区分公法与私法上的不同效力来处理此类案件的。

《日本民法典》采用公法与私法效力分离的模式,其理念在于:"对于合同,国家通过行政法规介入是为了维护社会秩序,保护一般人的生命、身体的安全性等,它与超越私益的国家乃至公益目的紧密相关。虽然这是不得已的,但近代法的理念要求把国家的介入、干涉限定在最小的限度内,这与近代社会希望市民间平等自由竞争的社会经济理念有密切的联系。"②

当然,在日本的司法实践中,通过对公共秩序和善良风俗的解释也可以导致民事法律行为无效的结果,如北川善太郎所举的"有毒油炸点心"一案判决:油炸点心制造贩卖业者 X 持续地向 Y 提供油炸点心,为求货款向 Y 要求兑现支票。对此,Y 主张,油炸点心中混入了有毒的发酵粉,X 知道这是日本食品卫生法所禁止的,因此这个买卖合同违反了公共秩序和善良风俗,应无效,所以他没有义务支付货款。③

---

① 〔日〕北川善太郎:《日本民法体系》,李毅多、仇京春译,科学出版社 1995 年版,第 84 页。
② 同上书,第 85 页。
③ 同上书,第 84 页。

但是,在日本的司法实践中,对于违反了相关的行政法规的合同,多数判决认为不直接影响私法上的效力,像"有毒油炸点心"一案确认合同因此在私法上无效的判决还是少见的。

中国的问题

长期以来,在中国的民事审判实践中,合同一旦有违反行政法规的内容甚至是仅仅违反行政规章的内容,合同的效力就会被法官毫不犹豫地"一棍子打死",所以,合同无效的比例相当高,严重阻碍了合同的实现,也损害了民法的基本精神——意思自治原则,这与《民法通则》第55条第三项的规定和《合同法》第52条第五项的规定有直接的联系,它使得法官在法律上失去了对那些"恶性"的行政法规的抵御能力,抵御其侵入私法关系,这一条款在某些情形中起到了"引狼入室"的作用。而如果采日本立法例,法官则可以通过掌握对"公共秩序和善良风俗"的解释权保持对"恶性"的行政法规的反思和批判。

当然,问题也引起最高人民法院的重视,2009年2月9日最高人民法院通过《关于适用〈中华人民共和国合同法〉若干问题的解释(二)》,第14条规定:"合同法第五十二条第(五)项规定的'强制性规定',是指效力性强制性规定。"该条区分了效力性强制性规定和管理性强制性规定,从而避免了"违反强制性规定一概无效"的极端裁决方法,但是,如何从形式上识别效力性强制性规定和管理性强制性规定? 却没有明确的答案。

这在实践中引发了混乱,最典型的例子莫过于《公司法》第16条第2款的规定:"公司为公司股东或者实际控制人提供担保的,必须经股东会或者股东大会决议。"这是效力性强制性规定还是管理性强制性规定? 事关公司对股东提供担保的行为的效力,但莫衷一是。①

最高人民法院在2009年7月7日印发的《关于当前形势下审理民商事合同纠纷案件若干问题的指导意见》中要求各地法院:"应当综合法律法规的意旨,权衡相互冲突的权益,诸如权益的种类、交易安全以及其所

---

① 其实,该款是关于权力(power)行使的程序规定,德国法上称"权能"规则,不是基于义务(duty)的强制性规定。见本书第143—144页的分析。

规制的对象等,综合认定强制性规定的类型。"这里,我们发现,所谓效力性强制性规定和管理性强制性规定并无明确的形式上的区分标准,除非法律对于违反某禁止性规定的合同效力有明确规定外,法官需要采用利益衡量的方法认定效力性强制性规定和管理性强制性规定,因案而宜,具体情况具体分析,这样,就可能出现一种奇怪的现象:同一条强制性规定,在不同案件中,可以被认定为不同的性质,在甲案中是效力性强制性规定,在乙案中又摇身变为管理性强制性规定。

其实,合同的非法性(illegality)是各国合同法均无法回避的问题,但是,多数国家和地区均采公共政策解释的方法①,综合衡量,确定合同效力,很少如中国立法,规定"违反法律和行政法规,合同无效",当然,最高人民法院以效力性强制性规定和管理性强制性规定的区分,在一定程度缓和了立法的僵硬,暗度陈仓,实质上回归到公共政策解释的方法上去了,应该说,这也是智慧之举。

行政法影响私法关系的其他方式

以上阐述的是行政法影响合同效力的路径,此外,行政法影响私法关系还有几种方式,一是行政行为直接创设私权,例如不动产登记;二是行政行为作为证据影响私法关系,例如交通事故责任认定书;三是行政法上规定的义务成为私法侵权法中判断侵权人是否有过错的依据。

个案研究:交通事故责任认定书

《道路交通安全法》第73条规定:"公安机关交通管理部门应当根据交通事故现场勘验、检查、调查情况和有关的检验、鉴定结论,及时制作交通事故认定书,作为处理交通事故的证据。交通事故认定书应当载明交通事故的基本事实、成因和当事人的责任,并送达当事人。"公安机关制作的交通事故认定书是民事审判中的一种证据,对民事审判影响极大。由于它不是行政诉讼的对象,其合法性和正当性缺乏司法审查的保障。理论上,民事审判可以对交通事故认定书进行司法审查,但不同于行政诉讼的司法审查,绝大多数民事法官对交通事故认定书"照单全收"了。

---

① Ewan McKendrick, *Contract Law: Text, Cases, and Materials*, Oxford University Press 2005, p.837.

在实践中,最大的问题是,公安机关是按照公法标准,还是私法标准,来认定交通事故的责任？例如肇事者的车速,是按侵权责任法上的注意义务的标准,还是按公法上最高车速限制标准,认定过错？遗憾的是,私法上的标准常常被忽视。中国每年交通事故死亡人数超过 10 万人,相应地,每年也应当有超过 10 万份交通事故死亡责任认定书,由于公法与私法的错位,加之司法审查的欠缺,其认定的合理性和公平性令人担忧。

附论一：私法可否在公法关系中适用？

公法适用所依据的事实,很多是首先需要依据私法认定的事实,例如,税法中的所得税征收,"所得"的概念就是一个私法上的概念。

最近的一个热点问题,关于对赌失败所涉及的两次股权转让,是否应征收两次所得税？税法上的认定最终取决于民法如何认定"一来一往"的两次股权转让的金额是否构成"所得"。事实上,由于对赌失败,当事人一无所获,但是,在民法上,两次股权转让都是真实的并且履行完毕的法律行为,不同于因合同无效或被撤销导致的两次转让,所以,构成"所得",应当征两次所得税。

私法在公法关系中被广泛适用,主要是在事实认定层面适用。那么,私法可否在公法的法律关系层面直接产生效力？例如,税务局是否可以直接适用《公司法》第 20 条,基于公司人格否认规则,请求公司股东为公司纳税义务承担连带责任？首先涉及的问题是,公法上的纳税义务是否是民法上的债？两者应当是有界限的,法律适用的鸿沟恐难逾越。①

附论二：刑法对合同效力的影响

刑法与私法的关系所涉及的问题很多,例如违反刑法的合同是否有效？实践中存在几个争议大的典型问题。

典型问题之一：在合同签订过程中存在受贿罪,合同是否无效？2012 年 5 月 9 日中国国际经济贸易仲裁委员会就广药集团与鸿道(集团)有限公司之间的"王老吉"商标许可协议争议,作出裁决：《"王老吉"商标许可补充协议》和《关于"王老吉"商标使用许可合同的补充协议》无效。其中争议焦点之一就是,广药前老总李益民被判受贿罪,是否当然导致李益民

---

① 北京市西城区人民法院(2018)京 0102 行初 881 号行政判决书。

代表公司签署的王老吉商标许可合同无效？仲裁裁决持肯定态度,但是,理由并非充分。广药集团全称是广州医药集团有限公司,是一个依据《公司法》设立的有限责任公司。它与鸿道(集团)有限公司签署商标许可协议,按《公司法》的规定,正常程序应是:董事会作出决议,董事长执行董事会决议,作为法定代表人与鸿道(集团)有限公司签署许可协议。如果董事会决议经过法定程序,由董事集体决策形成,是合法有效的,而许可协议的内容不违反法律与行政法规的强制性规定,李益民作为董事长,与其他董事一样也只有一票表决权,即使他犯受贿罪,也不当然导致商标许可协议无效。

典型问题之二:涉及非法集资罪的借贷合同是否无效？司法裁判观点不一。江苏省高级人民法院【2013年】1号审判委员会《会议纪要》第五条第(三)款规定,借款人的借款行为已经被人民法院生效判决认定构成集资诈骗或非法吸收公众存款等犯罪行为,出借人起诉保证人要求承担保证责任的,人民法院应认定该保证合同无效。

《最高人民法院公报》2011年第11期发布的公报案例"吴国军诉陈晓富、王克祥及德清县中建房地产开发有限公司民间借贷、担保合同纠纷案"中,明确了"民间借贷涉嫌或构成非法吸收公众存款罪,合同一方当事人可能被追究刑事责任的,并不当然影响民间借贷合同以及相对应的担保合同的效力"。该案中的一审和二审法院的判决均认定在行为人构成非法吸收公众存款罪的情况下,所签订民间借贷合同有效。

第八章　私权的冲突

第一节　法条的竞合:权利并存和权利冲突

一、法条的竞合

权利的冲突与权利的并存皆是由于法条的竞合而产生。

拉伦茨说:很多法条的构成要件彼此会全部或部分重合,因此,同一案件事实可以被多数法条指涉,大家称之为**法条的竞合**,也称法律规范的竞合。①

按照所竞合的法条之间的逻辑关系区分,法条的竞合有两种,一是"不相容的竞合",二是"相容的竞合"。

二、法条的"不相容性竞合"与权利冲突

法条的不相容性竞合系指竞合的法条其法律效果彼此排斥,在逻辑上互不相容,是 A 与非 A 的关系。例如,民航飞机失事给乘客造成的财产损害赔偿,既有《合同法》的规定,也有《民用航空法》的规定②,两种规定的法律效果彼此排斥,应当依照法定的推理原则"特别法优于普通法"

---

①　〔德〕拉伦茨:《法学方法论》,陈爱娥译,台湾五南图书出版公司1996年版,第164页,第三章"法条的理论",第四节"多数法条或规整的相会(竞合)"。

②　《民用航空法》第129条规定:"国际航空运输承运人的赔偿责任限额按照下列规定执行:对每名旅客的赔偿责任限额为16600计算单位;但是,旅客可以同承运人书面约定高于本项规定的赔偿责任限额。"

而适用《民用航空法》。"不相容的竞合"导致权利在法律上的冲突。

三、法条的"相容性竞合"与权利的并存

法条的相容性竞合系指竞合的法条其法律效果在逻辑上不矛盾。它也可以分为两个情形,一是竞合的法条其法律效果在逻辑上不矛盾,但其所产生的权利内容不同。如在德国,对所有权的妨害,所有权人既可依《德国民法典》第 1004 条获得除去侵害请求权,也可依《德国民法典》第 823 条第一项获得损害赔偿请求权,两项权利不同,但可并行不悖;二是竞合的法条其法律效果不仅在逻辑上不矛盾,内容也相同。如在台湾地区,租赁人在租赁契约终止后不返还租赁物时,出租人依台湾地区"民法典"第 767 条规定,获得所有物返还请求权,同时,也依台湾地区"民法典"第 455 条规定,获得租赁物返还请求权,这两种权利内容一样,皆为返还请求权。法条的"相容的竞合"所产生的权利关系,一般称为权利的并存或竞合(Konkurenz von Rechten)。

按照拉伦茨的理论,权利的并存只是法条竞合的一个结果,但是,台湾的学者则认为法条的竞合与权利竞合不仅不同,也无关系,史尚宽先生的论述为此论之滥觞者,他说:"法条之竞合系指,同一事实,合于数个法条所定之法律要件,其中一法条应先适用时,谓之法条竞合,此点与权利并存大异其趣。"①我以为,史尚宽先生所谓的"法条竞合"只是本书以上所说的法条的"不相容性竞合",如果将法条竞合仅限于此类,那么,导致权利并存的那种法条之间的关系又应称为什么呢?所以,显然,拉伦茨对法条的定义要合理得多。

第二节 私权在法律上的冲突

一、权利在法律上冲突的逻辑形式

权利在法律上的冲突实质上是两个不同的法律主体在特定的法律关

---

① 史尚宽:《民法总论》,中国政法大学出版社 2000 年版,第 24 页。

系中所处的法律地位在逻辑上的矛盾关系,而两个不同的法律主体在特定的法律关系中所处的法律地位在逻辑上的矛盾关系其形态有四种,按照霍菲尔德的术语,如下图:

| 法律上的 jural 矛盾关系 contradiction | 权利 right 特权 privilege | 无权利 no-right 义务 duty | 权力 power 豁免 immunity | 无权力 disability 责任 liability |

按本书提炼的中文术语表达,如下图:

法律上的矛盾关系	1	2	3	4
	权利(狭义) 自由(无义务)	义务 无权利	权力 豁免(无责任)	责任 无权力

假设甲、乙是其中的两个主体,那么,四种矛盾的类型可以描述如下:

一是(狭义)权利—自由之矛盾关系,即甲享有要求乙做什么或不做什么的权利,但乙却具有做什么或不做什么的自由。

二是义务—无权利之矛盾关系,即甲具有做什么或不做什么的义务,但乙却不享有要求甲做什么或不做什么的权利。

三是权力—豁免(无责任)之矛盾关系,即甲具有创设乙与甲或与其他人的法律关系的权力,但乙却不承受甲所创设乙与甲或与其他人的法律关系。

四是责任—无权力之矛盾关系,即甲承受乙所创设的甲与乙或与其他人的法律关系,但乙却无创设甲与乙或与其他人的法律关系的权力。

在上述的矛盾类型中,"(狭义)权利—自由"与"权力—豁免"的矛盾关系则是权利的冲突的表现形式。

重要问题:Duty(+)和 Duty(−)是否构成逻辑上的矛盾关系?

前面我们已经阐述过,日常语言中的自由是由 Privilege(+)和 Privilege(−)构成,例如:我有自由在小月河畔散步,该自由是由 Privilege(散步)和 Privilege(不散步)构成。Privilege(+)和 Privilege(−)是可以共存的,不矛盾。但是,如果对 Privilege(+)和 Privilege(−)进行同时否定,就会得到 Duty(−)和 Duty(+),而 Duty(−)和 Duty(+)在我们的日常理解中显然是矛盾。例如,如果法律规定,你必须赡养老人 Duty(+),同时又规定,你必须不赡养老人 Duty(−),这显然是矛盾的。

但是,如果 Duty(+)和 Duty(-)是逻辑上的矛盾关系,它却不属于上一小节中霍菲尔德矩阵中的矛盾或否定关系,难道它构成了一种另类的逻辑矛盾关系?这是一个难题。当代分析法学家已解决这一问题,Duty(+)与 Duty(-)不构成逻辑上的矛盾关系,但构成内容上的矛盾。①

二、私权在法律上的冲突之判断:语义学问题

我们在判断法律上的诸种权利是否冲突时,首先,应当判断这些权利是何种形式的权利,但是,在我国的民事立法中,因为并没有像美国法学会在编纂《法律重述》那样采纳严格的霍菲尔德的术语,而是采用了日常语言,所以,就存在一个通过对法律文本中的日常语言的解释来判断一个具体的法律规范所设定的私权之形式,这就是所谓的私权元形式的语义学问题。

日常语言对私权的元形式的描述

科宾曾经探讨过英语中的这个问题,列出了表达不同的权利形式及其相应的法律关系所分别适用的英语的情态动词②:

May —————————— permission —————————— privilege—no-right
Must (may not) —————— compulsion —————————— right-duty
Can ————————— danger or possibility(of new relation)————— power-liability
Cannot —————— safety (from new relations)—————————— immunity-disability

沈宗灵教授则将这四对关联的概念关系用汉语简单地表述为:
"权利—义务的关系"是:我主张,你必须。
"特权—无权利的关系"是:我可以,你不可以。
"权力—责任的关系"是:我能够,你必须接受。
"豁免—无能力的关系"是:我可以免除,你不能。③

---

① Pablo E. Navarro and Jorge L. Rodríguez, *Deontic Logic and Legal Systems*, Cambridge University Press 2014, p. xiii.
② Arthur Corbin, "Legal Analysis and Terminology", (1919) 29 (2) *The Yale Law Journal*.
③ 见沈宗灵:《对霍菲尔德法律概念学说的比较研究》,载《中国社会科学》1990 年第 1 期。

笔者认为,沈宗灵先生对"权利—义务"和"权力—责任"的关系的表述是正确的,但其对"特权—无权利"和"豁免—无能力"的表述却是不恰当的,因为"你不可以"实际上表明的是一种义务,而不是"无权利",而"你不能"表明的是一种责任,而不是无能力。所以,笔者认为如下表述或许更为妥帖:

"权利—义务的关系"是:我要求,你必须。
"特权—无权利的关系"是:我可以,你不能要求我不可以。
"权力—责任的关系"是:我能够强加,你必须接受。
"豁免—无权力的关系"是:我可以免除,你不能够强加。

日常语言对私权在法律上的冲突之描述

按照上面的方式,私权在法律上的冲突则可以以日常语言描述如下:
"(狭义)权利—自由的矛盾关系"是:我要求,你却可以不。
"权力—豁免的矛盾关系"是:我能够强加,你却免除。

三、权利在法律上冲突的类型:规则冲突和原则冲突

在私权的设定一章,笔者已经指出,私权可以通过法律规则来设定,也可以通过法律原则来设定,所以,私权在法律上的冲突一般表现为两种情形,一是规则的冲突,二是原则的冲突,前者是明示性的冲突,后者是模糊性的冲突。模糊性冲突产生的缘由在于,法律原则在规定某种权利时,并不明确地规定与此权利相关联的义务,即他人必须做什么或不做什么的具体内容,如《中华人民共和国民法通则》第101条规定:"公民、法人享有名誉权。"此条款没有提及他人的义务的具体内容,所以,名誉权这一法律词语,它指向一个比较模糊的法律关系,它本身是一个不确定的法律概念。

实际上,民法典的制定者在设定市民社会中权利与权利之间的界域时,不可能像一位城市规划的设计师那样,可以将楼厦、绿地、公路、广场、桥梁的位置与地域规划得精确明晰,毫厘不爽。在许多领域,她只确立一般原则,而不是规定具体规则,在此情形下,她更像一位水墨画家,在她的手下,诸类权利如同大块大块的墨彩印记在民法典的宣纸上,墨块之间没有线条勾勒的明确界限,只有朦胧一片。所以,民法典中种种权利之间的

界限,更多的是在诉讼程序中,通过法官的自由裁量而最终得以确定的。而在法官自由裁量之前,权利与权利之间界域处于模糊的状态之中,这就是表现为原则冲突的权利冲突。

四、规则冲突与私权之推理

权利在法律上的冲突本质上是法律规范之间的冲突,所以,解决权利在法律上的冲突,实质上就是解决法律规范之间冲突的问题。法律规范之间的冲突的有两种类型:异阶位规范之冲突与同阶位规范之冲突。

A. 异阶位规范冲突的法律推理原则

法律位阶理论认为:法律秩序内部存在规范等级体系,它由高级规范和低级规范组成。那么,什么是高级规范?什么是低级规范?凯尔森这样解释:法律秩序不是一个相互对等的、如同在同一平面上并立的诸规范的体系,而是一个不同级的诸规范的等级体系。这些规范的统一体是由这样的事实构成的:一个规范(较低的那个规范)的创造为另一个规范(较高的那个规范)所决定,后者的创造又为一个更高的规范所决定,最后,以一个最高的规范即基础规范为终点,它作为整个法律秩序的效力的最高理由而构成了整个法律秩序的统一体。其中,决定另一个规范之创造的那个规范是高级规范(superior norm)即上位规范,而被创造出来的那个规范是低级规范(inferior norm),即下位规范。①

在中国的法律制度中,设定私权的法律规范的位阶大约有:

第一层位阶的法律规范是《中华人民共和国宪法》,尽管宪法一般只规定公权,但是,正如本书第七章所分析的,《中华人民共和国宪法》中也有少许法律规范直接规定了公民的私权。

第二层位阶的法律规范是《中华人民共和国民法通则》以及若干民事单行法如《民法总则》、《合同法》、《公司法》等,此类法律皆由全国人民代表大会及其常务委员会制定。

第三层位阶的法律规范是国务院和地方立法机关制定的行政法规和

---

① 〔奥〕凯尔森:《法与国家的一般理论》,沈宗灵译,中国大百科全书出版社1996年版,第141页。

地方性法规。

下位规范与上位规范冲突适用"上位规范优先下位规范"(Lex superior derogat legi interiori)的原则。

关于该原则的适用,最为著名的案例莫过于洛阳种子案。2001年,伊川县种子公司与汝阳县种子公司因玉米种子代繁合同发生纠纷,双方诉诸法院。双方在种子价格到底是按市场价还是按政府指导价确定问题上,争执不下。伊川公司认为,《河南省农作物种子管理条例》第36条明确规定"种子的收购和销售必须严格执行省内统一价格,不得随意提价"。而汝阳公司认为,依据《中华人民共和国种子法》的立法精神,种子价格应由市场决定。最终,洛阳市中级法院(2003)洛民初字第26号民事判决书采纳了汝阳公司的观点。法官李慧娟认为:"《种子法》实施后,玉米种子的价格已由市场调节,《河南省农作物种子管理条例》作为法律位阶较低的地方性法规,其与《中华人民共和国种子法》相冲突的条文自然无效。"此案引发广泛的争议。

弱许可和强许可:许可的法律阶位

本书在第七章第三节论述了弱许可和强许可的问题,其实,该问题在异阶位规范的关系上是十分重要的。如果上阶位法未对某行为予以禁止,该行为当然可自由为之,法不禁止即自由也,此为弱许可,因弱许可而生成之自由,可为下阶位法剥夺。如果上阶位法不仅不对某行为予以禁止,并且明文规定可自由为某行为,此为强许可,因上阶位法强许可而确立之自由,不可为下阶位法剥夺。

很多重要的自由权通常是通过强许可而确立的,并且是通过宪法强许可的形式确立的,下阶位法自然不可剥夺之,但更多的自由是通过弱许可而确立的,可为下阶位法(甚至规章)剥夺。

另外,需注意的是,这里所区分的弱许可与强许可是从法律渊源的阶位角度区分的,不同于本书第六章第一节"许可的谱系"从许可的内容角度的区分。

B. 同阶位规范冲突的法律推理原则

1. 新法优于旧法

对于同一事实,如有两种先后不同时间所制定的民事法律存在,此两种法律不能并存适用时,即产生规范竞合,从而产生私权的冲突。解决此冲突的原则是"新法优于旧法"(Lex posterior derogat legi priori)。一般来说,新法在颁布时,会宣示与之相冲突的旧法失效,但是,即使旧法未被明令禁止,其中的法律规范与新法矛盾时,也仍适用"新法优于旧法"的原则,其中的原理在于:立法者可以变更现行的法律。但是,必须强调的是:新法优于旧法原则仅适用于同阶位法律规范的竞合,对于不同阶位的法律规范的竞合则不适用,如宪法是最高位阶的法律,就不能被普通法律所变更,而法律也不能被法规和规章所变更。

如果旧法并非严重地与新法相矛盾,在逻辑上,旧法仍可能与新法并存而继续生效,而且具有补充作用。要确认此类旧法是否继续有效,应分以下几种情形:

一是旧法被形式废止(formelle Derogation),即新法明示废止旧法,在此情形中,即使旧法未与新法冲突,也无效力。

二是旧法被实质废止(materielle Derogation),即新法对旧法已经加以规范的相同事实加以新的规范,尽管新法没有明示废止旧法。①

2. 特别法优于普通法②

以法律在人、事、地的适用范围为分类标准,法律可区分为普通法与特别法。在普通法与特别法对同一事实均作规范的情况下,产生法律规范的竞合以及私权的冲突,适用特别法优于普通法的原则(Lex specialis derogat legi generali)。当然,普通法与特别法也是相对而言的,例如商法典之于民法典,民法典是普通法,商法典是特别法,而公司法之于商法典,

---

① 刘幸义:《法律规范之结构及其关联性》,载《中兴法学》1986 年第 22 期。

② 关于普通法与特别法,许多学生往往误以为两者是异阶位的法律,这是错误的,须特别注意。有人曾提出这样的问题:"因法律概念的位阶结构,除在逻辑上形成属概念和种概念的演绎关系外,在实证法上也形成效力关系,即下位概念优先于上位概念而适用,此即特别法优先于普通法原则。然而,之所以存在孰优于孰的问题,定是由于在同一个问题上特别法与普通法有不同的规定,可能特别法更为具体,而更大的可能则是特别法与普通法相冲突。而在学理上,实证法中的某些规定,若是违背宪法原则或是部门法的基本价值,则可称为'恶法',也就是如果它与上阶位的规定相抵触时,就应当归于无效。这似乎与特别法优于普通法的原则相冲突,这应当如何解释?"这种疑问产生的原因显然在于,将特别法与普通法视为不同阶位的法律了。

商法典则是普通法,而公司法则是特别法。

3. 在以上两条原则皆不能适用时,冲突的法律规范均归于无效

同阶位的法律规范在发生冲突时,如果既不能适用"新法优于旧法"的推理原则,也不能适用"特别法优于普通法"的推理原则,应当认为此冲突的两个法律规范皆无法适用,而归于无效。法官可以视之为法律漏洞,而采用填补法律漏洞的推理方法,即适用民法原则。

五、权利边界的模糊与私权之推理

民法中,原则所设定的权利,甚至许多规则所设定的权利,其边线都是模糊的,而这类权利在民法中却较为常见,既然边线是模糊,所以,冲突几乎时时存在。范伯格说:"没有办法为所有人的法定权利划出固定不变的界限,以便当冲突发生时,我们能够免除审判就可判断是非。往往是在冲突发生之后,必须尽力作出调解,而不是预先以法规和法令来防止冲突。这就使得某些理论家宣称,全部法定的自由酌定权就其本性而言都是暂行的。根据这种观点,当有必要允许满足相互冲突的要求权时,对权利的承认总是能够被撤销或受到限制,这是不难理解的。当存在猛烈撞车的威胁时,并不存在所谓绝对的优先通行权。可以用另一种方式提出问题:对 X 的权利总是被理解为有权具有 X,如果不出现某种更强烈的要求权,'如果不'这个从句是可以不加说明就能得到理解的。根据这种理论,由于没有极简明的认知方式可以预测更强烈的要求权什么时候会出现,所以,我们对自己权利的信赖往往应该持一种有所保留的怀疑态度,很多法学家称这种纯粹推定的权利为**初定的权利**。"①

所以,在某种程度上说,民法典设定私权的过程更像一个绘制油画的过程,先是涂上一层底色,这就是初定的权利,然后,由不同的原则加上不同的颜色,最后才可以看出,这幅权利之画是怎样的形象。

经济学家在研究产权的概念时也发现了在这个问题,它们提出**不确定产权**的概念,《新帕尔格雷夫经济学大辞典》对这个概念这样解释:"由

---

① 〔美〕J. 范伯格:《自由、权利和社会正义:现代社会哲学》,王守昌、戴栩译,贵州人民出版社 1998 年版,第 106 页。

于产权的界定模糊,使得人们无法确定某项产权是否受到侵犯,或者该产权是否已为所谓的'侵占者'所有了。例如,我在我的土地上种的树恰好挡住了你从你的土地上观看风景的视线。问题在于,你是否拥有经我的土地上无遮拦地观看风景的权利。再比如,当我在湖中划船时,为了躲避一场突如其来的暴风雨,保住我的船和性命,没有经过你的同意,我就使用了你的码头。在这种场合,是我对你的产权有所侵犯呢?还是你的产权中并不包含这种权利——当别人身处危境时也不得使用它?如果这种紧急情况下的行为被认为是适当的,那么,码头的使用权就并非如你所认为的那样完全归你所有。"①

可以说,在绝大多数情形下,法典是不可能将权利与权利之间的界限划分得清清楚楚,考察从罗马法以来的诸国民法典,我发现,各国的民法典的大多数篇幅是用于规定一种权利如何取得、如何变更、如何转让、如何消灭、如何救济,至于这种权利本身包含哪些具体的内容,民法典的规定则是十分地简略,甚至没有。这里,我以《德国民法典》第三编第三章中关于所有权的规定为例说明这一问题。

《德国民法典》第 903 条至第 1011 条规定所有权问题,而关于所有权的内容的法条仅有 22 条(第 903 条至第 924 条),其他 87 条皆是规定所有权的取得、丧失和救济等。而其中关于所有权内容的规定也多集中于所有权客体——物的界定上,至于所有权的主要内容,即所有权人之于物应如何行为,仅有第 903 条一个十分抽象的条款:"以不违反法律和第三人权利为限,物之所有人得随意处分其物,并排除他人之干涉。"

《德国民法典》关于生命权、身体权、健康权、自由权的内容则根本没有规定,只是在"侵权行为"一节中第 823 条规定:"因故意或过失不法侵害他人之生命、身体、健康、自由、所有权或其他权利者,对被害人负赔偿损害之义务。"

实际上,人们的纠纷往往不是发生在权利的行使之中,更多的是发生在权利的取得、转让、变更及消灭之时,人们在行使权利时呈现的相对和

---

① 〔英〕约翰·伊特韦尔等编:《新帕尔格雷夫经济学大辞典》(第 3 卷),陈岱孙等译,经济科学出版社 1996 年版,第 1104 页。

谐秩序，并不是人们遵守民法典的缘故，因为民法典几乎就没有明确具体地告诉人们应如何行使，人们实际上遵守的是弥散在民间的那些道德、风俗和习惯等等。

所以，我可以说，即使没有民法典，只要道德、风俗、习惯仍在，民间秩序就不会崩溃，但是没有道德、风俗、习惯，即使民法典仍在，民间秩序也将不复存在。所以，民法典的制定者心有自知之明，将权利行使之具体内容大段空出，以民法的基本原则的方式，将其交给道德、风俗和习惯去界定，最后通过法官的裁量转变为法律的界定，实际上以程序弥补了法典在这一问题上的无奈。

所以，在许多情形下，民法典并不以具体规则的形式精确地划定权利与权利之间的界限，而是仅仅陈述一般的法律原则，如权利不得滥用原则、诚实信用原则等，这些原则就是民法典用以指导法官处理权利在法律上冲突的基本原则。对于在某一情境下某人具有什么权利，我们并不总是能从法律中获得直接的答案，因为法律给予我们的往往只是推理与计算权利的公式而已，而不是标准答案。法益衡量就是权利计算的公式之一。

法益衡量之方法

法官如何解决民法中边界模糊的权利之间的冲突？法官在解决这种冲突时是否仅仅依赖于他的主观随意？还是依赖于一种科学的方法？

应当承认，在解决此种私权之间的冲突时，法官的主观随意往往具有重要作用，但是，一种相对科学的方法也在法官的实践与学者的研究之中初步形成，这一科学的方法就是所谓"法益衡量"之方法。

拉伦茨说："司法裁判适用此方法的范围所以这么大，主要归因于权利之构成要件欠缺清晰的界限。权利也好，原则也好，假使其界限不能一次确定，而毋宁多少是开放的、具流动性，其彼此就特别容易发生冲突，因其效力范围无法自始确定。一旦冲突发生，为重建法律和平状态，或者一种权利必须向另一种权利（或有关的利益）让步，或者两者在某一程度上必须各自让步。"[①]

[①] 〔德〕拉伦茨：《法学方法论》，陈爱娥译，台湾五南图书出版公司1996年版，第313页。

但是,问题仍然存在,此种法益衡量方法因为缺乏一个"由所有的法益及法价值构成的确定阶层秩序",它仍然缺乏普遍性和客观性。

"个案中之法益衡量"是法的续造的一种方法,它有助于答复一些法律未明定其解决规则之规范冲突的问题,对适用范围重叠的规范划定其各自的适用空间,藉此使保护范围尚不明确的权利(诸如一般人格权)得以具体化。当各最高法院的裁判日渐累积,比较的可能性亦日益提高,则判决时的判断余地也将日渐缩小。①

六、在原则与规则冲突中的私权之推理

以原则推翻规则

原则与规则的冲突的推理方法并不复杂,不同阶位的原则与规则发生冲突,无论原则是上阶位,还是规则是上阶位,一律适用上阶位优于下阶位的推理方法,但是,如果是同阶位的原则与规则发生冲突,一般是适用规则优于原则的推理方法即"特别法优于普通法"的方法。那么,是否能以同阶位的原则修正或推翻同阶位的规则呢?对此,学者观点不一。日本学者石田穰主否定说,认为民法的原则只有漏洞补充之功能,无修正规则之用。日本也从未有以原则修正规则的判例。② 但是,我国学者谢怀栻先生在讨论我国统一合同法的立法方案时,建议规定:在现行法虽有具体规则,而适用该规则所得结果违反社会公正时,法院可以不适用该具体规则而直接适用民法原则如诚实信用原则,但此情形应报最高法院核准。③

20世纪90年代,有学者在讨论"商标恶意抢注"问题时,主张在此类案件的审理中,可以置当时《商标法》第18条所规定的具体规则④于不

---

① 〔德〕拉伦茨:《法学方法论》,陈爱娥译,台湾五南图书出版公司1996年版,第320页。
② 石田穰:《法解释学的方法》,第120、134页,转引自梁慧星:《诚实信用原则与漏洞补充》,载《民商法论丛》(第2卷),法律出版社1994年版,第70页。
③ 见《中华人民共和国合同法立法方案》第一章之说明。转引自梁慧星:《诚实信用原则与漏洞补充》,载《民商法论丛》(第2卷),法律出版社1994年版,第70页。
④ 《商标法》(1993年修订)第18条规定:"两个或两个以上的申请人,在同一种商品或者类似商品上,以相同或者近似的商标申请注册,初步审定并公告申请在先的商标。"

顾，直接适用民法的"诚实信用"之基本原则，然而，此种主张终究未为法学界所接受，只是一家之言而已。

原则与规则的另一种特别关系：以原则补充规则

有时，民法中的原则和规则之间的关系既不是一种同一关系，也不是矛盾关系，而是一种补充或限制关系，例如，诚实信用原则和禁止权利滥用原则与民法中的各个具体规则就是这样一种关系，这些原则可以附在与其相关的每一个具体规则之后，形成一个新的规则，这个新规则是这些原则对一个特定的具体规则的限制之后而生成的。例如台湾地区"民法典"第 219 条规定："行使债权，履行债务，应依诚实及信用方法。"它就可以附着在债法编中的每一个具体的规则之后。

禁止权利滥用原则之适用的特殊性

首先，我们应当承认，从语义上看，禁止权利滥用这一原则具有内在的矛盾，狄骥早在 1927 年就指出了这一矛盾。他说："人们提出这样的原则：在对象上一切合法的行为都是行使一种主观的权利，因此即使这种行为对他人造成损失时，行为人也不必负赔偿损失的责任。这就是上面所引'行使权利的人不侵害他人'那一句古代谚语表达出来的想法。在实际上我们看到，这样的原则所以往往不能获得接受，是因为这种结论实在是不公平的。因此人们臆想说：一种权利的执掌者，不论这种权利有什么范围，都不能加以滥用，如果以滥用的方式来行使这种权利，就必须赔偿它所造成的损失。可是在人们提出这种主张时，我们就发现很难确定究竟如何才构成滥用财产所有权。争论之所以永无休止而无法解决，因为这些争论在出发点的词句中就有矛盾开始的。在事实上，人们既说有权利而又说滥用权利，这就是矛盾。"[①]

从语言上看，权利滥用原则是矛盾的说法，但是，我们明了这只不过是用以协调那些边线模糊的权利之间的冲突的一种工具而已，这种矛盾性也就可以理解了。值得注意的是，"禁止滥用权利"原则适用时，必然

---

① 〔法〕莱翁·狄骥：《宪法论 第一卷：法律规则和国家问题》，钱克新译，商务印书馆 1959 年版，第 193 页。

会击破某种规则,它与规则的关系是对抗与否定关系,公序良俗原则亦同。而"诚实信用"原则与规则的关系通常是补充关系,实有不同。

七、民事审判中的法律适用与法律推理之正当性问题

对于私权在法律上的冲突,需要严格的法律推理予以解决,所以,法律推理也是权利推理的过程,在西方法治发达的国家,法律推理理论备受重视,法律推理的正当性原则被视为法治的基础,因为如果仅有法律,而无正当的法律推理,法律就会被随意揉捏,而无法真正通达法治国的理想。1973年2月14日德国联邦宪法法院在一则判例中强调:**所有的司法判决都必须建立在理性的法律推理的基础上**。① 但是,在我国的民法审判实践中,上述的法律推理的若干原则常常被忽视。

笔者认为,要提高中国法官法律推理的水平,可以要求法官在庭审以及裁判文书写作中从**多层次提炼争议焦点**入手,以展现法律推理的完整过程与结构。②

第三节 私权在事实上的冲突

一、定义:私权在事实上的冲突

私权在事实上的冲突③并不同于在法律上的冲突,私权在法律上的

---

① In a leading decision of 14 February 1973 on decisions contrary to statute, the first panel of the German Federal Constitutional Court declared that all judicial rulings must "be founded on rational argumentation". 判例见 BVerfG, 14 February 1973, 1 BvR 112/65, BVerfGE 34, 269 (287). 见 Robert Alexy, *A Theory of Legal Argumentation*: *The Theory of Rational Discourse as Theory of Legal Justification*, Ruth Adler and Neil MacCormick (trans.), Clarendon Press 1989.

② 李敏:《争点归纳是裁判说理的关键——访中国政法大学教授、博士生导师王涌》,载《中国审判》2015年19期。

③ 权利在事实上的冲突问题,也有学者称之为"权利实现的竞争问题",见孙宪忠:《德国当代物权法》,法律出版社1997年版,第149页。

冲突直接表现为:法律规范在逻辑上的矛盾性,即使不考虑法律规范所适用的具体情境也可以揭示这种矛盾性。至于私权在事实上的冲突,尽管承载不同私权的法律规范在逻辑上不存在矛盾,但是,在其所适用的具体情境中,如果某一法律主体的一种私权能够得以实现,那么,另一法律主体的同种私权则无以实现。

私权在法律上的冲突与在事实上的冲突的差别在于:

第一,私权在法律上的冲突是一种绝对的冲突,它不随具体的事实情境的变化而变化,而私权在事实上的冲突则是一种相对的冲突,它随具体的事实情境的变化而产生、加剧或消失,例如 ABCD 是 X 公司的债权人,在 X 公司经营良好的情况下,X 公司可以全部偿还 ABCD 的债权,所以,ABCD 对于 X 公司的债权是不会发生事实上的冲突的,但是,当 X 公司处在破产之中时,ABCD 对于 X 公司的债权则必然发生冲突。

第二,私权在法律上的冲突与在事实上的冲突,尽管都是不同法律主体之间的私权的冲突,但是,私权在法律上的冲突必然是表现为不同形式私权之间的冲突,例如甲有要求乙支付 100 元的权利,而乙也有不支付 100 元的自由,这里,甲的(狭义)权利与乙的自由这两种不同形式的私权就构成了法律上的冲突,因为只有形式不同的私权之间才可能构成逻辑上的矛盾。而私权在事实上的冲突则必然表现为同一形式私权之间的冲突,要么是(狭义)权利之间,要么是自由之间,而跨形式的私权只能在法律上而不可能在事实上发生冲突。

二、私权在事实上冲突的形式:示例

私权在法律上的冲突主要表现为规定不同私权的法律规范之间具有逻辑上的矛盾,而私权在事实上的冲突则表现为不同的私权在事实上不可能同时行使或实现。私权在事实上的冲突一般表现为同一形式的私权的冲突,如债权之间的冲突。

1. (狭义)权利之间(claim v. claim)的冲突:请求权之冲突

此种形式的私权冲突在民法上的表现就是请求权之间的冲突。请求权之间的冲突在破产程序中表现得最为明显。

2. 自由之间(privilege v. privilege)的冲突:占有之冲突

此种形式的私权冲突在民法上主要表现在物权之间的冲突,这倒不是说物权的内容只是自由,只是说物权之间在事实上产生冲突时,其冲突最突出的表现为物权所赋予物权人对于物的自由特别是占有、使用物的自由之间的冲突。

民国时期的民法学者刘志扬先生曾对他物权之间可能的事实上的冲突作了细致的研究,他列举了三种情形:

1. 用益物权与担保物权。他认为原则上此两种物权得以并立而无妨,例外惟于必具占有条款之质权,难以并存。

2. 用益物权与用益物权。他认为原则上此两种物权不问种类及效用是否相同难以并立,例外惟限于地役权一项,有时可以并存,如消极地役权附存于永佃权之地亩上,或两个之通行地役权,又或汲水权共存于同一供役地上者是。

3. 担保物权与担保物权。他认为原则上不问种类是否相同俱得并立,例外惟限于当事人订有相反之特约,及留置权一项,难以并存。①

刘志扬先生所分析的他物权之间的事实上的可能冲突,实际上多数表现为他物权内的自由权的冲突。从他的分析中可以看出,用益物权与担保物权之间、用益物权与用益物权之间、担保物权与担保物权之间发生冲突,根源都在于占有的冲突,而占有正是一种自由权。

3. 权力与权力(power v. power)之间的冲突

权力与权力之间可能发生冲突,例如,甲有两个代理人 A 和 B,A 和 B 就同一个代理事项作出不同的意思表示,即构成权力的事实上的冲突。在公法上,权力与权力之间也可能发生冲突。例如,立法机关的释法权与司法机关的裁判权的冲突。

理论上,立法机关的释法权高于司法机关的裁判权,但实质上,立法机关的释法权只是为司法机关设定义务,即"按释法的精神进行裁判"的义务,如果司法机关违反义务而无相应的后果,司法机关实质上就具有"一言九鼎"的终极权力。所以,在宪法解释层面,一个主权国家,尤其是一国多制的国家,应设宪法法院,才能保障主权与宪法实施的统一。

---

① 刘志扬:《民法物权》(上卷),大东书局1936年版,第二章第三节。

三、私权在事实上的冲突的解决方法:权利序列或顺位

私权在事实上产生冲突,办法只有一种,就是编排权利序列①,编排权利序列有两种方法,一是形式主义序列,二是实质主义序列。

形式主义序列只考虑权利本身的形式,而不考虑此权利属于谁,如民法上私权的形式主义序列主要表现为以下原则:

1. 物权优于债权。
2. 限制物权优于所有权。
3. 不同种限制物权的效力之形式主义序列依具体法律之规定。

例如,关于留置权与抵押权的次序,《中华人民共和国海商法》第25条就作出了具体规定:"船舶优先权先于船舶留置权受偿,船舶抵押权后于船舶留置权受偿。"

4. 同种之限制物权以先发生之权利为优先。
5. 债权之间无优先次序,但因行使时间不同,先行者先获利益,是为先行主义。如英国衡平法上格言"两种衡平法上的权利相等时,时间上在先的衡平法上权利居上"。②

实质主义序列则主要考虑权利主体的性质与状况,以此排列其权利,例如,《企业破产法》(2006年)第113条规定:"破产财产在优先清偿破产费用和共益债务后,依照下列顺序清偿:(一) 破产人所欠职工的工资和医疗、伤残补助、抚恤费用,所欠的应当划入职工个人账户的基本养老保险、基本医疗保险费用,以及法律、行政法规规定应当支付给职工的补偿金;(二) 破产人欠缴的除前项规定以外的社会保险费用和破产人所欠税款;(三) 普通破产债权。"这就是一个实质主义的权利序列。

---

① 各个权利都应得到尊重,但是,权利的内容既各自不同又相互冲突,如何解决这一两难问题?麦考密克为此曾提出所谓"权利功利主义"的方法——根据承认各个权利时的归结性协调的程度来编排权利序列。参见季卫东:《"应然"与"实然"的制度性结合》,载〔英〕麦考密克、〔奥〕魏因贝格尔:《制度法论》,周叶谦译,中国政法大学出版社1994年版,第5页,代译序。

② 参见沈达明:《衡平法初论》,对外经济贸易大学出版社1997年版,第6页。

实质主义权利序列体现了特定时期法律的价值取向,例如国有商业银行的债权在破产法和民事诉讼法规定的清偿顺序中的位置就是一个典型例子。

1982年3月8日公布的《中华人民共和国民事诉讼法》(试行)第180条规定:"被执行人被执行的财产,不能满足所有申请人要求的,按下列顺序清偿:(一)工资、生活费;(二)国家税收;(三)国家银行和信用合作社贷款;(四)其他债务。"将国家银行的债权置于其他债权之前,体现了当时的中国法律对国家银行的特别保护的政策。但是,1986年12月2日公布的《中华人民共和国企业破产法》(试行)第37条以及1991年4月9日公布的经修正的《中华人民共和国民事诉讼法》第204条,将国家银行的贷款作为破产债权与其他债权一同对待,取消了国家银行的债权长期以来的优先受偿地位,反映了立法者对市场经济中企业之间的平等原则的重视。

四、合同义务和法定义务的冲突:合同法的协调技术

合同义务和法定义务的冲突在实践中十分普遍,合同法中隐藏着丰富而精致的协调技术:

第一种方法是,规定合同无效。《合同法》第52条第5款规定:违反法律和行政法规强制性规定的合同无效,凸显法定义务的优先性。

第二种方法是,认定合同有效,并规定履行不能的后果(救济)。具体地说,法定义务构成履行障碍,合同法通过合同解除和违约损害赔偿等制度对私权进行救济。

第三种方法是,认定合同有效,并规定履行不能的后果(免责)。不同于第二种方法的是,通过违约责任的构成要件的界定,或其他路径,如抗辩权路径,法定义务的存在构成事实上的免责事由,或构成抗辩事由。

第二种和第三种方法也凸显了法定义务的优先性。①

在对赌协议的履行中,就存在合同义务和法定义务的冲突,对赌协议中的当事人既是公司的债权人,又是公司的股东。双重身份创造了相互冲突的义务和权利。一方面,作为债权人,他有权要求与其对赌的公司返还出资,另一方面,作为公司的股东,有义务不抽逃出资。

在早期的判例,最高人民法院采用上述的第一种方法否定合同效力,例如最高院(2012)民提字第11号判决"海富案"。但是,之后江苏省高级人民法院(2019)苏民再第62号判决"华工"案,则另辟蹊径。经过一段时间的实践和研究,最高人民法院在2019年《全国法院民商事审判工作会议纪要》作出了理性的修正和回应。其第5条第3款规定:

"投资方请求目标公司承担金钱补偿义务的,人民法院应当依据《公司法》第35条关于'股东不得抽逃出资'和第166条关于利润分配的强制性规定进行审查。经审查,目标公司没有利润或者虽有利润但不足以补偿投资方的,人民法院应当驳回或者部分支持其诉讼请求。今后目标公司有利润时,投资方还可以依据该事实另行提起诉讼。"

上述规定实质上采取了第三种方法,本质上是一种抗辩权的立法例。

法定义务对抗合同义务,是否必然构成抗辩?需要分析的问题很多。

首先,在探讨这一问题时,应当确定讨论的前提是,所涉的法定义务和合同义务,两者的内容应具有吻合性,而不是部分重叠。例如,甲为乙送货,甲的合同义务是及时送到货,同时甲受到法定的高速公路限速义务的限制,但这两者内容不完全吻合,因为在高速公路上行驶只是送货过程的一部分,或者只是合同履行的若干可选择的方式之一种。而上述的对赌协议中的合同义务和法定义务则具有完全的吻合性,因为内容仅就是"返还出资"。

其次的问题是,是否所有的法定义务都可以构成对合同义务的抗辩?

---

① 合同义务与法定义务之间的关系,还有一种十分奇特的类型。例如《日本民法典》第132条规定:"附不法条件的法律行为为无效,以不实施不法行为为条件者,亦同。"例如:甲对乙承诺,乙若不杀人,奖励100万元。在日本法上,这是无效的。违反法定义务,可能导致合同无效,而这里,以法定义务履行为条件,也可能导致合同无效。渠涛编译:《最新日本民法》,法律出版社2006年版,第33页。

或仅仅是公法上的法定义务构成抗辩？或私法上的具有公共利益立法目的的法定义务也构成抗辩？

再者，法律采用何种立法例，建构此种抗辩权？是采明确列举法，还是采概括条款法？

五、权利冲突、规则效力与法理学中的"可废止性"(defeasibility)理论

我的思考是从如下问题开始的：

《合同法》第52条规定的合同无效是合同的绝对无效。是否存在"合同在特定情景中的无效"这一命题？这里，列举两个相关的例子。一是公司人格否认制度，在特定情景中公司法人独立人格无效，该无效不是绝对无效。二是德沃金喜欢引用的Palmer遗嘱案，[①]可否认定祖父的遗嘱在"孙子杀害他"这一特殊情景中无效？第一例中公司法人人格暂时无效是有法律明确规定的，但第二例中遗嘱在特定情景中失效，却无法律明确规定。那么，Palmer案中法官采取了一种怎样的技术？

其实，法理学中的"可废止性"理论与此相关。

所谓"可废止的"(defeasible)，是指一种权利、法律规则等，由于新的事实或相冲突的权利的出现，而被废止，如被宣布无效、被终结，或被实质修改，或暂时无效。[②] 在英国法上，存在"可废止的财产"(defeasible property)、"可废止的权利"(defeasible title)、"可废止的交易"(defeasible transaction)等概念。哈特将此概念引入他的法哲学的第一篇论文中，主张归责(ascription)是可以被废止的，如果出现例外的情形。[③] 后来，哈特放弃了这个概念。但是，可废止性(defeasibility)概念却为其他学者继承，

---

① *Riggs v. Palmer*, 22 N.E. 188 (1889).

② Ted Honderich (ed.), *The Oxford Companion of Philosophy*, Oxford University Press 1995, p.181.

③ H. L. A. Hart, "The Ascription of Responsibility and Rights", (1948—1949) 49 *Proceedings of the Aristotelian Society*, pp.171-194.

在法哲学、认识论和语义学的研究中开花结果。[1]

可废止论者认为,人类行为有无限变化的可能,创制适用所有情形的法律规则是不可能的,可废止性是法律的本质。一项法律规范因其可被废止,可称为初显的规范(prima facie norm)[2],相应的义务可称为初显的义务(prima facie duty)。

根据废止效力的强度,废止可以分为两种。第一种废止是"釜底抽薪的废止"(undercutting),是指一项规则被彻底否定,例如合同无效和被撤销,合同被彻底否定;第二种废止是"反驳性的废止"(rebutting),例如一项合同请求权遭遇抗辩权的对抗,并未被彻底否定,仅仅被限制或延缓。这是美国分析哲学家波洛克的分类,[3]他是在认识论哲学的领域中创立该分类的,但运用至法律领域,同样具有极强的分析力。

从这一基本分类,可以提出进一步的问题:在法律中,"釜底抽薪的废止"和"反驳性的废止",都各有哪些具体的法律技术?仍以合同法为例,合同无效、合同撤销、合同解除等都是"釜底抽薪的废止",那么,是否还有其他"釜底抽薪的废止"的方式?抗辩权是"反驳性废止",那么,是否还有其他"反驳性的废止"方式?

这里,回到开始的问题:《合同法》第 52 条规定的是合同的绝对无效,但是否存在"**合同在特定情景中无效**"这一命题?这是否是一种特殊的"反驳性的废止"的方式?它与《合同法》第 52 条规定的合同的绝对无效是不同的,它仅仅是暂时无效、相对无效。但是,它的立法技术是什么?是抗辩权技术?

在 Palmer 遗嘱案中,祖父的遗嘱"孙子继承遗产",在"孙子杀害他"的情景中,是否无效?法官确实否定了在此情景中遗嘱的效力,但法官运

---

[1] Neil Maccormick, "Defeasibility in Law and Logic", in Zenon Bankowski *et al* (eds.), *Informatics and the Foundations of Legal Reasoning*, Kluwer Academic Publishers 1995, p.99.

[2] Lou Goble, "*Prima Facie* Norms, Normative Conflicts, and Dilemmas", in Dov Gabbay *et al* (eds.), *Handbook of Deontic Logic and Normative Systems*, College Publication 2013, p.241.

[3] John L. Pollock, "Defeasible Reasoning", (1987) 11 (4) *Cognitive Science*, pp.481-518.

用的技术不是抗辩权,而是运用原则的废止功能。

原则的"立"与"破"的功能:在"可废止性"理论中的审视

本书第七章探讨了原则和规则的关系,基本观点是:原则是普通法,规则是特别法,通常情况下,规则优先于原则适用。当然,"权利不得滥用"原则和"公序良俗"原则比较特殊,是可以击穿或者限制规则的适用的,而不适用"特别法优先于普通法"。在"可废止性"理论中审视,这就是原则的"废止"功能,是对规则的废止功能,形象地说,是"破"的功能。

民法中的三个基本原则,"诚实信用"、"公序良俗"、"权利不得滥用"。其中,"权利不得滥用"具有最强的废止功能,"公序良俗"次之。"诚实信用"则不具有废止功能,而是对规则沉默处的补充,形象地说,就是"立"的功能。

在英美法系,由于衡平法的存在,衡平法中的每一个谚语就是一个原则,所以,原则很多。在 Palmer 遗嘱案中,遗嘱中"孙子继承遗产"的规则就是被"任何人不得从犯罪行为中获利"的原则废止的。

但是,规则是否都可以被原则废止?这又涉及初显义务和绝对义务的区分。

初显义务和绝对义务的区分

上文提及初显的义务,此概念最初是戴维·罗斯在道德哲学中引入的,也称为"条件性义务"(conditional duty)①,对应康德的绝对义务观念。这是一个重要的区分,之后引入法律领域,对法律义务或权利以及相应的规范进行分类。还有学者将此分类表述为 prima facie ought 和 all-things-considered ought。②

但是,法律中的哪些规范和它所规定的义务是初显性的,哪些是绝对性的?还是说,法律中所有的规范都是初显的?却是一个问题。

---

① David Ross, *The Right and the Good*, Philip Stratton-Lake (ed.), Clarendon Press 2003, p.19.

② Lou Goble, "*Prima Facie* Norms, Normative Conflicts, and Dilemmas", in Dov Gabbay *et al* (eds.), *Handbook of Deontic Logic and Normative Systems*, College Publication 2013, p.241.

六、权利的伪冲突与时间维度:普罗塔格拉悖论

哲学史上有一个著名的普罗塔格拉悖论。① 普罗塔格拉(Protagoras)是古希腊的诡辩家和法律教师,他与学生欧提勒士(Euathlus)签订了法律论辩培训协议:学生入学时先付一半学费,毕业后第一次出庭胜诉后,再付另一半学费。但欧提勒士毕业后,却不接案子,不肯出庭打官司。普罗塔格拉向法庭提起诉讼,于是便产生如下悖论:

老师认为:如果我胜诉,根据判决,学生应付我学费;如果我败诉,则学生胜诉,根据协议,学生应付我学费。

学生认为:如果我胜诉,根据判决,我不应付学费;如果我败诉,根据协议,也不应付学费。

其实,该悖论根本不成立,因为它将结果仅限定在第一次诉讼,而问题的解决将跨两次诉讼。老师普罗塔格拉在第一次败诉后,再提起第二次诉讼,即可获胜。该悖论忽视了权利的时间维度,不存在权利的逻辑冲突,也不存在悖论,竟然困惑逻辑学家两千年,不可思议。

七、小结:权利冲突的各种形式以及"废止"技术

权利冲突的逻辑和法律技术问题,比预想要复杂的多,这是分析法学中的荆棘丛生之地。总结前文的分析,首先,归纳权利冲突的种种形态,可以分为两种类型和三种形式。

第一种类型:同一法律关系中的冲突

1. 逻辑上的法律冲突,即权利之间在逻辑上相互否定。一是 right 与 privilege 的冲突,例如在甲乙之间,法律赋予甲向乙索债的权利,却同时赋予乙拒绝还债的自由。二是 power 与 immunity 的冲突,例如在甲乙之间,法律赋予甲为乙创设法律关系的权力,但同时又规定甲所创设的法律关系对乙无效,赋予乙豁免。

2. 内容上的法律冲突,只有一种,即 duty(+)与 duty(-)。例如在

---

① 〔英〕威廉·涅尔、玛莎·涅尔:《逻辑学的发展》,张家龙、洪汉鼎译,商务印书馆1995年,第19页。

甲乙之间,法律既规定甲对乙有保护义务(duty +),法律又禁止甲保护乙,这不构成逻辑冲突,只构成内容冲突。

第二种类型:跨法律关系的冲突

3. 事实上的冲突

跨法律关系是不可能构成逻辑上的冲突的,由于主体和行为等要素不对应,无法构成逻辑上的否定关系,它们只可能是事实上的冲突。跨私法与公法的冲突,必然是事实上的冲突。

所谓"**做错事的权利**"——privilege(违反 duty),如果在同一法律关系中,则构成逻辑上的矛盾,无法成立。如果在跨法律关系中,在逻辑上不矛盾,但构成事实上的冲突。

下面,归纳权利冲突后法律常用的废止技术:

第一种类型:釜底抽薪的废止(undercutting)

1. 立法上的废止,如直接废除一项法令。
2. 违宪审查的废止,宣布某法令或规范无效。
3. 法律适用的废止,如特别法优先于普通法,否定一个规范的适用,进而否定其效力。

第二种类型:反驳性的废止(rebutting)

1. 立法明确规定一个规范的例外情形,如公司法人人格否认。
2. 抗辩权技术,如诉讼时效抗辩。
3. 原则对抗规则。原则的废止功能,实现了上文所设想的"一项规范或合同条款在特定情境中无效"。在传统民法中,只有"权利不得滥用"和"公序良俗"具有此功能;在衡平法中,此类具有废止功能的原则很多。

在合同法上,对合同上的条款或权利的废止技术则更为特别,简略归纳如下:

一是合同效力,如合同绝对无效或相对无效制度。

二是合同解释,将隐含的例外解释到合同中,实现"一项合同条款在特定情境中的无效"。

三是以法律原则对抗合同权利,"权利不得滥用"和"公序良俗"可以对抗合同权利。

四是抗辩权,阻却或延缓一种请求权的实现。

五是合同履行中的法律障碍的处理。这在事实上也构成权利或义务的冲突。有些法律障碍可通过自愿选择履行解决,有些法律障碍则无法逾越。但严格说来,"废止"是针对效力,而履行障碍仅影响实效,而非效力。

目前法哲学中的"可废止性"理论已经被应用于人工智能"法律推理"模型建构中,①值得关注。如果在部门法的背景中,展开对废止技术的逻辑类型和推理模型的研究,将开拓出非常广阔的前景。

第四节 公权与私权的冲突
——宪法与民法典的关系

一、公权与私权冲突的形态:事实上的冲突而非逻辑上的冲突

公权与私权,正如公法与私法,是两道平行线,在逻辑上是不可能冲突的,因为所谓法律关系之间在逻辑上的冲突必然是涉及相同的两个法律主体并指向同一行为的两个法律关系之间的冲突。而公法与私法所规定的是不同法律主体之间的关系,它们不是"同类",所以,不可能出现形式逻辑上的"A 与非 A"的矛盾关系。

但是,公法与私法在事实上仍可能产生冲突,因为只要不同的法律规范对同一主体的同一行为作出了相反的规范,而勿论是否同是私法规范还同是公法规范,均构成法律在事实上的冲突,而此种冲突现象在现实中却屡见不鲜。所以,本节所论述的"公权与私权的冲突"只是"公权与私权在事实上的冲突",而非公权与私权在法律上或在逻辑上的冲突。

案例演示:

甲为乙保管私人物品,甲对乙有信义义务。甲受公安机关传唤,被要求提供乙的私人物品。此时,甲具有相互冲突的双重义务,一是私法义

---

① Giovanni Sartor, "Defeasibility in Law", in Giorgio Bongiovanni et al (eds.), *Handbook of Legal Reasoning and Argumentation*, Springer 2018, pp.352-353.

务,为乙保管私人物品;二是公法义务,将乙的私人物品交给公安机关。此类案件在现实中比较普遍,再如房屋买卖合同与公法上的限购规定的冲突、资产买卖合同与公法上的国有资产处分的限制性规定的冲突等。如何处理此类案件中的法律关系的冲突?

此种冲突并不适用特别法优于普通法。通常处理方法是"各走各路",当事人自己选择履行私法义务或公法义务,并相应承担被违反的义务所引发的责任,除非寻得免责的依据。

也有特殊情形,公法构成私法义务的履行障碍,甚至不可逾越,例如限购对房屋买卖合同构成履行障碍,当事人无法选择履行私法义务还是公法义务,只有违约。

当然,按照上一节关于废止性技术的分析,私法义务和公法义务的冲突还应当存在其它多种解决路径,如合同效力、合同解释、原则限制、抗辩权、履行障碍、免责事由等。在理论上,私法义务与公法义务的冲突与解决应当存在一个系统的逻辑模型,可以涵盖和解释所有的相关现象。

二、私权与宪法上的公权冲突之解决:违宪审查制度(一)

如果民事审判中存在公权与私权的冲突,法官依据民法典保护私权,并作出判决,从逻辑上看,判决必然要侵犯了另一方当事人的公权。如果该公权是宪法上的基本权利,由于司法判决属于国家权力的行使,在德国当事人可以依据《德国基本法》,向宪法法院提起诉愿,请求撤销判决,以保护他的宪法上的基本权利。1958年1月15日联邦宪法法院对此作如下宣布:宪法基本权利可能会受到私法裁决的侵害,如果法官无视基本权利在私法上的效力,当事人可以向宪法法院提起诉愿,但只是在判决侵犯了基本权利的情况下,民事判决才应受到宪法法院的司法审查,而不是法律的一般错误。宪法法院的判决可以导致相关的私法无效。在德国宪法法院成立的前30年,大约受理了50000个案件,绝大多数是侵害基本权利之诉。对民事判决的宪法审查最为繁多的是家庭法案件,其次是隐私权案件。

A. 对民事判决的违宪审查

案例　　　　　　张贴选举海报案

本案诉愿人是汉堡市一位议员,1953年联邦众议院选举期间,在其所租之屋外,悬挂大型并安置照明设备的"选举海报",房主以妨害居住安宁为理由,向法院提出不作为及排除侵害之诉,诉愿人则以"人格发展权"、"言论自由权"以及"住居不得侵犯"理由相对抗,并认为基本权利不得在私法关系中被限制。汉堡普通及高等法院判决则明白表示基本权利不能于私法中直接引用,并认为诉愿人张贴海报,已影响原告的住居安宁,故判决原告胜诉。诉愿人向联邦宪法法院提起宪法诉愿,联邦宪法法院判决诉愿人胜诉。

另外,美国的 New York Times v. Sullivan 案也是一个典型的案例,在这个名誉侵权的案例中,历史悠久的普通法最终屈服于宪法,私法上的名誉权最终屈服于宪法上的言论自由权,后来,在 New York Times v. Sullivan 一案中所确立的原则曾经被试图扩展到产品质量法领域,但是,这种试图失败了。

我国虽然没有违宪审查的司法制度,但是,法官在民事案件的审理中,逐渐具有违宪审查的意识,以宪法原则界定民事权利的界限。典型案例如孔庆东诉南京广播电视台名誉侵权案,法官认为:应保障公民和媒体在涉及公共事务、公共利益问题的辩论中享有充分的言论自由。媒体主持人的评论"教授还是野兽?"不构成侵权。[①]

B. 对民法典的违宪审查

20世纪50年代,《波恩宪法》第117条的废除,这一废除意味着所有与男女平等不相符合的法律条文包括民法典中的条文都将在1953年3月31日之前被废除,1953年9月6日联邦法院和宪法法院联合宣布《民法典》第1354条和第1387条与宪法的男女平等原则不相符合,更为引人

---

① 北京市第一中级人民法院(2015)一中民终字第02203号民事判决书。

注目的是,也是现代民法体系中独一无二的,使整个婚姻法陷入立法真空之中,而由法院独自修改,使之符合宪法,这种状况直到 1957 年 6 月 18 日的 BGBl(Gleichberechtigungsgesetz)即有关私法领域中的男女平等法案生效才改善。

三、私权与行政法上的公权冲突之解决:违宪审查制度(二)

私权与行政法上的公权发生冲突时,法律一般不闻不问,只有当行政法上的公权既与私权相冲突,同时也与宪法上的公权相冲突时,私权与行政法上公权的冲突才会"附带"地予以解决,如生命权、财产权既可以是民法典上的私权,也同时是宪法上的公权,当行政法侵犯了这些权利时,违宪审查制度则可以推翻此行政法规定,既保护了作为宪法上的公权的生命权和财产权,也保护了作为民法典上的私权的生命权与财产权。这主要是行政法与宪法的关系,这里不作具体阐述,但是,它却提醒我们注意以下几个与民法典有关的问题:

民法典限制政治国家之权力?——对一个浪漫观点的修正

中国民法典的编纂即将竣工,中国的民法学者对这部未来的法典寄予着深厚的期盼,其中一份期盼就是以民法典抵御国家权力对市民社会的肆意入侵,从而培育中国市民社会的生长。徐国栋教授认为:"自 1949 年以来,迟迟不能制定出民法典,实行市场经济后,要求建立中国的市民社会并要求划定市民社会与政治国家间的界限,使法律具有确定性。由此使市民社会的宪章——市民法典成为必要。这部要经过长期准备才能诞生的、属于 21 世纪的市民法典,必将成为中国正在建立的市民社会的宪章,明确地划定市民社会与政治国家的范围,贯彻自由主义精神,充分地确认和保护市民的权利,有效地控制国家权力的滥用。"[①]

李静冰先生也表达了同样的观点:"民法一旦法典化,便构成一种相对稳定、安全、封闭的系统,故谓之'铁笼'。在铁笼内部,人们的行为受着预知的、协和的系统化的规则调整,因而其行为是相对自由的。民法典

---

① 徐国栋:《市民法典与权力控制》,载杨振山主编:《罗马法、中国法与民法法典化》,中国政法大学出版社 1995 年版,第 85 页。

还具有市民社会监督者的作用,它用铁一般的法律防御着政府对私生活的不适当干涉。因而,人们追求私权是相对安全的。"①

也有民法学者的观点更为鲜明,赵万一教授认为:"就立法层面而言,宪法以外的任何法律都应当而且只能根据宪法的原则和规定来制定,否则就会因为违宪而被宣告无效。这种观点在实践中是极其有害的,在理论上也是站不住脚的。按照学界的通说,宪法属于公法范畴,而民法则属于私法范畴。公法和私法作为两类不同性质的法律制度,两者在法律地位和效力是平等的,既无高下优劣之分,也不应当有统率和被统率之分。因此,正确的说法应当是:宪法是公法的基本法,而民法则是私法的基本法。相反,如果坚持宪法是'母法'的观念——宪法既为公法提供立法依据,也为私法提供立法依据,不但会导致公法与私法的混淆、抹杀了公域与私域的界限,导致了宪法与其他部门法的功能重叠,也模糊了宪法本身所固有的属性。"②这一观点就更为激进,颠覆了宪法与私法关系的基本法理。

总之,几位民法学者的话表达了一个普遍存在的浪漫观点,实质上夸大了未来中国民法典的功能。在法律体系中,民法典并不能抵御政治国家的权力对市民社会的侵入,因为民法典的功能不在于在市民社会与政治国家之间划一道自由与权力的界限,民法典只建构市民社会内部的结构和秩序,民法典并不能决定市民社会内个人的自由域度。政治国家与市民社会之间界限的划分是宪法的功能。如果说市民社会是一片草坪,那么,草坪四周的栅栏是由宪法确立的,它保障政治国家权力之下的市民社会的空间。当然这种宪法应当是"可诉性的"宪法,而不是宣言式的宪法。

个案研究:民商分立中的宪法问题

许多国家采民商分立的体例,在违约金、债权让与、法定利息等方面,对民事关系和商事关系作出不同的规定,有些规定就涉及宪法上的平等原则的问题。例如,德国《商法典》第 352 条和第 353 条作出了与《民法

---

① 李静冰:《论制定中国民法典的积极意义与现实障碍》,载《法律科学》1992 年第 5 期。

② 赵万一:《从民法与宪法关系的视角谈我国民法典制订的基本理念和制度架构》,载《中国法学》2006 年第 1 期。

典》不同的利息规定。它规定双方商行为的法定利息排除《民法典》第246条的适用,不是4%,而是5%,而且不适用《民法典》第288条的规定,利息不是在迟延出现时才可以请求,而是在到期的日子里就可以请求。这种商法与民法对利息规定的不一致,被认为是违反《基本法》第3条第1款规定的平等原则。①

其实,关于利息的规定是非常需要民商分立的体例的。我国最高人民法院司法解释所规定的法院可支持的利息率的上限是24%,实为商事立法。如果再另行规定民事借贷的利息,就更合理了,争议就会平息。民商分立符合现实,提高经济效益,是一种高级的治理技术,何谈违宪?遗憾的是,我国采民商合一,所以,无论规定的利息是高还是低,都无法同时满足民事借贷和商事借贷的不同要求。

《民法典》可能的宪法功能:与宪法学者的对话②

当然,在某种程度上,我认为民法典是可能发挥宪法功能的。首先,在民法典当中直接写入具有宪法性质的条文是可行的。宪法性质的条款直接规范公民和国家之间的法律关系,特别是财产关系。《法国民法典》第545条直接把国家征收征用规定其中,就是宪法性质的条款。中国民法中也包含宪法性质的条款,如我国物权法有征收条款。所以,从这个角度来说,民法中是可以有宪法条款的。

此外,民法可以发挥宪法功能,它还有更深的逻辑上的原因。第一,民法是宪法上的权利的逻辑母体;第二,宪法上的一些权利概念是不完全法条,如自然资源国家所有权,需要在民法中充实,民法这种充实宪法上的不完全法条的功能本质上是宪法功能。第三,从法律位阶看,民法典的位阶高于行政法规、规章,具有压制性,实质上有约束行政权的宪法功能。

即使对于宪法,民法也具有母法的特点。宪法毕竟是关于人民权利的一部法律,而权利的基本逻辑构造,也就是它的逻辑母体、结构母体是在民法当中完成的。比如宪法上的权利,如财产权、人格权,它们的概念

---

① 〔德〕C. W. 卡纳里斯:《德国商法》,杨继译,法律出版社2006年版,第631页。
② 参见林来梵、龙卫球、王涌、张翔:《对话一:民法典编纂的宪法问题》,载《交大法学》2016年第4期。该文是2016年3月22日在清华大学法学院举行的宪法学者与民法学者的对话实录。

结构不是在宪法中而是在民法中完成的。民法在建构权利体系的时候,它实际上是有两个层面的功能。第一个层面,它建立一种权利的逻辑结构,这种逻辑结构既适用于私法,也适用于公法。它就相当于一个初级产品的制造商一样,它造出来以后,虽然写在民法典中,但它既提供给民法用,同时又提供给公法用,提供给宪法用。民法是宪法上的权利的逻辑母体,这一点是不能忽视的。

比如所有权。所有权首先是在民法当中把它创造出来的。民法上的所有权当然是对抗私主体了。宪法保护公民的私人财产时,在民法所创造的所有权上只是增加了一个新的对抗对象,即对抗政府,宪法上的所有权概念的逻辑结构本质上是民法创建的。

第二个层面是,宪法上规定的诸多权利,其逻辑内涵最终是在民法中完成的。宪法上的权利概念是一个壳,一个皮囊,然后,民法给它充实具体的质料。这些质料除逻辑要素外,甚至还有规则要素。比如说集体土地所有权,集体土地所有权基本内涵在宪法当中已有规定,但是它的流转性,宪法也没有具体规定,民法典完全可以予以具体规定。目前,在农村承包经营权上抽取建构经营权,就是一种突破集体土地流转限制的宪法尝试。

再如,宪法要保护公民的私人财产,但私人财产怎么定义呢?具体说来,在目前的行政诉讼中,政府的行政行为侵害了公民的私人财产,被侵害方可不可以提起行政诉讼呢?行政相对人当然可以提起,利害关系人也可以,但是什么是利害关系人呢?在实践当中,法院通常对利害关系人做非常限缩的解释。法院一般认为,虽然在被侵害的财产上有权利,但该权利没有构成民法上的物权性质的权利,就不是利害关系。

该问题事关宪法上私人财产保护的范围,而民法上对权利的界定就显得非常重要,直接会影响到行政诉讼。民法典应当形成一种新的更加周延的权利谱系,可在《民法典》中设《财产权总则》,系统建构财产权谱系,进而影响宪法上的财产权的内涵与外延。

此外,人格权也一样。宪法要保护人格权,但人格权的逻辑结构是什么呢?哪些人格利益是上升到法律已经构建起来的"人格权"的权利结构中?民法区分权利和利益,利益的保护是很弱的,权利的保护是很强的,宪法要保护公民的人格权,保护的范围是什么?哪些人格利益需要保护?很大程度上是取决于民法对于人格权的逻辑建构。所以,从这一角度看,人格权单独成编有一定好处,可在《民法典》中获得较大的篇幅来建构人格权的逻辑结构和内涵外延,也自然会被宪法吸纳,上升到宪法保护。人格权单独一编,在形式上颇似一个小人权宣言,何不借民法典做一尝试呢?

另外,在民法典当中还有一部分内容也是很具有宪法功能的,就是法人分类。具体说来,就是建构一种开放式的非营利法人形态,具有宪法意义。

《民法总则》规定了营利法人和非营利法人的元分类,创造了法典层面上的上位概念——非营利法人,但所提取的适用于全部非营利法人的公因式规则只有两条,即第87条中的"不分配所取得利润",和第95条中的"不得分配剩余财产"和"近似原则"。这仅是非营利法人的最本质的两项要素,其他的均未涉及,公因式提取远远不足。

立法机构可以在《民法总则》的基础上,制定单行的非营利法人基本法,完善我国的非营利法人的法律体系。①

从长远看,取消现行的社会团体法人、基金会法人和社会服务机构法人的分类,概括归类于"非营利法人"概念,制定《非营利法人法》,将"非营利法人"本身设定为一个不可再分的"最小公分母"的法人形态类型,统一现行繁杂的非营利法人类型,向所有非营利目的开放,使得未来可能出现的新形态的非营利法人在法律体系中均可寻得位置。

现行法律体系的缺陷是明显的,制定《非营利法人法》是合理选择。

在现有的社会团体法人、基金会法人和社会服务机构法人三足鼎立的非营利法人格局下,每部条例的立法都具有"目的限定的封闭化"特点,即该类型仅仅向具有特定功能和目的的非营利法人的设立开放,是一种封闭化的非营利法人立法例,而非开放的,如果在实践中出现一种在功能上无法归入现有的社会团体、基金会和社会服务机构的新组织类型,则

---

① 王涌:《法人应如何分类?——评〈民法总则〉的选择》,载《中外法学》2017年第3期。

无法登记取得非营利法人资格。

宗教活动场所就是一个典型的案例。宗教活动场所长期以来无法登记为法人,全国有13.9万个宗教活动场所取得不了法人资格,因为它无法归入现行的社会团体、基金会和社会服务机构中的任一类。直到《民法总则》单设捐助法人概念,才解决了问题。如果今后,在实践中,再出现新型的非营利法人,具有新的性质和功能,如何登记取得非营利法人的资格?

所以,我的建议是我们要是在民法中将非营利法人建构为一个开放的基本形态,抛弃原先的封闭的三元化,并采设立注册制,个别审批制例外,在细节中实现宪法中的结社自由。

罗马私法衰败的教训:不受约束的皇权对私法秩序的侵害

民法典本身并不能抵御政治国家的侵害,如果在法制史上选取一个例子说明这一道理,罗马私法的衰败倒是一例。

有学者称罗马法是一个"跛足巨人",因为罗马法主要是罗马私法,"在公法方面,罗马法从未提供过范例","在罗马既不曾有公法,也不曾有行政法"。① 屋大维在罗马推行帝制之初,尽管无公法制约,但是,他宣称他作为"第一公民"是受制于法律的,皇权并未凌驾于私法之上,但是,至公元2世纪中叶,哈德林帝在位时,"无公法制约的恶果"开始萌芽,哈德林确立了皇帝的至高无上的无任何约束的立法权,皇帝的敕令成为罗马法的主要渊源,这样,"立法的、行政的和司法的职能都集中在君主及其依附于他的机构手中,帝国的敕令可以不受法律普遍性的限制,早期的那种相对多元的、相互冲突的(市民)社会已经让位给了一个更为牢固确立的等级体制。至此,产生法律秩序的可能性是彻底消灭了"。② 由于缺少公法约束,皇权肆意地侵害私法秩序,一度辉煌的罗马的私法体系却为等级制度所淹没,罗马帝国也逐渐走向专制和腐败,最终在外族入侵中毁灭。

---

① 〔法〕勒内·达维德:《当代主要法律体系》,漆竹生译,上海译文出版社1984年版,第45、74页。

② 〔美〕R.M.昂格尔:《现代社会中的法律》,吴玉章、周汉华译,中国政法大学出版社1994年版,第120页。

无约束的皇权毁了罗马的私法秩序,这对于我们的教训是:不要让无约束的行政权毁了中国的私法秩序。

宪法是民法典的庇护神

在中国还没有真正确立违宪审查制度之时,中国民法典的出台,其意义并不会像许多民法学者所想象的那样巨大。其原由有二:

一是现代社会中许多具有财产价值的重要权利,不是表现为私法权利,而是表现为公法权利,如行政特许权。宪政的存在可以在一定程度上抑制财产权利的不正当的公法化,保障民法典对社会生活中实质意义的财产关系的调整的广度和深度。这种"财产权利不正当的公法化"现象在当前的中国表现得还十分地严重,一个重要表现就是:我国行政审批和行政许可制度复杂而繁多,已渗透到经济、社会的各个领域。更为严重的是,一些行政许可的实施缺乏正当的行政程序,也缺乏宪法之有效的监控。2013年3月17日,国务院总理李克强提出:"必须从改革行政审批制度入手来转变政府职能。现在国务院各部门行政审批事项还有1700多项,本届政府下决心要再削减三分之一以上。"可见,形势是十分严峻的。

二是违宪审查制度的缺失将无法阻遏公法对民法典的"地盘"的侵蚀,可以预想,即使中国民法典如期出台,在不久的将来多如牛毛的行政法也会将民法典排挤到一个可怜的角落中去。

所以,在未来中国的民法典颁布之后,其生命力是否持续旺盛,实有赖于违宪审查制度之建立。如果没有以宪政为标志的健全的公法制度的保障,真正的私法秩序是不可能彻底地建立起来的。

第九章 私权的救济

第一节 救济权的概念与性质

救济权是民法上的一个十分重要的概念,但是,许多民法教科书乃至论著都没有从逻辑上对救济权的概念予以严格的界定。本节试图在这方面作一些努力。

一、法律关系的实现与违反

可以实现的法律关系与无所谓实现与否的法律关系

可以实现的法律关系是当事人(法律利益方或法律负担方)可以通过自己的行为行使法律关系的内容,此种法律关系有三种,即(狭义)权利—义务、自由—无权利、权力—责任法律关系。

如(狭义)权利—义务关系,甲有权利要求乙偿付100美元,乙有义务偿付100美元,如果乙偿付了100美元,这一法律关系就实现了。

如自由—无权利关系,甲有自由经营药品,乙无权利要求甲不经营药品,如果甲经营了药品,即实现了甲的自由,也实现了自由—无权利的法律关系。

如权力—责任关系,甲有权力代理乙同丙签订协议,乙有责任承受甲所签订的合同关系,如果甲行使了代理签订合同的行为,那么,他也就行使了他的权力,也就实现了此种权力—责任关系。

而豁免—无权力则是一种无所谓实现与否的法律关系,因为它本身就是一种静止的法律状态,它无须任何行为去行使。

"可以实现的法律关系"的再分类:

可能被侵犯(违反)的法律关系与不可能被侵犯(违反)的法律关系

(狭义)权利—义务关系从义务人(法律负担方)的角度看,是一种积极的关系,这种关系的实现是通过义务人的积极行动而成就的,而权力—责任关系从责任人(法律负担方)的角度看,是一种消极的关系,这种关系的实现不是通过责任人的行为而成就的,而是通过权力人的行为而成就。

正因为权利—义务关系是通过义务人的行为而实现的,所以,它才有可能被违反,而权力—责任关系则不可能被违反,因为它的实现是通过权力人的行为而成就的,权力人可以不行使权力,但是,权力人不行使权力并不意味着权力—责任关系被违反了。

自由—无权利关系也同权力—责任关系一样,因为这一关系的实现是通过自由人的行为而成就的,而不是通过无权利人的行为而成就的,自由人不行使自由也并不意味自由—无权利关系被违反了,所以,此种法律关系也是不可能被侵犯(违反)的。

由此可见,**所谓"违法行为"只可能是违反义务的行为,即违反"权利—义务"关系的行为**,而不可能是违反其他法律关系的行为。

二、对法律关系的违反与道德问题

以上主要是从形式的角度分析法律关系的实现与违反问题,因为法律的形式与实质性的道德价值是分离的,所以,**对法律关系的违反并不必然涉及道德上的"恶"**。因为法律本身并不是一种道德话语,而是一种技术话语,尽管法律所调整的社会关系不可能是道德的真空,在法律的实践之中,道德的因素也总是渗透其中,但是,作为一种形式技术的法律终究是与道德分离的。

例如违约问题就是一个很典型的问题。传统合同法理论认为,违约当然是一种道德上的"恶",但是,霍姆斯认为,违约就是违约,不涉及道德问题。美国以波斯纳为代表的经济分析法学家则从资源的有效分配出发,认为只要符合效率原则,则应鼓励违约,而不应考虑违约的道德性。①这就是著名的效率违约理论(theory of efficient breach)。它的含义是:合同的一方当事人只要因违约带来的收益将超出己方以及他方履约的预期收益,并且针对预期收益的损害赔偿有限,使之在承担违约责任后仍有盈余,违约就是一个理性的选择。

所以,有学者提出这样的问题:违约是否也是一种权利?美国的分析法学家科克洛克就曾分析过这一问题,他认为:**违约是对义务的违反,同时也是一种法律权力**。违约者可以通过对合同义务的违反来创设一种新的法律关系,即违约者与合同相对人之间的违约损害赔偿的法律关系。②所以,违约者实质上具有一种选择的权力,他可以选择履行合同,也可以选择违约损害赔偿,这种选择本身是无所谓道德与否的问题的,只有那些既不履行合同,也拒不偿付违约损害赔偿的"无赖",才是不道德的。但是,无论如何,"违约"也不能构成霍菲尔德术语中的权力(power),因为"违约"是一种事实行为,而非法律行为。③

三、民法上的权利链条与救济权的位置

霍菲尔德的"救济权理论":初生的权利(primary right)和次生的权利(second right)

霍菲尔德并没有直接论述救济权,但是,他在论及权利的分类时,实际上却涉及了救济权。霍菲尔德将权利分为初生的权利和次生的权利,其中"次生的权利"就是救济权。霍菲尔德举了一个例子来说明这两种权利,A 拥有一片土地,A 具有要求任何他人不侵害其土地的权利,这就是初生的权利,但是,B 侵害了他的土地造成了损失,这时,A 又获得了一个次生的权利,就是要求 B 赔偿其损失,大陆法系民法中的侵权之债(obigatio ex delicto)以及普通法中的归还(restitution)就是一种典型的次

---

① 〔美〕理查德·A.波斯纳:《法律的经济分析》(上),蒋兆康译,中国大百科全书出版社 1997 年版,第 150—151 页。
② Albert Kocourek, *Jural Relations*, Bobbs-Merrill 1928, pp.342-343.
③ 关于违约的道德问题还可以参见 Stephen A. Smith, "Performance, Punishment and the Nature of Contractual Obligation", (1997) 60 (3) *The Modern Law Review*.

生的权利。

所以,初生的权利是因某一有效事实而不是因侵害先在的权利而产生的权利,它可以是对物权,也可以是对人权。次生的权利则是因先在的权利被侵害而产生的权利,它一般是对人权。

《牛津法律指南》(The Oxford Companion to Law)在论述救济权时似乎也采纳了霍菲尔德的理论。

词条"救济"(Remedies)曰:关于法律和救济,"更准确的分析可以这样来表述:法律制度赋予特定关系中的当事人以两种权利和义务——第一和第二权利和义务,前者如取得所购买的货物和取得货物的价款,后者如强制对方交货,或强制对方就未交货一事给付赔偿;或在另一方面,强制对方支付货物的价款或强制对方就拒受货物而给予赔偿。"①

词条"权利和救济方法"(Rights and remedies)也曰:"唯一正确的区分,是将权利分为先行权或原有权和继起权或称第二权利或救济权,前者如履行合同和免遭不当伤害等,后者如要求得到损害赔偿、实际给付和解除婚姻等类似的权利。继起权与先行权的区别只是在这一点上,即继起权总是以潜在的形式存在的,只有在有关的关系中存在先行权,且该先行权未被行使的条件下,继起权才是实际可要求的权利。"②

民法上的权利链条与救济权的位置

民法上的权利是民法为保护特定的利益而设定的,民法为保护某一特定的利益并不只设定一种静止的权利,而是设定一系列前后相连的权利,前面的权利随着特定的法律事实特别是侵权行为以及违约行为的产生而转化为后面的权利,所以,这一系列相互关联的权利根据其逻辑顺序可以分为原权与救济权。如果我们将民法为保护某一特定的利益而设定的一系列相互关联的权利视为一个权利的链条,那么,原权则是这个权利链条的始端,而救济权则是这个权利链条的末端。处于末端的救济权不再可能转化为其他私法上的权利,它可以直接导入民事诉讼程序之中,而

---

① 〔英〕戴维·M·沃克:《牛津法律大辞典》,李双元等译,法律出版社2003年版,第957页。

② 同上。

转化为公法上的诉权。

四、救济权的性质

所以,救济权可以这样定义:它是民法为保护某一特定利益而设定的,它一般出现在某一特定利益遭受侵害或与某一特定利益相联系的权利被侵犯之后,享有救济权的当事人可以直接向国家司法机关诉请对救济权的内容予以强制执行。

救济权与原权之差异在于:

1. 救济权的主体必是利益或权利被侵害者,原权则不是。

2. 原权可以被救济,却不可以被强制,即使合同债权也只能在合同当事人违约之后才可以被强制,但是,救济权的内容是可以被直接强制的。

3. 救济权一般是对人权,而原权则可以是对人权也可以是对物权。

4. 救济权是原权的结果,原权是救济权的基础,但是,有的救济权是以利益为基础。

从某种意义上说,只有救济权才是真正法律意义上的权利,因为只有救济权才可以为法律所强制执行,而其他权利不能为法律所强制执行,它们仅仅为救济权的推理起到一个逻辑铺垫的作用,当然这种原权还具有社会心理学上的意义,它告诉人们什么是正当的秩序,什么是人与人之间的利益界限,什么是"应当的",但是,如果我们将整个民法体系视为一台逻辑的机器,那么,这台机器的最终产品只是救济权,人们从整个民法制度中最终能够确实获得的且能够兑现的只是救济权,而不是那些所谓的原权。

第二节 救济权的功能与适用

一、救济权救济什么?——权利与利益的关系

对私益保护的诸种方式与民法上的救济权

格雷说:"社会提供给人们的保护其利益的方法大约有五种,一是允

许人们自我保护,即自助(self-help);二是请求法院颁发禁止令,禁止被告的行为;三是请求法院判令损害赔偿;第四种保护利益的方法是行政机关的介入,例如我有我的窗户不被击破的利益,这种利益可以通过警察得到保护。第五种保护方法就是刑法惩罚。"①

本章的标题是"私权的救济",但严格地说,救济权的实质是在救济原权利所保护的利益,而不是救济原权利,因为权利只是一种规范性的关系,这种关系本身是谈不上什么救济的,但是,每一种权利的设定目的都是为了保护一种利益,而人们一般将权利与权利所保护的利益即法律上的正当利益视为同一个东西,这样,对权利所保护的利益的救济当然也可以被称为对权利的救济。但是,关于权利与其所保护的利益这两个概念的内在差异②我们应当明了。

概念分析:权利与利益——《美国侵权法重述》中的分析

由于权利与利益的关系是侵权行为法的重要问题,所以,《美国侵权法重述》开篇就对这一问题作了分析③,它认为:

1. 利益一词系指任何人类欲望的客体。利益并不必然受法律保护,心灵的宁静,这也是一种利益,正如对土地的占有一样,所不同的是法律对于前者不加以保护,原因在于,法律本身的局限性和此利益本身的不重要性。欲望的客体不是欲望所涉及的物,例如每一个人都希望他的身体免于伤害,这里,欲望的客体是身体的安全,而不是身体本身。

2. 利益不同于权利。如果某一利益受法律保护,即可以排除任何形式的侵犯,那么此利益即成为一种权利的内容,这种权利就是权利人可以要求所有的人、特定的人以及一部分人不应当做损害其利益的行为。

3. 法律对利益的四种态度。法律可能会将一种特定的利益看作不正当的,从而将法律责任强加在力图实现这种利益的人身上,但是法律也可能会认定一种欲望是正当的,从而会为那些试图阻止这种欲望实现的

---

① John Chipman Gray, *The Nature and Sources of the Law*, Roland Gray (ed.), 2nd ed., Macmilian Company 1921, p.21.

② 两者之间的差异见本书第三章"私权的结构"中的分析:物(利益)的概念在法律权利建构中的功能。

③ American Law Institute, *Restatement (Second) of Torts* (1977).

人以法律责任。在这两个截然不同的态度之间还存在另外两种态度，一是不加以刑事责任和民事责任以保护的一种利益，但法律承认人们实现这种利益是一种特权。二是法律完全处在中立的立场，既不加以刑事责任等，也不承认这是一种特权，也不加以法律责任予以保护。

4. 侵权法的整个历史显示一个倾向，那些被认为值得法律保护的利益，在之前，往往没有受到任何保护。如隐私权，它也表明这样的可能性，即现在没有受到保护的利益以后会受到保护，现在没有受到完善保护的，以后会受到全面的保护。

二、权利被侵犯，必有救济吗？——救济权的适用：以侵权行为法上救济权为示例

不当行为之类型

尽管每一种权利的设定其目的都是为了保护一种利益，但是，并不是侵犯了一种权利，即违反了一种与权利相对应的义务或违反了一种法律关系，就一定损害了此权利所保护的利益，因为法律权利是形式的，而其保护的利益却是实质的，所以，违反了形式的法律关系不一定就侵害了实质利益。

这里，我们以是否侵犯了法律权利和是否侵害了利益作为两个维度，可以将所有的不当行为分为四种逻辑类型，如下图：

	侵犯了法律权利	没有侵犯法律权利
侵害了利益（有损害）	1	3
没有侵害利益（无损害）	2	4

这四种不当行为其特征分别是：

1. 侵犯了法律权利，也侵害了利益：如殴打致人残疾，侵犯了他人的人身权，也侵害了他人的人身利益。

2. 侵犯了法律权利，没有侵害利益：如擅自闯入他人庭院，但未引起他人不快，也未损害他人之财物，此行为侵犯了他人的住宅权，但是，未侵害他人任何实质利益。

3. 没有侵犯法律权利，但侵害了利益：如为防止洪水决堤，紧急破沉

他人船只,此紧急避险行为没有违法,也没有侵犯他人法律权利,但是,却侵害了他人的财产利益。再如在隐私权法出现之前,擅自窃听并传播他人隐私,此行为并未侵犯他人法律权利,但却侵害他人的精神利益。

4. 没有侵犯法律权利,也没有侵害利益:如同性恋,没有侵犯他人法律权利,也未侵害他人利益,但却是社会普遍认为的一种不当行为。

只有上述的第一类行为才引起侵权法上的救济权。

民法侵权行为法并不对所有侵犯权利的行为都赋予被侵犯者以救济权,《法国民法典》第 1382 条规定:"基于过错的行为,使他人发生损害者,应负赔偿责任。"《德国民法典》第 826 条规定:"因故意或过失,不法侵害他人生命、身体、健康、所有权或其他权利者,对被害人负赔偿损害之义务。"可见,侵权行为法一般只对那些因侵犯他人权利而造成了他人利益损害的行为设定相应的救济权,单纯侵犯权利而无利益损害,则不在救济范围之内。

在上一段,本书已经指出,救济权的目的只在救济原权利所保障的利益,所以,对那些侵犯了权利而无利益损害的情形,不予救济理所当然,因为没有什么需要救济。

三、侵犯公权的民法救济:德国民法之立法例

民法侵权行为法上的救济权是为救济私益而设,但对私益的保护并不仅仅体现在民法中,同样也体现在行政法、刑法等公法之中,所以,这些公法中所设定的某些公权其目的除了保护公益外,也保护私益,那么,侵犯了这些公权,即违反了与这些公权相关联的公法上的义务,而导致私益的损害,是否也可以引起民法侵权行为法上的救济权?

《德国民法典》第 826 条规定:"因故意或过失不法侵害他人之生命、身体、健康、自由、所有权或其他权利者,对被害人负赔偿损害之义务。1. 违反以保护他人为目的之法律者,负相同之义务。2. 如依法律之内容,虽无过失亦可能违反法律者,在有过失时,始负赔偿损害之义务。"

其中,"违反以保护他人为目的之法律者",用另一句话说,也就是侵犯了以保护他人为目的之法律所设定的权利,那么,这些法律是否包括公法?这些权利是否包括公权?

根据霍恩的解释,"这里所说的保护性法律,包括所有以保护个人和个人群体为主要目的的私法规范和公法规范,特别是刑法规范,但是不包括以保护整体公众为目的的法律"。① 可见,在德国民法中,侵犯公权而导致私益的损害也同样在民法侵权行为法的救济之中。这也进一步说明,民法上的救济权的救济对象是私益,它不仅包括私权(私法)所保护的私益,也包括公权(公法)所保护的私益。②

台湾地区"民法典"的立法例则有所不同。但是,根据王泽鉴先生的解释,台湾地区"民法典"第 184 条第一项规定:"因故意或过失,不法侵害他人之权利者,负损害赔偿责任。"此规定中的权利仅指私权而言,不包括公法上的权利在内。③ 而第 184 条第二项规定:"违反保护他人之法律者,推定其有过失。"其中,"保护他人之法律",既包括私法,也包括公法,以及习惯法、命令、规章等。但是,此类公法所设立的权利却不是侵权行为法的保护对象,此类公法规定只是判断第一项规定中的"过失"概念的一个客观标准而已。④

四、救济权是否以相反的方式设定原权?——作为民法生长点的侵权行为法

规则设定的权利与原则设定的权利及其救济

本书第七章依设立方式的不同将民法上的权利分为规则设立的权利与原则设立的权利,在德国民法以及台湾地区"民法"中,违反民法规则与原则,即侵犯规则或原则所设定的权利,均可引起侵权损害赔偿。后者如,《德国民法典》第 826 条规定:"以违反善良风俗之方法对他人故意施

---

① 〔德〕罗伯特·霍恩等:《德国民商法导论》,楚健译,谢怀栻校,中国大百科全书出版社 1996 年版,第 171 页。
② 参见第一章对法律的分类:(1) 保护私益的私法;(2) 保护私益的公法;(3) 保护公益的私法;(4) 保护公益的公法。显然,违反第(1)类和第(2)类的法律均可能引起德国侵权行为法的损害赔偿。
③ 王泽鉴:《侵权行为法》(第一册),台湾三民书局 1998 年版,第 109 页。
④ 同上书,第 349 页。《北京青年报》曾经登过一个案例,涉及一个问题,即"违反行政法或行政规章上的义务而导致他人损害,是否承担侵权赔偿责任"? 北京市政府的规章要求每个单位承担雪天清扫门前雪的义务,但是,有一个单位在一个雪天却没有履行这一义务,导致一位行人跌倒骨折,行人状告该单位侵权,要求赔偿其损害。

加损害之人,对受害人负有赔偿损害之义务。"台湾地区"民法典"第184条后段规定:故意以背于善良风俗之方法,加损害于他人亦负损害赔偿责任。

但是,原则所设定的权利不是法律所明认的权利,所以,有台湾学者并不认为原则也设定了法律上的权利,所以,他们认为通过原则所保护的不是权利,而只是利益,而所谓的权利与利益的差异则在于:权利是指既存法律体系所明认之权利,利益则是指规律社会之公序良俗及保护个人法益之法规(公法性质)所包括之一切法益。①

这种界定颇为勉强,一种利益如果受到法律保护也就自然成为权利了,却将其与权利相对立,实为不当,不如使用本书的概念:"规则所设立的权利与原则所设立的权利",他们所谓的权利就是"规则所设立的权利",即明认的权利,而他们所谓的利益就是"原则所设定的权利",即不明定的权利。

但是,原则所设定的权利只是一个悬念,它必须通过救济程序中法官的解释和裁量方可明确化,而在法官的解释中,原则就具体化为规则了。

救济先于权利?权利先于救济?

比较法学者一般认为,大陆法系是一个"权利先于救济"的法系,而普通法系则是一个"救济先于权利"的法系,因为英国的普通法是作为一连串的补救手段而产生的,其实践目的是为了使争执获得解决。英国的侵权行为法是以令状(writ)为基础而发展,法院依特定的令状,经由诉讼而创造某种救济,而在救济之前,并没有一个由法典编制起来的权利体系,正如梅因所说:"英国法是在程序的缝隙中渗透出来的。"所以,在普通法中,是救济确认了人们在法律上的权利,是救济程序创造了普通法上的权利体系,"救济先于权利"②,所以,有学者称英美侵权行为法已经被作为"决定权利(determining right)的工具"。③ 而大陆法则与此相反,它是

---

① 邱聪智:《"民法"第184条第一项后段规范功能之再检讨》,载《民法研究》(一),中国人民大学出版社2002年版。

② Henry S. Maine, *Dissertations on Early Law and Custom*, John Murray 1890, p.389.

③ Bob A. Hepple et al, *Hepple, Howarth and Matthews' Tort: Cases and Materials*, Lexis-Nexis 2000, p.1.

作为一种体系告诉人们：根据正义的观念社会应当承认什么样的权利与义务[①]，正是因为有这样的权利才有相应的救济，所以，"权利先于救济"。

大陆法系侵权行为法中"救济先于权利"的色彩之出现

应该说，在18世纪以前的农业社会，社会关系单一，侵权形态简单可数，大陆法系受阿奎利亚法的影响，采列举主义，法律明认的权利方可受到救济，是典型的"权利先于救济"的时代，但是，在19世纪之后，工业社会来临，社会关系复杂，自然权利观念深入人心，"权利先于救济"的法律模式的局限显露出来，一方面它不可能预见所有的值得救济的权利形态，另一方面它只救济法定权利，而将许多自然权利排斥在救济之外，必然违背自然权利的观念，所以，大陆法系民法典普遍创设概括性的侵权行为原则，如善良风俗原则等，法官通过对概括性原则乃至民法内在的自然法精神的解释，对于法律没有明认的权利即台湾学者所谓的"利益"赋予救济，而救济一旦被赋予，此种利益实际上就成为法律明认的权利。在这一意义上，大陆法系也存在着普通法上"判例法"的机制。如《法国民法典》第1382条：任何行为使他人受损害时，因自己的过失而致行为发生之人对该他人负赔偿损害的责任。这就是一项基于自然法理念而创设的概括性规定，它根本不界定其应受保护的权益范围，所以，近两百年来，对此条的解释产生了丰富的案例，使得法国侵权行为法具有浓厚的判例法（case law）的性格。

实例 德国侵权行为法上的营业权

在《德国民法典》生效第四年，德国的法官即根据《民法典》第826条的规定："因故意或过失不法侵害他人之生命、身体、健康、自由、所有权或其他权利者，对被害人负赔偿损害之义务"，对其中的不确定概念"其他权利"予以解释，创设了一种新权利——对已设立及实施企业经营的权利（Das Recht am eingerichteten und ausgeübten Gewerbebetrieb），简称"营业权"（Das Recht am Gewerbebetrieb）。

---

① 〔法〕勒内·达维：《英国法和法国法：一种实质性比较》，潘华仿、高鸿钧、贺卫方译，清华大学出版社2002年版，第10页。

在本案中,被告据其在登记簿上的商标,要求原告停止仿冒其商标。原告停止生产使用此项商标的纺织品后,发现被告的商标于申请时已属众所周知,不具商标能力,乃向被告请求赔偿因停止生产使用此项商标所受的损害。此情形中,被告所侵害的不是法律所明认的权利,只是财产上的利益,德国帝国法院认为就已设立及实施的营业,应承认存有一种权利,即营业权,第二次世界大战后,德国联邦法院继续维持此见解。[①]

德国法院对此种营业中的财产利益予以救济,而救济的存在则表明此种利益在法律上已作为一种权利而存在了。所以,英美学者称德国民法上营业权是一种法官创设的权利(a judge-made right)。[②]

小结

总之,民法上的救济制度一般存在两种模式,一是利益经由明确的权利而获得救济,二是利益通过救济而成为明确的权利。图示如下:

模式1:利益——明确的权利——救济
模式2:利益——救济——明确的权利

模式1实际上是以规则为主导的法律推理过程,而模式2实际上是以原则为主导的法律推理过程,所以,这两个模式又可图示如下:

模式1:规则——明确的权利——救济
模式2:原则——救济——规则——明确的权利

正因为侵权行为法中第2种模式的存在,使得民法得以应付剧烈变动的社会现实,民法在司法实践中得以成长,可以说,侵权行为法在民法的发展中起到了重要功能,侵权行为法是民法的生长点。

---

① 参见王泽鉴:《侵权行为法》(第一册),台湾三民书局1998年版,第203页,"营业权:商业经济利益的权利化?"。实际上对于德国法院所创设的这一权利,许多民法学者以为不当,如拉伦茨强调应毅然放弃此项被认为已具习惯法的"权利",而回归到德国民法的规范模式。

② Basil S. Markesinis, *A Comparative Introduction to the German Law of Torts*, 3rd ed., Clarendon Press 1994, p.61.

第三节 救济权的形式及其与诉讼形式的关联

一、比较分析

大陆法系民法中的救济形式:以瑞士为例

《瑞士民法典》上规定了四种救济形式:一是请求法院确认其权利(have his right legally established);二是请求法院发出禁令(injunction),停止被告的侵权行为;三是请求损害赔偿(damages);四是请求精神和道德损害赔偿(compensation for the mental and moral damage)。[1]

普通法中救济形式

普通法中的救济形式主要也是四类,一是损害赔偿式救济(Damage remedies);二是恢复原状式救济(Restitutionary remedies);三是强制性救济(Coercive remedies);四是宣示性救济(Declaratory remedies)。[2]

科克洛克对救济类型的一般分析

科克洛克在比较分析的基础上认为救济不外乎如下几种类型:

1. 宣示性救济,一般在两种情形中提起,一是违反法律关系之前,二是违反法律关系之后。在违反法律关系之前提起的宣示性救济一般有两种形式,一是重申(Repetitive),重新阐明争议之中的义务或权力的存在,二是否认(Excluding),否认一种被主张的法律关系的存在;

2. 禁令,科克洛克也称之为"关于义务的具有强制执行力的宣示"(coercive declaration of duty);

3. 恢复原状;

4. 赔偿,赔偿性救济根据原告金钱上的损益和被告金钱上的损益的不同而分为六种情形:(1)原告的损失与被告的收益相等,(2)赔偿由原

---

[1] 有关论述参见 Ivy Williams, *The Sources of Law in the Swiss Civil Code*, Oxford University Press 1923, p.112.

[2] Dan B. Dobbs, *Dobbs Law of Remedies: Damages – Equity – Restitution*, West Publishing Co. 1993, p.1.

告的损失来定,而被告无金钱收益,(3)原告无经济损失,但被告有经济收益,(4)原告和被告都无经济的收益和损失,(5)原告有经济收益,但被告却有经济损失,(6)原告与被告都有经济收益;

5. 处罚(punishment)。①

二、救济权的形式类型

按照本书第三章所阐述的权利的形式类型理论,救济权的形式可以分为以下形式:

1. 表现为"自由"(privilege)形式的救济权,即当事人可以自由地实施某种行为以保护自己的正当利益,这一类救济权在民法中即为私力救济,主要表现为自助行为、紧急避险和正当防卫。

《德国民法典》第 227 条规定:正当防卫(Notwehr)是"为避免自己或他人受现时之不法侵害而进行防卫之必要行为"。其构成要件有二:一是须有不法侵害之存在;二是须为相当于攻击程度之防卫行为,逾越必要程度,则超出了法律允许的正当防卫的自由范围。

《德国民法典》第 228 条规定:紧急避险(Notstand)是"出于使自己或他人避免急迫危险之目的,而损坏或毁灭引起此急迫危险之他人之物者,如其损坏或毁灭系出于防止危险所必要的,而造成之损害又不逾越避免危险程度者,其行为不违法,不负损害赔偿责任"。其构成要件有三:一是须有危险存在;二是须为避免危险而为;三是须未逾越危险所能致之损害。

《德国民法典》第 229 条规定:自助行为(Selbsthilfe)是"出于自助之目的而扣押、毁灭或损坏他人财物者,或出于自助之目的的扣留有逃亡嫌疑之债务人,或制止债务人对有容忍义务之行为进行抵抗者,因不及官署援助,且非即时处理则请求权有无法行使或其行使有困难时,其行为非违法"。其构成要件有三:一是须为保护自己之权利;二是不及官署之援助;

---

① Albert Kocourek, *Jural Relations*, Bobbs-Merrill 1928, pp. 352-356.

三是非于其时为之,则请求权不得实现,或实现显有困难者。①

以上是自力救济的形式,它是在特定情形下的救济形式,具有严格的法律要件,所以,在更多的情形中,自力救济是不适用的,而应当适用公力救济方式。我国政府一向主张公民"与坏人坏事作斗争",此种倡导在民法上应当是有限制的,公民与坏人坏事作斗争本质上是自力救济的方式,它应当纳入民法自力救济制度的规范之中,在一个"依法治国"而不是"口号治国"的国家,对于上述口号应当谨慎,应当从法律上予以审视。

在德国,对自力救济的限制在许多案例中得以体现。例如,在德国联邦法院一个判决中,被告等人系法律系及神学系学生,见原告在火车站摆摊出售色情刊物,劝原告搬离,原告拒绝。被告等乃强行取走书刊,并毁损其设施,原告诉请赔偿损害。被告主张正当防卫。德国联邦法院认为正当防卫不能成立,强调个人人格虽为宪法所保障,人民的道德价值亦应受尊重,但此并不表示每一个公民于他人从事背于善良风俗或违反刑法之行为时,皆得采取自卫的方法加以排除。被告采取攻击行为,使公益成为私事,使自己成为维护道德及社会秩序的检察官,不受宪法的保护。在一个法治国家,维护有秩序社会的社区生活,乃国家的职务,不能放纵自力救济。②

2. 表现为"(狭义)权利"(Claim)形式的救济权,即当事人有权利要求他人做什么或不做什么,这一类救济权在民法中表现为请求权,所以,也可称为救济性请求权。

我国《民法通则》第 134 条和《民法总则》第 179 条规定承担民事责任的方式:停止侵害、排除妨碍、消除危险、返还财产、恢复原状、修理重作更换、赔偿损失、支付违约金、消除影响恢复名誉、赔礼道歉等,这些责任形式皆是救济权人在行使救济性请求权时,可以请求相对人作为或不作为的内容,所以,相对应的,我国民法所规定的救济性请求权的形式有:停

---

① 关于正当防卫、紧急避险、自助行为的构成要件的分析,参见梅仲协:《民法要义》,中国政法大学出版社 1998 年版,第 161—164 页。

② 有关问题参见王泽鉴:《捣毁私娼馆、正当防卫与损害赔偿》,载《民法学说与判例研究》(第 8 册),第 211 页;本案例转引自王泽鉴:《侵权行为法》(第一册),台湾三民书局 1998 年版,第 268 页。

止侵害请求权、排除妨碍请求权、消除危险请求权、返还财产请求权、恢复原状请求权、修理重作更换请求权、赔偿损失请求权、支付违约金请求权、消除影响恢复名誉请求权、赔礼道歉请求权等。

3. 表现为"权力"(Power)形式的救济权,或称"救济性权力",即当事人有权力消灭、变更和创设一种特定的法律关系。也有学者称之为救济性形成权,是救济权人依单方意思表示便能使与相对人相关联的法律关系发生变更或消灭的权力,这种权力在行使时主要表现为对相对人的权利(法律利益)的变更和消灭。在此情形中,相对人的权利一般具有不法性或不公平性,如以"对方对行为内容有重大误解的"民事法律行为而获得的权利,其获得的方式即具有不法性,再如在情势变更的情形下,合同一方当事人的权利即具有不公平性。①

在我国以往的民事立法中,此种表现为权力的救济权往往被忽视,例如《民法通则》第58条规定"一方以欺诈、胁迫的手段或者乘人之危,使对方在违背真实意思的情况下所为的"民事行为无效。对于此种情形的救济显然应当赋予当事人以撤销权这种救济性权力,方为合理,但是,立法者却以"确认无效"的方式取而代之。细究立法者的观念误区,恐怕在于以自己对利害的判断取代了当事人对利害的判断,以为因欺诈、胁迫等不当的民事行为而形成的法律关系皆对被欺诈和被胁迫的一方不利,而实际情况远非如此简单,与此相反的情形屡屡出现,可见,只有当事人自己才是对"于己是利是害"的最好判断者,赋予当事人以"自由选择"的权力是对当事人利益最好的保护,在这里,立法者显然扮演了一位"好心办坏事"的角色。该"欺诈无效"的规则直到1999年《合同法》颁布时,才被修订。

4. 表现为豁免(immunity)的救济权,即当事人的特定的法律关系不因他人的法律行为而改变。如代理人超出代理权限的代理行为对于被代理人无效,此即被代理人的豁免。该救济权可表现为对他人的法律行为请求确认无效。

---

① 杨振山、龙卫球:《民事救济权制度简论》,载《法学研究》1993年第3期。

三、救济权与法律责任以及诉讼形式之关联

救济权及其相关联的法律负担

根据法律利益与法律负担关联性理论,救济权仍属法律利益的范畴,那么,就应当存在与救济权相关联的法律负担,救济权有四种形式,相关联的法律负担也应有四种,但是,在大陆法系民法理论中,并不是这四种相关联的法律负担都有相应的术语,只有与救济性请求权相关联的法律负担有一个相应的术语,就是(侵权之)债。被侵权人有请求赔偿的救济性请求权,与此相关联的就是,侵权人应承担损害赔偿之债。

"与救济权相关联的法律负担"与法律责任[①]

标题中的这两个概念的涵义似乎相同,都表明不法行为的后果,但是却具有本质差异,上面已经指出,大陆法民法中的"(侵权之)债"的概念就是"与救济权相关联的法律负担"的一种典型[②],所以,以此为例,厘清了债与责任概念的差异,也就厘清了"与救济权相关联的法律负担"与法律责任的差异。

债与责任的问题是 19 世纪德国民法学上的一项激烈争论的问题。一般认为,所谓债务(Schuld)是指应为一定给付之义务,而所谓责任(Haftung)则是指强制实现此项义务之手段,亦即履行此项义务之担保。[③]

---

① 这里,"法律责任"中的责任与本书在前言术语释例中的解释不同,与霍菲尔德的术语责任(liability)涵义不同,须注意,差异见文中解释以及注解。

② 债权的概念是民法中的富有特色的概念,债权的形式多种多样,它既包含作为基础权利的债权,如合同之债,也包含作为救济权利的债权,如侵权之债,之所以将两类性质不同的权利都纳入债的体系中,其原因在于:"其所以构成债之关系的内在统一性者,乃其法律效果之形式相同性,易言之,即上述各种法律事实,在形式上产生相同之法律效果:一方当事人得向他方当事人请求特定行为(给付)。此种特定人间得请求特定行为之法律关系,即属债之关系。"见王泽鉴:《债之关系的结构分析》,载《民法学说与判例研究》(第四册),三民书局1986年版,第 206 页。

③ 参见王泽鉴:《民法债编总论》(第一册),台湾三民书局1986年版,第 46 页。王泽鉴指出,责任一词有多种涵义,如台湾地区"民法典"第 184 条规定,因故意或过失不法侵害他人之权利者,负损害赔偿责任。此处之责任系指就其行为所生之结果"负责",亦即应对其行为所生之损害予以赔偿。它与德国学者对 Haftung(责任)概念的定义是不同的,也与霍菲尔德的责任概念不同,霍菲尔德的责任概念见本书第二章和第三章介绍与分析。

债与责任的差异与联系表现在:(1)债为当为,责任为强制;(2)债是责任之前提,责任是债之结果;(3)债永远存在,但责任超过诉讼时效则不再存在。

债与责任之间的转化,可以侵权行为为例来说明:侵权行为发生后,侵权人承担损害赔偿之债,仍属"当为"性质,但是,如果侵权人拒绝履行此债,被受害人诉之法院,法院判决并强制侵权人赔偿损害,此即由债而转化为责任。可见,侵权行为的第一结果是"债",对债的违抗,则导致诉讼程序,进入公力救济,才产生第二结果法律责任。其逻辑演变如下图:

```
原权利 ——侵权行为——→ 债      ——债之不履行——→  公力救济
                    救济权    救济权之不能实现    法律责任
                                              诉权
```

但有的学者认为:"侵权行为是违法行为,属不当为,法律对这种不当为的后果有强制力,可见,侵权行为后果的实质是责任而不是债。"① 这一观点抛开了"债"这一环节。

救济权形式与诉讼形式之关联

表现为自由形式的救济权是自力救济,与诉讼形式无关。

其他三种救济权形式均有相关联的诉讼形式。

当表现为(狭义)权利即请求权形式的救济权不能实现时,则可以进入诉讼程序,救济权成为诉权,通过**请求之诉**实现救济性请求权。

当表现为权力形式的救济权不能实现时,则可以通过**形成之诉**实现,形成之诉又可以分为变更之诉和撤销之诉等。

当表现为豁免形式的救济权不能实现时,则可以通过**确认无效之诉**实现。

---

① 魏振瀛:《论债与责任的融合与分离——兼论民法典体系之革新》,载《中国法学》1998年第1期。

第四节　民法责任的财产性质与民法的体系结构

一、民法救济方式的演变：从人身责任到财产责任

在现代民法，救济方式主要表现为财产责任，而在古罗马时代，救济方式却主要是人身责任。例如《十二铜表法》第三表规定："若债务人仍未自动执行法庭判决，且在受讯时无人代他解脱责任，则债权人得把他带到私宅，给他带上足枷或手铐，其重量不轻于15磅。"债务人甚至可以"被处以死刑，或售之于国外，于第伯河以外"。①

但是，随基督教义传播及公权力发达，人身责任的救济方式逐渐消失，给付当为（Leistensollen）的伦理深入民法之中②，经长期演变，民法救济终于从人身责任变为纯粹的财产责任，这一转变在罗马法、日耳曼法、盎格鲁—撒克逊法的早期就已完成了。

梅因在《古代法》中向我们描绘了这一转变：

> 在罗马法中，我们在习惯上认为专属于犯罪的罪行被完全认为是不法行为，并且不仅是盗窃，甚至凌辱和强盗，也被法学专家把它们和扰害、文字诽谤及口头诽谤联系在一起，所有这一切都产生了"债"或是法锁，并都可以用金钱支付以为补偿。这个特点最有力地表现在日耳曼部落的统一法律中，它们对杀人罪也不例外有一个庞大的用金钱赔偿的制度，至于轻微损害，除少数例外，亦有一个同样庞大的金钱赔偿制度。
>
> 根据盎格鲁—撒克逊法，对于每一个自由人的生命，都可以按照他的身份而以一定金钱为赔偿，对于其身受的每一个创伤，对于他的民权、荣誉或安宁所造成的几乎每一种损害，都可以用相当的金钱为赔偿。③

---

① 引自萧榕主编：《世界著名法典选编·民法卷》，中国民主法制出版社1998年版，第16页。
② 参见王泽鉴：《民法债编总论》（第一册），台湾三民书局1986年版，第46页。
③ 〔英〕梅因：《古代法》，沈景一译，商务印书馆1959年版，第209页。

在罗马法上,对侵权损害的救济主要依赖于金钱赔偿,由此产生了债的概念。彭梵得说:"罗马债的历史起源产生于对私犯(exdelicto)的罚金责任;契约责任在初期从属于这一概念。法律规定首先应当要求支付'罚金'(poena)或'债款'(pecunia 或 res credita),只是当根据债务人的财产不能给付或清偿时,权利享有人才能通过执行方式对其人身采取行动;直到此时,债(obligatio)才第一次获得新的意义,即财产性意义。"①

二、超越财产责任? 救济方式的创新

在 1998 年中国民法典第四次编纂前后,一些学者撰文主张,中国民法典无须沿袭大陆法系传统的法典结构,主张将侵权行为法从债编中独立出来。其中最主要的理由就是:"原有的损害赔偿的责任形式已不能适应新情况,民事责任形式的多样化、复杂化需要建立独立的民事责任制度。今后,新的民事责任形式还会继续增多,各种责任形式有其不同的特点,也会有不同的适用条件。为正确适用法律,准确适用不同的民事责任形式,法律需要对不同的民事责任形式的适用条件作出规定。所有这些,债与责任合一制度解决不了,使责任与债分离,建立系统科学的民事责任制度才能解决。"②

"侵权责任形式的多样性决定了债权法对侵权责任关系调整的有限性。债法不能涵盖这些责任形式。当侵权行为法越来越注重对各种人格利益提供保护时,侵权行为法摆脱债法而独立的必要性也日益加强。从这种意义上说,侵权责任形式的多样性,是侵权行为法相对独立的重要根据。"③

---

① 〔意〕彼德罗·彭梵得:《罗马法教科书》,黄风译,中国政法大学出版社 1992 年版,第 284 页。
② 魏振瀛:《论债与责任的融合与分离——兼论民法典体系之革新》,载《中国法学》1998 年第 1 期。
③ 王利明:《合久必分:侵权行为法与债法的关系》,载《法学前沿》(第一辑),法律出版社 1997 年版。王利明教授还提出侵权行为法独立的另一个理由:"侵权损害赔偿之债的特殊性为侵权行为的相对独立提供了根据。从法律解释学的角度来看,由于侵权损害赔偿不同于其他损害赔偿关系,也不能完全适用债法一般规定,因而将侵权行为法置于债法之中,也很难采用体系解释的方法,对单个的侵权行为法规作出解释。"

2009年我国颁布的《侵权责任法》采纳了该学说观点,侵权责任与债相分离,独立立法,不同于传统民法法系的立法例,自成一格。

《民法通则》中的诸种责任形式以及民法上人身责任的强制问题

持上述观点的学者以《民法通则》所设立的多种新的责任形式作为责任形式多样化的重要依据,《民法通则》规定了10种责任形式:停止侵害、排除妨碍、消除危险、返还财产、恢复原状、修理重作更换、赔偿损失、支付违约金、消除影响、恢复名誉、赔礼道歉。2009年《侵权责任法》承继了《民法通则》规定的责任形式,第15条规定了八种责任形式,仅仅排除了"修理重作更换"与"支付违约金"两种,其余与《民法通则》一致。

实际上,这些责任形式并不都是《民法通则》的创新,其中,停止侵害、排除妨碍、消除危险、返还财产等形式,在1896年颁布的《德国民法典》中就已被规定在物权编之中了,而"消除影响、恢复名誉"这一形式在1898年实施的《日本民法典》第723条规定中也已出现。① 可以说,《民法通则》的主要创新只是将传统民法典中物权、合同、侵权行为等章节中的有关法律责任形式的分散规定作了"三位一体"的组合而已。

当然,也许"赔礼道歉"可能是《民法通则》的首创②,但是,必须注意的问题是,并不是任何一种责任形式都可以强制执行,作为一种人身责任形式的"赔礼道歉"是难以强制执行的,因为这种责任只能通过责任人自己的自愿行为方可实施或才能达到责任目的。当然,在我国的名誉侵权案例的判决中,责令被告赔礼道歉是常用的责任形式,但是,被告拒绝赔礼道歉也不少见,在这种情形下,法院又如何处理呢?如何强制执行?强制其鞠躬致歉?恐怕这是一件无奈的事情。一种无法强制执行的责任形式是否还能称之为责任?③

---

① 《日本民法典》第723条规定:对毁坏他人名誉者,法院因被害者的请求,可令赔偿损失或者和赔偿损失一起进行恢复名誉的适当处理。

② 台湾地区"民法典"第195条规定:"不法侵害他人之身体、健康、名誉或自由者,被害人虽非财产上之损害,亦得请求赔偿相当之金额。其名誉被侵害者,并得请求为恢复名誉之适当处分。"在司法实践中,也有法官根据此条规定判令侵权人在报纸上登载道歉启事的。见戴森雄:《民法案例实务》(第一册),台湾文瑞印刷文具公司1981年版,第410页。

③ 参见葛云松:《民法上的赔礼道歉责任及其强制执行》,载《法学研究》2011年第2期。

三、不可超越财产责任:对民法责任之性质的再强调

民法责任的财产性质的深刻合理性

财产责任是民法责任的基本形式,许多学者对民法责任的财产性质作过批判,如耶林在《为权利而斗争》一文中曾抨击了罗马法的赔偿制度的广泛采用的不合理性:"罗马法官使用的金钱判决制度(Geldcondemation)是正确评价权利侵害的理念上利益的充分手段。这一制度给我们的近代理论带来灾难,变成司法为防止不法而曾使用过的手段之中尤为绝望的一个。近代法学借鉴罗马法的这一经验完全是呆板的、乏味的物质主义,当损害难以举证或受害人提起诉讼不是为了获得金钱利益,而是为了主张人格本身及其法感情这一理想目的,则盲目采用损害赔偿无助于对权利的充分保护。"①

实际上,马克思早就指出商品经济的本质是"拜金主义"的,而民法作为商品经济规则的"经典表述",同样也摆脱不了这种色彩,民法责任的财产性质就是其必然表现。但是,民法责任的财产性质尽管有其局限性,但是,这也不能掩盖它深刻的合理性。

民法责任的财产性质正是民法不同于公法责任的一个根本特质。一般来说,判断是非正义与否的标准大体上有两项,一是基于功利进行评价,它属于效率论据的范畴;一是基于道义进行判断,它属于伦理论据的范畴。这两种不同的评判范畴决定了两种不同的责任形式,一是补偿性责任,二是惩罚性责任②,以民法为主的私法具有强烈的功利性,因而民法上的责任以功利补偿为主,所以,财产责任必然是民法的基本责任形式,超越财产责任难免会将民法引出私法的界限。

当然,对于精神性权利的救济,财产责任难免有其鞭长莫及之处。但是,此种财产责任的局限只是民法本身的局限,甚至是法律本身的局限,

---

① 〔德〕耶林:《为权利而斗争》,胡宝海译,载《民商法论丛》(第2卷),法律出版社1994年版。耶林是德国法学家中的"老左",他的观点总是偏激有余,公允不足。例如他对概念法学的批判、对财产责任的批判均是此种风格。

② 孙笑侠:《公、私法责任分析——论功利性补偿与道义性惩罚》,载《法学研究》1994年第6期。

实在不可勉为其难。实际上,在一个复杂的社会文化中,财产责任这一形式同样也会被赋予完全超出财产本身的意义,而承担精神抚慰的功能。

侵权责任法从债法中独立出来吗?

我以为是否将侵权责任法从债编中独立出来不是一个十分重要的问题,因为侵权行为的主要救济形式仍然是损害赔偿这一财产性的方式,与债的本质相吻合,不会有根本的冲突,而其他所谓多元的责任形式都可以纳入人法、物权法等编章之中。当然,统一集中于《侵权责任法》中也未尝不可。所以,侵权责任法是否独立主要取决立法者的趣向,就像弈棋者的布局趣向一样,可布以"三连星",亦可布以"中国流",都无关大雅,关键在于中盘作战是否有力。

当然,2009年我国颁布《侵权责任法》,实践效果良好,也不失为是一种成功的立法例。但是,需要强调的是,侵权责任法独立立法也并不意味着侵权责任就彻底脱离了债的概念,它主要的侵权责任形式依然是一种债的类型,仍然受债法调整。

在当前中国的社会现实中,影响市场经济运行的一个重要问题就是债权的实现,而债权实现之难已非民法责任所能化解,这涉及民法责任与刑法责任的衔接问题,涉及民事制裁的问题,涉及司法制度的问题等等。

第五节 私权的刑法救济与侵害

一、刑法对私权的救济和侵害

对私权的侵害首先由民事责任予以救济,之后是行政责任,最为严厉的是刑事责任,例如对公民人身权的保护最终以刑法中的"侵害公民人身权利"的系列罪名下的刑事责任予以实现。

但是,反过来说,如果刑事责任认定过于宽泛,失去谦抑性,刑法被滥用,则可能构成对私权的侵害,尤其是在对经济犯罪的认定中更为突出。私权的刑法救济已经是老生常谈的话题了,而私权的刑法侵害则是被忽略很久的重要问题。

要保障刑法解释和犯罪认定的合理性和谦抑性,私法以及其他部门法在刑事犯罪"违法性"要件的认定中应发挥更大的作用,以防止刑法滥用构成对私权的侵害。

二、私法在犯罪"违法性"要件认定中的适用

刑法所规定的各罪名均涉及"违法性"问题,刑法中罪名的"违法性"要件与各部门法对相应行为的违法性的认定之间是什么关系?值得刑法和民商法等部门法学者共同研究。这里,笔者先列出一些主要的观点:

第一,"违法性"作为犯罪行为的构成要件之一,应当在其他部门法中有其基础和根源,而非刑法本身凭空创立,因为刑法本质上是惩处法,而非社会经济基本法律关系的实体法,社会经济的基本法律关系应当在宪法和其他部门法中予以规定。刑法本身对一个罪名的违法性的论证,一般不具有绝对的自主性。

第二,在特定历史时期下,由于法体系建设尚不完备,相关部门法后滞严重,刑法先行是有合理性的。但是,这只具有暂时的合理性,从长远发展看,刑法中的各罪名应当建立在各部门法的基础之上,刑法罪名是对违反各部门法的法律关系的后果进行最为严厉的惩处和最后的防线。在实践中,大量的刑事司法解释脱离部门法,各罪名的解释缺乏体系化,易于导致"泛罪化",甚至还出现以刑法司法解释代替部门法的现象,这是法律体系不成熟和不理性化的表现,应当予以改进。

第三,其他部门法关于社会经济基本法律关系的规定,也可分为不同的阶位,如法律、行政法规和规章等。刑法各罪名中的"违法性"认定的法律渊源应当在法律和行政法规层面,但在实践中,一些罪名的"违法性"是建立在规章的基础上,在一定层面上动摇了罪刑法定主义原则的意义和功能。

第四,从民事责任到行政责任,直至刑事责任,证据标准不断严格,严厉性不断增强,后果不断严重,应呈现阶梯性。将刑事责任的认定方式通过立法和司法简单适用于民事责任,破坏了责任体系的阶梯性。

以下,笔者通过一些个案阐述上述观点。

个案一　建构在行政规章基础上的"倒卖车票罪"
——民事委托代理与刑法上的"倒卖"

2014年春运高潮时,佛山一对小夫妻帮农民工上网订票,每张收取10元手续费,被刑拘,铁路警方指控小夫妻涉嫌"倒卖车票罪"。

《刑法》第227条第2款规定:"倒卖车票、船票,情节严重的,处三年以下有期徒刑、拘役或者管制,并处或者单处票证价额一倍以上五倍以下罚金。"其中,两个关键概念"倒卖"与"情节严重"是"倒卖车票罪"的两个基本构成要件。

最高人民法院法释【1999】17号《关于审理倒卖车票刑事案件有关问题的解释》第1条规定:高价、变相加价倒卖车票或者倒卖坐席、卧铺签字号及订购车票凭证,票面数额在五千元以上,或者非法获利数额在二千元以上的,构成《刑法》第227条第2款规定的"倒卖车票情节严重"。遗憾的是,它只解释了"情节严重",对于更为重要概念——"倒卖",却交了白卷。这让人质疑:在实践中,司法机关依据什么定"倒卖车票罪"呢?

其实,依据的是行政规章,而非法律,也非行政法规。下面,我们细细梳理,看看倒卖车票罪是如何被建构起来的。

"倒卖"首先是民法上的买卖行为,它构成刑法上的"倒卖",应具有相当的违法性和危害性,具体而言,无非三项:一是非法经营;二是高价谋取暴利;三是手段恶劣,如黄牛党,利用商品的稀缺性,囤积居奇,待价而沽,扰乱市场。但小夫妻的行为不存在这三项违法性和危害性。

首先,关于"非法经营"的问题。小夫妻以盈利为目的,持续性地面向公众的公开经营,构成商法上的"营业",但并不构成非法经营。警方的依据是2006年四部委《关于依法查处代售代办铁路客票非法加价和倒卖铁路客票违法犯罪活动的通知》第3条第2款:"不具备代办铁路客票资格的单位和个人,为他人代办铁路客票并非法加价牟利的。构成犯罪的,依法追究刑事责任。"

小夫妻有自己的商铺,有营业执照,但确实不具备"代办铁路客票资格",但所谓"代办铁路客票资格"的规定又源自哪部法律?根据四部委通知的前言所述,它的依据是2000年国家计委、铁道部《关于规范铁路客票销售服务收费有关问题的通知》第2条:"铁路运输企业以外的其他社会经济组织或个体工商户经铁路主管部门批准,并在当地工商行政主管部门注册登记开办的铁路客票代理销售点,代理销售铁路客票可收取铁路客票销售服务费。"但此条有两个问题须特别注意:

第一,它规定的是"代理销售"的资格,而非"代理购买"的资格。所谓"代理销售"是代理铁路局对外销售,须经委托人铁路局批准理所当然,但小夫妻的行为是"代理购买",而非"代理销售",则不需要。但在四部委通知中,文字的表述就悄悄起了变化,"代理销售"变成了"代办铁路客票",网越撒越大。

第二,这是行政许可吗?该《通知》有权设立"代办铁路客票的营业许可"吗?回答是否定的,因为"代办铁路客票"并不在《行政许可法》第12条规定的可设行政许可的六则事项中,该《通知》也不是《行政许可法》第14条规定的可设定行政许可的规范性法律文件,它只是规章,而非法律和行政法规,也非国务院的决定。

其次,关于"高价出卖,谋取暴利"的问题。警方认为:小夫妻收费10元超过国家规定的5元标准,构成高价与暴利。所谓"5元标准"最早见于1995年9月25日国家计委、铁道部《关于调整铁路客运价格的通知》第2条整顿票外收费的规定:"凡送到最终订票单位的车票,送票费每张不得超过5元",所谓"5元标准"又被2000年国家计委、铁道部《关于规范铁路客票销售服务收费有关问题的通知》再次重申,也成为警方办案判断是否构成高价和暴利的坚实的依据。

在定罪时,判断高价与暴利,刑法应有独立的标准,这是刑法的独立性与尊严之所在,它应采实质主义,而非简单适用部门规章,况且部门规章的规定有它特定的背景与指向,违反的后果甚至连行政处罚都没有,但刑法却自降其格,沦为部门规章的附庸与打手。1995年确立的"5元标准",在持续的通货膨胀下,早已过时,却被奉为办案铁律,所以,他们不理解为什么"受害人"农民工为小夫妻喊冤。

最后,关于手段问题。小夫妻的火车票生意,本质上就是普通的民事委托代理行为,是"代买",而不是"倒卖",不同于黄牛党。其实,在网络时代,在火车票实名制下,黄牛党的技术生存空间已经愈益狭窄,传统的黄牛党将走向没落。黄牛党的新的盈利模式将是怎样,有待观察,但可以肯定,不是佛山小夫妻的模式。

当然,警方刑拘小夫妻,有两方面的原因:一是运动执法,正值春运,须杀鸡儆猴,即使办了错案,也具有震慑力;二是保护垄断,经营代办车票业务毕竟是铁路系统的自留地,不容旁人涉足。

"代买车票罪"成为铁道部的"家规",而非"国法",最高人民法院对此应负有责任,它的司法解释在"倒卖"概念上的沉默,使得部委规章乘虚而入,破坏了刑法的谦抑性和确定性,它对"情节严重"的解释,仅以经营的金额为标准,而忽视行为的方式与性质,有失水准。

"倒卖车票罪"的前身是1979年《刑法》第117条规定的投机倒把罪,中央电视台"社会与法"频道曾经制作过一期节目《消失的罪名》,投机倒把罪被列为其一,其实,它并没有消失,它被肢解了,改头换面了,残余在现行刑法中,"倒卖车票罪"和"非法经营罪"都是"投机倒把罪"的后裔,它们在实践中的适用,存在极大的混乱与危险,影响了成千上万人的命运。

个案二　缺乏基本法的"非法获取公民个人信息罪"
——商法上的工商登记信息的处理和传播是如何成为刑法上的"非法行为"的?

1890年美国学者沃伦和布兰代斯在《哈佛法律评论》发表论文,提出隐私权概念,开启了法律保护隐私权的序幕。在当代,侵犯隐私的方式已经发生重大变化:隐私主要不是传统社会中零零散散的流言蜚语,而是在社会管理和商业服务领域中所采集的规模化的个人信息,并以电子化的形式储存和传播;作为隐私的个人信息被非法获取和滥用,其动因,也已超越传统社会中常见的探听个人隐私的癖好,而主要源于强大的制度化的商业动力,具有集成性和易复制性,波及面宽,破坏力大,其性质与危害甚至超越传统隐私权的概念。

中国公民个人信息面临的安全风险日益严重,泄露普遍,滥用猖獗。被形形色色的商业电话和短信骚扰,已成为中国人日常生活中普遍而痛苦的经历。但是,中国关于个人信息保护的立法显然滞后,欧盟早在

1995年即发布个人数据信息保护指令,中国的《个人信息保护法》早在2003年落笔起草,但由于部门立法之局限,历时16年仍在腹中,分娩之日尚无期。

目前,我国主要依赖2009年2月《刑法》修正案七新设的罪名——非法获取公民个人信息罪,以遏制个人信息侵犯行为。《刑法》第253条增加规定:"国家机关或者金融、电信、交通、教育、医疗等单位的工作人员,违反国家规定,将本单位在履行职责或者提供服务过程中获得的公民个人信息,出售或者非法提供给他人、情节严重的,处三年以下有期徒刑或者拘役,并处或者单处罚金。窃取或者以其他方法非法获取上述信息,情节严重的,依照前款的规定处罚。"可见,非法获取公民个人信息罪又细分为:出售或者非法提供公民个人信息罪和窃取或者以其他方法非法获取公民个人信息罪。

该罪名已成为保护公民个人信息的主要屏障,但由于缺乏作为基本法——《个人信息保护法》的支持,正如《刑法》上的"非法集资罪"缺乏广义上的证券法的支持一样,最终导致该罪的解释与适用上的各种缺陷与扭曲。2012年发生的"律师非法获取公民个人信息罪案"即是一例。

律师丛某以律师身份从工商部门调取企业工商档案及法人信息,对外出售,获利4万元。2012年4月20日,在北京警方的专项抓捕行动中被刑事拘留。律师丛某的行为是否构成非法获取公民个人信息罪?

律师丛某的行为具有如下的特征,若认定非法获取公民个人信息罪,疑窦甚多。

第一,本案中所谓的"个人信息"是企业工商登记信息,本身是可公开的,而非商业机密,更不是个人隐私。《公司法》第6条规定:"公众可以向公司登记机关申请查询公司登记事项,公司登记机关应当提供查询服务。"该条表明,公司登记信息可面向公众查询。

第二,律师非"出售或者非法提供公民个人信息罪"的法定犯罪主体,主体要件不符合该罪;至于是否构成"窃取或者以其他方法非法获取公民个人信息罪",律师行为不是窃取,而所谓"以其他方法非法获取"也难构成,因为律师获取企业登记信息的渠道具有合法性。

国家工商总局《企业登记档案资料查询办法》第6条规定:"各组织、

个人均可向各地工商行政管理机关进行机读档案资料查询。"关于书式档案资料的查询,虽然第7条规定"律师事务所代理诉讼活动,查询人员出示法院立案证明和律师证件,可以进行书式档案资料查询",但是,实践中的普遍做法是,出具律所介绍信即可。再者,《企业登记档案资料查询办法》颁布于1997年,严重滞后,也与《公司法》《公司登记管理条例》等法律法规的规定与精神冲突。所以,律师丛某的行为即使有违规之处,但尚不足以构成非法获取公民个人信息罪之"非法"。

第三,出卖信息虽为营利行为,但具有一定的合法性。

律师查询工商登记档案本身是律师非诉业务中的一部分,丛某的行为虽然在表面上是"倒卖"工商登记信息,但本质上也可视为以律师服务营利。

第四,由于工商登记的信息主要功能是服务于商事交易,保障交易安全,所以,本案中所出卖的信息其性质决定其用途,应主要用于商事交易,而非犯罪。

基于以上原因,本案的裁决应慎之又慎。尤其是,此案是在打击侵害公民个人信息犯罪专项抓捕行动中的一案,专项抓捕行动声势浩大,具有强大的威慑力,对于保护公民个人信息有积极意义,但不免运动式执法的色彩,而运动式执法中常见的扩大化倾向应予以警惕,此案即有此嫌。

在本案的法律推理中,最重要的问题是,认定案中犯罪嫌疑人的行为的"非法性",是从刑法本身寻找,还是首先在部门法——商法中寻找?

德国商法学者卡纳里斯在其著作《德国商法》中"商事登记的概念和作用"一节中阐述了"工商登记的私人数据处理、统计和传播"原则上应当被允许,是合法的。如果这一观点在中国商法上同样成立,本案中的刑法的"违法性"要素也是无法成立的。①

---

① 〔德〕C. W. 卡纳里斯:《德国商法》,杨继译,法律出版社2006年版,第71页。卡纳里斯这样论证对工商登记信息的处理、统计和传播的合法性:"尽管信息自治权也扩展至私法领域——特别是通过一般人格权法——但该权利在主要利用私人数据处理人员的情况下没有被侵害,因为他们的活动使得——本身非常繁琐并且经常不现实的——登记公开更有效率而且在结果上符合其保护目的。所以,人们也不应要求私人数据处理人员将登记内容的传播取决于登记对象的某项正当利益的存在。"

个案三　取代《直接融资法》的非法吸收公众存款罪名
——刑法司法解释对"公众"和"存款"概念的界定
"越俎代庖",为商法制定基本法

吴英非法集资案后,各地查处的非法集资案,尤其非法吸收公众存款罪案件未减,反而增多,错案与冤案层出不穷。刑法上的非法吸收公众存款罪名令民营企业家战战兢兢,他们问:"外国有这个罪名吗?"答曰:"外国有类似的罪名,但与中国刑法上的非法吸收公众存款罪,有本质不同。"

姑且不谈欧美传统法治国家,这里,以《俄罗斯刑法典》为例,它也禁止非法吸收公众存款,但是,它将其与发放信用卡、现金业务以及结算业务等并列,作为"非法从事银行业务罪"的具体表现,所以,非法吸收公众存款活动是作为一种银行业务而被界定的。

在货币金融学意义上,银行的基本业务是吸收存款和发放贷款,将储蓄存款转化为抵押贷款是银行业务运作的基本模式,吸存与放贷是一枚银币的两面,所以,不以放贷为目的的吸收资金行为不是吸收存款的行为,如生产经营自用,所以,并非所有的吸收资金的行为都是银行业意义上的吸收存款行为。

但中国刑法没有将吸收存款行为限定在银行业务意义上的吸收存款,看看最高人民法院《关于审理非法集资刑事案件具体应用法律若干问题的解释》第1条规定的此罪的四个构成要件:(1)未经有关部门依法批准或者借用合法经营的形式吸收资金;(2)通过媒体、推介会、传单、手机短信等途径向社会公开宣传;(3)承诺在一定期限内以货币、实物、股权等方式还本付息或者给付回报;(4)向社会公众即社会不特定对象吸收资金。可见,只要是向公众吸收资金的行为,即使是用于入股、生产经营也构成此罪。资金的用途不是关键,公开吸收资金是关键。这样,中国刑法实质上禁止所有的公开募集资金的行为,对于那些虽不属银行业务,但是,对银行吸收存款业务具有竞争关系的行为也加以禁止,所以,实质上,将其扩张到所有的吸收公众资金的行为,此罪还不如更名为"非法吸收公众资金罪",更为恰当。将银行的潜在竞争者赶尽杀绝。政府以《刑法》

为主体建构起对民间融资的法律框架,以严厉的刑法维护着国家对金融业的垄断,极具中国特色。

如果这个罪名仅仅停留在对资金公募行为的禁止上,尚留有余地,但可怕的是,司法解释又通过对"公开"概念的数量界定,实质上,将相当比例的私募行为纳入其中。2001年最高人民检察院与公安部联合发布《关于经济犯罪案件追诉标准的规定》,第24条规定:"个人非法或变相吸收公众存款30户以上,或数额在20万元以上;单位非法或变相吸收公众存款150户以上,或数额在100万元以上,即可立案追究刑事责任。"这部法律解释虽然效力位阶低下,但影响却巨大而可怕,它实质上剥夺了中国公民和企业自由融资的基本权利,实质上是在宣布中国境内几乎所有民间融资为非法,甚至是犯罪。

我国刑法中的非法吸收公众存款罪走得相当远,它从禁止非法经营银行业务扩大到禁止民间公募式融资,再扩大到禁止民间私募式融资,就这样,彻底取消了民间直接融资的空间。在这层意义上,我国尚没有充分实现资金配置的市场化,严重阻碍了社会生产率的提高。

探究非法吸收公众存款罪的历史渊源,这个罪的形成在历史上有两条线索,一是对债权人利益的侵犯引发的大案的推动,二是对国家金融垄断的侵犯,导致金融部门本位利益的反弹,影响立法,两者性质并不相同,却形成了合力。最初,沈太福和邓斌非法集资案严重影响经济秩序,引起了立法者的关注,特别是1993年6月23日,中央电视台《新闻联播》播出《十亿元大骗局的破产》,社会影响巨大。但是,舆论力量也导致了从"反集资诈骗"走向了"反集资"的极端立法道路。

1993年8月6日国务院批转《中国人民银行关于集中信贷资金保证当前经济发展重点需要的意见》,强调"坚决制止'非法集资'"。1993年9月3日"有偿集资"概念的出现,见于国务院发布的《关于坚决清理有偿集资活动坚决制止乱集资问题的通知》。

1995年5月《商业银行法》首次使用"非法吸收公众存款"的法律术语。第79条规定:"未经中国人民银行批准,擅自设立商业银行,或者非法吸收公众存款、变相吸收公众存款的,依法追究刑事责任;并由中国人民银行予以取缔。"但未规定什么是"公众"？什么是"存款"？就是在基本概念模糊的情况下，进入了刑事立法。

1995年《关于惩治破坏金融秩序犯罪的决定》，第一次规定了"非法吸收公众存款罪"。

1997年新《刑法》，第176条增设了"非法吸收公众存款罪"，刑法典采取的简单叙明罪状的形式，在实践中产生了认定上的争议和困难。

国务院1998年7月13日制定了《非法金融机构和非法金融业务活动取缔办法》，明确了"非法吸收公众存款"和"变相吸收公众存款"的概念。第4条将此概念作为"银行业务"的一种加以禁止。

这个罪名，本意在于维护银行设立的审批制度，但是，在实际的运行中，借助刑事司法解释，它的手伸入了民间投资领域，成为民间投资的基本制度了，剥夺了民企直接融资的权利。显然，《刑法》及其司法解释通过对"公众"和"存款"概念的界定，"越俎代庖"地为商法制定基本法，刑法实质上做了商法的事。

《证券法》本质上应当是一部《直接融资基本法》，但是《刑法》第176条限制了《证券法》的发展。"非法吸收公众存款罪名"实质上构成了我国金融法制的核心条款，它的立法过程和司法发展一直缺乏金融法和商法层面上的法理反思，应当予以改革。

以上列举了三个个案，论述了刑法罪名的违法性要件的认定和部门法之间的关系。此外，刑法中"非法经营罪"罪名的"经营"概念与商法中的"营业"概念之间的关系，在司法实践中，争议较大，例如黄光裕在地下钱庄购汇还赌债被诉非法经营罪一案。[①]

至于第四个论点："将刑事责任的认定方式通过立法和司法简单适用于民事责任，破坏了责任体系的阶梯性。"典型表现在民事欺诈的认定上，以刑事证据规则取代民事证据规则，使得**刑事欺诈和民事欺诈同构化**，例如《最高人民法院关于适用〈中华人民共和国民事诉讼法〉的解释》（2014

---

① 见北京市第二中级人民法院（2010）二中刑初字第689号刑事判决书。

年12月18日)第109条规定:"当事人对欺诈、胁迫、恶意串通事实的证明,以及对口头遗嘱或者赠与事实的证明,人民法院确信该待证事实存在的可能性能够排除合理怀疑的,应当认定该事实存在。"排除合理怀疑的理论本是刑事证据规则,但是,该司法解释将其扩展到民事证据规则中,使得民事欺诈的认定上升到刑事欺诈的认定标准,使得民事欺诈的受害人得不到补偿,也导致一旦构成民事欺诈,就基本构成刑事欺诈的现象,民刑的分界模糊了。

结　语　分析法学与中国民法典

第一节　中国民法面临的基本问题

近代中国法制发展史上，曾经有两次民法典的编纂，其一为1911年《大清民律》的编订，另一为1931年《中华民国民法典》的编订。今日，随社会主义市场经济的逐步发展，中国民法又步入一个新的复兴和发展时期。

自1986年《中华人民共和国民法通则》颁布后，随着《合同法》、《物权法》、《侵权责任法》、《民法总则》的相续制定，中国民法的基本体系逐步形成。但是，由于经济体制、意识形态、学术传统等多重因素的影响，当代中国民法仍然存在种种问题，在法律形式上一定程度地表现为如下情形：

1. 法律概念　法学概念是法律制度的灵魂，自20世纪初中国民法继受大陆法系传统后，中国的民法学者一直未有一段从容的时间对大陆法系的民法基本概念进行透彻的反思和深入的分析，所以，中国民法学"消化不良"的症状比较明显。一个典型的例证就是，中国民法学对"民事权利"这一民法核心概念的理解仍处于十分简单的教科书水准，尚无一个比较完备的关于民事权利结构的分析模式，至于对财产权利概念及其从概念如物权和债权理解的也较为生涩，所以，当代中国民法学的几场讨论如法人所有权性质之争、股权性质之争、物权行为性质之争、制定物权法还是财产法之争，尽管其表象沸沸扬扬，聚讼纷纭，但是，实质上却多是概念的语义之争。①

2. 法律渊源 大陆法系国家一般以民法典为民法的主要渊源,但是,中国的民法典尚付阙如。现今中国民法的渊源主要表现为民事普通法(即《民法通则》和《民法总则》)、民事单行法、与民事单行法相配套的法规、民事司法指示和司法解释,以及散在性的民事法律规范等,仍然需要进一步系统化。

3. 法律规则的冲突 也正是因为中国民事基本法充满了原则性的条款,实际运作的民事制度大多散见在林林总总的部门立法之中,一些部门立法由于本位主义和权力观念的影响,如鲁莽的野牛闯入民法的田园,严重破坏了民法原有的基本原则和结构,民事立法失却了统一的法理统摄,所以,"法出多源",法律规则之间的冲突也就不可避免。

我们应如何评价中国民事立法的这一现状?1969年美国新自然法学的代表人物富勒在《法律的道德》一书中曾将法律的道德区分为外在的道德和内在的道德,所谓外在的道德是指法的实体目的或理想,而内在道德是指法律之能成为法所绝对必需的先决条件,即"程序自然法"。程序自然法的标准有八项:(1)法律应具有一般性和普遍性;(2)法律应当公布;(3)法律应具有可预测性;(4)法律应当明确;(5)法律不应矛盾;(6)法律可为人遵守;(7)法律应具有稳定性;(8)官员的行为与已公布的规则的一致性。② 如果以上述的标准评价现今中国民法的状况,中国的民法显然需要提升其内在的道德。

笔者认为,造成中国民法上述缺陋的主要原因一方面在于主观因素,正如富勒所言:"如果一位立法者为实现一种极端利己或极不公平的目的而制定法律时,他就不可能使他的法律表述得清清楚楚。"③ 这在我国行政部门制定民事法规的活动中表现得较为明显;另一方面在于客观因素,主要表现如下:

---

① 参见柳经纬主编:《共和国六十年法学论争实录·民商法卷》,厦门大学出版社2009年版。

② Lon L. Fuller, *The Morality of Law*, Yale University Press 1969, p.33.

③ Ibid., p.63.

1. 中国民事立法的理论准备时间极为仓促,自清朝光绪三十年开设修订法律馆至今,中国民法学研究的历史总计不过百余年,其中因政权更迭和政治运动而耽搁的时间却达四十余年。1804 年《法国民法典》得以诞生的一个重要的学术背景就是法国注释法学派的贡献,而注释法学派的研究却历时三百余年,相比之下,中国的法学传统就浅薄得多了。民国时期,中国尚有大批受过系统严格的欧美法学尤其是德国法学训练的法学大师,而如今,虽然法学留学人才归国甚多,研究逐渐深入,但是,中国民法学对大陆法系和英美法系的法律概念仍然缺乏深度的研究与反思。

2. 中国民法主要继受大陆法系的传统,同时又受苏联民法理论和英美法系民法理论的影响,异质的民法概念和规则混杂在一起①,但是,中国民法学尚无能力创建出一个可以嫁接和包容多元法系民法理论特别是包容大陆法系和英美法系民法理论的新的概念系统。

3. 作为经济体制改革时代的显学,经济学也对民法学产生了一定程度的冲击,法经济学丰富了民法学的思想,但是,由于中国法学者对法律学和其他社会科学的学科性质的差异缺乏清晰的认识,一些经济学的概念常常被运用于民事立法之中,加重了中国民法概念的混乱。②

4. 所谓"后现代主义法学"等法律批判思潮不合时宜地引入,在中国民法尚未建立起一种精致完美的形式主义(Formalism)的法律结构之时,就对现代法律的形式主义进行尖刻的批判,一种有所谓"知识支持"的新生的法律虚无主义在一定程度上误导了中国民法学研究的趋向③,对法

---

① 早在 1996 年 12 月召开的《民法通则》实施十周年理论与实务研讨会上,江平教授所作的《民法通则的起草和目前民事立法的指导思想》的报告就曾指出这一问题,他说:"我国属大陆法系,近似德国,但一些单行法如证券、金融、信托、期货等则采英美法特别是美国模式,所以,存在一个两大法系适当融合的问题。比如合同法,合同法属于英美法模式,但《合同法》(草案)却规定了只有大陆法系才有的分则(有名合同)。再如信托法,英美法上存在双重所有权,因此制定信托法必须解决这一问题,还有《经纪人法》(草案)中也存在英美法系和大陆法系代理概念的冲突。"
② 如制度经济学的"产权"概念常常同法律学的"所有权"概念混淆。
③ 参见季卫东:《面向二十一世纪的法与社会》,载《中国社会科学》1996 年第 3 期;苏力:《后现代思潮与中国法学和法制》,载苏力:《法治及其本土资源》,中国政法大学出版社 1996 年版,第 268 页。

律自身的结构和逻辑的分析研究被鄙视为"概念法学"而遭长期忽视。

5. 中国仍处于社会与经济体制转型的过渡时期,中国民法概念的混乱和规则的冲突实际上也是变动的社会经济关系的折射,许多"不伦不类"的民法概念的使用也是用以调整当前特殊的经济关系的权宜之计,或是在现行政治意识形态的限制下的无奈之举。再者,由于立法机关的立法经验的局限,立法水平也不可能达到一个很高的水准。正如全国人大一位官员所坦言:"由于我国幅员辽阔,各地情况千差万别,加之开展大规模市场经济立法时间又不长,这就容易导致立法过程中采取折中调和的办法,把那些一时拿不准、或者容易引起争论的内容去掉,以政策名词代替法律术语,结果使制定出来的法律往往像是一个比较原则的政策宣言,或者是一个笼统的大纲框架,法律术语不准确,一些法律法规的规定不具体、不规范,原则性条款、弹性条款和任意性条款过多。"①

6. 中国传统的学术源流中缺乏西方法学的实证分析精神,思维的模糊性也阻碍了中国法学者对于分析法学的关注,从而阻碍了中国的分析法学的发展。

中国社会正逐步进入以市场经济为基础的现代社会,"理性化"是现代社会的本质特征,它要求社会规范的统一和精确,特别是法律规范的统一和精确,因为只有在这样一种具有可计算(Reckonability)的法律背景下,人们才能确实地预期其行为后果,富有效率地配置社会资源,最终实现社会运作的理性化。所以,中国民法目前这种混沌和繁杂的状况是市场经济发展的巨大阻碍。

为摆脱这一困境,目前,编纂民法典已成为中国民法发展的一项重要选择。②

---

① 尹中卿:《全国人大市场经济立法五年回眸》,载《民主与法制》1998年第5期。
② 制定民法典是许多国家和地区的选择,《越南民法典》经过15年的编纂,前后易稿十四次,也于1995年10月28日颁布,整部法典分七章,计838条。欧洲共同体也在起草《欧洲统一民法典》。匈牙利新的《民法典》也于2013年颁布。

第二节 分析法学与民法典编纂

一、民法典的蕴义

19 世纪法学家关于民法典的定义

在法国民法典诞生之后,法学家们试图解释它的起源,理解它的本质,于是,出现了许多关于民法典的定义。

分析法学家边沁关于民法典的定义是十分著名的,作为一位功利主义哲学的奠基人,边沁积极主张法典应成为社会进步的引擎(as an engine of social progress),他认为:"民法典应当建立在给大多数人最大幸福这一基本原则基础上,它应当覆盖整个私法领域,应当为每一个人所能理解,每一部法典都应配以逻辑性的解释(a logical commentary)、立法理由等。"[①]

大多数的法国民法学家如 Andre Tunc,都赞同边沁关于民法典的定义,Tunc 认为民法典最为重要的要素是逻辑性(logical order)、一般性(generality)和全面性(completeness)。[②] Tunc 也强调法典的周延性,他认为法典应当为聪明的读者提供所有问题的答案。[③]

一位杰出的加拿大民法学家 Jean-Louis Baudouin 则将民法典最本质的特性界定为简明性和内在一致性(internal coherence)[④];Vanderlinden

---

① Jeremy Bentham,"Principles of the Civil Code", in John Bowring (ed.), *The Works of Jeremy Bentham*, vol. I, William Tait 1843, p. 1.

② André Tunc,"The Grand Outlines of the Code Napoleon", (1955) 29 *Tulane Law Review* p. 431.

③ "The text should provide an intelligent reader with answers to all of his questions." See Angelo Sereni,"The Code and the Case Law", in Bernard Schwartz (ed.), *The Code Napoleon and the Common—Law World*, Greenwood Press 1956.

④ Jean-Louis Baudouin, "Réflexions sur la codification comme mode d'expression de la règle du droit", in Jean G. Sauveplanne (ed.), *Unification and Comparative Law in Theory and Practice: Contributions in Honour of Jean Georges Sauveplanne*, Kluwer Law and Taxation Publishers 1984, p. 17.

则将民法典的本质特性认定为,多个部分结为整体之形式上的统一性(formal unification)。①

这些定义大多受了法国历史学家菲利普·萨涅克(Philippe Sagnac)的影响,他在名著《大革命时期的民事立法》中说:民法典应当是简明的和清晰的,一如自然法,它应当简约为一组数目不多的条文,这些条文是民主社会的基本原则在逻辑上自然推理的结果。②

作为一种法律生长点(渊源)的民法典

罗马法式的民法典其本质在于它是法律的渊源。"法律的渊源"概念在英美国家很少被使用,但是,却是欧洲大陆的一个重要的概念,这个术语一般指法律的储存库(repository),或者说是法律的生长点,法官可以从中寻找基本的指针以解决纠纷,而在英美法系法律的储存库的功能则在传统上一直是由司法判例来承担的。尽管在英美国家,如果一个法令对某一案件的情形作出了直接的规定,这一法令也当然是这一案件应当直接适用的法律,但是,对于那些法令未作具体规定的案件(unprovided-for case),法官则首先会从以往相似的判决或学理论证中寻找此案的法律渊源,而在民法典的国家则不同,法官只能从民法典那里求得渊源。

当然,民法典应当是全面的、一般的和逻辑的,但是,历史说明没有一部法典在经历若干年的变迁之后,仍然是全面的,所以,《德国民法典》的编纂者说:如果需要,民法典应当被扩张,民法典所包含的不应是一堆死的相互耦合的条文,而是具有内在联系的规范的有机结构,法典中的基本原则是法典自身发展的胚芽。③

小结:民法典的本质在于它是法律发展的渊源,它具有一般性、全面性、逻辑性、系统性,这些特征决定了它离不开分析法学为基础。

---

① Jacques Vanderlinden, *Le Concept De Code En Europe Occidentale du XIIIe au XIXe siècle: Essai de définition*, Institut de Sociologiw sw L'Universite Libre de Bruxelles 1967.

② Philippe A. Sagnac, *La Législation Civile De La Révolution Française (1789—1804): Essai D'histoire Sociale*, Hachette 1898, p.385.

③ H. Jatzow, *Motive Zu Dem Entwurfe Eines Bürgerlichen Gesetzbuches Für Das Deutsche Reich*, J. Guttentag 1888, p.16.

二、分析法学与法典编纂:以美国为例

在民法典的历史上,分析实证主义流派的法学家一向是法典的编纂的倡导者和实施者,注释法学与《法国民法典》的渊源,概念法学与《德国民法典》的渊源,都是很好的例证。而英美分析法学对法典的贡献也是十分显著的,例如边沁对英国的法律改革和《印度民法典》的贡献①,不过英美分析法学对法典编纂的促进主要还是表现在美国。

1804 年颁布的《法国民法典》是现代法典编纂的第一次成功的尝试②,拿破仑的军队走到哪里,拿破仑的法典就传播到哪里。当时,由于法国与美国之间的革命友谊,拿破仑法典在美国也产生很大影响,拿破仑法典的英译本以及 Pothier 和 Domat 著作的英译本在美国都已出现,它也激发了美国人对于法典的兴趣。美国革命与法国革命时距不过十年,两国在意识形态上也十分亲近,美国的《独立宣言》与法国的《人权宣言》仿佛是姊妹篇,因为自然法哲学是它们共同的思想渊源。所以,一些美国的法律人将《法国民法典》视为民主社会基本原则的最好表述。他们抨击英国殖民者强加于他们的普通法只是一个神秘的迷宫(labyrinth of mystery)。大法官 Joseph Story 十分沮丧于普通法的繁杂,他极力抨击正在成长之中的美国判例法,并表达他的忧虑,说:判例法的成长是一个可怕的灾难,我们将被活埋,尽管不是在坟墓中,但却是在法律的迷宫中。③

但是,更多的美国人则反对法典化,他们认为,法典化(codification)这一术语具有政治上的落后性,是专制暴君的遗产,他们赞叹英国法是一个复杂而美丽的科学(an intricate and beautiful science)。所以,在革命后的 19 世纪,美国法律并未能走向法典化。托克维尔(Alexis de Tocquevill)在《美国之旅》(*Journey to America*)一书中,说明了美国反对法典

---

① 边沁与《印度民法典》的关系可参见:Seymour G. Vesey-FitzGerald, "Bentham and the Indian Codes", in George Keeton and Georg Schwarzenberger (eds.), *Jeremy Bentham and the Law: A Symposium*, Stevens & Sons Limited 1948, p. 222.

② 普鲁士王国的土地基本法是欧洲迈向现代法典的第一步,但是,它过长过细,以至于人们难以将其作为法律改革的范本。

③ Joseph Story, "Progress of Jurisprudence", in William W. Story (ed.), *The Miscellaneous Writings of Joseph Story*, C. C. Little and J. Brown 1852, pp. 212, 237.

化的政治和社会方面的真正原因,他说:"美国的法律人士颂赞普通法,而反对法典化,一是因为如果一旦制定民法典,他们将从头学起,二是因为如果法律因法典化而成为众所周知的知识,他们的重要地位将丧失殆尽,他们将不再像埃及的传教士那样,是一种神秘科学的唯一解释者。但是,美国的一些杰出人士如 Ponsett、E. Livingston 则相反,他们拥护法典化。他坦白地告诉我,那些反对法典化的人都是因为自己的私利作怪。"①

尽管如此,19 世纪的美国还是出现了一场法典化运动,它是由菲尔德(David Dudley Field)领导的,他是纽约的一位律师,他从 1847 年至 1865 年,花费了大约二十年的时间起草了 5 部法典,其中包括民法典。这场法典化运动的一个重要背景就是,在 19 世纪上半叶,边沁的分析法学著作在纽约引起了强烈反响,加之独立战争之后,美国人对英国人的憎恨,所以,对普通法改革呼声极高。当时美国的法典化条件并不成熟,因为在法国、德国和瑞士,法典化都具有几百年的学术传统作为基础。所以,正如庞德所指出的,美国的早期法典化既没有现成的立法草案可以参考,也没有系统的学说作为基础,所以,菲尔德所做的纯粹是开拓性的事业。菲尔德并不想破坏美国的法律传统,不想对美国的法律进行革命,用大陆法系取代普通法,他只是想将现行的普通法法典化,也就是用一种明了的语言阐述现行的法律,使之系统化。因此,他选择了重述的方法,将现行法改造成现代法典形式。

菲尔德向立法机关提交了他的民法典之后,引发了激烈的争论。由于美国人从来不认为法典是法律的渊源,从来不认为立法机关能够制定出永恒的和精当的法典。所以,菲尔德的法典遭到了以卡特(James C. Carter)为首的反对者的大肆攻击。他说:为未来的交易活动制定合适的法律是不可能的,因为立法者不知道未来是怎样的。② 大法官 Joseph Story 也将民法典视为一个不切实际的堂吉诃德式的事业(quixotic enter-

---

① Alexis de Tocqueville, *Journey to America*, Jacob-Peter Mayer (ed.), George Lawrence (trans.), Doubleday Anchor Books 1971, pp. 301-302.

② James Carter, *The Proposed Codification of Our Common Caw: A Paper Prepared at the Request of the Committee of the Bar Association of the City of New York*, Evening Post Job Printing Office 1884, pp. 39-41.

prise)。卡特的反法典的运动取得了成功,纽约州的立法机关抛弃了菲尔德的法典,但是法典中的合同部分的条文却被加利福尼亚州、佐治亚州、蒙大拿州等州接受了。

在内战(1861—1865年)之后,美国法律界对于理论的兴趣和对法典的兴趣逐渐消失了。但是,时至20世纪,美国州际贸易发展起来了,由于联邦政府允许各州自己制定私法,各州私法发展各不相同,并且对判例法的解释也不同,阻碍了贸易发展。面对法律的混乱,1923年一份力主建立美国法学会(American Law Institute)以推动美国法律完善的报告指出:"目前,美国法律有两个主要弊陋,一是法律的不确定性(uncertainty),二是法律的繁杂性(complexity),这些弊陋导致了美国法院判决的不可预测性,使公众对法律丧失信心。"[①]正是在这一理念的引导下,美国法学家特别是分析法学家开始了法律重述(Law Restatement)和统一法典(Uniform Code)的编订两项伟大事业,逐步改变了美国普通法的面貌。

其中,法律重述(财产法篇)则完全采纳了分析法学家霍菲尔德的法律术语,以霍菲尔德的分析理论为基础完成了对普通法的系统的富有逻辑的解释与阐述。而《统一商法典》编纂的领导人则是霍菲尔德的学生卢埃林(Karl N. Llewellyn)[②],他是一个阅历丰富、学识渊博的法学家,他不仅精通普通法也精通大陆法,同时对社会科学与人类学也颇有造诣。他曾在德国和法国留学,深受德国分析实证主义法学传统的熏陶,能够流利地阅读和讲说德语,并曾写过一篇关于判例的德文论文。但是,20世纪40年代,美国人十分憎恶德国的法律和文化,德国在第一次世界大战中的恶行令许多美国法律人对德国的法律深深怀疑。J. M. Zane曾经出版了一部至为流行的论集《残暴的德国法学与司法》,攻击德国的法哲学是一堆"以 geist 开头以 kultur 结尾的陈旧的形而上学的垃圾"。[③] 所以,

---

① "Report of the Committee on the Establishment of a Permanent Organization for Improvement of the Law Proposing the Establishment of an American Law Institute", in *Jack Davies Institutions and Methods of the Law*, West Publishing Co. 1982, p.309.

② 卢埃林与霍菲尔德的关系见本书第二章。卢埃林也是美国现实主义的领袖,但是,他身上的分析实证主义的色彩却十分明显。

③ John M. Zane, "German Legal Philosophy", (1918) 16 (5) *Michigan Law Review*, p.315.

卢埃林一直掩饰他的《统一商法典》与德国法的渊源,他曾告诫他的同伴 Riesenfeld 教授说:"千万不要宣称我们在学习德国法,因为如此坦诚无疑是与死亡接吻。"①

小结:现代社会的法律即使不法典化,也应当是系统的、严谨的、统一的,即使在美国这样具有深厚的反法典化传统的国家,繁杂的普通法最终也通过《法律重述》的形式达到了系统性、严谨性和统一性,商法也最终表现为法典的形式,而对法律的系统性、严谨性和统一性乃至法典化的追求正是分析法学和分析法学家的使命之所在。

三、法典编纂与分析法学的兴起应是中国民法发展的趋向

要改变中国民事法律的面貌,制定一部完整严密的中国民法典亦是必由之路。但是,从西方法制史和法律思想史中,我们可以看到,一个国家法典编订的成败和优劣总是和一个国家分析法学的发展水平密切相关,正如自然科学和自然工程的进步离不开数学一样,法律学和法律制度的进步也离不开分析法学。但是,中国的民法学一向忽视对民法自身的逻辑和结构的研究,当西方国家分析法学已成为一个宏大的体系时,中国的分析法学尚未萌芽,所以,中国民法田园概念与逻辑的混沌如同枯藤盘桓,这也就并不令人诧异了。由此,我们可以断言,走入 21 世纪中国民法典的中国民法需要一场春耕,那就是分析法学的兴起。②

第三节 中国民法典的主题与方法

自 1907 年沈家本主持起草《大清民律草案》始,中国民法典的编纂事

---

① Stefan Riesenfeld, "The Impact of German Legal Ideas and Institutions on Legal Thought and Institutions in the United States", in Mathias Reimann (ed.), *The Reception of Continental Ideas in the Common Law World 1820—1920*, Duncker & Humblot 1993.

② 可以预言,21 世纪将是中国民法走向成熟的时代。但是,21 世纪的中国民法将依循怎样的走向?我认为,以分析法学和社会法学为代表的法律实证主义将是中国民法发展的基本导向。因为一旦一个社会采用法治的话语来解决社会纠纷,那么,法治话语的内在逻辑就会在法治的实践中展开和成长。

业已经延绵一个世纪,但是,遗憾的是大约六部民法典(草案)均在中国大陆流产了。2014年中国民法典的编纂又重新写入立法机构的议程之中。

民法典的编纂其意义绝不在于拼凑一个形式上完整的法律体系,而是以此确定社会经济生活中的基本法律关系,所以,法典之编纂实为百年大计,举足轻重,如果我们不对法典编纂的基本背景以及方法论进行深入反思,法典的编纂就会成为一个危险的工程。

在分析法学的眼光中,法典的编纂实质就是一个构造系统的法律范式的过程,但是,这一法律范式的构造过程必须充分考虑现实背景对法典编纂的基本要求。当前,中国民法典的编纂至少面临以下三个背景:(1)经过近百年的发展,中国民法已经继受了多元法系的传统,其中大陆法系为主要,英美法系和苏联法系为次要,不同的法律概念在中国民法体系中已经产生了冲突,在某些法律问题上,民法典应当构造一个可以沟通不同法系的法理并消弭其冲突的新的法律范式。(2)中国民法体系基本为异域舶来品,活跃于中国民间的林林总总的习惯法与这些民法规范存在着一定程度的矛盾,民法典构造的法律范式应当充分吸收中国本土习惯法的因素。(3)现今中国民法体系基本以一百年前的德国民法典和两百年前的法国民法典为蓝本,但是,当今世界所涌现出来的大量新的社会问题在这些传统的法律范式中难以寻得妥当的解决途径,所以,民法典应当构造新的法律范式用以调整新的社会经济关系。

上述的三个背景决定了中国民法典编纂的三个主题:

1. 融合 20世纪大陆法系和英美法系的融合已成必然趋势,如何融合两大法系的法理是许多国家立法面临的难题,但是,成功的范例也不少,值得我们借鉴。

2. 本土 1890年日本民法典颁行之时,富井政章博士主张"法典延期",其中一个重要的理由就是"法典与民俗习惯相悖的条文太多"[①],如何使法典不损害一个民族的民族精神?这是继受法典传统的国家必须解

---

① 段匡:《日本的民法解释学》,载梁慧星主编:《民商法论丛》(第4卷),法律出版社1995年版,第248页。

决的问题,民国时期,国民政府为制定民法典所进行的大规模的民事习惯调查工作就是一个极好的尝试。本书认为,在现今中国民法典再次编纂之前,这个工作必须重作。

3. 创新 中国民法典应当是 21 世纪的民法典,它应当能解决 21 世纪中国的社会问题。日本法学家北川善太郎将现代民法面临的部分新的法律问题归纳为如下五个方面,即作为第三法律秩序的生物体法、大量权利现象和系统契约、拷贝市场、信息产品的责任、大规模受害的救济系统。他还尝试为这五个新的社会问题建立新的法律范式。① 而这些问题恐怕也是中国民法典的制定所要解决的新问题。

实现上述三个主题,离不开两个密切相连的方法论,即**社会实证和分析实证**。

第一个主题的实现主要依赖于分析实证主义的方法论,正如霍菲尔德所做的工作,将所有的法律关系化约为"最小公分母",而大陆法系和英美法系中的所谓"物权""衡平所有权"等权利形态只不过是这些"最小公分母"的各种组合形式而已。

第二个主题和第三个主题的实现则依赖于分析实证和社会实证两种方法论的协作,其研究的过程一般要经过两个阶段,一是社会实证的研究,二是分析实证的研究。前者主要研究法律所要解决的社会问题的一般性质和规律,可称为初步概念化(first conceptualization)的阶段,后者主要研究如何建立法律的逻辑结构即法律的范式,用以调整和解决特定的社会问题,可称为再概念化(second conceptualization)阶段。而北川善太郎则将这一过程分解为这样的程序:首先是发现和认识问题,其次是确定该问题归着点的模型,最后是实现该模型的法律模型化。其意大同小异。由于我国的法社会学的研究始终未有全面启动,所以,上述第一个阶段的研究实际上处在停滞状态,关于中国民间习惯法和现实中国社会中法律所亟待解决的问题的研究空白极多,这对于中国民法典的制定是一个极为不利的局面。

---

① 〔日〕北川善太郎:《不久未来的法律模型——由不久未来而思考现代》,华夏、吴晓燕译,载《比较法研究》2006 年第 1 期。

第四节　民法典编纂的雄心、野心与平常心

自 1998 年最后一次民法典编纂搁浅,中国民法学者编纂民法典的雄心渐渐平息,几乎已经忘却这依然是他们不可推卸的一项历史使命。十八届四中全会决议明确宣示要制定中国民法典,自清末以来的中国民法典之梦又被点燃。

其实,虽无民法典,但中国的民法已为蔚然大观。在过去三十年中陆续颁布的《民法通则》《合同法》《物权法》《侵权责任法》已经构成一部民法典全部要素。如果立法者偷懒的话,将它们装订在一起,赋予"民法典"之名,也无不可。但中国民法学者的雄心显然不屑于此。

民法典是一项神圣的事业,不仅是政治意义上的,也是哲学意义上的。中世纪之后,第一位提出民法典理念的人不是政治家拿破仑,而是数学家和哲学家莱布尼茨。他受到牛顿力学伟大成就的激励,相信人的理性既可以认识物理世界,也可以认识人类社会,人的理性有能力创造一部法典,为人类社会的全部社会关系的矛盾找到答案,只需发现一些基本的公理,然后,像欧几里得几何学那样推理,就可以获得全部法律规则。莱布尼茨的民法典理念与他的二进制是一样伟大的贡献。

拿破仑是第一位将民法典理念付诸实践的政治家,他因此流芳百世。虽然他建立的帝国和军队早已烟消云散,但他于 1804 年制订的《拿破仑民法典》却依然活在当代法国,乃至其他国家。

德国人在民法典编纂上更具有天赋,《德国民法典》比《法国民法典》(《拿破仑民法典》)晚了近百年,1896 年才颁布,却在整个 20 世纪遥遥领先。德国民法学家承继康德和黑格尔的思辨力,创造了许多民法概念,如法律行为、法人等,统领整个法典,学问高深莫测。

民法典的出现,对人类的伦理思维影响甚大。人民告别了朴素的直觉式的是非判断方式,把是非判断交给了概念,有民法典在手,仿佛有了一台伦理是非的计算器。其实,多少有点异化,但符合世俗世界理性化的

进程。

　　日本是第一个制定民法典的亚洲国家。庞然大物的大清帝国在鸦片战争中的失败吓坏了日本人,日本人在东京湾填造了许多沙洲,也未能抵挡住美国军人佩里的军舰。日本开始立宪和修法。明治天皇邀请法国法学家布瓦索纳德(Gustave Boissonade)为日本起草了民法典。在靖国神社附近现在还有一座大厦,就是以布瓦索纳德命名的,以示日本人对他的感谢。他还曾作为明治天皇的法律顾问参与中日甲午谈判有功,获得五千万日元的打赏,名利双收。

　　但是,他的法国版的日本民法典草案,因为忽视日本的习惯和风俗,而被日本学者诟病,之后,由东京帝国大学的三位教授穗积陈重、富井政章、梅谦次郎,起草了日本民法典。其中,梅谦次郎对中国影响最大,他担任法政大学的校长,培养了陈天华、汪精卫、宋教仁、胡汉民、沈钧儒等一批青年革命家和法学家。梅谦次郎还应清政府的邀请,派自己的学生松冈义正帮助起草《大清民律》。当然,清政府起草《大清民律》的直接政治动因,与当年的日本一样屈辱,是为了废除"领事裁判权",收回"治外法权"。

　　独立制定民法典是一国民法学者自尊心的体现,当年,东京帝国大学的宪法教授穗积八束批评法国版的日本旧民法典草案,直接的后果就是他的哥哥穗积陈重担纲起草日本新民法典草案,兄弟俩的配合真是天衣无缝。虽然日本新民法典草案也基本仿抄德国民法典第一草案,但是,毕竟是日本人自己抄的。

　　清末国力贫弱,法学学术尚未开化,民法典编纂自然依赖日本学者,但国民党的《"中华民国"民法典》的制定完全由中国学者独立完成,史尚宽等五人起草小组成员以及顾问王宠惠都是当时的大法学家。这部优良的法典后来被赶到小岛上苟且偷生了。

　　新中国历史上编纂民法典的最好时机是建国初,因为有《苏联民法典》做榜样,况且大国初创,尚是一张白纸,可任意涂画。1954年,王明领衔起草《中华人民共和国民法典》,结合中国民事习惯调查和苏联民法的经验,完成草稿,但最终夭折。

　　之后,在1962年、1978年、1998年,新中国还三次起草民法典,均未成功。眼前是第五次民法典编纂的尝试,她的时代背景和深层问题,需要认真审视。

法典具有全面涵盖性和体系性,但现在,在许多民法典国家,由于单行法的增多,除了消费者权利保护法、产品质量法、环境保护法等,还有关于特别类型的法人的单行法、金融领域发展起来的特别担保类型的单行法等,加之法官造法,多如牛毛,导致法典被架空,法典体系龟裂。民事案件的裁决更多的是适用单行法,而不是民法典,民法典成为一部"剩余法"(residual law)。这就是1978年意大利学者那达林若·伊尔蒂教授(Natalio Irti)提出的所谓的"解法典化"(decodification)现象。[1]

民法典历经沧桑,结构与内容显得陈旧而空泛,如同一座老宅,横梁和立柱都得换了,无法修补,许多国家重新编纂民法典,此为"再法典化"(recodification)现象,例如荷兰于1992年施行的新民法典、加拿大魁北克省的1994年民法典,以及2013年匈牙利民法典和2014年捷克民法典。

在其他国家已经开始尝试"再法典化"时,中国却刚刚开始编纂民法典,应如何定位我们的任务?如果将此次编纂仅仅视为20世纪未竟事业的圆梦,那就非常简单,汇编即可,略略增删,这就是平常心。如果是将21世纪各国所正在尝试的"再法典化"作为背景,参与合唱和竞争,力图创新,那就是雄心。用时间维度来表达,那就是,我们是要编纂一部20世纪的民法典,还是编纂一部21世纪的民法典?

当然,对于再法典化,并非所有国家都雄心勃勃,法国人似乎是无信心了。法国的法典编纂委员会在最近的报告中说:"起草新法典的时代可能已经终结了",她给出的理由很奇怪,因为"这是一个电子技术的时代"。[2] 罗马法时代,查士丁尼大帝编纂《国法大全》是为了解决法的易得

---

[1] Natalino Irti, *L'età della decodificazione*, Giuffrè 1979, p.613. 中译文见:〔意〕那塔利诺·伊尔蒂:《解法典化的时代》,薛军译,载徐国栋主编:《罗马法与现代民法》(第四卷),2003年号,中国人民大学出版社2004年版,第80—107页。

[2] Commission Supèrièure de Codification, "Vingt et unième Rapport Annuel 2010" (2011) 〈https://www.legifrance.gouv.fr/contenu/Media/Files/autour-de-la-loi/codification/rapports-annuels/rapport-annuel-2010-de-la-commission-superieure-de-codification.pdf〉 accessed 29 December 2020.

性和易读性。现在,电子技术就可以解决法的易得性和易读性问题。法国有著名的"大老子(Dalloz)法律电子数据库",被法国人誉为是他们的真正的活法典。有了"大老子",一切法源尽在屏上,编排有序,交互查询,清晰可读,还需要新民法典吗?

但法国不是中国,法国的问题是"再法典化",中国的问题是"法典化",中国立法者应利用后发优势,通过"法典化"一并解决"再法典化"问题,既然要折腾,那就一劳永逸。此次中国民法典编纂应是一次创新,它应是一次怎样的创新呢?

首要问题是,我们需要一部多大的民法典?英国哲学家边沁鼓吹万全法(Pannomion)①,法典应包容一切,但他的意图是为了解构神秘的普通法,让法在人民面前透明化。但在电子化时代,法典无须大,大并非伟大,"好大的法典"并非"大好的法典"。民法典需要将知识产权法、婚姻家庭法,以及各类民法单行法一并吸入体内吗?学者需要找到一条黄金分割线,以丈量和确定民法典的体型与体量。

其次,即使用20世纪的民法典的内容标准来衡量现行中国民法,中国民法体系依然存在空白和混乱,例如实践中杂乱的法人制度,缺乏"顶层设计"。应借助民法典编纂之际,整理和改革和中国的法人制度。再如,中国无商法典,但商事交易的一般问题需在民法典中有一席之地。

再者,关于法典的抽象化问题。荷兰新民法典新增了财产法总编,中国民法典需要吗?虽应摒弃"为了抽象而抽象"的抽筋式立法,但抽象化最显示法典的品质,它是民法成长的种子,中国民法学者有雄心制造一批抽象化的种子吗?

如果民法典编纂走得再远一点,还应当有一点野心,那就是发挥一定程度的宪法功能。今天已经不是拿破仑的时代了,民法的宪法功能的时代早已过去,民法典的社会功能在过去半个世纪中实质上是在被压缩,因为大量财产是通过公法创制和分配的,民法典被严重边缘化了,但在中国,在宪法未全然发挥威力时,民法典需要发挥更大的威力。

---

① Jeremy Bentham, *The Collected Works of Jeremy Bentham: Constitutional Code*, vol. I, Fred Rosen and James H. Burns (eds.), Clarendon Press 1983.

在中国民法典编纂中,最可能增设的具有宪法意义的条款是关于土地制度,集体土地流转正在试验中,其经验如在民法典中固定,将实质突破传统的集体土地所有制的内核。当然,还有其他可写入民法典的宪法性的条款。如果中国民法学者能将民法典起草成"半部宪法",这将是21世纪立法史上的绝唱。

我们期待一个伟大的民法典在中国诞生,但我们也应当清醒地认识到:即使编出一个精良的民法典,它也是不能解决法律规则的及时供应问题的,民法必将依赖法官的判例法才能成长。民法典与判例法的关系,正如鸟之两翼,车之双轮。民法典打好框架,然后让判例法疯狂地生长。所以,在中国,制定民法典与承认判例法是同样重要的两件事,后者甚至更加重要。

民法典的成长离不开判例法,而民法典的保护则离不开宪法。行政法规和地方性法规对民法典的侵蚀将是严重而迫切的问题。《立法法》于 2015 年修改,授权 284 个设区市的立法权,地方立法增多,违宪或架空民法典的现象将成为"新常态",所以,设立违宪审查机制,才能保护以法典为核心的法的统一性,否则,中国民法典将面临真正的"解法典化"问题。

应如何编纂中国民法典?是修修补补,打一个包算了;还是搞一点中国特色,在世界民法典的花园里,增加一朵奇葩;还是声东击西,搞一点"阴谋",夹一点宪法意蕴的条款,让民法典成为"民权典"。怀抱中国梦的中国立法者和民法学者,他们的内心深处是平常心?雄心?还是野心?此次民法典编纂倒是一块试金石。

英文参考文献

Albert Kocourek, *Jural Relations*, Bobbs-Merrill 1928.

Alf Ross, *On Law and Justice*, University of California Press 1959.

Anthony M. Honoré, *Making Law Bind: Essays Legal and Philosophical*, Clarendon Press 1987.

Andrea Belvedere, "Some Observations on the Language of the Italian Civil Code", in Anna Pintore and Mario Jori (eds.), *Law and Language: The Italian Analytical School*, Deborah Charles Publications 1997.

Andrew Clapham, *Human Right in the Private Sphere*, Clarendon Press 1993.

Andrew Halpin, *Rights and Law: Analysis and Theory*, Hart Publishing 1997.

Arthur Corbin, "Legal Analysis and Terminology", (1919) 29 (2) *The Yale Law Journal*. Aulis Aarnio, *Essays on the Doctrinal Study of Law*, Springer 2011.

Azar Lalmohamed, *Expressing Hohfeldian Legal Concepts, Traceability and Ambiguity with A Relation Algebra-Based Information System*, Master's Thesis of Business Process Management & IT, Open University Netherlands 2014.

Basil S. Markesinis, *A Comparative Introduction to the German Law of Torts*, 3rd ed., Clarendon Press 1994.

Bernard S. Jackson, *Making Sense in Jurisprudence*, Deborah Charles Publications 1996.

Charles A. Reich, "The New Property", (1964) 73 *The Yale Law Journal*.

Dan B. Dobbs, *Dobbs Law of Remedies: Damages-Equity-Restitution*, West Publishing Co. 1993.

Dennis Lloyd, *Introduction to Jurisprudence*, 3rd ed., Stevens & Sons Limited 1972.

Donald Robert Denman, *Origins of Ownership: A Brief History of Land Ownersphip and Tenure in England from Earliest Times to the Modern Era*, 2nd ed., Allen & Unwin 1959.

Frederick H. Lawson and Bernard Rudden, *The Law of Property*, 2nd ed., Oxford University Press 1982.

Georg H. von Wright, "Deontic Logic", (1951) 60 (237) *Mind*.

George Keeton and Georg Schwarzenberger (eds.), *Jeremy Bentham and the Law: A Symposium*, Stevens & Sons Limited 1948.

Glanville L. Williams, "The Concept of Legal Liberty", in Robert S. Summers (ed.), *Essays in Legal Philosophy*, University of California Press 1968.

H. L. A. Hart, "Definition and Theory in Jurisprudence", (1954) 70 (1) *Law Quarterly Review*.

H. L. A. Hart, "Positivism and the Separation of Law and Morals", (1958) 71 (4) *Harvard Law Review*.

Ivy Williams, *The Sources of Law in the Swiss Civil Code*, Oxford University Press 1923.

James Whitman, "Commercial Law and the American Volk: A Note on Llewellyn's German Sources for the Uniform Commercial Code", (1987) 97 (1) *The Yale Law Journal*.

Jeremy Bentham, *An Introduction to the Principles of Morals and Legislation*, James H. Burns and H. L. A. Hart (eds.), The Athlone Press 1970.

John Austin, *The Province of Jurisprudence Determined and the Uses of the Study of Jurisprudence*, Weidenfeld and Nicolson 1954.

John Chipman Gray, *The Nature and Sources of the Law*, Roland Gray (ed.), 2nd ed., Macmilian Company 1921.

John Finnis, *Natural Law and Natural Right*, Clarendon Press 1980.

Joseph Raz, *The Concept of a Legal System: An Introduction to the Theory of Legal System*, 2nd ed., Clarendon Press 1980.

Joseph Raz, *Practical Reason and Norms*, 2nd ed., Oxford University Press 1990.

Jules L. Coleman (ed.), *Rights and Their Foundations*, Garland Publishing Inc. 1994.

Julius Stone, *The Province and Function of Law, Law as Logic, Justice and Social Control: A Study in Jurisprudence*, Maitland Publication PTY. Ltd. 1946.

John W. Salmond and P. J. Fitzgerald, *Salmond on Jurisprudence*, 12th ed., Sweet & Maxwell 1966.

Layman E. Allen, "From the Fundamental Legal Conceptions of Hohfeld to Legal Relations: Refining the Enrichment of Solely Deontic Legal Relation", in Mark A. Brown and

José Carmo (eds.), *Deontic Logic, Agency and Normative Systems*, Springer 1996.

Layman E. Allen and Charles S. Saxon, "Better Language, Better Thought, Better Communication: The A-Hohfeld Language for Legal Analysis", in *Proceedings of the Fifth International Conference on Artificial Intelligence and Law*, ACM Press 1995.

Lon L. Fuller, *The Morality of Law*, Yale University Press 1969.

Max Radin, "A Restatement of Hohfeld", (1938) 51 (7) *Harvard Law Review*.

Nigel E. Simmonds, *Central Issues in Jurisprudence: Justice, Law and Rights*, Sweet & Maxwell 2002.

Pablo E. Navarro and Jorge L. Rodríguez, *Deontic Logic and Legal Systems*, Cambridge University Press 2014.

Reginald W. M. Dias, *Jurisprudence*, 4th ed., Butterworths 1976.

Robert Alexy, *A Theory of Legal Argumentation: The Theory of Rational Discourse as Theory of Legal Justification*, Ruth Adler and Neil MacCormick (trans.), Clarendon Press 1989.

Roger Berkowitz, *The Gift of Science: Leibniz and the Modern Legal Tradition*, Harvard University Press 2005.

Roscoe Pound, "Fifty Years of Jurisprudence", (1937) 50 (4) *Harvard Law Review*.

Roy L. Stone, "An Analysis of Hohfeld", (1963) 48 *Minnesota Law Review*.

Thomas E. Holland, *The Elements of Jurisprudence*, 13th ed., Clarendon Press 1924.

Ugo Mattei, *Basic Principles of Property Law: A Comparative Legal and Economic Introduction*, Greenwood Publishing Group 2000.

Wesley N. Hohfeld and Walter W. Cook, *Fundamental Legal Conceptions as Applied in Judicial Reasoning*, Yale University Press 1923.

William Markby, *Elements of Law: Considered with Reference to Principles of General Jurisprudence*, Clarendon Press 1871.

◄◄ **后记一：原记**

关于选题

我一直从两个线索来寻找和确定我的博士学位论文的题目，一是研究的方法，二是研究的对象，分析法学是我入学以来最卖力气和最感兴趣的一种法学方法论，而私权又是民法中最为重要和最具时代精神的一个概念，所以，分析法学与私权这两条抛物线的交汇点就构成了我的博士论文选题："私权的分析与建构：民法的分析法学基础"。

以往的中国政法大学民商法博士论文大多以具体制度为题，实际上，这不应成为博士论文的唯一的选题取向，民法中有太多的基本概念需要博士论文去澄清，如"事实"的概念、"原则"的概念、"行为"的概念、"主体"的概念、"权利"的概念等等，当然，已有一些博士论文在这些方面作出了努力，如董安生的《民事法律行为》、徐国栋的《民法基本原则解释》、龙卫球的《民法主体的一般理论》，但是，我以为，在这个方向上，我们做的还是太少太少。

我也一度考虑过为博士学位论文选择一个现实性极强的题目，但是，我对具体的制度设计实在没有兴趣，或者说，我对驾驭那样的题目没有信心，我预感如果那样写下去，肯定会陷入流行的"甲说、乙说、我说"的法学八股文的模子中去，最后不会比"一半教科书和一半最新成果综述"的那种东西好多少，而这是我所不愿意看到的。

我的导师江平教授说："博士论文就是要在方法上和资料上开拓一个新的领域。"这使得我最终下定了决心，因为我一直认为，中国法学在几十年的发展之中,因急迫于种种繁复的实际立法问题,而无暇顾及法学内在的方法论问题,以前或许这是一个很正常的结局,然而,时至今日,方法论问题该浮出水面了。

当然,这一选题也给我带来一些尴尬,在与一些朋友谈及这篇博士论文时,总遇到这样的疑问:"这不是一篇法理学的论文吗?"我常常无言以对,甚至有一丝惭愧,因为我竟然不能将博士论文写成一部纯正的民法学论文,纯正到丝丝缕缕都是民法学的,而不是法理学的。不过,确切地说,这种尴尬不是我的,而是中国民法学的尴尬,中国民法学被别人乃至自己人看成是一种不能掺杂一丝"法理学"血统的纯种的德国狼犬,这并不是一件好事。

关于研究过程

在南京大学读硕士学位时,我对分析法学知之甚少,但是,在研读民法的过程中我形成了一个信念,就是深信民法背后有一个统一的、明澈的方法,任何貌似深奥的专业问题在这个方法面前都会现出原形。记得1995年7月24日我曾经写过一篇札记,记下了这个埋在心中的信念:"一口气看了100多页物权案例与法理分析,甚感民法方法论研究之重要,读博时,我要以方法论为线索写一篇学位论文。现今民法理论庞杂芜乱,许多精微玄奥尚未明了,许多地方没有打通,人们只是在面上争论一些所谓'专业化'的问题。我想应该先对民法理论的一般抽象概念进行总结、分类和归纳,一个系统的方法论体系就会潜在于这些概念之中。"

后来,读到沈宗灵先生的《对霍菲尔德法律概念学说的比较研究》一文,我才知道应该到哪里去寻找答案,那就是霍菲尔德的分析法学。有一次,与一位师兄聊天,谈及法学史上美国的法学家,他说:"庞德算狗屁!霍菲尔德才是真正的法学家。应该感谢沈宗灵先生将他介绍给中国人。"此话虽然偏激粗俗,但也不失真谛。于是,我对霍菲尔德这位"不是狗屁"的法学家的兴趣又增了几分。

应该说,分析法学是西方法学丛林中的一株奇物,根脉繁杂,枝叶茂盛,彻底地搞清它确实是一件不易的事情。其实,在我的三年博士生的学习生活中,真正精读的分析法学的文献,也只是经典中的几部,如凯尔森的《法与国家的一般理论》、霍菲尔德的《司法推理中应用的基本法律概念》、拉伦茨的《法学方法论》等等，其他的大多只是走马观花。但是，有限的阅读却驱散了我以往研习民法时所生的许多困惑，特别是它对我关于各种类型的民事权利背后是否有一个统一的理念结构的猜想给予了一个确实的答案，我正是在这种激励下，心中产生一种强烈的愿望，这就是，将分析法学嵌入中国的民法学研究之中去。后来在舒国滢先生的鼓励下发表于《比较法研究》的《分析法学与中国民法的发展》、《寻找法律概念的最小公分母——霍菲尔德法律概念分析思想研究》，以及受强世功先生之约发表于《北大法律评论》的《法律关系的元形式——分析法学方法论之基础》等文章就是一步步的尝试，而这些尝试正构成了今天这部博士论文的基本构架。

两年多来，我甚感阅读西方法律经典文献，并不是枯读几部外文书那么简单，进入西方法学某一流派的语境之中是一件非常折磨人的事情。但是，唯一的办法只能是耐心。我读霍菲尔德的《司法推理中应用的基本法律概念》的论文花了整整一年的时间。先是粗读几遍，难知其义，之后开始逐字逐句地做翻译工作，许多概念的含义在我的脑中才渐渐明晰，但是，前年 11 月应葛云松先生之邀在给北京大学法律系本科生讲课时提及霍菲尔德的八个概念，其中 privilege 一词仍令我感到混沌不清。不过，到去年春天，写完《寻找法律概念的最小公分母——霍菲尔德法律概念分析思想研究》这篇两万余字的论文时，霍菲尔德的概念在我的脑海中已经像天上的星星一样明朗了。去年 5 月，我壮着胆子去昌平给中国政法大学的本科生做了一个题为《民事权利与民法方法论》的讲座，那天，在权利的形式分析这个问题上，我有了一种较为纯熟的感觉。我对学生说："我从内心里感到霍菲尔德的理念是那般地美丽和清澄。这种美丽和清澄的理念才是一门学科真正的基础和起点。"

在写完《寻找法律概念的最小公分母》后，有同学跟我开玩笑说："你是在用数学的方法研究法律。"虽是一句戏言，然而，却被他言中。因为分析法学的哲学之母就是分析哲学，而分析哲学与数学又是渊源极深，分析哲学的几位创始人如弗雷格、罗素等也都是地地道道的数学大师。所以，许多法学家称分析法学是"法学中的数学"。我十分钦佩分析法学家对法学中概念之清晰与逻辑之严密的孜孜不倦的追求,所以,如果被人评价为"在用数学方法研究法律",即使这只是一句戏言,我也会认为,这是一种荣耀和自豪。

不过,说来惭愧,我系统学习民法学的时间不长,所以,始终觉得自己只是一个在民法殿堂外踮脚向里探望的小学童,从来就没有过一种民法学博士生应有的"胸有成竹"的感觉。在南京大学攻读经济法硕士学位时,精力基本耗在《公司法》上,最后写的硕士论文也是《一人公司的法律性质与责任制度研究》。在博士论文选题时,我也曾考虑仍然选择《公司法》方面的题目,但是,心中总是抛不开对民法基础理论的热爱,总是抑制不住将自己所喜欢的分析法学与民法学嫁接起来的欲望,于是,便搞出了眼前这个东西。

这是一个"旁门左道"的产物,我自己也已经嗅到这篇文章所散发出来的那种不成熟的乳臭,所以,其中的种种毛病还望各位老师与同学海涵与斧正。

不过,这也丝毫不会影响我对分析法学在中国民法学中的未来前景的信心,因为我相信分析法学是法学之所以成为法学的一种自身的方法,如果说法学家可以不懂分析法学,那么,这就如同说音乐家可以不懂五线谱一样荒谬。所以,我也更希望分析法学对于今后的中国民法学不再是旁门左道,而能够登堂入室。

关于文风与资料

在这篇论文中,我尝试着一种质朴和透明的文风,我希望读者能通过我的文字无遮拦地看到我心智的面容。尽管此般尝试,但是,我知道,文中仍脱不去流行的法学八股文之迂酸气。我在读分析法学的经典名著时,最为强烈的感受就是他们的质朴和透明的文风,读其中的文字,我仿佛能看见法学家的胡子、唾沫和皱纹以及他们面对仇人时的愤怒和语无伦次。

实际上,文风显示着作者对某一个问题的理解路径,这个路径应当是独到的。如果在一篇文章中,看不到"我"的影子,那只能说,"我"在学术研究的过程中被异化了。所以,透明的文风,我想,这对于一个刚刚开始干学术这一行当的人来说是至关重要的。

文风的明澈对于一篇博士论文来说,重要的则在于对资料的驾驭和语言的可触摸性,资料多是一件好事情,但是,千万不能因为它而淹没、窒息自己的思维力,更不能将它当做晚礼服披在"博士论文"的身上,因为对于一个真正的学者来说,最重要的是他所处的这个"生活世界",应当是这个生活世界决定他的研究方向、研究问题和研究方法。所以,这个生活世界中的真正问题与真实的问题绝不能被资料吞噬、淹没和扭曲,然而,这种悲剧总是在各种学术生涯中上演。

至于语言,那实在是一个奇妙的魔术,有时,它会将苍白的思想修饰得高贵华丽,有时它却无力承载一丝深刻。对于许多真谛,并不是我们的头脑不能发现它,而是我们的语言不能表述它。语言总是牵制着理论的发展,所以,语言哲学家维特根斯坦说:"能说清的,我们总能说清,对于说不清的,我们只能保持沉默。"然而,在这篇论文中,我的感觉却没有这般洒脱,有许多问题我总是说不清,但是,我又没有权利保持沉默。所以,文中充斥了太多的混乱与可笑的"自以为是",还望老师们海涵。

有时,同学们也在一起调侃说:"做学问就是将大家原本都懂的问题,说得大家都不懂。"我也常常感到很心虚,因为我总觉得自己正在干的就是这种吃力不讨好的活儿。

不过,尽管语言制约着理论,但是,我相信,理论的发展也会带动语言前进,在欧美国家,有一个庞大的法学共同体在诚挚地讨论着一些超越具体制度之上却又与具体制度息息相关的问题。其实,许多在我们看来虚无缥缈甚至接近"梦呓"的问题,在西方法学共同体的交流和讨论之中,已逐步变得清晰而确实,对于这些问题的表述也变得有章可循、循序渐进,相信中国的法学以后也会这样。

关于论文的一些说明及有关问题的思考

说本书是一个大题目,它也确实大,因为它几乎涉及了民法的种种领域,其实,这也是无法避免的,因为本书的意图在于引入一种方法,难免需要用它将民法从头到脚检查一番,正如新媳妇进门,一家老少尊卑,都应当一一觐见,难免繁复冗长。但是,我也可以客观地说,本书也是一个小题目,因为它的内容主要集中于实证法上的私权之分析方法和实证法上的私权之建构方法两个方面。所以,如果说别人是在做"小题目,大文章",那我只能惭愧地说,我是在做"大题目,小文章"。

此外,本书也力图从公法的视阈中观察私法,以前有一位大牌法学家杨兆龙先生曾经批评道:"近来,一般法学家有只懂公法而不懂私法者,有只懂私法而不懂公法者,这些法学家对于法学的认识真当得起'管窥蠡测'四个字。"这种批评是中肯的,事实上,在现代社会,公法对于私法的影响甚深,许多私法上的问题已不是纯粹的私法问题,它往往与公法扭缠在一起,所以,本书的许多章节都涉及公法,当然,这也不过是"假公济私",因为它的落脚点还是在于说清私权的问题。当然,因为我对公法知之不深,其中讹误许多,还待老师们斧正。

至于文章结构,因为分析法学是一个十分注重形式与结构之优美与清晰的学派,本书也深受其熏染,在全文的结构安排上也颇费了我一番心思,有时甚至有一种"强迫性"的刻意。全文前后分设导论与结语,中间设三编,前后两编各设三章,中间一编设一章,每章无论长短均设四节。

在有些章节上,本书是采用一种"书呆子气十足"的风格写就的,它对许多民法学中常见的说法提出了近乎"愚蠢"的问题,目的不是别的,只是想通过这种"愚蠢"的办法彻底地搞清一些问题,而不至于总是存在于语言的迷瘴之中却自信问题已经一目了然。

至于文章的字数,江平教授并不提倡我们写长文章,所以,在这篇论文的写作中,我也没有执意去码字数,而是力求透彻说理,简短言语。尽管这般努力,结果却不如愿,电脑显示本书的净字数还是超过了20万,言语没有简短,说理也没有感到多透彻。时间急迫,木已成舟,也只能这般了。

至于创见,说实话,本书并无多少真正的创见,唯一的创见就是,它认为中国民法学的研究应当发展一种系统和科学的方法,除此之外,它的整个工作就是以一个中国学生的理解将纷繁杂乱的分析法学诸流派的思想整合为一个具有逻辑联系的体系,并尝试着以此分析与解释一些当前或以前中国民法学界所曾关注并争论过的一些重要问题。如果说这篇文章有什么野心,那么,它的野心就是通过这种方法论的引介,鼓吹并推动中国民法学乃至整个法学迈入一种纯正的科学方向。

应该说,现在的民法学研究还远远没有超越民国时期民法学者的研究水准,现在研究的许多问题实际上在民国时期民法学家的那些泛黄的繁体字的著述中都可以找到答案。现在的问题仍然是以前的问题,这说明,民法学作为一种学识,在新中国成立后近五十余年的历程中实质上没有根本的进步。实际上,现实中国社会需要民法学解决的问题很多很多,但是,民法学尚无内在能力将这些实际问题消化,提升为一种理论的结构,使之能够进入民法学的话语之中,所以,还用着一些粗糙的概念生吞活剥着博大精深的现实问题。这种疾症的根源就在方法论,方法迟钝了我们的感觉,方法局限了我们的视野,方法混沌了我们的判断。所以,中国民法学不能再不谈方法了。

至于以后,我想,21世纪中国的法学在方法上的走向必然是实证主义,一方面是分析实证,另一方面是社会实证。孔德说过人类的精神发展曾经经历三个发展时期,一是神学的,二是形而上学的,三是实证的。我看这恐怕也是中国法学发展的轨迹,20世纪80年代之前受政治意识形态控制的中国法学是神学的法学,80年代鼓吹文化启蒙主义的中国法学是形而上学的法学,而这些年实证的萌芽在中国法学的田地中渐多,所以,有理由相信,21世纪的中国法学是实证主义法学的天下。

但是,中国法学的现状是不能令人满意的,实证得还远远不够,与哲学界相比,倒令人有颇多的感触。哲学是一个最容忍"天马行空"的学术领域,但是,在这一个领域,新一代的青年学者中的佼佼者大多集中在分析哲学上,对诸多哲学命题做着踏踏实实的逻辑实证工作。而法学这个最需要"脚踏实地"的学科,诸多有才华的青年学者特别是法理学者,却倾心于"天马行空",对于中国法学来说,这是才智配置的一个很大的浪费。

现今的中国正处于法律精神成长的时代,也是种种法学思想纷纷登场的时代,种种的法学思想尽管看上去斑驳陆离,但是,粗略地可以分为两类,一类是以批判为生命的法学,它所有的工作就是寻找自己的敌人并将其掐死,一旦,有一日敌人全被掐死了,或者,敌人没死,但是,唠唠叨叨的批判已显得无聊了,那么,这个学派也就行将就木了;另一类是以建设为生命的法学,他像一个好孩子,默默地做着自己的梦想,踏实地干着自己的事情,非到万不得已,才和别人红着脸吵一次。我想,本书所引介的分析法学不应是前者。

关于写作过程

从去年的初秋到今年的阳春,大约半年时间,我在电脑键盘上敲的最多的两个字就是"分析",正是在这"分析"的日子,方觉得这才是一个真正学习的过程,因为学习就是理解,而理解就是系统化、结构化。当私权的问题成为"压倒一切"的问题时,出现在我的感觉与知觉的世界里的所有的法条、案例、观点、资料都频频进入我的脑袋,和私权的概念"握手",甚至"手拉手",于是,就逐步成了一个网。我像一只蜘蛛忙碌了半年,终于织就了一张关于私权的网,还不知是否能经得起"答辩狂风"的考验,所以,"大风起兮"时蜘蛛才有的那种惶恐我现在也算是实实在在地体会着。

可幸的是,写作的时候,我的脑袋基本还是好使的,感觉到它好像是一只奶牛,过些日子就会溢出些许灵感的奶汁,有些灵感竟是以完整的语句形式呈现在脑海之中,使我感到做学问的畅快;不过,在论文写作最为艰辛的时候,我的身体则像我的电脑一样,时时出一些小毛病,也令我深切体会到学术之路的不易。

关于谢忱

感谢我的导师江平教授,导师博大精深的学术情怀和宽宏仁厚的人格魅力凝聚着真正的民法精神,他深深地影响着我的精神世界。感谢杨振山教授,他对民法上的哲学理念的诚挚关怀时时感染着我、激励着我。

感谢我的同窗张远忠、江帆、刘智慧、陈健、张楚、田士永、刘家安、陈卫中。我十分庆幸,在大概是此生最后一次的读书机会中,有缘结识这批优秀聪明而富有见识的同学,使得三年本会单调的学习生活充满了愉悦和启迪。

感谢王文杰先生从台湾惠寄珍贵资料,其中拉伦茨的《法学方法论》令我爱不释手,还有王泽鉴教授亲笔题写赠言"为法律而奋斗"的他的一套专著令我获益匪浅。感谢我的朋友刘俏先生,他在美国 UCLA 撰写他的经济学博士论文的繁忙时刻,还为我查找、复印并邮寄科克洛克的《法律关系》(Jural Relation)等珍贵的英文文献。感谢我的朋友成向阳先生从香港中文大学给我带来有关霍菲尔德的全套复印资料。

这里,我还要感谢英国法学家杰克逊(Bernard S. Jackson),当然,对他说感谢,多少有一点巴结的味道。杰克逊是当代符号学法学的一流大师,在国际法学界有不小的影响。在一次网上冲浪时,我无意发现了他的网页,并给他发了一份 E-mail,索要他的一篇论文《结构主义与法学理论》,不到一个月我就在政法大学收发室里取到了来自曼彻斯特的他的亲笔回函以及资料。

毕业将至,以往那种"心迷五色,性无定数"的感觉渐渐远了,一种澄澈的"为学"的念头油然而生,但愿这不是一时的幻觉。

记于一九九九年三月二十九日晨
北京　蓟门

◂◂ 后记二：初识江平先生的时光[①]

1994年秋天我有幸认识江平先生，之后1996年至1999年，我在江平先生的指导下攻读博士学位，那是一段非常美好的时光。我常感慨，为什么一个偶然机缘会影响甚至决定一个人一生的道路？

1994年春暖花开，金陵城里梧桐飘絮，我陪父母去太湖游玩几天。回宁当天，南京大学法学院正举办辩论赛，次日我即上场比赛，被评为最佳辩手。我很兴奋，但尚不知此事对于我的真正意义——这是我认识江平先生的机缘的开始。如果在太湖再多滞留一天，我与江平先生的师生之缘可能就在冥冥中湮没了。

1994年夏天，我代表南京大学参加"长虹杯"全国大学生电视辩论赛。在半决赛，对阵中山大学，辩"提倡购买国货利大于弊"，现场直播，在场上我自感败局已定，但最后评判时，评委主席英若诚先生在其他评委评成四比四平时，犹豫片刻，"钦点"南京大学。感谢英若诚先生的"一念之差"，否则，我也不会见到江平先生。

9月7日，在北京电视台演播厅，南京大学与北京大学决赛，辩"不破不立——不立不破"，江平先生担任评委主席。他的点评气势磅礴，他说："今天的辩题要求的是一个思想家的水平，我们完全有理由要求我们所有的大学生更多一点哲人的气质。"我们获得了冠军，赛后，静冰引我见到江平先生，先生面带笑容，表态欢迎我报考他的博士生。

1995年5月，为了向江平先生证明自己的学术潜力，我着手写一篇

[①] 本文发表于《传记文学》2013年第5期，2015年12月26日补充修订，回忆了跟随江平先生攻读博士学位的时光，作为本书后记二。

论文。我沉浸在南京大学图书馆里,馆里保存着民国时中央大学、金陵大学的图书,那些英美法学书刊尘封已久,打开泛黄的书页,飘出幽幽的霉味。我阅读了美国庞德教授关于社会法学的著述,之后,又住在江苏省军区政治部院内的一座破旧的小楼里,小楼曾是国民党党部的会议楼,也许庞德教授1946年访华时也来过这里。我挥毫写作,听着窗外梅雨霏霏,历时十天,写成了《社会法学与当代中国法的理念与实践》一文。

1995年6月16日下午3点,我在北京拜访江平先生,呈上了拙文。没有想到,江先生最近感兴趣的问题也是"法律与社会",他将于8月1日至4日在东京参加国际法社会学会第31次年会,并代表中国组做大会基调发言《国家与社会关系的转变——论中国现今法律观念之变化》。我心想:"我这篇论文写得真合时宜啊!"显然,江平先生是欣赏我的文章的,因为他说:"我可以将你这篇文章推荐给《中国法学》。"可是,我很憨厚地说:"我已经向其他杂志投稿了。"——这真是一个愚蠢的回答!之后,我追悔莫及。江平先生微笑地看着我,点点头。我的论文最终在《中外法学》1996年第1期发表,但编辑为节省版面,删除了论文的全部注释,就像褫去了一个秀才的衣衫。会谈最后,我还向先生征求硕士学位论文的选题,他说你就写一人公司吧,我欣然从命。

虽然已经得到江先生的欢迎,但是,在临考的前夜,我依然紧张。我住在冶金研究院招待所,睡前,拿出在南京大学小卖部买的一只蓝色小闹钟,夜里,听着闹钟滴答滴答地响,我失眠了。我怪罪于闹钟,但这闹钟是机械钟,不是电子钟,无法关闭。于是,我起来用柜子里的另一床被子将闹钟包裹起来,塞到柜子里,但依然能听见闹钟在被窝里的呻吟。我第一次感受到可怕的失眠,差点哭了。

1996年8月30日,我到中国政法大学研究生院报到,当晚,即拜见先生,一见面,我就闹了笑话。先生拿出一份英文报纸给我看,这是1996年7月11日的《纽约时报》,上面有驻北京首席记者泰勒(PATRICK E. TYLER)采写的报道《中国再掀严打》,引用了江平先生在采访中说的话:"虽然中国领导人不认为这次严打是一场运动,但是,仍然有运动的味道,因为党在后面集中指挥,并且波及全国。第一次严打开始于1984年,但这次严打的背景不同,是由于改革中经济与社会政策出现问题,引发民众不满,可能导致社会动乱,所以,要确保社会的稳定。"文章最后说:"江平先生质疑,依靠死刑维稳是否会有效果?"虽是英文,但仍然可以读出江平先生说话的锐利风格。

著名的呼格吉勒图冤案就发生在这段时间,江平先生接受采访时,呼格吉勒图已经被枪毙了。那时江平先生也不知道所批评的运动式严打中有一个冤死者叫呼格吉勒图,也没有想到19年后,呼格吉勒图的父母会请求他写一篇墓志铭。

2015年3月22日,江平教授为重葬的呼格吉勒图撰写了墓志铭,全文如下:

> 呼格吉勒图,内蒙古呼和浩特人,一九七七年九月二十一日生。十八岁时,厄难倏降,蒙冤而死。
>
> 一九九六年四月九日夜,一女子被害身亡。呼格报案,被疑为凶手,后不堪厉刑而屈招,被判死刑。六月十日,毙。
>
> 呼格负罪名而草葬于野,父母忍辱十年,哀状不可言。二零零五年十月,命案真凶现身,呼格之冤方显于天下,令华夏震惊,然案牍尘封无所动。又逾九年,内蒙古自治区高级人民法院再审,二零一四年十二月十五日宣布呼格无罪。
>
> 优良的司法,乃国民之福。呼格其生也短,其命也悲,惜无此福,然以生命警示手持司法权柄者,应重证据,不臆断,重人权,不擅权,不为一时政治之权宜而弃法治与公正。
>
> 今重葬呼格,意在求之,以慰冤魂。
>
> 特立此碑。

现在,读这段碑文,再读19年前《纽约时报》采访江平先生的报道,那个时代又真切地呈现在眼前。

那天晚上,在老师家中我读完《纽约时报》的采访报道,我以为江平先生只会俄文,不会英文,就说:"我译成中文给你看吧!"先生从不掩饰自己的喜怒,他"愤怒地"拒绝了。遇见先生发火,最初,我会战栗三日,后来,心理素质逐渐强大,因为江平先生心性淳厚,他发火,虽然爆发力有点可怕,但如晴空干雷,虚张声势,毫无杀伤力。最严重的一次发火是,

后记二：初识江平先生的时光

1997年12月10日，上海证券交易所迁址浦东，江平先生委托我与远忠发贺电，我们却拖延了一天，差点误事。先生在电话里声如洪钟，说："难得请你们办一件事，都办不好！"从此我们接受教训，办事雷厉风行。

关于英文，江平先生早年在崇德中学学习时，就受到纯美国式的英语训练，英语的底子很好，打成右派后，在延庆还一度讲授英文。他在美国访问，均用英语直接讲课。1998年纽约大学库恩教授还请江平先生给朝鲜的官员讲中国改革开放的经验，他用英语讲，由译员翻译成朝鲜语。先生告诉我："看来朝鲜也要走改革开放的道路了。"现在看来，那是错觉。

如何提升外语水平是我苦思冥想的问题。我经常担任博士论文答辩秘书，每次论文答辩后，在贵友酒家的午餐会就成为向各位前辈请教问题的良机。我问及外语学习的秘籍，江平先生说，当年他在北京体育分会工作时，为了引进苏联的"劳动与保卫祖国体育制度"，开始自学俄文，粗学了语法后，就靠查字典，硬译俄文资料。谢怀栻先生则说，他在大学三年级时，他的导师梅仲协先生就要求他们在粗通德语语法时，就直接读德文原版的《德国民法典》，德语就这样学成了；新中国成立后，他还用一本《联共布党史》自学俄文。两位先生的学法都是非常规的，学无定法，令我深受启发。

其实，我在中国青年政治学院也曾学过俄语，但半途而废，因为团中央要选派优秀学生去苏联留学，1988年当时的苏联团中央第一书记来校访问，他在璀璨的阳光下，神采奕奕地走在红地毯上，那年我20岁，在队伍中，手捧鲜花，高呼"欢迎"，但时隔两年，苏联就解体了。那时，中国政法大学江平校长的名声如山一般伟大，但我做梦也未想到，七年后，我会跟随他学习法律。

我跟随江平先生读博，做的第一件大事就是为北京向阳机械厂职工维权。

1996年12月21日，集体所有制企业北京向阳机械厂职工代表向江平先生求助，控诉北京市服装公司非法平调该企业的资产。江平先生指定我担任向阳机械厂法律顾问，协助职工诉讼维权。我从无诉讼经验，第一次写诉状，先生就指导我："证据一定清楚地列在诉状中，侵权损害赔偿一定要有精确的计算方法，不要想当然！"他亲自出马，去法院为职工利益呼吁,每个法官都认识他,热情问候:"江校长!"但法院是一台冰冷的机器,最终拒绝立案。那已是1997年春,邓小平溘然长逝,天灰地暗,我们在去一中院的路上,可以看见哀沉的八宝山公墓和天空中日全食的异象。

职工不服气,江平先生也不服气,他说:"欺人太甚,必须战斗到底!"于是,战斗又持续一年。1998年春,行政诉讼救济途径露出曙光,向阳机械厂诉北京市工商局案终于在丰台区人民法院立案。1998年6月28日开庭时,江平先生受美国大使馆的邀请,出席克林顿总统在北京大学的演讲会,无法出庭,所以,我独自出庭。场下是向阳机械厂50名职工代表,他们像爱戴江平先生一样,也爱戴我,给予我热烈的掌声。那天,我体验到,做一个英雄的感觉真好!

我们得到四万元的报酬和两件红叶牌衬衫,师生一人一半,我还得到一只BP机。这是我平生第一次挣到一千元以上的钱。当年在南京大学读硕士时,批改自学考试试卷,五天只有三百元。此刻,我忽然有了告别"屌丝"年代的激动感觉。

我买了一台二手的笔记本电脑,晚上在台灯下,边读书,边在笔记本电脑上做笔记,感受到无边的幸福与满足。

法大校园内经常有上访者,即使冬天,大雪覆地,也会见到他们的身影。一次,我在民法教研室,一对农村的夫妇进门就双膝下跪,求见江平先生,令我不知所措。而寄给江平先生的申诉信更是不计其数,我帮助回信,看得越多,心情越加灰暗,心想:就是做一个维权英雄,又能解决多少人的问题呢?

读博的第一年课程也很紧张。1996年9月12日下午,江平先生与杨振山先生为我们讲授第一堂民商法课:"民法是私法"。江先生讲课,思路清晰,信息丰富。他常穿一身黑色大衣,戴一顶灯芯绒礼帽,气度不凡。两个学期,先生带着我们几乎将重要的民商法立法草案都讨论到了。

在江平先生身旁,还有参加各式各样会议的机会,开阔眼界,增长见识。

1996年11月,中诚信国际信用评级有限公司与上海证券交易所邀请江平先生参加企业债券发行与上市研讨会,但他无法参加,先生推荐我写一篇关于企业债券发行的信用问题的论文,在会议上发言。我在图书馆苦干一周,闭门造车写了一篇论文。

11月21日上午8:30,我骑车匆匆赶到西苑饭店参加会议,西苑饭店洋人极多,置身其中宛若异国,会议在四楼鸿运厅。我第一次见到厉以宁先生和董辅礽先生。

厉以宁先生在演讲中说:下一时期,中国经济发展的热点应在房地产。住房郊区化还可以推动轿车业的发展。他设计了一个房地产、消费者和银行三者之间的按揭贷款模式。我听了,觉得真新奇。

董辅礽先生则说:国家之所以现在要大力发展证券市场,主要意图在于分解银行的压力,现在居民存款已达5万亿元,银行又不能尽数贷出,以免引起通货膨胀。所以,只能通过证券市场,让居民直接承担投资风险,以减轻银行压力。我心想:原来有这样一个可怕的秘密!

11月22日上午,我做发言"论我国企业债券发行的法律制度",发言是成功的,资料翔实,分析透彻,语言清晰。会后,许多同志把我当成专家,同我探讨问题。其实,我心里明白,对于企业债券,我一无实践经验,二无系统研究,我只是一个资料整理员而已。不过,我不能露了马脚,也拿着红酒杯,站在大厅里,与他们煞有介事地探讨了半天。会后,向江老师汇报,他听了,哈哈大笑。

当然,在我记忆中,最重要的一次会议是——

1996年12月16日,晨曦初露,全体民商法硕士生和博士生乘专车前往国防大学同心楼参加"《民法通则》实施十周年理论与实务研讨会"。开幕式上,马原、张耕、江平、王胜明依次发言,中午,硕士生和博士生在一起用餐,相互介绍,散步聊天。下午江平先生做《民法通则的起草和目前民事立法的指导思想》的报告,他说:"我国属大陆法系,近似德国,但一些单行法如证券、信托、期货等则采英美法特别是美国模式,所以,存在一个两大法系适当融合的问题。"听了他的报告,我开始思索我的博士论文选题,法系的融合需要元理论和方法论的支持,这是一个重要的研究方向。

会上,我感到,老一辈的民法学家十分珍爱《民法通则》,因为这是他们的心血的结晶,大会仪式虽然简朴,但是,充盈着欢快与和睦。虽然《民法通则》的缺陷客观存在,但不可否认,她是一代民法学家的伟大成就。

年轻学者随学问研究的深入，底气增加，对《民法通则》的批判逐渐深入，此乃好事，但一位师兄走了极端，他将博士论文选题拟定为：《中国民法的破产与重整》，令江平先生勃然大怒。

客观地说，老一辈法学家的学问难以归入一种流派，如果要冠一个称号，应该是"问题主义"法学派，他们用智慧解决中国走向法治过程中的种种问题。

江平先生的思想的力量来自于浪漫主义和现实主义，他有浪漫主义情怀，他有"法治天下"的梦想，但他也有现实主义的冷静。江平先生的文风是直接揭示问题本质，言简意赅，没有废话。我曾经逐字校对他的一篇文稿《我国民商事立法的宏观思考》，深有体会。1997年3月，江平先生修改我起草的关于证券犯罪立法的评论，拟联名登载于《上海证券报》，他建议去掉最后一部分"几点思考和设想"，他说："有些想法不成熟，要慎重；有些想法是空话，没有用。"短短几句话启示我：写文章是为了"经世致用"，而不是猎奇和沽名。

江平先生演讲的巅峰之作，在我看来，应是他关于律师的系列讲座，形象生动，角度极佳，典故频发，恣意汪洋。我不在演讲现场，当我在《中国律师》杂志上读到他的演讲记录，我总在想："我何时能修炼到先生那样的境界啊！"

江平先生不喜琐碎的概念思辨，但我的博士论文《私权的分析与建构：民法的分析法学基础》却是纯粹概念思辨性的。初稿的前言有一句话："关于本书的意义，从表面上看，本书的主题离中国法治的现实很远，但实际上它又离中国的法治现实很近，因为法治在很大程度上依赖于言语与概念的技术，而关于这种技术的探讨正是本书的工作。"江平老师审读时，对这句话表示反对，他说："法治怎么在很大程度上依赖于言语与概念的技术呢？"先生说得也对，但我没有修改，我有我的理解。

台湾大学王泽鉴先生与江平先生惺惺相惜，他评价江平先生："有一种异乎常人的宏观思维，可能不是很关心细节，但是他总是用宏观的视野向前看，并提出独特的架构和理念。"此评价相当中肯。

1997年暮春，王泽鉴先生和赖源河先生来访，是一次盛会。

4月26日晚，我与远忠在宿舍做"欢迎台湾著名法学家王泽鉴、赖源河先生！"的横幅，我的美术字特长有了用场，一个字一个字地画剪。4月29日上午，王泽鉴先生做讲座"台湾民法的理论、方法和社会变迁"，中午在贵友酒家午餐，王泽鉴先生被大陆学生簇拥，饭也没有吃好；下午，赖源河讲"台湾公司法证券法概况"；4月30日上午，王文杰博士论文答辩，江平先生主持，我担任秘书；下午，王泽鉴、赖源河同大陆法学家座谈会。我有全程的录音，一直珍藏至今。

常有人问江先生是如何带博士生的。他总是慈祥地说："我是放鸭式的带法"，并美其名曰"Laisser Faire（放任主义）"。其实，在他门下，"鸭子们"是相当紧张的。我自入学后，时间节奏骤然加快，不断地接受一个个机会，迎接一个个挑战，难以喘息，有时精疲力竭，欲哭无泪，不知何日是尽头。直到今天，节奏依然如故，身不由己。江平先生为学生创造机会，让学生直面挑战，这就是他带学生的方法。

当然，也有休闲的时光。江平先生酷爱足球，1997年9月13日我去先生家看中国—伊朗足球比赛，令人伤心落泪，上半场中国2∶0领先，下半场却被连灌4球。第二天，我们一起出差去温州，同坐出租车后排，我穿着短裤，露出大腿，他拍了拍我的大腿，吓了我一跳。他说："怎么这么粗？"我说："我是足球后卫，在中学踢了六年足球"。他说："我踢前锋，难怪大腿没有这么粗！"我也笑着摸了一下江先生的大腿，估计，这一生就这一次机会，"冒犯"先生一下。

2012年夏天，8月10日意大利"TIM超级杯"尤文图斯队v.那不勒斯队比赛在鸟巢国家体育场举行，我有两张票，邀请先生去看，他想了半天，谢辞了，遗憾地说："现在脚不方便，不能多走路了，就在家中看电视直播吧！"我想起1995年秋，我陪他登中山陵，392级石阶，8个平台，73米落差，从山底牌坊出发，他毫不费力登至山腰祭堂。时隔二十年，岁月不饶人啊！

今年夏天，我从西班牙给江平先生带了一件梅西亲笔签字的10号球衣，他一眼就认出是梅西的球衣，非常高兴，他也是别人的粉丝。

我也已过不惑之年，生活稳定，按部就班，光阴如飞，不留痕迹，但每每回想起初识江平先生的那段时光，依然如梦如幻。

◀◀ **后记三：新记**

本书的后记比较多，前面已经有两则后记了。

后记一是原记，是博士论文完成时所写的后记，直接印在1999年的博士论文中；后记二是《初识江平先生的时光》，回忆了我跟随江平先生攻读博士的日子，记载了本书最初的写作过程。

本则是后记三，交代博士论文写作、评议和答辩中的未曾讲述的故事，以及论文完成之后二十年的思考发展和最终成书的经过。

一、思辨的天空

我对霍菲尔德思想的研究，是经历了一个"种子—生长—开花—结果"的过程，它起源于我少年时代对思辨哲学的兴趣。我曾在《写给十八岁的法学少年卡尔》①一文中回顾了自己学术志向的形成历程，这里，节选其中的一节"思辨的天空"，作为后记的一部分，如下：

> 高中时，我开始读传记，在传记中，看到了人生的生动历程。第一本传记是《黑格尔小传》，因为政治老师说：他是辩证法之父，是马克思的前辈。
>
> 我被书中那些哲学思辨的词儿熏陶了，进而造就了我不苟言笑的少年面容。但让我伤心的是，高考政治的辩证法选择题，我依然错得尸横遍野。我刻骨铭心地感受到考试与真理之间的鸿沟。
>
> 我依然爱黑格尔，若不是黑格尔的中文谐音易被误读，怕被调皮

---

① 详见桑磊主编：《法学第一课》，中国政法大学出版社2017年版，第3页。

的同桌坏小子奚落,我的英文名字应该是"黑格尔"。

阅读传记就是在心灵中播种。进入大学,我读了黑格尔的《哲学史讲演录》和《小逻辑》。我特别喜欢黑格尔讲话的调子,你听他1816年在海德堡大学的哲学史课程的开讲辞:

"因为世界精神太忙碌于现实,所以它不能转向内心,回复到自身。现在这股潮流已经打破,日耳曼民族既然已经从最恶劣的情况下开辟出道路,且把它自己的民族性——一切有生命的生活的本源——拯救过来了。"

我给学生讲课时,从来说不出如此有气魄的话。

你再听他在《小逻辑》序言中所说:"你首先要寻找天国,别的东西也会加上给你们。"

如果你让我在三秒钟内,说出我在大学里最被震撼的一句话是什么,我会脱口而出地说:"就是这句!"后来,我发现这句话出自《圣经》。跟随黑格尔,我开始在思辨的天空中翱翔。

你知道我后来研究法学的套路吗?是来自思辨哲学。在南京大学法学院研习民法时,我一直在寻找法学家中的黑格尔。书架上一排排法学家的著作,都未能满足我对法律关系本质形式的追问,有的我甚至嗤之以鼻。一直当我读到美国德裔法学家霍菲尔德的天才著作时,我对自己说:"就是他!"其实,他也算是黑格尔的徒孙,他1900年在加利福尼亚大学读本科时,导师就是美国黑格尔哲学的代表人物豪威生。

屈指数来,我从1986年阅读黑格尔到1996年阅读霍菲尔德,时间跨越整十年。之后,我从容地进入了分析法学的殿堂。

二、论文的评议和答辩

我要感谢二十年前我博士论文的评议人,五份评议书一直珍藏着,是我学术道路上的前进动力。光阴荏苒,王家福研究员已经仙逝,王小能教授已经辞别学界,遁入佛门。这里,我将评议谨录如下,纪念曾经的岁月和人物:

中国社会科学院法学所王家福研究员认为：王涌同学的博士论文选题具有重要理论意义和现实意义，全文结构合理，思维清晰，材料翔实，论证充分，理论功底深厚，富有创新性、开拓性，是一篇优秀的博士学位论文。

中国社会科学院法学所梁慧星研究员认为：作者用分析法学方法研究分析民法基础概念——私权，这在中国民法学界乃至整个法学界都是首创。全文结构安排合理，逻辑井然，论说阐释均有说服力，表明作者法哲学、法理学方面的知识积累深厚，文中新见层出不穷，富有创造性。我认为本文已经达到相当高的学术水准，对于提升我国民法学理论水准有重要意义。

中国社会科学院法学所孙宪忠研究员认为：作者将分析法学的方法引入民法基础理论的研究，具有开拓性意义，从作者所收集的资料及所进行的论述来看，显然论文对这种研究方法有成功地运用，比如作者对所有权及相关权利的分析使人看到了一幅更为清晰明确的权利地图。作者对权利本位的分析以及财产权转变的三点倡议确实有很好的启迪效果。论文整体结构合理，文思流畅，显示了作者已经具备了驾驭较大科研课题的能力。当然，如果作者对我国现实中的私权问题给予更多的笔墨，则会有更现实的意义。

北京大学法律系王小能副教授认为：这篇文章是一个极有意义的尝试，它在以下几方面有所建树：(1) 关于私法与公法的划分的经过关系形式论修正的主体形式论。(2) 所有权概念还指向一种权利推理的规则。(3) 财产权观念应完成三个转变。(4) 民法中的概念演变的路径依赖现象。(5) 中国民法典编纂的三个主题等。作者在文中所表述的观点、思想会在一定程度上启发立法者、司法者、民法教授和他们的学生去思考，也可能去实践。其理论意义不可忽视。但是，作者认为，中国民法典制订还需 20 年的时间，未免保守。①

中国政法大学法律系费安玲副教授认为：这是一篇相当难得的

---

① 20 年前的预测不幸而言中，中国民法典的制订将在 2020 年完成，确实是整整等待了 20 年。当然，小能老师已不关心此事了。

优秀论文,选题具有极为重要的理论意义和实践意义,作者以其相当深厚的理论功底比较好地控制了这一难以驾驭的研究课题,从中可以读到许多颇给我们以冷静思索的作者的独到见解,这一情形几乎在每一节当中都可遇到。作者在文中提出的基本观点不仅具有独到性而且是正确的。论文逻辑严谨,文字简洁流畅,可见,作者具有很强的理论研究能力和文字驾驭能力。但是,文中对罗马法上 Ius 一词的考证,仅从英文转译的意思去理解,说服力不强,但是,瑕不掩瑜,这并不影响该论文的高品位的学术含量。

我的博士论文的答辩委员会由五位老师组成,他们是:杨振山(主席)、谢怀栻、沈宗灵、方流芳、江平。现在,前三位老师已经仙逝。

谢老学识渊博,我仰慕已久。1998年4月22日下午,我在法大聆听谢怀栻先生的讲座《民法的几个基本问题》,这是我第一次近距离地系统地听他演讲。

谢怀栻先生是一个十分风趣的老人,当时学术界流行"后现代主义"法学思潮,研讨会上,谢老十分茫然地用浓重的乡音问:啥子叫"后现代主义"法学?大家忍俊不禁。

谢老曾经与我们回忆1941年6月5日日军轰炸重庆造成的防空洞惨案,上万民众在防空隧道中窒息、踩踏死亡,他不断地说:"好惨!"悲戚长叹。

作为博士论文的答辩委员,谢老的风格是非常犀利的,犀利的故事口口相传,令我们心有余悸。所以,我建议江平先生邀请沈宗灵先生参加,在答辩场上,谢怀栻和沈宗灵两位老先生必然相互制衡,我的压力就减轻了。果然,答辩开始他们之间先论辩了一小回合。

沈宗灵先生是我的霍菲尔德之思的启蒙者,在博士论文写作过程中,他也给我以指导。1998年6月25日晚,关于 power 的译名问题,我打电话向沈老请教,他建议还是翻译为"权力",而非"能力"。

三、论文的传播

我的博士论文一直没有出版,原因说来话长。1999年9月,强世功和赵晓力正在北京大学法学院为硕士研究生主持法学方法论的课程,他们邀请各流派代表授课。我讲"民法与分析法学"。我之前发表在《北大法律评论》创刊号上的《法律关系的元形式》一文正是强世功的约稿,他知道我的研究。讲完后,强世功问我:"博士论文的电子版可否放在网上,供学生下载学习?"我立刻答应了。当时,没有意识到网络的威力,不久,这篇博士论文就在网络上传播开来了。既然已经在网络上传播了,发表的动力就没有那么强烈了。

论文上网后,素未谋面的范亚峰打电话给我,讨论我的博士论文,他将论文放到他主办的公法网上了,传播就更广了。

当时正在读硕士的朱庆育同学到我宿舍索要我的论文,正好是最后一本了,还缺了半页封面,就被他拿走了。正在北大读硕士的陈实同学约我讨论论文,他说霍菲尔德的方法令他震撼,他现在任教于四川大学法学院。正在中国政法大学读硕士的金振豹和张书友邀请我参加他们的读书会,讨论霍菲尔德的理论,金振豹后来任教于南京师范大学,翻译了德国齐佩利乌斯教授的《法学方法论》一书,张书友后来任教于西北政法大学,翻译了霍菲尔德的《基本法律概念》一书。

张书友的译本是在许章润先生和舒国滢先生共同主持的"西方法哲学文库"的计划中。本来两位先生委托我翻译霍菲尔德的著作,还专门请我吃了一顿饭,但两位先生付了饭钱,译本也没有得到,因为我去美国哥伦比亚大学法学院访学了,任务没有完成。之后,重任就落在了张书友的身上,现在想来,仍有深深愧意。

当年作为博士生,我之所以能在《比较法研究》上连续发表《分析法学与中国民法的发展》和《寻找法律概念的最小公分母——霍菲尔德法律概念分析思想研究》两篇论文,正是仰赖主编舒国滢先生提携。我清楚地记得,1998 年 3 月 6 日我将《寻找法律概念的最小公分母》的文稿交给舒国滢主编时,他平静而肯定地对我说:"将有许多人要看这篇论文的。"

《寻找法律概念的最小公分母》一文产生了一定影响,我和王轶相识也是缘于此文。1998 年 10 月 9 日,王轶从中国人民大学来看我,讨论《寻找法律概念的最小公分母》一文。他推门一见面就对我说:"你那篇关于霍利菲尔德的论文写得很好!"我说:"不是霍利菲尔德,霍利菲尔德是拳王,应该是霍菲尔德。"大家都笑了。当时,霍利菲尔德击败泰森,成为新拳王,风靡全球,没有想到霍利菲尔德成为霍菲尔德最好的广告。我们的讨论最后演变成为一场博士生的饭局,大家在法大附近的家家旺餐馆大快朵颐,参加者还有申卫星、江帆、王树平、周芬棉。今年5月10号王轶来法大做讲座《如何安放自己的困惑》,我担任评议,我们又一起回忆了二十年前的这段往事。

我完成博士论文时,武汉大学的梅夏英正在撰写他的博士论文《财产权构造的基础分析》,我们的学术趣向和方法很相似,他对我说:"你的论文是总则,我的论文就写分则。"我突然感到,分析法学似乎是我们这一代普遍关心的流派,也许我们就是未来中国的分析法学派。现在我和夏英都是五旬老人了,见面还互称总则和分则。

2001年11月,中国社会科学院法学所2001级的民商法博士生班邀请我去交流霍菲尔德权利分析方法,朝阳中去,暮色里归。说起权利可以碎片化,可以再"打包",大家兴奋异常,脸红扑扑的。参与研讨者有:徐涤宇、于飞、金可可、徐强胜、冉昊、朱谢群、左传卫、常鹏翱、范亚峰等。

关注分析法学的,除民法学子,还有公法学子。浙江大学法学院行政法专业陈裕琨在《法学研究》2003年第3期上发表了《分析法学对行为概念的重建》一文,他和他的分析法学弟兄们邀请我去浙江大学做讲座,为我接风洗尘。面对济济一堂的听众,我忽然感到原来分析法学的门徒在浙江大学。

之后,我们去湖州登天目山,观太湖,同行者还有余军和李学尧,一路畅谈分析法学。看到他们像膜拜图腾一样膜拜霍菲尔德的概念矩阵,我疑惑地问他们:"霍菲尔德的概念矩阵不就是几个符号吗?意义有那么大吗?"他们答曰:"数字出现时,也只是几个符号,但却是人类文明的巨大进步!"听毕,我觉得他们对霍菲尔德的理解比我深刻多了。看着浩渺的湖水,我们发誓要建立中国的分析法学。但是,不久就作鸟兽散了。

民法学界的几位前辈也关注我的博士论文。

1999年10月第二届"罗马法·中国法与民法法典化国际研讨会"在友谊宾馆举行,我是大会"跑龙套"的大干事。为了报答"留校"之恩,我为会议贡献了一个暑假,联络各国各界来宾,组织师弟师妹,承包会务,比举办自己的婚礼还忙。魏振瀛先生参加了会议,会间与魏振瀛先生交谈时，他谈及我的博士论文。虽然他已仙逝，但当时的情景仍历历在目。

　　会议上，我和意大利罗马第一大学教授桑德罗·斯奇巴尼教授谈起分析法学，他说意大利也有分析法学，而且做得很好，他可以帮我牵线搭桥。

　　我委托王文杰送给王泽鉴先生我的一本博士论文，他回赠他的《侵权行为法》一书，并在扉页上写下了一段激励我的话："感谢您送给我您的博士论文《私权的分析与建构》，这是一件具有开创性的研究，对中国民法学的发展将有重大贡献。"先生称晚辈为"您"，令我惶恐，先生毫不吝啬的肯定话语，令我感动而自信。

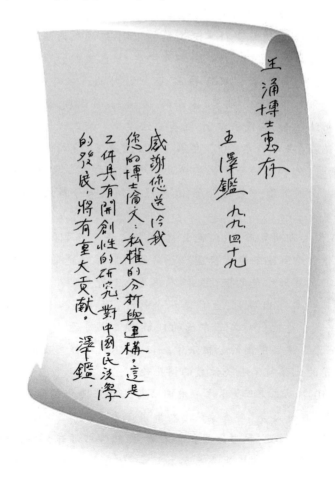

程啸将我的论文送给王利明先生,王利明先生专门约我到家中相谈,令我感动。之后,2002年4月我到中国人民大学法学院民商法前沿论坛演讲"私权的分析与建构",程啸主持,两万多字的演讲全文发布在中国民商法律网上,影响渐大。

博士论文中的一些重要章节,如《分析民法学导论》、《私权的概念》、《权利的结构》、《所有权概念分析》、《民法上权利设定的几个问题》、《论宪法与民法的关系》、《私权救济的一般原理》陆续正式发表,在学术界引起了反响。

四、法学方法论课程与后续的研究

随着研究的深入,我感到这篇论文还存在很多问题。虽然博士论文对霍菲尔德的法律概念理论已有初步阐述,但是,如何在此基础上,建构一个系统的法律关系理论,却浅尝辄止了。

2004年春天,我在哥伦比亚大学法学院访学,旁听约瑟夫·拉兹(Joseph Raz)教授的一门课——"平等思想的文献与历史"。我约请拉兹教授在哥大附近的中国餐馆"哥大小馆"(Columbia Cottage)吃饭,请教有关霍菲尔德权利理论的问题。他独自在纽约,很孤单,欣然答应中国学生的邀请。他的观点令我很惊讶,他不同意霍菲尔德关于权利和义务之间的逻辑关联性的论断,他也不同意最小单元的法律关系只能是两个法律主体之间的关系。餐谈参加者还有左卫民、郑戈,我们和拉兹教授在教堂前合影。

霍菲尔德因为英年早逝,他的事业仅仅完成了一半。正如国外一些学者的质疑,霍菲尔德将法律概念碎片化了,将一个个权利集合分解为一束束权利了,但是,一束束权利是如何集合为一个个权利类型的,其中的逻辑是什么?则还是一个谜。而在权利的设定、权利的冲突、权利的救济中,霍菲尔德理论如何运用其中,穿透其中,理论体系尚残缺不全。

在上述问题的催逼下,我的思考没有停息,有所发展。当然,思考的发展首先得益于法学方法论课程的备课和讲授。

2012年中国政法大学民商经济法学院王卫国院长将新设的研究生法学方法论课程的重任交给我,使得我又有压力又有动力对霍菲尔德未竟事业中的理论猜想进行苦思冥想了。

最初,我和朱庆育共同担纲法学方法论课程。2014年庆育离开中国政法大学后,王军和易军又与我合作。在讲授的过程中,与同学们切磋的过程中,我发现了许多新的领域和新的问题,感到惊奇,思绪不断深入,殚精竭虑,答案和逻辑结构终于清晰地呈现,无比激动。

例如,关于财产权谱系。最初是一个朴素的设想,是否存在一个财产权从简单到复杂、从单一到圆满的财产权谱系?我直觉谱系是存在的,就像当年研究霍菲尔德时,所抱有的一个猜想:法律关系必然有元结构,一切复杂的法律关系均源于元结构,因而可分解为元结构。之后,在方法论课堂和企鹅读书会上,与同学们讨论,突然灵光一闪,穿透了问题的本质。

此外,还有许多问题,例如负担行为和处分行为的逻辑结构差异、许可的本质、财产权法定主义的逻辑内涵、法人形态法定主义等;再如DUTY(+)和DUTY(-)是否是逻辑上的否定关系?都是颇费脑筋的问题,我在书中都有回应。就这样,这本书从原来博士论文的20万字脱胎换骨为40万字的专著了。

从2012年至今,我已经为民商经济法学院七届研究生开设法学方法论,讲授霍菲尔德的权利分析理论,大约有近三千名研究生接受了霍菲尔德式的方法论训练,并参加闭卷考试。这是世界法学教育史上的"奇观",如果霍菲尔德在天有灵,他一定会感动落泪。

每年的方法论试卷会在网上流传,这里我摘录其中几年的试题如下:

1. 请以霍菲尔德的术语分析描述行政许可的结构?(2014年)

2. 甲对乙作出排他性许可,承诺不再许可他人使用他的剧本著作权,但甲违反承诺,又许可丙使用他的剧本著作权,甲对丙的许可是否有效?如果实证法对这一问题无任何规定,试以霍菲尔德的理论阐述其中的法理。(2014年)

3. 在同一个行为上,是否可以同时存在privilege和duty?例如,离婚后,父亲探视子女的行为,如果法律规定:这既是父亲的义务(duty),也是父亲的特权(privilege)。是否矛盾?为什么?(2014年)

4. 以霍菲尔德的术语描述民法上的负担行为和处分行为的差

别,以及合同行为、许可行为和授权行为的差别。(2016 年)

5. 以霍菲尔德的术语描述"对世性效力"的概念和"对世性效力"的类型,并描述债权中所包含的"对世性效力"。(2016 年)

6. 简述弱许可和强许可在概念内涵和法律效力两个方面的区别,并从弱许可和强许可的角度分析宪法上规定的"迁徙自由"的效力。(2016 年)

7. 如果公司法规定:"公司的法定代表人有权代表公司对外签订合同,并有权控制公司印章"。请以霍菲尔德的术语分别描述这一规定中的两个"有权"的法律关系。(2016 年)

8. 某交易所设计了一种标准合约,在该交易所挂牌交易,这是否违反财产权法定主义原则?为什么?(2016 年)

9. 商业秘密是否可以转让?为什么?(2016 年)

10. 财产权法定主义的立法模式,从强到弱,大约可以划分为三种立法模式,请分别阐述。(2016 年)

11. 简述霍菲尔德论文《司法推理中应用的基本法律概念》所举的著名的"小虾沙拉"案中的法律关系。(2017 年)

12. 以霍菲尔德的术语简述下列概念中包含的法律关系。(2017 年)

    A. 排污权   B. 信托财产独立性

    C. 排他性专利许可   D. 优先购买权

    E. 诉讼时效届满   F. 汇票承兑

    G. 免于恐惧的自由   H. 沉默权(刑事诉讼法)

    I. 期待权

13. 请从财产权谱系理论的角度,阐述以信息作为客体的各种可能的权利构造。(2017 年)

14. "法不禁止即自由"是一个著名的法律原则,该原则是否是法律渊源?为什么?(2017 年)

15. 请以霍菲尔德的术语阐述救济权的四种形式,并举例说明。(2017 年)

16. 试从法人形态法定主义的角度,阐述法人形态的本质要素。

(2017年)

17. 在霍菲尔德的概念矩阵中,有四种权利形式。宪法规定的公民的权利在理论上是否可以表现为这四种形式?请分别举例。(2018年)

18. 解释对世权的概念。霍菲尔德的四种权利形式在理论上是否可能都具有对世的形态,请分别举例。(2018年)

19. 奥斯丁在伦敦大学讲述"对世权"概念时说,对世权的内容一般是他人的消极不作为的义务,但一位学生提出了不同看法,并举出反例,例如国王具有对世的征税权,所有的人都具有向国王缴税的义务,此为积极作为的义务。这位学生的观点是否正确?为什么?(2018年)

20. privilege(+)和 privilege(-)是否构成矛盾关系?为什么?duty(+)和 duty(-)是否构成矛盾关系?为什么?privilege(+)和 duty(+)是否构成矛盾关系?为什么?(2018年)

21. 如何推理出"法不禁止即自由"这一法学公理?(2018年)

22. 《公司登记管理条例》第20条规定:"法律、行政法规或者国务院决定规定设立有限责任公司必须报经批准的,应当自批准之日起90日内向公司登记机关申请设立登记。"

《公司法》第20条规定:"公司股东滥用股东权利给公司或者其他股东造成损失的,应当依法承担赔偿责任。"

上述两个条文中的"应当"一词含义有所不同,或者说,描述了不同的法律关系,请分别说明。(2018年)

23. 以霍菲尔德的术语和财产权谱系理论分析我国《物权法》上的"物权"概念。(2018年)

24. "商业秘密"的不可转让与"毒品"的不可转让有什么不同?请详细阐述。(2018年)

25. 请以霍菲尔德的术语描述"原则与规则冲突"和"原则补充规则"这两种形态的逻辑结构。(2018年)

26. 凯尔森认为:所谓"法律的间隙与漏洞"是心理学上的虚构。请评析这一观点。(2018年)

在讲授法学方法论的过程中,教学相长,受益良多。我印象最深刻的是孟美彤同学的来信,她说:

"首先我要坦率地说,《私权的分析与建构》一文带我进入了一个我之前从未接触过的分析法学的领域。在我接受了充斥全文的各个法学家的思想的洗礼后,我感受到了一种喜悦,一种为自己领悟了英美法系分析法学家的理论的喜悦,一种为自己又掌握了一门新知识的喜悦。该文我前后共看了三遍,一遍精读,两遍跳读,越到后面,这种喜悦感就越强烈,不得不说,《私权的分析与建构》向我揭开了法学世界里我从未涉足过的一隅。"

孟美彤同学后来留学牛津大学。

此外,还有正在剑桥大学留学的李良同学的来信。

2017年10月16日,我在给研究生法学方法论课上讲财产权法定主义。那天,李良同学从剑桥大学发来一张剑桥大学教授讲授霍菲尔德概念矩阵的板书照片。那年夏天,她刚从法大硕士毕业,就去剑桥大学攻读博士学位了。我开玩笑地对她说:"你在法大学了一遍霍菲尔德,到剑桥大学又要再学一遍霍菲尔德。"其实,剑桥大学是维特根斯坦逻辑哲学的大本营,自然会拥抱霍菲尔德。

还有裴殷妃,一位韩国留学生,也表达了她的心得:

"虽然您可能不认识我,但在我心目中您是一个值得尊敬的、对我启发非常大的老师,为此我深表感激。在您的课上我第一次听说霍菲尔德的术语,也第一次将权利与自由分得那么清晰。一学期以来,对我来说,您的课是最有收获、最让我期待的课程之一。"

现在许多年轻学者在研究霍菲尔德,试图将其引入不同专业领域中。去年我收到四川大学法学院博士生宋东同学的来信,他说:

"目前为止,您是国内系统研究并倡导在民法学中引入霍菲尔德权利理论的学者。我有幸拜读您的博士论文《私权的分析与建构:民法的分析法学基础》,受益良多。我想以《刑事诉讼权利类型研究——以霍菲尔德权利理论为基础》为题撰写博士论文。但刑诉法学界除了川大的万毅教授主张引入霍菲尔德理论,就没有人做这方面的工作了。"

五、纪念霍菲尔德

本来计划在 2018 年 10 月前出版本书,以纪念霍菲尔德逝世一百周年,但是,时光耗费在纷乱的杂务中,无以脱身,加之个别章节的补写,进度缓慢,错过了最有象征意义的出版时节。

不过我在 2018 年除继续修订书稿外,也未闲着。到处演讲,纪念霍菲尔德。2018 年 5 月 19 日,我在西南政法大学演讲,题目是:"法的现代性的呈现:法律关系形式理论百年回眸——纪念韦斯利·N.霍菲尔德教授"。讲座由江帆教授主持,四位评议人,他们是:陆幸福(西南政法大学行政法学院教授)、陈锐(重庆大学法学院教授)、杨天江(西南政法大学行政法学院副教授)、欧家路(西南政法大学经济法学院讲师)。我的师兄西南政法大学副校长商文江先生前来问候。他当年对霍菲尔德理论的高度评价,以及对庞德理论的贬低,震惊了我。

2018 年 5 月 31 日,应蒋惠岭先生的邀请,我在最高人民法院应用法学研究所演讲霍菲尔德理论,感谢曹守晔、陈现杰两位法官的评议。陈现杰法官说,他当年负责起草人身损害赔偿司法解释,起草中涉及权利和利益的关系和法律是否保护利益等基本问题,他参考了我的博士论文《私权的分析与建构》的最后一章"私权的救济"中的论述。这令我惊讶。

2018 年 8 月 30 日,应张永健先生的邀请,参加台湾"中研院"举办的海峡两岸"民法典与民法方法论"研讨会。会上,围绕我的主题报告"霍菲尔德权利形式理论之于民法方法论的意义——纪念霍菲尔德逝世一百周年",张永健(台湾"中研院")、陈弘毅(香港大学)、唐晓晴(澳门大学)、翟小波(澳门大学)、雷磊(中国政法大学)、吴英杰(新加坡管理大学)纷纷发言评议,该会议单元可以说是华语学术界对霍菲尔德逝世百年的隆重纪念。

今年暑假,我终于开始从容地做最后的修订工作,并在"私权的救济"一章中又增写一节"私权的刑法救济和侵害",填补了本书的关于"私法与刑法关系"的空白。这缘于中国商业法学会的一个暑假任务,甘培忠会长委托我参加中国刑法学会 7 月 28 日举行的"刑法与部门法关系"研讨会。我提交了一篇论文《论经济犯罪的违法性要件——民商法与刑法的关系》，我的专著中正缺少私法与刑法的关系的论述，于是编入，此会仿佛为我的专著收工而开。

今年暑假还有一个收获，在洪范法律与经济研究所组织的"中美知识产权研讨会"上，我认识了加州伯克利大学的莫杰思（Robert P. Merges）教授，他的团队在全美知识产权专业中排名第一，他来自霍菲尔德的本科母校，他是美国霍菲尔德研究的专家。我们把酒言欢，相见恨晚。

完成这本专著后，我的感慨是什么呢？

古语说：十年磨一剑。年轻时，觉得十年太长，没有想到，我竟然二十年磨一书。但是这是值得的，霍菲尔德的学问是直面法律概念的本质结构，是现代法治的概念渊薮，揭示法治话语背后的逻辑理性。背后的逻辑理性是客观存在，它控制着法律人的日常论辩，无论它是否被揭示出来，它一直在那里。想到这是一种具有恒久价值的学术研究，是中国法学中所匮乏的，忽然觉得即使三十年磨一书，又何妨？

最后，要特别感谢北京大学出版社郭薇薇女士，她是中国政法大学1999级的学生，2001年时是我商法课堂上的学生，那时，她就等待此书的出版。之后，她在北京大学攻读硕士，再之后，她在北京大学出版社工作，开始亲自操刀出版我的著作。大约是2012年正式计划，却因我的拖沓，七年方成。其间，她的一双可爱儿女已经相继出生了。

写到这里，想到此书即将付梓，心中充满喜悦。

霍菲尔德出生于1879年8月8日，今年是霍菲尔德诞辰140周年。江平先生出生于1930年12月28日，按虚岁，今年是江平先生90岁华诞。谨以此书纪念霍菲尔德诞辰140周年！谨以此书献给恩师江平先生九十岁华诞！

　　　　　　　　古人十年磨一剑，吾辈一著尽华年。
　　　　　　　　献师只有秀才笔，已是耄耋笑天命。

2019年8月25日

编辑后记

在收到王老师发来的最后一份增补内容后,我有一种强烈的提笔欲望。心中有太多东西需要倾诉和记录。关于这本书,关于这七年。或者更确切地说,关于这二十年。

这二十年,是王老师精心打磨该书的二十年,也正是我从小县城来到大北京,从对法学懵懂无知到现在可以熟练策划、出版法学图书的二十年。1999年初王老师大作初成,同年9月,我带着梦想、挤着345支来到了昌平的政法校园,正式成为一名经济法系大一新生,一脚迈进了法学的殿堂。2001年,在王老师开授的商法学课堂上,我和王老师第一次有了交集。毫不夸张地说,听王老师讲课是一种人生享受。他授课张弛有度,循循善诱,那种娓娓道来、儒雅从容的气度,还有深厚的法学功底和知识储备,都给我们留下了深刻的印象。再加上他自带的全国大学生辩论赛最佳辩手光环,如果用现在年轻人的话语体系来表达,王老师绝对是那时候我们心目中的男神。二十年过去了,虽然每次看到王老师都觉得他白发又多了一些,但我脑海里依然清楚地记得法大阶梯教室黑板前那个挺拔俊逸的身影。

时光飞逝,一晃来到2012年。届时我已经从北大法学硕士毕业,进入出版行业若干年,也已经慢慢成长为一名更成熟的法学图书编辑。就在这个时候,一个机缘,让我得知王老师当年一发表就备受学界关注和肯定的博士论文竟然还没有出版。都说念念不忘,必有回响。王老师当年给我留下的深刻印象,立马成为我第一时间决定要出版该书的动力。于是在世纪金源大酒店的一楼大厅,在11年后,我和王老师又见面了。这次换一种身份和曾经的男神见面,我是既兴奋又紧张。但是很奇怪的是,当我们寒暄坐下,所有的紧张忽然都不见了。那种春风和煦的感觉又一次扑面而来,真的是神奇。不知道是得益于当年的师生情谊,还是作为江苏老乡的地缘亲切感,我和王老师聊得很是投机,王老师当下就答应让我来操刀出版他的这本大作,这让我非常激动,当下就暗下决心,一定要把王老师的这本书出好。

谁知道这一出,就是七年。七年时间,白驹过隙,很多的书从我手头出版面市,有些获得了广泛关注,也有不少书归于沉寂。王老师的稿子,始终摆在我的案头。可以说王老师是个对自己作品完成度要求甚高的人,甚至有些完美主义。每一次我审完退改,他都能在完善老问题的基础上又发现新问题,或者又有了新的想法和研究成果,然后就又开始新一轮的全面自审和增补。当然,没有这样严苛的自我标准,该书品质也达不到现在的高度。而且,由于初稿时间已经过去若干年,很多脚注中资料信息需要补全和更新,而当年的资料来源,很多已经不详。这样的查实和补充完善,耗费了大量时间。我有时候跟王老师半开玩笑地说,不行找俩学生给您查查呗,这样快一点。但是王老师总是笑笑,说学生也忙,他自己来。就这样,来回反复,精益求精。这七年里,我家俩娃也都陆续出生了,期待王老师的大作像我家娃一样顺利出生的话,好像我也不止说过一次。其实作为一个编辑,催稿应该是看家本领,可是不知怎么到了王老师这里,催稿的话我就很难说出口。一方面,我深知王老师实在是太忙了,教学、学术、社会事务……在这样忙碌的身影面前,总觉得一再催稿有点不近人情。另一方面,我好像也在有意无意地延长这个出版过程,仿佛只要该书一天不出版,我和王老师的机缘就会一直延续下去。想想真的还是有份私心在作怪。其实这七年间,跟王老师一起参加过江奖的评奖活动,竟然发现与王老师相熟的颁奖嘉宾叶勇也是我的老熟人,而活动中又偶然发现当年我在学委会任职时成立的"北极光工作室"一直存在并生机勃勃;我责编的另一本书的作者邓学敏,也是法大师弟,机缘巧合又邀请到王老师给他的书作序;而我的先生和王老师又是百分之百的纯正老乡,一见如故……各种机缘,不一而足。春风和煦,能这么多年一直感受到这股春风的照拂,我已然知足。

　　总之,不管这个过程如何漫长,读者们如何翘首等待,这部凝聚了王老师太多心血的作品终于真的要付梓了。二十年磨一剑,这本书的含金量如何,毋庸我多言,自有学界和读者来评判。有幸作为王老师的学生,又有幸参与和见证该书的整个出版过程,为该书的出版尽一份自己的绵薄之力,我想,虽然我在学法律的同学中算是剑走了偏锋了,但二十年一路走来,心中只有两个字:值得。

　　是为记。

郭薇薇

2019 年夏末于北大社